JITUAN
CAIWU
GUANKONG

集团财务管控

刘月升◎主　编

刘洪升　卢亚鑫◎副主编

中国财经出版传媒集团

经济科学出版社
Economic Science Press

图书在版编目（CIP）数据

集团财务管控/刘月升主编 . —北京：经济科学出版社，
2018.9（2021.8 重印）
ISBN 978－7－5141－9450－0

Ⅰ.①集… Ⅱ.①刘… Ⅲ.①企业集团－财务管理－
研究 Ⅳ.①F276.4

中国版本图书馆 CIP 数据核字（2018）第 136915 号

责任编辑：周国强
责任校对：杨晓莹
责任印制：邱 天

集团财务管控
刘月升 主 编
刘洪升 卢亚鑫 副主编
经济科学出版社出版、发行 新华书店经销
社址：北京市海淀区阜成路甲 28 号 邮编：100142
总编部电话：010－88191217 发行部电话：010－88191522
网址：www. esp. com. cn
电子邮件：esp@ esp. com. cn
天猫网店：经济科学出版社旗舰店
网址：http: //jjkxcbs. tmall. com
固安华明印业有限公司印装
710×1000 16 开 19.25 印张 460000 字
2018 年 9 月第 1 版 2021 年 8 月第 3 次印刷
ISBN 978－7－5141－9450－0 定价：86.00 元
（图书出现印装问题，本社负责调换。电话：010－88191510）
（版权所有 侵权必究 打击盗版 举报热线：010－88191661
QQ：2242791300 营销中心电话：010－88191537
电子邮箱：dbts@ esp. com. cn）

前　　言

自由竞争引起生产集中和资本集中，生产集中和资本集中发展到一定阶段必然引起垄断，这是市场经济发展的必然规律，企业集团正是这个过程中形成的产物。

随着我国社会主义市场经济的发展和逐步完善，我国企业集团也随之逐步发展壮大，而且呈现出规模大型化、股权多元化、管理要求高质量化等发展趋势。

从集团诞生开始，就产生了集团管控问题，而集团财务管控则是企业集团管控最重要的部分。集团管控的好坏直接影响着集团能否健康发展，而财务管控是否优化，直接影响着集团的管控水平和价值创造。

"经济越发展，会计越重要。"在企业集团中，财务管控工作就是单体企业的财务工作，其实践与理论是密不可分的。因此，加强企业集团管控就显得越来越重要。

提到集团财务管控，许多人首先想到的是管理、控制、防控等制约性概念，却没有从企业集团健康发展、价值提升等方面整体、全面地理解财务管控的概念。不忘初心，牢记使命。企业集团的成立初始就是要提升企业集团整体的价值。作为企业集团重要组成部分，财务事务贯穿于集团工作的方方面面，因此，财务管控应当以战略定位为指导、价值提升为目标，实施时空结合、内外结合，全面、全局、全方位管控的有机统一。

实践中，由于受集团规模、股东结构、业务领域、文化、层级、区域分布、领导人风格、所处环境、发展阶段等众多因素影响，财务管控模式也不尽相同，因此，一些做法不能生搬硬套。尽管各集团管控策略有所不同，但在许多方面仍然具有同一性。用马克思主义哲学思想指导集团财务管控，会对认识问题、解决问题更有帮助。比如从联系的观点来说，财务管控并非是单一内容，会涉及企业集团方方面面，如内部的生产、研发、销售、安全、环保、突发事件等环节，外部国内外的政治、经济、社会等因素；从发展的观点来说，财务管控的模式不是一成不变的，财务体制今天可能是集权形式，明天可能就是分权形式或混合形式；从集团本部与所属单位的关系来看，所属单位是集团的经济基础，集团本部则是上层建筑，所属单位的股权结构、业务领域、区域分布、竞争程度、人员素质、管理水平等，决定着集团总部的机构设置、职能划分、管控模式。而集团本部对所属单位的管控水平又会对其价值创造、发展状态、市场占有等方面产生巨大影响；从主次要矛盾的角度看，在风险管控方面，实体型集团要将重点放在投融资风险管控方面，许多企业的资金链断裂根本原因就是投融资失控，而金融性企业应主要关注操作性风险方面。因此集团风险管控尤其要注意主要风险防控，切忌眉毛胡子一把抓。

本书站在集团角度，以《企业财务通则》为逻辑主线，力求全面性、完整性，同时在每章中就所涉及内容提出注意事项，就财务管控中可能出现的过度行为和重点行为予以提示。

本书的特点：

1. 目标同一性。管控管理的目的不是制约控制发展，财务管控的目的是激发正能量，控制减少负能量，是以集团战略为指导，价值提升为目标，不能为管控而管控。

2. 全面性。集团财务管控要触及企业集团的方方面面，任何环节实施效果的好坏都会影响集团价值的提升。因此，作者将能够考虑到的与财务管控相关的环节均编入本书，以期在集团财务管控过程中注意短板的出现。

3. 创新性。时代在变迁，环境在变化，技术在创新，管理也需要创新。作者在本书编写过程中力求创新，主要体现在两个方面：第一，力求与时代创新思维同步，如业财融合的管控、价值链理论在集团管控中的运用等内容。第二，理念创新，如财务人员的定位，财务人员不仅是直接从事会计核算、财务管控等工作的专职人员，只要是掌握财务知识并履行财务工作职能的都是财务人员，董事长、总经理可以成为财务人员，业务人员也可以成为财务人员。反之，专职财务人员可以是企业战略的制定者，也可以是企业日常经营活动的参与者。再如，过去我们提税收筹划，在实际管理中，不仅税收需要筹划，成本费用等其他会计要素也需要筹划。这一理念的创新对进一步的管理措施提供了理论基础。

基于上述目的，结合日常工作经验，作者编写了本书。本书由刘月升担任主编，刘洪升、卢亚鑫担任副主编。本书适用于各类企业集团的利益相关者如股东、董事会、监事会、经营层等，同时也适用于各单体企业的财务管理人员。由于经验不足，编写时间有限，理论研究相对欠缺等原因，不足之处，请各位同仁提出宝贵意见，以期不断完善。

作者

2018 年 9 月于太原

目　　录

第 一 章 | 集团管控与集团价值创造

第一节　集团及集团管控

一、集团概念

（一）企业集团

企业集团是市场经济从自由竞争向行业垄断转变的过程中顺应社会化大生产发展的需要而产生的经济联合体，是以资源实力雄厚、具有核心竞争力、具有投资中心功能的母公司为核心，以实现群体价值最大化为目标，以协调运营为手段，以产权安排、人事控制、商务协作为纽带，通过产权或契约关系，将若干个资源、产品、资本、技术上有密切联系的企业、单位聚集在一起的经济组织。随着集团企业的不断发展壮大、经营领域日趋广泛、市场竞争不断激烈，如何有效地管控集团企业，充分发挥集团的规模效应和协调资源的能力，对企业集团的持续性经营和发展起着关键作用。

（二）企业集团与集团公司的区别

企业集团与集团公司的区别主要体现在概念范围的差异，企业集团不具有法人资格，是多个具有独立法人资格的企业的集合，而集团公司则是具有法人资格的独立个体。企业集团必须依托集团公司组建，集团公司是企业集团的核心，也是企业集团形成的前提和基础。集团公司连同全资子公司、控股公司、参股公司、管理公司和分公司等，共同组成企业集团。

二、集团特点及优势

（一）集团的特点

集团的特点主要有：

（1）集团是由若干具有法人地位的企业所组成的企业群体（多法人）。集团内部各成员企业是独立的法人，有其独立的资产并以其承担民事责任，各成员企业本身具有很强的独立性，有着自身独立的经济利益。这一特征使企业集团区别于非集团性企业。

（2）集团是有组织、有计划经营的企业群体（群体性）。它通过有组织、有计划的经营，充分发挥各成员企业的优势，回避劣势，形成优势互补的经营系统，从而产生协同经济效应，以获取最大的整体经济效益。这一特征使企业集团明显地有别于我国计划经济条件下的专业行政公司。

（3）集团中各成员企业经营行为协调一致（协调性）。集团中各成员企业通过经营行为的协调一致使集团整体所获经济利益大于各成员企业简单分散经营所获经济利益之和，即取得"1＋1＞2"的结果，这样使加入集团的各成员企业所获经济利益大于其单独经营所获经济利益。这是企业集团向心力的根本所在。

（4）集团本身是具有多层次的组织机构（多层次）。从企业之间持股关系与比例来看，组成集团公司的成员企业可以分为核心层（集团总部及重要子公司）、紧密层（控股企业）、半紧密层（参股企业）和松散层（协作单位）；同时企业集团各个层次均有多个企业（分公司和子公司）或单位。企业集团以集团公司总部为核心，按照股权结构，分为二级子公司、三级子公司、四级子公司等。上一层机构负责协调、指挥和调度下一级机构，下一层机构则按上一层机构所赋予的责权进行经营，以保证集团整体目标的顺利实现。这表明企业集团是一个有机的企业经营群体。

（5）集团内部最根本的纽带是经济利益关系（利益相关性）。企业集团内部最根本的纽带是总部与分部间、分部与分部间的经济利益关系，只有当集约化经营能为总部和各分部都带来最大经济利益时，企业集团的存在才是合理的。此外，企业集团经营多样化，一般都是从事多种产品、服务的生产和经营，为了充分利用资源、分散经营风险，企业集团往往横跨好几个经营领域或者行业。集团企业在地理位置上分布分散，需要在跨区域的企业之间建立起生产和经营联系。

（二）集团的优势

从集团产品或服务的角度来讲，集团公司的优势主要有：

（1）规模优势。集团公司的规模优势，可以节约成本，有效解决供销问题。统一采购可以降低采购成本，统一技术和研发平台可以完成高难度的研发课题，统一销售可以节约营销费用，统一结算可以节约财务费用和解决融资的难题等。集团通过整体的集团平台，实现资源共享，以规模发展谋求效益，以共享资源信息追求发展。

（2）资源共享优势。集团公司各下属公司相同或相关行业之间可以实现资源共享，促进优势互补。可以利用一个公司的优势弥补另一个公司的劣势。例如，销售渠道的融通、人力资源管理经验的借鉴等。

（3）合作优势。各个子（分）公司之间的密切合作可以提高企业创新能力、综合竞争能力。技术创新、营销创新以及成本和费用的降低，使得各个子公司能够有更多的精力和资金进行自身的发展。

（4）协同优势。围绕集团战略，通过集团企业之间的战略协同，从而可以保证集团的可持续发展，提升集团的核心竞争力，最终实现企业的稳定健康发展。

（5）集中资源优势。集团公司拥有对企业资源进行支配和调动的权力，集团总部能够根据实际发展需要集中集团内部的资源，例如，资金、人力资源、供销渠道以及信息等，在工作中突出重点，解决集团面对的首要问题。

（6）联合优势。集团公司众多下属企业包含不同领域，通过集团公司的调整安排，企业内部各领域的企业之间可以互相合作、强强联合。

（7）分散风险优势。对集团而言，集团从事的相关行业或者非相关行业有效地分散了集团可能面对的行业风险，一个行业经济不景气的情况下，可以通过加大其他行业的投入来降低风险损失；对于单个企业，在集团的大背景下，企业可以依靠集团公司的稳定支持渡过难关。

（8）品牌优势。品牌具有名称、标记、关联性和个性的特点。集团品牌受到法律保护，便于记忆并且与产品自身相一致，集团品牌具有可辨认性的设计和一系列的视觉特征，有助于使用者通过品牌将企业的产品识别出来。

从理论上来讲，集团管理的业务活动是两个以上下属公司共同从事的业务活动。依靠集团的优势，集团可以有效地将下属企业的价值进行整合，提高下属企业价值实现能力，同时通过集团对价值基础、价值生产和价值实现的管理和控制，使集团整体的价值大于所有下属企业价值的累加，实现集团价值最大化。

三、集团管控

集团管控，严格来说是指站在集团股东角度对整个企业运行的管理和控制；一般来说（本书的观点），主要是指站在集团公司的角度对所属单位的管理和控制，是集团本部对下属单位的管控，有时也涉及本部有关事项。

集团管控的主要内容包括：集团战略管控、法人治理及组织架构管控、人力资源管控、财务管控、业务管控、文化管控、品牌管控及其他管控等。

（一）集团战略管控

集团总部是战略决策和投资决策中心，主要关注总体战略控制、业务组合的协调发展、投资业务的战略优化，以及战略协同效应的培育，以实现集团总体战略目标。通过对成员企业的战略施加影响而达到控制目的，主要控制手段有战略规划与控制、财务控制、人力资源控制，以及部分重点业务的管理。

（二）法人治理及组织架构管控

集团企业通过建立科学合理的法人治理结构，明确股东会、董事会、监事会、经理层的职责，以维护股东的利益。通过企业内部各层级机构设置，明确职责权限、人员编制等，以强化管控力度。

法人治理结构又称公司治理，是现代企业制度中最重要的组织架构。狭义的公司治理主要是指公司内部股东、董事、监事及经理层之间的关系，广义的公司治理还包括与利益相关者（如员工、客户、存款人和社会公众等）之间的关系。公司作为法人，也就是作为由法律赋予了人格的团体人、实体人，需要有相适应的组织体制和管理机构，使之具有决策能力、管理能力，行使权利，承担责任。

组织架构是指一个组织整体的结构，是在企业管理要求、管控定位、管理模式及业务特征等多因素影响下，在企业内部组织资源、搭建流程、开展业务、落实管理的基本要素。财政部颁布的《企业内部控制应用指引第1号——组织架构》指出，组织架构是指企业按照国家有关法律法规、股东（大）会决议、企业章程，结合本企业实际，明确董事会、监事会、经理层和企业内部各层级机构设置、职责权限、人员编制（特别是决策层的人员和质量）、工作程序和相关要求的制度安排。可见法人治理结构是企业组织架构的组成部分，完善的法人治理结构和组织架构是实现企业战略的重要保障。

（三）人力资源管控

人力资源是指在一定范围内的人所具有的劳动能力的总和，或者说是指能够推动整个经济和社会发展的、具有智力劳动和体力劳动的总和。人力资源管理是指根据企业发展战略的要求，有计划地对人力资源进行合理配置，通过对企业中员工的招聘、培训、使用、考核、激励、调整等一系列过程，调动员工的积极性，发挥员工的潜能，为企业创造价值，给企业带来效益，确保企业战略目标的实现，是企业的一系列人力资源政策以及相应的管理活动。集团企业通过对人力资源管理的整合与开发，发挥集团人力资源的协同作用，通过对下属子公司、分公司的高层管理人员进行委派、考核、绩效评估、奖惩等方式，最大限度地提高人力资源的使用效益，使人力资源价值最大化，从而实现企业集团的战略目标。

（四）财务管控

集团公司的财务管控是在所有权及法人财产经营权基础上产生的，从狭义上讲，是集团公司通过委派财务负责人、建立统一的财务管理制度、全面预算管理、资金集中管控、投资管控、授权审批控制、会计系统控制、内部审计控制等方式对其子（分）公司进行的管理；从广义上讲，集团财务管控是以实现企业价值最大化为目的而实施的诸多方面的管控，而不仅仅是传统意义上管控一个企业的财务活动的合规性和有效性。本书的财务管控正是基于这一点。

（五）业务管控

业务管控是企业系统运行的中心环节，上游至采购供应，中游至生产储备，下游至产品服务等，都在业务管控的流程中实现，企业的业绩也由此直接产生。业务管控是决策实施与企业执行力推动的关键。

结合集团战略目标，按照重要性及成熟度对集团企业整体业务进行划分，区分核心业务、关联业务和松散业务，对采购环节、生产环节、销售环节、存货管理等实施管控。

（六）文化管控

文化管控是一种"以人为本"的管控模式，是通过企业文化系统进行集团公司管控的手段。集团公司仅仅依靠硬性的控制会导致集团公司管控的成本过高，甚至超出集团化模式给企业带来的利益，所以必须建立以集团文化管控为基础的自律机制以保证集团的向心力，降低不同子公司文化观念不同产生的管理冲突，降低管控成本，提高管控成效。文化管控通过企业文化与管理体系的互动对企业员工的价值取向和行为方式施加强有力的导向和支配，这正是文化管控相比其他管控执行手段高明的地方所在。企业文化管控必须是基于集团战略，同时又对战略形成一定的促进和制约，两者相互影响相互促进，战略为文化指明了方向，文化为战略的实施奠定了强有力的基础。文化管控包括集团战略远景、核心文化、员工行为规范、集团企业文化管控流程与制度、集团企业文化实施等内容。

（七）品牌管控

集团品牌管控必须从管理型品牌和运营型品牌两个维度入手，打造管理型品牌为驱动、运营型品牌为支撑的集团品牌体系。品牌管控的内容主要包括。

（1）集团品牌管控。通过集团品牌的打造，将产品、服务、涉足产业的相应传播与经营行为有机结合起来，使集团可以透过社会传播层面，以及在利益相关者层面形成一种总体印象，结合不同业务单元在整体战略中的定位和产业特点，构筑产业价值，整合、协同和控制品牌。

（2）产品品牌管控。不同产品的品牌和其传达的复合信息，经过集团层面的管理与整合，传达出一种产品簇品牌。

（3）服务品牌管控。不同子企业构筑的服务，经过在产品传播和服务过程的表达，构筑起集团的社会化服务特征。

（4）管理模式品牌管控。把企业的管理模式的优化、移植、管理作为一个品牌来管理的系统工程就是管理模式品牌。

（5）企业文化品牌管控。把企业文化的塑造、传播和管理作为一个品牌进行管理的系统工程就是企业文化品牌。

（6）雇主品牌管控。企业在人力资源市场拥有的认识和信息。

（7）企业家或核心人员品牌管控。通过对企业中核心人员有意识的塑造和符号化，从而获得一种对整体认识的再诠释和再认识。

实施集团品牌管控前，应该对公司创建以来的各种品牌认真梳理，然后确定一个清晰合理的集团品牌远景，最终通过品牌观提高品牌组合的整体业绩和整体竞争力。

集团公司应通过品牌管控体系能力建设、品牌建设管控与协同管理、品牌管控模式变革管理、品牌管控环境建设等发挥集团公司的管控职能，将集团体系内所有品牌建设为集团公司品牌。通过积极进行集团管控能力建设、品牌协同管理、变革管理、管控环境建设，为集团体系所有品牌建设提供支撑，积极拓展集团体系内品牌的生命力。

（八）其他管控

集团管控是全方位的管控，除了日常的管控外其他专项管控也同样重要，如对安全、环保及重大突发事件的管控等。

四、集团财务管控

财务管控是集团实施有效管理的最基本手段之一。随着世界经济的发展，财务越来越渗透到日常业务和战略当中，渗透到企业集团所有的经济活动中，其职能较以往发生了根本性变化。它涉及集团的方方面面，如集团财务战略管理、资本结构与融资管控、资产结构与投资管控、运营财务管控、财务信息管控、现金流管控、财务风险管控等诸多方面。

第二节　集团价值创造

一、价值的含义

按照马克思主义政治经济学的观点，"价值"就是凝结在商品中无差别的人类劳动，即产品价值。价值包括社会总价值、行业价值、企业产品价值三部分内涵。

现实中，价值是以货币为表现形式的产品的价格。

（一）社会总价值的概念

社会总价值是指社会各个物质生产部门的劳动者在一定的时期内（通常为一年）所生产出来的全部物质资料的价值总和。社会总价值由不变资本价值（c）、可变资本价值（v）和剩余价值（m）构成。社会总价值以货币形式体现。现实中，社会总价值可用 GDP 和 GNP 来表示。

（二）行业价值的概念

行业价值是指某行业产品在社会总价值中的份额。行业价值是社会总价值的一部分，所有行业价值之和即为社会总价值。通过行业价值分析，可以了解该行业在社会经济中的地位，研究行业价值对于企业的产品战略定位十分重要。现实中一个行业的价值体现在行业全部 GDP 之和，当一个行业的产品价格上升了，行业价值也就提升了。

（三）企业产品价值

从产品和服务方面来讲，本书中企业价值是指顾客愿意为企业提供的产品或服务支付的价格扣除企业相应耗费所形成的劳动生产总值。

企业产业价值包括两个方面：现实的价值（实际支付的价格）和潜在价值（通过改善形成价值的活动来增加顾客支付并减少耗费的价格总数）。企业的每项活动都是其创造价值的经济活动，企业所有的互不相同但又相互关联的生产经营活动，共同创造了企业价值。企业价值是企业各种活动协调配合的结果。

某个产品价值是该行业价值的一部分，社会上所有生产该产品的企业的产品价值之和即为该行业的价值。

集团价值是指集团公司在单体公司价值基础上，充分发挥集团优势，增加顾客支付的价格，其创造的价值超过单体公司价值相加之和的价值。集团公司有几个产品就涉及几个行业的价值，集团公司为了在所涉行业中获取更多的产品价值，须对所涉及的行业进行研究。集团公司要想在现有行业或新兴行业占有更多份额，第一个途径是通过研发新的产品，不断满足顾客需求从而创造价值；第二个途径是扩大价值实现，在行业中增加企业份额。这些都需要首先由集团行业研究部门，通过行业调查研究，提出增加行业价值份额的途径。第三个途径是减少价值基础，即减少无效投入。

（四）价值的特点

1. 具有动态性

企业是充满活力的法人组织体，企业每个时期创造的价值是不同的。一方面，投入同样的资源由于社会环境的不同，企业所创造出的价值可能是不同的；另一方面，企业不同时期所控制的资源也处于不断变化之中，这也决定了企业创造的价值具有动态性。

2. 具有关联性

社会价值与国家的货币发行政策有关系；行业价值与国家的产业政策有关系；企业价值与企业所在的行业合作竞争模式有关系。

二、企业价值活动分析

（一）价值活动分析的目的

价值分析的目的就是通过价值分析了解社会乃至行业企业价值构成，区分产生价值的活动，发现价值增加的源泉，从而通过建立高效的横向归口的专业体系和纵向到底的组织机构满足价值活动的条件，实现有效的价值生产，扩大价值实现，获得更多的价值。

（二）价值活动分类的两种方式

1. 按照价值活动的性质分类

价值活动按照性质分为业务活动和管理及服务活动。

（1）业务活动。

业务活动是指企业生产经营活动，包括采购、外部进厂物流、内部进厂物流、技术开发、生产制造、外部出厂物流、营销、销售、售后服务等。

采购，即企业生产经营的投入。是指企业取得生产制造所用的材料资源和业务服务的过程，采购对企业产品或者服务的成本和质量具有重要的影响。采购的内容主要有以下几个方面：①人力资本（分为管理类和技术类；同时分为低中高三级人才）；②办公场所，包括实物基础建设、工地厂房、劳动工具、设备、无形资本、技术；③自然资源、原材料及辅助材料；④自然条件，生产所需机器设备及工具；⑤技术及无形资产；⑥劳务。

广义上讲，采购活动还包括企业基础设施建设，基础设施建设由大量活动组成，包括项目前期调研、规划、决策、投融资管理、计划、预算、工程管理、财务管理、法律事务、质量管理等。基础设施与其他辅助活动不同，它通过整个价值链而不是单个活动起辅助作用。

进货物流，包括与产品投入相关的进货、仓储和分配等活动。它是物资供应环节，是价值基础部分。

外部进厂物流是指原材料、机器设备等生产资料从企业外部流转进入企业的过程。包括订单申请的批准、与供应商谈判、签订合同、预付订金、货物运输等环节。

内部进厂物流是指原材料、自制半成品等生产资料在企业内部流转的过程。包括到货卸载、验收入库、仓储、领料等环节。

技术开发是指利用从研究和实际经验中获得的现有知识或从外部引进技术，为生产新的产品，建立新的工艺和系统而进行实质性的改进工作。

技术开发由一定范围的各种活动组成，这些活动可以被广泛地分为改善产品和工艺的各种努力，这里把这类活动称之为技术开发，技术开发发生在企业中的很多部门，并且与工程部门或开发部门相联系。技术开发不仅仅适用于与最终产品直接相关的技术，技术开发过程中对于各种价值活动中所包含的大量的技术中的任何一种都可能起到辅助作用，包括订货等级系统中所应用的电子通信技术，或会计部门的办公自动化。技术开发形式多样，从基础研究和产业设计到媒介研究、工艺装备的设计和服务程序。

生产制造是指生产企业整合相关的生产资源，按预定目标进行系统性的从前端概念设计到产品实现的物化过程。贯穿整个过程所涉及的要素包括前期准备阶段、生产过程、配套支持。前期准备阶段的内容主要有：市场信息分析、产品概念、设计图、结构图、手版制作、成本控制、模具、打样、签样等；生产过程主要包括：备料、生产、生产过程管理、质量标准制定、质检、包装配套等。配套支持是指对生产过程的配套服务，包括水、电、汽、机修等辅助生产部门的支持。

外部出厂物流是指产品从出库到通过运输到达客户处的过程。

营销是指企业通过了解市场需求，抓住市场需求，以最好的方案进行推广、扩充、营造需求氛围，通过与别人交换产品和价值，以获得所需之物的社会和管理的过程。营销者要缩短交换过程，以达成更多交易。营销是促进和引导购买者购买企业产品的活动，是价值实现环节。精明的营销者会和消费者、分销商、供应商建立长期的、信任的和互利的关系。因此，营销已经从追求每项交易利润最大化变为追求其他各方利益关系最大化。

销售是指以销售、租赁或其他任何方式向第三方提供产品或服务的行为，包括为促进该行为进行的有关辅助活动，例如广告、促销、展览、服务等活动。销售，最简单的理解就是从商品或服务到货币的惊险一跃。通俗地说就是寻找有需求者，把东西卖出去。

服务是指为他人做事，并使他人从中受益的一种有偿或无偿的活动，不以实物形式而以提供劳动的形式满足他人某种特殊需要。

售后服务是服务的一种，就是在商品出售以后所提供的各种服务活动。从推销工作来看，售后服务本身同时也是一种促销手段。在追踪跟进阶段，推销人员要采取各种形式的配合步骤，通过售后服务来提高企业的信誉，扩大产品的市场占有率，提高推销工作的效率及效益。

售后服务是售后最重要的环节。售后服务已经成为企业保持或扩大市场份额的要件。售后服务的优劣能影响消费者的满意程度。在购买时，商品的保修、售后服务等有关规定可使顾客摆脱疑虑、摇摆的心态，下定决心购买商品。优质的售后服务可以算是品牌经济的产物，在市场激烈竞争的今天，随着消费者维权意识的提高和消费观念的变化，消费者们不再只关注产品本身，在同类产品的质量与性能都相似的情况下，更愿意选择这些拥有优质售后服务的公司。

客观地讲，优质的售后服务是品牌经济的产物，名牌产品的售后服务往往优于杂牌产品。名牌产品的价格普遍高于杂牌，是基于产品成本和质量，同时也因为名牌产品的销售策略中已经考虑到了售后服务成本。

（2）管理及服务活动。

管理及服务活动包括人力资源管理、财务（资金）管理、法律管理、综合管理、战略管理、企业文化管理、品牌管理等。

人力资源管理是指在经济学与人本思想指导下，通过招聘、甄选、培训、报酬等管理形式对组织内外相关人力资源进行有效运用，满足组织当前及未来发展的需要，保证组织目标实现与成员发展的最大化的一系列活动的总称。即预测组织人力资源需求并做出人力需求计划、招聘选择人员并进行有效组织，考核绩效、支付报酬并进行有效激励，结合组织与个人需要进行有效开发以便实现最优组织绩效的全过程。学术界一般把人力资源管理分为六大模块：①人力资源规划；②招聘与配置；③培训与开发；④绩效管理；⑤薪酬福利管理；⑥劳动关系管理。诠释人力资源管理六大模块核心思想所在，帮助企业主掌握员工管理及人力资源管理的本质。人力资源管理不仅对单个基本和辅助活动发挥作用，而且支撑着整个价值链。人力资源管理的各种活动发生在企业当中的不同部分，这些活动的分散导致政策的相互抵触。此外，人力资源管理的累积成本很少被正确认识，在不同人力资源管理中的成本之间进行的权衡取舍也是如此。人力资源管理通过它决定雇员们的技能和积极性以及雇佣和培训的成本所起的作用，影响着任何一个企业的竞争优势。

财务管理是在一定的整体目标下，关于资产的购置（投资），资本的融通（筹资）和经营现金流量（营运资金），以及利润分配管理的资金活动。财务管理是企业管理的一个组成部分，它是根据财经法规制度，按照财务管理的原则，组织企业财务活动，处理财务关系的一项经济管理工作。简单地说，财务管理是组织企业财务活动，处理财务关系的一项经济管理工作。

资金管理是财务管理的重要组成部分，资金管理是指企业对资金来源和资金使用进行计划、控制、监督、考核等项工作的总称。

法律管理是对企业在经营活动中涉及的法律事项的管理，包括企业产、供、销、投融资的各项经营管理活动中与外部和内部各种关系中涉及的法律事务的管理，也包括诉讼、重大危机处理等事项中涉及的法律事项的管理。法律事项管理的参与者既包括企业内部法律事务人员，也包括外部法律事务人员。

综合管理是企业日常各项人事、公务活动涉及的多方面事项的管理。

战略管理是指对一个企业或组织在一定时期的全局的、长远的发展方向、目标、任务和政策，以及资源调配做出的决策。从企业未来发展的角度来看，战略表现为一种计划，而从企业过去发展历程的角度来看，战略则表现为一种模式。如果从产业层次来看，战略表现为一种定位。而从企业层次来看，战略则表现为一种观念。此外，战略也表现为企业在竞争中采用的一种计谋。战略管理是指对企业战略的管理，包括战略制定/形成与战略实施两个部分。战略管理首先是一个"自上而下"的过程，这也就要求高级管理层具备相关的能力及素养。

企业文化管理是指企业文化的梳理、凝练、深植、提升，是在企业文化的引领下，匹配公司战略、人力资源、生产、经营、营销等管理。优秀的企业文化，能够带动员工树立与组织一致的目标，并在个人奋斗的过程中与企业目标保持步调一致，能为员工营造一种积极的工作氛围、共享的价值观念和管理机制，从而产生鼓励积极创造的工作环境，进而对企业价值实现产生强大的推动作用。

品牌管理是指针对企业产品和服务的品牌，综合地运用企业资源，通过计划、组织、实施、控制来实现企业品牌战略目标的经营管理过程。品牌是一种错综复杂的象征，它是品牌属性、名称、包装、价格、历史、信誉、广告等多方面的总称。品牌同时也是消费者对其使用者的印象，以其自身的经验而有所界定。产品是工厂生产的东西；品牌是消费者所购买的东西。产品可以被竞争者模仿，但品牌则是独一无二的，产品极易迅速过时落伍，但成功的品牌却能经久不衰，品牌的价值将长期影响企业。

2. 按照价值活动的形成分类

价值活动按照形成分为价值基础、价值生产、价值实现、价值保障及提升。

价值基础是企业的基本活动，是指生产经营前期的准备活动，包括采购、外部进厂物流、内部进厂物流等。

价值生产是企业制造过程的内容，劳动者通过使用工具，作用于劳动对象，包括生产出商品或服务以及前期的技术开发等过程。

价值实现是指企业创造的价值被市场认可并接受的过程，从而完成了要素投入到要素产出的转化。

价值保障及提升是对价值基础、价值生产、价值实现的支撑、保障、优化、放大和促进。

（三）企业价值来源

通过上述企业价值活动分类的分析和波特价值链理论的应用可知，实现企业价值的来源有以下几个方面。

1. 减少价值基础

减少价值基础实质上就是降低采购环节的成本和生产环节的人工成本及经营管理成本，降低产品投入，从而增加剩余价值。

减少价值基础还需要使用价值链分析集团公司与上游的关联。在这种注重价值链上游的联系中，价值链传递到最终顾客手中，经过了供应商、集团公司、渠道三个环节，最终客户实际上为所有的价值环节支付了边际利润。集团公司处于一个关联的价值系统中，上游对集团公司的价值创造都有影响。因此集团公司的价值创造绝对不能局限于内部管理，还要关注上游。

（1）现实中减少价值基础表现为：①降低企业采购成本；②确定采购价格；③优选供应商；④严把计划审批关；⑤进行网上采购；⑥实行专家采购；⑦实行招标采购；⑧加强入库检查；⑨其他。

（2）降低人工成本的途径和办法主要有：①减员增效；②控制工资总量；③科学定员定额；④提高劳动生产率；⑤提高劳动者素质；⑥其他。

2. 增加价值生产

增加价值生产的核心是通过研究开发活动，生产满足顾客需求的产品，从而增加企业价值，也就是说增加有效产品的服务和数目。价值生产通过研发满足社会需要的产品，从而实现价值，这是价值生产的重要途径。价值生产主要指量的增加，就是通过增加产品的产量增加价值生产。包括现在的价值生产和潜在的价值生产。现在的价值生产是扩大现有产品的产量，增加潜在的价值生产是通过研发生产新的产品，增加价值。企业增加价值的前提是，必须有能给企业自身增加价值的有效产品。

在残酷的竞争中，企业要获得长期的价值增长，就必须拥有不断创新的能力，而这种创新能力的培养必须要依赖企业的研究与开发活动。研究与开发战略是企业核心竞争力的基础，因为研究与开发战略是企业创新的动力来源。

公司研究与开发是为了获得持续创新的能力，使其产品能够更好地满足客户的现有和潜在需要，实现集团公司的价值创造。集团公司要不断创造价值，就必须重视研发，使得研发不仅能够满足客户现有需求，更能挖掘其潜在需求，不仅仅利用集团公司内部资源，更能合理利用外部资源，积极实施研发战略，达到不断提升集团公司价值的目的。如果集团公司研究与开发的技术和产品能够具有更好满足客户需要、发现新的市场，同时又很难被对手模仿这三个条件，就能提升集团公司核心竞争力。因此，集团公司以更好满足客户的现有和潜在需要为宗旨实施研发战略，可以为自身核心竞争力的构建奠定坚实的基础。

3. 扩大价值实现

扩大价值实现就是将企业生产的产品潜在价值变成现实中最大化的价值，简单来说就是提高优化既定投入情况下产品服务的价格，它通过一系列活动来完成。企业通过价值实现取得行业价值更大的份额。扩大价值实现的重要途径是价值链分析，分析和利用价值活动和它们之间的联系是组织竞争优势的源泉。

价值实现可以提高产品集中度，通过规模效应加大价值实现；价值实现主要是对外销售，包括渠道和价格两个层面。渠道从营销方式方面包括线上和线下销售，从运输途径包括铁路、公路、航空、海运等。渠道方面的价值实现主要考虑销售成本。价格方面的价值实现主要考虑通过品牌影响增加产品知名度，提高产品售价和通过加大研发力度，增加产品附加值，扩大价值实现。扩大价值实现还有一个重要途径是集中销售，集团价值实现分析需考虑是否需要集中销售。

要理解集团公司的价值实现，不仅仅要分析集团内部的价值链，还应完整理解集团公司的价值系统。在注重价值链下游的联系中，价值链传递到最终顾客手中，经过了集团公司、渠道两个环节，最终客户实际上为所有的价值环节支付了边际利润。集团公司处于一个关联的价值系统中，下游对集团公司的价值创造都有影响。因此集团公司的价值创造绝不能局限于内部管理，还要关注下游。

因此，无论从哪种视角分析集团公司的价值链，集团公司都应用战略的眼光配置集团内部资源，优化内部价值链；同时，还应当拓展价值链，积极整合集团外部资源，为利润获取提供有效支撑，为价值实现提供保障。

4. 加强价值保障及提升

加强价值保障及提升是通过一系列如机构、人员、资源的支撑、保障、优化、促进、放大予以实现，包括人力资源、财务资源、综合管理等多方面的协调配合，价值基础、价值生产以及价值实现的活动都必须通过价值保障及提升的活动予以支撑。对于单体公司来讲，价值基础、价值生产以及价值实现等活动都属于企业基本活动，其全部价值都需要通过价值保障及提升活动予以实现。因此，作为单体公司不仅要做好价值基础、价值生产以及价值实现这三项基本活动，更应当做好价值保障及提升活动的相关工作。作为集团公司，更要从集团层面做好价值保障及提升工作，也就是要做好集团公司对下属公司的支撑、保障、优化、促进、放大，从而实现集团价值最大化。

三、集团价值创造与构成

（一）集团价值创造

集团价值创造是指通过充分发挥和挖掘集团公司的优势，实现各个子企业价值或价值的总和。集团价值创造就是充分发挥集团优势，减少价值基础，增加价值生产，扩大价值实现，加强价值保障及提升，增加集团在所处各个行业价值的份额，从而使集团价值最大化。

集团价值链是将创造价值的经营活动联系在一起，通过集团价值链的分析帮助集团明确战略环节，确认集团的竞争优势，因此，对集团未来的经营战略的制定具有一定的实际意义。通过发挥集团协同效应，发挥资源共享的规模效益，集中资源用于价值创造，减少交易费用，节约成本费用，通过优势互补来提升集团运作和管理的效率，集团通过整合众多有利资源可以提高企业创新能力和综合竞争力，创造更多的价值。

（二）集团价值构成

我们从集团公司内部母子公司价值链联系展开分析，集团公司所在的价值系统可以用图 1－1 来表示。

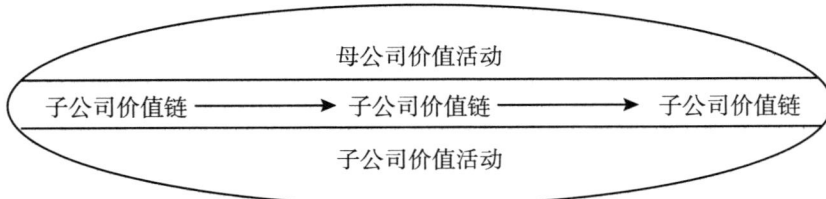

图 1－1　包含母子公司的价值链系统

在这种视角下，集团公司是一个包含母公司层面和子公司层面的价值创造系统。一般认为子公司承担生产、营运、市场营销和售后服务等基本活动以及相关的管理及服务活动，母公司从集团层面负责人力资源管理、财务管控、技术开发等价值活动。母子公司价值链之间的协调和优化是集团公司价值链的重要因素。在母子型集团公司中，很多时候母公司也会参与到价值基础、价值生产及价值实现的过程中来，如母公司实行集中采购、集中进行专利技术的研发、组织统一销售等等。除此之外，母公司更重要的是做好价值保障及提升工作，从而提升集团整体价值。

第三节　集团管控与集团价值创造的关系

一、集团管控水平的高低决定着集团价值创造的多少

集团管控无论是财务管控、人力资源管控，还是品牌管控、风险管控等，如果管控到位，管控作用正常发挥，每个环节、层次都能为集团增加价值。比如，在采购方面的管控，集团实施集中采购模式，降低采购成本，提高采购产品质量，进而为集团节约大量支出；在生产方面的管控，使集团能够创造出更多符合市场需求的产品，即为集团价值的创造打下了坚实基础；在销售方面的管控，通过采取集中销售等方式，能够扩大集团产品的议价能力，提高集团市场份额，提高产品价格，从而为集团创造更多的价值。

二、集团价值创造对集团管控的优化提供经验和借鉴

集团价值创造对集团管控的优化提供经验和借鉴，对价值模式和结构等方面的研究有利于集团管控体系的优化和改进，从而进一步提升集团价值。比如，集团价值创造在同行业中取得较好成绩，应当及时总结成功经验，在全集团范围内推广经验方法，争取更大的价值创造；反之则要吸取教训，认真总结研究不足，并且不断完善提升企业管控水平。

第四节　集团管控体系与集团价值创造的主要实施途径

集团管控体系与集团价值创造需要通过若干途径予以实施，其中较为重要的是确定合理的组织架构及组织体制。

一、确定合理的组织架构

（一）集团组织架构设计的原则

（1）短期与长远相结合原则。既要考虑当前价值的形成，如生产经营有效益、有现金流；又要考虑长远价值的形成，如考虑战略问题、研发活动等。

（2）全面性原则。要充分考虑每项经营活动实施的管理和服务，包括子公司、参股公司各项经营管理活动。

（3）价值导向原则。要有利于增加价值生产，减少价值基础，扩大价值实现，包括采取集中采购、集中销售、提高产品售价等方式。

（4）与外部经济相关联原则。要充分考虑集团在行业及国民经济中的地位。

（5）重要性原则。要根据重要性原则对职能进行合并和分解。对重要的参股企业可多设组织架构，不重要的参股企业可少设组织架构。

（6）要与集团体制相结合原则。集权型的集团组织架构设计较多，分权型的集团组织架构设计较少。

（二）设计合理的集团组织架构的方法

设置与集团管控模式相匹配的管理机构，可以从各方面促进价值链各环节高效运转，从而增加集团价值。为了设计合理的集团组织架构需要对集团基本活动进行分析，通过集团活动分析找出集团企业活动的一致性、差异性。一致性业务活动应采取集中管理，在设计集团组织架构时要从集团基本活动的一致性入手，避免重复设置组织机构，降低管理效率，影响集团价值实现，降低集团剩余价值，对于集团公司一致性的业务，应进行集中管理，如集中采购、集中销售，集中采购包括物资、人力资源、资金等。差异性基本活动需要有针对性的设计组织架构，有差异的基本活动不能由同一部门管理，这样才能扩大集团价值实现。集团一致性企业活动分析见表 1 - 1。

表 1 - 1　　　　　　　　集团公司企业活动一致性分析

	活动名称	活动内容的一致性	活动表现形式的一致性		企业自身对集中的评估		上级公司对集中的评估		备注
					必要性	可能性	必要性	可能性	
业务活动	采购		工作场所						
	内部进厂物流								
	外部进厂物流								
	技术开发		文化、品牌						
	生产制造								
	外部出厂物流								
	营销		政策法规						
	销售								
	售后服务								
管理及服务活动	人力资源管理								
	财务（资金）管理								
	法律管理								
	综合管理								
	战略管理								
	企业文化管理								
	外部关系管理								
	内部关系管理								
	品牌管理								

集团（管理）公司及企业在分析评估时要考虑以下因素。

（1）活动的重要性。集团公司进行价值分析的目的是寻找集团内各行业对集团总价值的贡献度，从而确定对集团价值实现贡献大的行业，确定集团重点发展和鼓励发展的行业，确定集团产品发展战略，也是确定集团架构设计的重要依据。

（2）活动的复杂性。集团公司（尤其是业务多元化的集团公司）不仅有复杂的业务活动和繁杂的组织结果，其管理活动也相对比较复杂，一方面是集团公司管理活动广度、幅度、深度均远远超过单体公司；另一方面集团公司管理活动的管理路径相对较长，管理链条多，不容易把握，传动也比较困难。

（3）活动的集中性。集团通过价值分析确定占集团总价值较大的产品，通过集中发展优势板块或产品，提高集团产品的集中度，通过规模效益，使集团价值最大化。集团架构设计要有利于集团产品的集中发展战略。集团通过集中采购可以降低价值基础，通过集中销售可以扩大价值实现，因此，集团在组织架构设计时，要考虑集中采购、集中销售的相关机构。

（4）企业的发展阶段。集团通过价值分析，寻找成长性强的产品和处于衰退期的产品，支持成长性强的朝阳行业，逐步淘汰落后产能，集团架构设计要考虑企业的长远发展，不能只顾眼前，要强化行业研究和技术研发机构。

（5）产品业务的生命周期。一般而言，由于受到市场需求变化、技术发展创新、新产品替代等因素的影响，产品都存在一定的生命周期，会在一定时间期限内退出市场。对此公司需要制定统一的产品生命周期管理策略，顺利完成产品迁移，以更好地保护集团利益。

（6）外部环境的影响。企业作为一个经济实体，必须时刻与外部的经济环境紧密联系在一起，企业的领导者应该对目前所处的经济环境有一个非常清晰的认识和了解，一旦经济形势发生了变化，企业发展的路线方针就要做出合理的调整，影响企业的经济环境因素主要是社会经济结构、经济体制、经济发展水平、国家经济政策、社会购买力等。

（7）利益相关人态度。企业利益相关者能够影响组织，他们的意见一定要作为决策时需要考虑的因素。所有利益相关者不可能对所有问题保持一致意见，其中一些群体要比另一些群体的影响力更大，这是如何平衡各方利益制定战略考虑的关键问题。

（8）领导人风格。领导人风格是指领导者的行为模式。领导者在影响别人时，会采用不同的行为模式达到目的。企业领导风格就是习惯化的领导方式所表现出的种种特点。每一位领导者都有因工作环境、经历和个性相联系的与其他领导者相区别的风格。领导风格研究的理论价值和实践意义在于它更能反映现实的领导活动，解释领导有效性的差异。

除此之外还要考虑的因素包括：企业活动的长久性、员工的工作效率及执行力、管理层的管理能力、企业规模、行业特点、集团信息化等。

二、设置合理的组织体制

（一）企业的分类

1. 按照企业职能分类

对于独立企业而言，有些直接从事如生产、销售等经营性工作，有些从事对下属企业的管理服务或投资性工作，有些则两者兼而有之。企业的经营是企业的直接生产营销等活动，管理和服务是对非自身企业（或下属企业）的管理和服务。

对于集团公司而言，经营性的公司通常是集团下属的基层企业，这类企业负责产品的生产或者服务等活动的输出。管理服务性的公司通常是集团总部、总部下属部门或者部分公司，通过行政权力来管理下属公司的经营活动，同时向下属公司提供生产经营方面的服务活动。

集团企业总部是整个集团的管理和服务中心，集团总部是企业的首脑和中枢，是企业的决策中心，总部对于集团企业权力的分配、集团发展战略规划、集团组织机构的设计等方面的问题起主导作用。总部以外，集团公司的部分公司也具有一定的管理和服务职能，兼有一定的经营职能。

本书中所涉及的管理型公司主要是指对下属单位有投资关系并对其实施管理的公司，或以管理为主经营为辅的公司；经营型公司主要是指从事生产销售等经营环节的实体公司，或以经营为主、管理为辅的公司。

2. 按照企业集团的出资性质分类

企业集团是以产权为纽带，由众多企业法人共同组成的联合体。按照集团企业产权关系的紧密程度，可以将集团企业分为四个层次：核心层、紧密层、半紧密层和松散层。其中，紧密层是指由核心层掌握实际控制权的成员企业，两者是母子公司关系，并构成企业集团的主体，其管理活动相应成为集团管理活动的核心内容。

母子公司型企业是以一个或者若干特大型公司为核心，按照控股、参股、契约关系联合形成比较紧密且层次稳定的经济组织。母公司是集团企业的核心，又称集团公司总部，是企业集团中起主导地位的核心企业，母公司拥有集团中其他公司一定数额的股份或者根据协议能够控制、支配其他公司的人事、财务、业务等事项。母公司的特点是：母公司是法人，企业集团是非法人；母公司对外代表集团企业，对内影响集团成员企业的发展战略、产品类型等，它在集团中起主导作用；母公司是集团企业中通过股权联系获得控制地位的核心公司。

子公司是相对于母公司而言的法人企业，是指一定数额的股份被另一公司控制或者依照协议被另一公司实际控制、支配的公司。子公司具有独立法人资格，拥有自己的财产、公司名称、章程和董事会，对外独立开展业务和承担责任，涉及公司利益的重要决策和人事安排需要由母公司决定。

集团的子公司分为全资子公司和控股子公司。全资子公司是指母公司持有该公司100%的股权，这种子公司在经营上必须服从母公司的政策。控股子公司分为两种，一种是绝对控股或者优势控股子公司，母公司持有该公司50%以上的股权，掌握绝对控股权力；另一种叫相对控股子公司，即母公司持有该公司50%以下的股份，且处于第一大股东的地位。

3. 按照企业的行业主次分类

按照下属企业所处行业与总部业务相关度分类，分为主业企业、辅业企业、相关多元化企业和非相关多元化企业。

主业企业是指下属企业的业务是集团的主要业务，与集团战略完全一致、业务高度相关的业务板块，主业企业承担着企业稳定发展和盈利的重要任务。

辅业企业的业务不是最主要，但也是经营业务，且不是偶然发生的。有点类似于其他业务收入。当然，对于企业来说，也可能是主营业务收入的一个组成部分。

相关多元化企业是指，下属企业的业务与集团主业相关，能够与主业相互配合、协调，共同发展，与此同时可以增强集团整体实力和竞争力。

非相关多元化企业是指，下属企业在业务上与集团主业并没有很大的关联，独立存在且自成体系的业务模块，但是非相关的业务可以有效地为集团增加盈利，分散企业经营风险。

4. 按照企业区域分类

按企业区域分类可分为国内企业和境外企业。也可按行政区域划分，如华北区公司、华东区公司、华南区公司、东北区公司、西北区公司等。也可按省份或市、县划分，如山西公司、北京公司、广东公司等。

（二）集团组织体制设计的原则

1. 充分利用价值分析原则

通过价值分析，细化业务职能、管理服务职能，从而设计有利于实现集团价值最大化的组织架构。

2. 重要性、共同性、差异性原则

设计集团组织架构要考虑对集团价值贡献大的重要性产品，既要考虑各子企业的共性，还要兼顾各子企业或不同产品的差异性，要在充分考虑重要性、共同性、差异性的基础上，设计有利于集团价值最大化的组织架构，建立高效的集团价值实现机制。

3. 扁平化原则

原则上不超过三级，为了提高实现集团价值的效率，集团的层级不宜过多，特殊情况设计四级公司，由于投资等原因形成的级次较长，可采用托管来减少法律层级、管理层级、内部层级和外部层级，协调运行。

4. 实事求是与环境相一致原则

集团设计组织架构应遵循实事求是原则，并根据环境变化及时调整，不能生搬硬套，更不能脱离实际。组织架构设计要与集团所处环境相适应。

（三）集团组织体制设计的内容

1. 集团企业组织体制的类型

对于集团企业来说，常见的组织结构类型主要有母子公司制、事业部制和混合组织结构三种。

（1）母子公司制。

母子公司制度是一种分权模式，母子公司制是指，集团企业把某些经营管理活动独立出来组成一个具有独立法人资格的子公司，集团企业总部又称母公司。母子公司制本质上来说是一种控股公司型组织结构，母公司持有子公司部分或者全部股份，母公司可以调整下属公司的股权结构，通过行政权力来管理下属企业的生产经营活动，同时向下属公司提供专业化的服务；下属子公司具有独立的法人资格，是相对独立的利润中心，子公司的决策权与决策责任相对应，独立承担民事责任和经营风险，市场反应快。

由于母公司和子公司在法律上都是独立法人，母公司无须承担子公司的债务，降低了经营风险；对于子公司，相对独立的生产经营有利于增进子公司的责任感和经营积极性。母子公司制的缺点是管理控制同公司治理之间具有一定程度的冲突，母公司对于公司的管理控制需要通过公司治理来实现，但是公司治理与管理控制有着完全不同的机制和程序，母公司对于子公司不能直接进行行政指挥，母公司必须通过股东大会和董事会来发挥影响作用。同时，子公司的业务可能会有业务竞争，如果难以协调母子公司业务活动的开展，将影响整个集团利益。

（2）事业部制。

事业部制是一种集权模式，事业部制是指在集团公司总部与下属二级子公司之间增加的一个管理层级，事业部不是独立的法人实体，仅仅是集团总部下设的一个部门。按照产品、行业、地域和顾客形成的事业部管理下属子公司的业务，提高集团公司的专业化管理水平。

事业部制组织结构管理原则是集中策略、分散经营，在集中的领导下进行分权管理，总部具有较高的控制和协调能力，事业部全面承担针对某项产品、某一地区、某一行业或者某类特定顾客的全部业务，各事业部实行独立经营、单独核算，总部只保留人事决策、财务控制以及监督等权力，并利用利润等指标对事业部进行控制。事业部有较大的决策权，可以对市场做出快速反应，避免上一层的官僚主义和扯皮；同时作为责任中心比较易于对业绩考核进行激励。

实行事业部制需要以下几个前提和条件。

①集权化。集权化管理是事业部管理的前提，事业部由本身的管理部门自行组织经营业务，自行负责本身的绩效、成果及对公司的贡献。

②强势总部。采用事业部制管理需要有强势的总部，总部必须负责对影响企业整体性或未来利益各方面的决策，尤其是人事权和财务权方面，总部高层管理必须与事业部分开。

③协同效应。事业部成功与否的关键是能否实现资源共享和协同效应。事业部制的特点是"集中决策、分散经营"，决策层可从具体业务中解脱出来，更宏观、全面地把握企业发展方向；经营部门拥有更多的自主权，具体决策更快捷。

事业部的主要优点：

①事业部制不受集团股权结构的影响，无论是二级公司、三级公司、控股公司、参股公司，只要是提供同类产品或服务，均纳入事业部统一管理。

②事业部有自己直接管理具体经营工作的产品和市场，能够规划其未来发展，能够

灵活自主地适应市场出现的新情况迅速做出反应，具有一定的稳定性和良好的适应性。

③有利于集团公司高层摆脱日常行政事务和繁杂事务，而成为坚强有力的决策机构；同时又能使各事业部发挥经营管理的积极性和创造性，从而提高企业的整体效益。

事业部的主要缺点是其决策权如果太大，上一级可能无法对事业部进行有效控制，特别是事业部有过大的决策权但是没有独立的民事责任，风险全部由公司承担，会加大公司的风险。有些事业部之间的交易行为难以模拟市场合约，导致内部转移定价难以协调。

（3）混合组织结构。

在实际的企业集团结构中，由于业务结构和经营地域的不断扩张，单纯的事业部制将不能适应要求，所以在某些业务和领域以子公司的形式存在很普遍。混合组织结构是将各种类型组织结构混合起来，灵活设计组织架构。一般而言，混合结构有以下三种形式：

①母公司设立事业部，所有业务都归事业部经营，事业部的全部或者某些业务可以根据需要以子公司的形式存在。这样母公司的最高管理层并不需要直接管理子公司，最高管理层只需要管理、协调和考核事业部。

②一部分业务以母公司事业部或直接职能管理单元的形式存在，而另一部分业务以具有法人地位的子公司的形式存在。母公司以事业部或者职能单元的形式直接经营一部分业务，同时以子公司的形式经营一些业务，实际上就是一种混合控股公司模式。

③母公司对重要公司进行直接管理，采取子公司制形式，而对非重要公司采用事业部制的方式进行管理。

2. 集团总部的定位设计需要考虑的因素

（1）以价值分析为基础，要有利于集团总体价值的实现。价值分析要充分考虑价值形成的各个环节，区分重要性与非重要性的因素，要有利于各子（分）公司整体协同、配合，充分考虑各方面的影响因素。以价值分析为基础，确定企业的管控战略、总部与子公司职能的划分，以实现集团价值最大化为目标。凡是有利于实现集团价值最大化的环节，一定程度上可提高其管理的决策权限。

（2）与集团的管控模式相一致，集团总部的管控模式分为财务管控型、战略管控型、运营管控型，体制是对管控模式的一种实施；集团总部定位的选择要配合集团管控模式，总部定位应根据集团管控模式的不同采取不同的功能定位。

对于采取财务管理型管控模式的企业集团来说，集团总部一般会作为投资决策中心，以追求资本价值最大化为目标，管理方式以财务指标考核、控制为主，一般资本型企业集团采取这种方式。对于采用战略管理型管控模式的企业集团，集团总部作为战略决策和投资决策中心，以追求集团公司总体战略控制和协同效应的培育为目标，通过战略规划和业务计划体系进行管理，一般混合的企业集团采用这种管控模式。采用经营管理型管控模式的企业集团，其总部作为经营决策中心和生产指标管理中心，以对企业资源的集中控制和管理，追求企业经营活动的统一和优化为目标，直接管理企业集团的生产经营活动（具体业务）。

（3）充分考虑下属单位的业务的重要性、可控性及产品的发展阶段等。集团子（分）公司众多，其重要程度和所处的发展阶段不同，总部要充分考虑各子（分）公司的情况。对于重要的子公司或重要的业务，集团要进行集中管控，对于处于发展阶段或非重要的业务，集团可适当放权。对于一些能够控制的，集团应加强管控；对于控制能力有限的，集团应进行相应调整，采取一定措施以避免不可控因素的不利影响。大多数的产品生命周期呈 S 形，它可以分为四个主要阶段，即导入期、成长期、成熟期、衰退期。产品生命周期的四个阶段呈现出不同的市场特征，总部的管控策略也就以各阶段的特征为基点来制定和实施。同样，企业也存在生命周期，是指企业的发展与成长的动态轨迹，包括发展、成长、成熟、衰退几个阶段。针对所处周期选择适当战略，针对不同的周期应采取不同的战略，从而使企业的总体战略更具前瞻性、目标性和可操作性。依照企业偏离战略起点的程度，可将企业的总体战略划分为如下三种：发展型、稳定型和紧缩型。发展型战略，又称进攻型战略，使企业在战略基础水平上向更高一级的目标发展，该战略宜选择在企业生命周期变化阶段的上升期和高峰期。稳定型战略，又称防御型战略，使企业在战略期内所期望达到的经营状况基本保持在战略起点的范围和水平。宜选择在企业生命周期变化阶段的平稳期实施该战略。紧缩型战略，又称退却型战略，它是指企业从战略基础水平往后收缩和撤退，且偏离战略起点较大的战略。采取紧缩型战略宜选择在企业生命周期变化阶段的低潮期。总部在制定管控策略时，应充分考虑到下属企业自身发展实际情况，与不同发展战略所配合的管控策略应有所区分。

（4）与集团总部的组织架构相协调。总部职能定位应共性和个性相结合，共性的服务和管理服务应在集团设立部门，共性可以合并也可以分解。共性的服务管理包括：人力资源管理、财务（资金）管理、综合管理、战略管理、行业研究、对外及对内关系、品牌管理等。个性的业务要通过一致性分析，将一致的业务集中到集团统一管理，如集中采购、集中销售、研发等。在实际经营活动中出现管理失控的母子公司中，通常不是下面公司不行，而是上面总部不行，总部运营存在严重问题，集团总部的功能定位不清楚，官僚化严重等。集团总部是企业集团的首脑和中枢，是企业集团的决策中心，其功能定位是否准确对发挥企业集团整体优势，提高核心竞争力，有着决定性的作用。

（5）组织架构与职权相一致。总部要赋予子（分）公司相应的职权，以便于工作顺利有效地开展，如果职权需要调整时，相应的组织架构也应进行调整，反之亦然，职权与组织架构应配套实施。此外，尽可能提高企业内部工作效率，提升集团总体价值，减少因企业内部职责不清所造成的管理资源的浪费。

三、价值分析与组织架构、组织体制的关系

（一）价值分析有助于确定合理的组织架构和组织体制

财政部颁布的《企业内部控制应用指引第 1 号——组织架构》指出，组织架构是指企业按照国家有关法律法规、股东（大）会决议、企业章程，结合本企业实际，明确董事会、监事会、经理层和企业内部各层级机构设置、职责权限、人员编制（特别是决策层的人员和质量）、工作程序和相关要求的制度安排。价值分析的目的是通过价值分析确定合理的组织架构，从而更有效地扩大价值实现，创造更多的价值。

比如，通过分析集团价值在某行业中的份额，进而确定集团是否需要设立行业研究

机构，对一些较为重要的问题，如某行业在国民经济中的地位、如何提高集团在行业中所占比重等进行专项研究。依据重要性原则，集团总部可设立行业管理办公室集中力量组织实施，或是将相关研究工作纳入集团战略管理单独实施。再如，集团某种产品采购较分散，且同质性较低，集团物资采购就应当采取制度管理的方式，而不应当采取集中采购的方式。如果产品同质性较高，则应成立集中采购机构加以管理。又如，集团研发问题，如果集团主业较为集中，则应当在集团总部专门成立研发机构，如果集团多元性属性较强，则集团不应专门设立研发机构进行研发。

（二）价值分析对组织架构、组织体系的指引

对价值基础中的各项管理及活动进行分析，有助于确定合理的集团组织架构及组织体系。

1. 事前价值分析

（1）对战略机构的指引。对企业战略进行研究，为董事会、管理层制定企业战略提供参考依据，对企业制定战略的实施进行全程指导和监督。战略决定公司未来的业务领域和发展政策，从而选择正确的业务领域，生产制造更多的产品占据市场。

（2）行业管理机构的指引。对企业所处行业的各个方面活动进行细致的研究，分析行业价值产生的源泉，包括对整个行业政策和定位的了解，为董事会、管理层确定企业重点发展的行业和放弃的行业决策提供参考依据和导向。对企业所处行业的发展情况进行全程研究，指导企业在行业竞争中获得优势。

（3）计划管理。企业将各项经营活动纳入统一计划进行管理。企业通过对计划的制订、执行、检查、调整的全过程管理，便能合理地利用人力、物力和财力等资源，有效地协调企业内外各方面的生产经营活动，提高企业效益。计划管理是企业经营活动的基础性工作之一，其关键性、重要性正逐渐引起企业员工的高度关注，这必将带来企业经营效益和效率的极大提升，为企业的可持续发展奠定良好的基础。

（4）产品研发。企业的产品不是一成不变的，企业研发部门需要不断创造新产品、改进现有产品和服务，才能满足人们需求的不断改变和提高，进而提高企业的竞争力。

（5）风险控制。风险控制是指风险管理者采取各种措施和方法，消灭或减少风险事件发生的各种可能性；或减少风险事件发生时造成的损失，减少价值的流失。风险总是存在的，作为管理者会采取各种措施减小风险事件发生的可能性，或者把可能的损失控制在一定的范围内，以避免在风险事件发生时带来的难以承担的损失。风险控制的四种基本方法是：风险回避、损失控制、风险转移和风险保留。

2. 事中价值分析

（1）采购。采购是从资源市场获取资源的过程。集中采购是同一企业内部或同一企业集团内部的采购管理集中化，集中采购可以保证采购货物、工程、服务的质量，通过对同一类材料进行集中化采购来降低采购成本。

（2）基础建设。建设单位利用资金进行投资，以扩大生产能力、改善工作为主要目标的新建、扩建、改建等经济活动。通过基础建设可以增加企业的生产能力、改善生产环境，扩大规模，提高市场和行业影响能力。企业实现价值前期的投入，是对价值基础的投入，基本建设的时间、速度、质量、耗费等都对企业价值产生影响。

（3）生产经营。生产是企业创造价值的关键环节，需要有专门的部门来负责和管理生产经营活动。生产经营是围绕企业产品的投入、产出、销售、分配乃至保持简单再生产或实现扩大生产所开展的各种有组织的活动的总称，生产经营是企业各项工作的有机整体，是一个系统。

（4）营销。营销模式，一般是指营销过程中采取的不同模式。销售模式指的是把商品通过某种方式或手段，送达消费者的方式，完成"制造→流转→消费者→售后跟进"这样一个完整的环节。现在大家谈到的"销售模式"，其实是在市场上已经运用成熟的、行之有效的、提炼至一种代表意义的销售框架。这种框架具有完整的体系，可复制，操作性较强。集团公司为了扩大价值实现对核心行业应采用集中营销和销售模式。

（5）物流。物流是指在企业生产过程中，根据物质资料实体流动的规律，应用管理的基本原理和科学方法，对物流活动进行计划、组织、指挥、协调、控制和监督，使各项物流活动实现最佳的协调与配合，以降低物流成本，提高物流效率和经济效益。物流过程虽然不生产价值，但却是价值实现必不可少的一部分。

（6）运输。运输中运输费所占比重大，是影响物流费用的重要因素。在物流业务活动过程中，直接耗费活劳动和物化劳动，它所支付的直接费用主要有：运输费、保管费、包装费、装卸搬运费、运输损耗费等。而其中运输费所占的比重最大，是影响物流费用的一项主要因素。在物流各环节中，如何搞好运输工作，积极开展合理运输，不仅关系到物流时间问题，也影响到物流费用问题。企业只有节约运输费用，才能降低物流费用，以及整个商品流通费用，提高企业经济效益，增加利润。

（7）价值管理。价值管理主要体现在业财融合。价值管理的目标就是创造价值，要求在企业经营管理和财务管理中，遵循价值的理念，依据价值增长规则和规律，来探索价值创造的运行模式和管理技术；从而建立起联结企业战略，并应用于所有对企业价值有影响的各个因素和整个经营过程中的决策和控制体系；它要求公司一切决策和行为以是否能够为股东创造价值为评价基准，并且在实现价值管理的过程中广泛运用了经济增加值、市场增加值、折现现金流量等一系列价值评估和价值管理的技术和方法，以帮助其实现股东价值最大化。

（8）企业信息化。企业在产品的设计、开发、生产、管理、经营等多个环节中广泛利用信息技术，并大力培养信息人才，完善信息服务，加速建设企业信息系统，企业广泛利用现代信息技术，开发信息资源，把先进技术、管理理念引入到管理流程中，实现管理自动化，提高企业管理效率和水平，从而促进管理现代化，转换经营机制，建立现代企业制度，实现有效降低成本，加快技术进步，增强核心竞争力。

3. 事后评价分析

（1）绩效评价。企业绩效评价，是指运用数理统计和运筹学原理的特定指标体系，对照统一的标准，按照一定的程序，通过定量定性对比分析，对企业一定经营期间的经营效益和经营者业绩做出客观、公正和准确的综合评判。可以对员工的晋升、降职、调职和离职提供依据，组织对员工的绩效考评的反馈，对员工和团队对组织的贡献进行评估，对工作计划、预算评估和人力资源规划提供信息。

（2）审计。内部审计工作是对企业经济活动的合法性、合理性、效益性以及反映经济活动资产的真实性进行审核、监督和评价性活动。其有效实施是企业经济活动保障的基础，对于企业的生存与发展有着重要的影响。内部审计工作的有效开展对企业的经济活动具有一定的风险防范作用。通过事前决策审计，对企业资金的投放、投资效益、使用效率、投资风险等进行审计，保障企业的经济利益。

4. 综合价值分析

（1）人力资源。对人力资源管理进行分析，了解集团人力资源管理现状后，将人力资源进行集中管理，可以有效地提高劳动效率，降低人力成本。集团统一制定员工招聘标准、统一招聘、培训，针对总部、单一公司不同的特点，统一制定薪酬制度，既可以节约人力成本，又可以提高生产效率，从而降低人力方面的价值基础成本。

（2）财务。集团公司通过对集团财务（资金）管理现状进行分析，制定有效的财务管理架构，可以有效降低财务管理成本。如通过对资金集中管理，既可以利用集团的优势，取得成本更低的融资，又可以通过集团内企业资金的合理调度，减少资金使用量，提高资金使用效率，降低全集团的财务成本。

（3）法律。集团公司通过对法律管理现状和对法律事项的分析，将集团内共同的法律事务需求集中到集团统一管理，可以有效降低法律事项成本，如诉讼成本、法律顾问费用等。

（4）文化。企业文化，或称组织文化，是一个由价值观、信念、仪式、符号、处事方式等组成的企业特有的文化形象，简言之，就是企业在一定的条件下，企业在生产经营和管理活动中所创造的具有该企业特色的精神财富和物质形态。集团公司统一的企业文化，有利于形成合力，建立高效的管理团队，提高工作效率，集团公司应设立统一的文化管理部门。

（5）外部关系。集团公司各个级次的公司，不论从事何种业务，均需处理各种对外关系。处理对外关系均有成本，对外的部门有重叠，如都要和财税部门、银行部门打交道，如果各自处理和这些部门的关系，将增加成本，如果集团公司设立统一的公关部门，统一协调对外关系，可以降低与处理外部关系相关的价值基础成本。

（6）品牌。品牌对于集团各个级次子公司的价值实现均十分重要，品牌建设成本高，时间长，如果集团公司建立统一的品牌管理部门，统一规划集团公司品牌建设工作，统一对外品牌宣传，可以有效降低品牌宣传成本，增加价值实现。

（7）党务。党务工作是个广泛的概念，通常情况下，我们把党的组织工作、宣传工作、纪律检查工作等各项内部的事务性和业务性工作统称为党务工作。实际工作中，党务工作就是围绕党的建设而进行的一系列具体的党内管理活动。国有企业中党群管理是重要的工作，做得好，可以对扩大集团价值实现起到积极作用。

（三）合理的组织架构和组织体制有利于集团价值创造

合理的集团组织架构可以促进集团价值创造。为了提高集团行业价值的份额，应设立行业研究机构，研究国家行业政策，宏观环境对行业的影响，争取行业政策，通过形成行业联盟发挥集团在行业价值中的作用；通过增加处在上升期和成熟期行业的产量，减少处在衰退期行业的产量，增加集团整体价值。事业部和其他职能部门通过研究竞争战略，差异化研究，可以从所处行业取得更大的价值。集团设立集中采购部门，对集团价值基础构成重大影响的主要采购事项进行集中管理，通过集中采购，可以减少集团价值基础。集团通过设立研发中心，加大集团核心行业的研发力度，提高研发能力，生产技术含量高的产品，提高产品附加值，增加价值生产，扩大价值实现，从而提高集团价值。集团设立集中销售部门，通过集中销售，增加集团在行业中的话语权，提高议价能力，增加销售量，提高产品销售价格，从而扩大价值实现。

　　合理的组织架构在发挥其一般职能以外，还能够在集团层面发挥其他职能。发挥的作用恰当、到位，有助于集团价值的创造，发挥的作用不当、缺位，则很可能导致集团价值的流失。

第 二 章 | 集团财务战略管控

第一节 集团战略

一、集团战略的概念

战略一词源于希腊语的"stratagia",原为军事用语,指作战谋略,是军事指挥者基于对军事作战所依赖的主客观条件及发展变化规律的认识,全面规划、部署己方军事力量的建设和运用,取得军事斗争的胜利,有效达到既定的政治和军事目的。在中国,战略一词历史久远,"战"指战争,"略"指谋略。春秋时期孙武的《孙子兵法》被认为是中国最早对战略进行全局筹划的著作。在现代"战略"一词被引申至政治和经济领域,其含义演变为泛指统领性的、全局性的、左右胜败的谋略、方案和对策。随着生产水平的不断提高和社会实践内容的不断丰富,战略一词有了很多方面的新含义,在商业方面称之为企业战略。

波特在《什么是战略》(1996)一文里强调了战略的实质在于与众不同,在于提供独特的消费者价值。而钱·金和勒纳·莫博妮在《蓝海战略》(2005)中则认为战略包括企业关于消费者价值的主张、关于企业利润的主张,以及在组织活动中关于人的主张,并着重强调创新和改变游戏规则的重要性。

我们认为,企业战略是指在确保实现企业使命的前提下,为了获得可持续的竞争优势,使企业价值最大化,根据企业所处的外部环境变化和内部资源条件,而对企业未来发展目标和实现途径所做出的一系列的全局性、长远性的系统谋划。

企业集团战略是指站在集团公司总部角度,在确保实现企业集团使命的前提下,为了培养和增强集团在市场竞争中的优势,针对集团所处的外部环境变化和内部资源条件,对未来一段时间内发展目标和实现途径所做出的一系列的全局性、长远性的系统规划。它是集团未来一段时期,所涉及业务领域和发展政策的组合及相应管控模式的规划。

集团战略涵盖了公司的整体范围,关注在每个战略业务单元中创造竞争优势,制定一个具有可持续竞争优势的业务单元战略,需要对集团进行战略分析,明确在什么市场中能够取得优势,什么产品或者服务能够压倒竞争对手,取得优势。

二、集团战略的内容

集团战略的内容分为业务战略和管控战略。集团业务战略是总部从全局角度和战略高度出发，对于下属各个企业经营战略的整合，是整个集团公司各个经营活动领域的指导性战略。业务战略制定过程中需要充分了解集团下属公司在各个经营领域产品、服务的发展状况和市场前景及资源状况，集中力量发展优势产业；同时洞察各公司发展状况的差异，在整体业务规划的基础上区别对待。集团管控战略是对企业管理战略的升级，集团下属企业中有全资子公司、参股公司、控股公司等，集团总部需要对所有制不同的下属公司进行全局性、指导性的管理，通过行政权力来管控下属公司。

（一）业务战略

业务战略是为了完成企业集团既定的中长期的目标，实现企业集团业务规模的持续发展和竞争力的增强，根据集团所处的外部市场环境、行业环境和内部资源条件，对今后业务活动目标和实施做出的一系列全局性、系统性的规划，是对未来一段时期的业务领域和发展政策的组合及相应的管控模式的定位，它强调了各单位在各业务领域中的生存、竞争与发展之道。业务战略主要涉及企业内部各业务领域，如研发、投资、市场营销、生产运营、采购、运输等，业务战略制定是一个创造和调整的过程。如何整合资源创造价值，以满足顾客，是业务战略关心的重点。

1. 业务领域

业务领域就是指企业可提供产品、服务、技术的范围。如某集团在其官方网站披露的业务领域包括：消费品、燃气、电力、医药、地产、金融、水泥、其他业务。业务战略中关于业务领域的确定主要包括一体化战略、密集型发展战略和多元化战略。

（1）一体化战略。

一体化战略是指企业对具有优势和增长潜力的产品和服务，沿着其经营链条的纵向或者横向延展业务的深度和广度，扩大经营规模，实现企业成长。一体化战略是企业有目的地将若干独立又有联系的个体有机的组合在一起，形成规模效应，组成经济联合体。主要包括垂直一体化战略（生产企业同供应商、销售商串联形成上下一体化经营）、前向一体化战略（生产企业同销售商联合形成经营体）、后向一体化战略（生产商同原料供应商联合形成经营体）、横向一体化战略（同行业企业之间的联合形成规模效应）。

前向一体化战略指获得分销商或零售商的所有权或加强对他们的控制，前向一体化战略通过控制销售过程和渠道，有利于企业控制和掌握市场，增强对消费者需求变化的敏感性，提高企业产品的市场适应性和竞争力。企业实施前向一体化战略是为了突破销售或技术"瓶颈"。企业之所以实施前向一体化战略，通常是想借此解决日趋严重的销售或技术方面的问题。前向一体化战略的主要适用条件包括：①企业现有销售商的销售成本较高或不可靠，难以满足企业销售产品的需求；②企业所生产产品的增长潜力较大；③企业具备实施前向一体化战略所需要的品牌优势、资金优势、人力资源优势；④销售环节的利润率较高。

后向一体化就是企业通过收购或兼并若干原材料供应商，拥有和控制其供应系统，实行供产一体化。后向一体化战略是指通过获得供应商的所有权或加强对其的控制权，把原来属于外购的原材料或零件，改为自行生产的战略。后向一体化战略主要适用条件包括：①企业现有采购成本较高或供应商的可靠性较差，供应渠道不稳定，难以满足企业对原材料等需求；②供应商数量较少，需求方竞争者众多，也就是说企业采购的主要原材料供不应求，处于卖方市场；③企业所生产产品的增长潜力大，具有实施后向一体化战略所需要的资金、人力资源等优势；④供应环节的利润较高；⑤企业产品价格的稳定对企业而言十分关键，实施后向一体化战略有利于控制原材料成本，从而确保产品价格的稳定，提高产品竞争力。

（2）密集型发展战略。

密集型发展战略是通过分析产品和市场战略组合，在原有业务范围内，充分利用在产品和市场方面的潜力求得成长壮大的战略。实行密集发展战略后，由于企业目标更加聚焦，可以集中精力追求降低成本和差异化，使自己竞争优势更强。密集型发展战略是将企业的营销目标集中到某一特定细分市场，这一特定的细分市场可以是特定的顾客群，可以是特定的地区，也可以是特定用途的产品等。采用这一战略可以在原来的业务领域里，加强对原有的产品与市场的开发和渗透来寻求企业未来发展机会。这种战略的重点是加强对原有市场的开发或对原有产品的开发。密集型发展战略主要包括三种类型：市场渗透战略、市场开发战略和产品开发战略。

（3）多元化战略。

多元化战略是指企业进入与现有产品和市场不同的领域。现有产品和市场受到地理条件限制、市场规模有限或者竞争激烈，不存在期望的增长空间时企业采用的多元化战略。企业采用多元化战略的目的有：分散经营风险、争取协调效应、充分利用现有富余资源等。多元化战略按与本企业产品的关联度分为：同心多元化战略、水平多元化战略、垂直多元化战略、整体多元化战略。除了上述分类之外，西方学者鲁梅尔特采用专业比率、关联比率、垂直统一比率等三个量的标准和集约—扩散一个质的标准，将多元化经营战略分为垂直型、专业型、本业中心型、相关型、非相关型五种类型。集团公司应根据企业实际情况和市场环境的变化趋势，确定采用什么样的发展战略。

2. 发展政策

发展政策是指集团公司围绕确定的业务领域，使用多种手段制定的一系列具体政策的总称。发展政策包括扩张政策、稳定政策、收缩政策。

（1）扩张政策。扩张政策是指充分利用外部环境的机会，充分发掘企业内部的资源优势，以求得业务在现有的基础上向更高层的方向发展的政策。扩张政策是通过"量"的方面的扩张来强化企业的竞争优势，诸如扩大规模、扩大广告宣传、增加产品种类等。企业实施扩张政策目的是为了增加产品的市场占有率，增加超额利润。实施扩张政策的企业往往立足于创新，这些企业常常开发新产品、新市场、新工艺和旧产品的新用途，以把握更多的发展机会，谋求更大的风险回报。

（2）稳定政策。稳定政策是指企业在内外环境的约束下，在战略规划期所期望达到的经营状况基本保持在战略起点的范围和水平上的发展政策。采用稳定政策的企业不需要改变自己的使命和目标，企业只需要集中资源于原有的经营和产品，增强竞争优势，在其经营领域内所达到的产销规模和市场地位都大致不变或以较小的幅度增长或减少。采用稳定政策将减少开发新产品和新市场所必需的资金投入和开发风险，避免重新配置资源和组合的成本，对企业而言，采用这种政策的风险较小。采取稳定政策的企业，一般处在市场需求及行业结构稳定或者较小动荡的外部环境中，因而企业所面临的竞争挑战和发展机会都相对较少。但是，有些企业在市场需求以较大的幅度增长或是外部环境提供了较多的发展机遇的情况下也会采取稳定政策。这些企业一般来说是由于现有资源状况不足以使其抓住新的发展机会而不得不采用相对保守的稳定政策。

（3）收缩政策。收缩政策是指在那些没有发展或者发展潜力很渺茫的企业，采取的通过减少产业投入，加大现金流收回，把原来的一些投入转为现金，收回原有投资，为了回避风险，从目前的战略经营领域和基础水平收缩和撤退，且偏离起点战略较大的发展政策。企业内部为了筹集资本营运所需资金、改善企业投资回报率，或者是为了短期目标及外部原因，例如，为适应整体经济形势、产业周期、技术变化、市场竞争等目的，通过收缩战略保证企业的生存和发展。一般来说，企业实施收缩政策只是短期的，其根本目的是使企业捱过风暴后转向其他的战略选择。有时，只有采取紧缩和撤退的措施，才能抵御竞争对手的进攻，避开环境的威胁和迅速的实现自身资源的最优配置。可以说，收缩政策是一种以退为进的策略，与扩张政策和稳定政策相比，收缩政策是一种消极的发展政策，具有明显的短期性。

3. 业务领域和发展政策的组合

集团公司制定业务战略就是对规划期内业务领域和发展政策的组合。可以采用表 2-1 的方法确定业务领域和发展政策的组合。

表 2-1 就是对企业确定的业务领域和发展政策的组合，业务领域的规划包括：首先，要区分是现有业务还是准备新发展的业务；其次，把企业的现有业务和新发展业务进行定位，区分为主业和辅业；再次，确定企业的各项业务与主业的关系，按一体化和多元化、相关和不相关，横向相关和纵向相关确定与主业的关系；最后，企业对现有和新发展业务进行定位后，再根据各业务所处内外环境，确定其发展政策。

表 2-1 　　　　　　　　　对企业确定的业务领域和发展政策的组合

业务领域				发展政策
业务性质	业务名称	主副业定位	与主业关系	
现有业务 1				
现有业务 2				
现有业务 3				
…				
新发展业务 1				
新发展业务 2				
新发展业务 3				
…				

4. 实现业务战略的途径

制定了业务战略后，更重要的是如何实现集团公司的业务战略，也就是竞争战略。

竞争战略也称为业务单位战略，业务单位战略涉及各个业务单元的主管以及辅助人员，这些经理人员的主要任务是将公司战略所包含的企业目标、发展方向和措施具体化，形成本单位具体的竞争与经营战略。竞争战略是企业战略的一部分，是在企业总体战略的制约下，指导和管理具体战略经营单位的计划和行动。企业竞争战略要解决的核心问题是，如何通过确定顾客需求、竞争者产品及本企业产品这三者之间的关系，来奠定本企业产品在市场上的特定地位并维持这一地位。竞争战略是企业获得竞争优势的基本途径和手段，包括三种基本战略：成本领先战略、差异化战略、集中化战略。

成本领先战略也称为低成本战略，是指企业在研究、生产、销售、服务和广告等领域通过有效途径降低生产和经营成本，以低于竞争对手的产品价格，获得市场占有率，并获得同行业平均水平以上的利润，成为产业中的成本领先者，从而获取竞争优势的战略。成本领先战略是一个"可持续成本领先"的概念，企业针对市场情况，通过降低各种成本要素，提高生产率，改进产品和工艺设计，控制低成本风险等措施，不断地削减成本来取得在行业内的低成本领先优势，获得长久的竞争优势，这种优势体现在形成进入障碍、增强讨价还价能力、降低替代品的威胁和保持领先地位等方面。根据企业获取成本优势的方法不同，成本领先战略概括为如下几种主要类型：①简化产品型成本领先战略；就是使产品简单化，即将产品或服务中添加的花样全部取消。②改进设计型成本领先战略。③材料节约型成本领先战略。④人工费用降低型成本领先战略。⑤生产创新及自动化型成本领先战略。

差异化战略，又称差别化战略或标新立异战略，是指企业针对大规模市场，通过提供与竞争者存在差异的产品或服务以获取优势的战略。差异化战略被认为是将公司提供的产品或服务差异化，形成一些在全产业范围中具有独特性的东西。差异领先战略要求企业就客户广泛重视的一些方面在产业内独树一帜，或在成本差距难以进一步扩大的情况下，生产比竞争对手功能更强、质量更优、服务更好的产品以显示经营差异。实现差异化战略可以有许多方式，如品牌形象、技术特点、外观特点、客户服务、经销网络及其他方面的独特性。最理想的情况是公司使自己在几个方面都差异化。应当强调，差异化战略并不意味着公司可以忽略成本，但此时成本不是公司的首要战略目标。差异化战略包括以下几类：①产品差异化战略。产品差异化的主要因素有：特征、工作性能、一致性、耐用性、可靠性、易修理性、式样和设计。②服务差异化战略。服务的差异化主要包括送货、安装、顾客培训、咨询服务等因素。③人事差异化战略。训练有素的员工应能体现出下面的六个特征：胜任、礼貌、可信、可靠、反应敏捷、善于交流。④形象差异化战略。

集中化战略也称专一化战略、目标集中战略。集中化战略是主攻某个特殊的顾客群、某产品线的一个细分区段或某一地区市场。正如差别化战略一样，集中化战略可以具有许多形式。虽然低成本与差别化战略都是要在全产业范围内实现其目标，集中化战略的整体却是围绕着很好地为某一特殊目标服务这一中心建立的，它所开发推行的每一项职能化方针都要考虑这一中心思想。这种战略的核心是取得某种对特定顾客有价值的专一性服务，侧重于从企业内部建立竞争优势。集中化战略的实施首先表现在提供咨询服务上，要做到人无我有、人有我精、人精我专，掌握主动权。集中化战略有两种形式，即企业在目标细分市场中寻求成本优势的成本集中和在细分市场中寻求差异化的差异集中。

（二）管控战略

1. 管控战略的定义

管控战略是指为了实现企业集团确定的目标和使命，集团总部根据组织内外部环境条件制定并选择战略，通过有效的资源配置将战略方案付诸实施，并对战略实施过程进行控制的一个动态管理过程。

管控战略具有以下几个特点：

（1）战略综合性。管控战略是一项高度综合性的管理活动，不但需要对投资管理、生产管理、经营管理、财务管理、研发管理、人力资源管理等职能管理活动加以系统性的思考，还需要寻求在管理学、经济学和社会学等方面的知识融合，创造性地开展战略方案设计。

（2）战略全局性。管控战略不是企业高层管理者一个人的事情，也不能只强调某个业务单元或者职能部门的运作，应该对各个经营单位和各个职能部门进行系统性设计和全面管理。战略的制定、实施和控制各个环节都要求从企业全局利益出发，摆脱部门利益和个人利益的制约，进行总体性的谋划。

（3）战略动态性。由于战略面对未来一段时间内的管理活动，战略安排和决策都是根据企业目前面临的内外部环境来制定的，没有人能准确预测未来的发展情况，所以管控战略应该与时俱进地进行必要的修改和完善。

2. 管控战略的内容

企业集团战略管控包括法人治理及组织架构、企业集团财务管控、企业集团人力资源管控、业务管控、企业集团文化管控、企业集团品牌管控及其他管控等方面。

（1）法人治理及组织架构。关于法人治理及组织架构，本书第一章对其进行了详细的概述，本章不再赘述。

（2）企业集团财务管控。企业集团财务管控是指在出资人所有权以及企业法人产权基础上产生的，为保证财务管理目标的实现而进行的管理活动和手段。企业集团财务管控的主要内容包括资本控制、组织控制、人员控制、制度控制和监督激励等方面。它们之间相互独立又相互影响，构成了一个完整的财务管控系统。

（3）企业集团人力资源管控。企业集团人力资源管控主要以分子公司的高层人员的委派、考核、绩效评估、激励机制等为主要管理内容，通过制定规范化的人力资源管理制度和相互制衡的约束机制，一方面规避分子公司的经营者或重要管理者的"逆向选择"和道德风险；另一方面人尽其才物尽其用，使人才真正得以合理利用。

（4）业务管控。业务管控是指对企业经营过程中的研发、生产、营业、销售、投资、服务、劳动力和财务等各项业务按照经营目的执行有效的规范、控制、调整等管控活动。业务管控是企业系统运行的中心环节，上游至采购供应，中游至生产储备，下游至产品服务等，都在业务管控的流程中实现，企业的业绩也由此直接产生。因此，业务管控是决策实施与企业执行力推动的关键。

（5）企业集团文化管控。企业集团文化管控是指利用企业的愿景、共同信念来管理母子公司。组织文化是组织成员所共有的特定价值观与规范的集合。这些价值观与规范，控制着组织成员之间以及组织外界利益关系人之间的互动方式。文化管控的目标是实现子公司的自我约束，降低母公司的管理成本，实现母子公司"1＋1＞2"的协同效应。价值观的统一是文化管控的重点，文化管控的强度很难量化，仅能通过成员的一致性和这种一致性的力度来反映。

（6）企业集团品牌管控。企业集团品牌管控是指企业集团为了达到品牌战略目标，通过实施一系列伴随品牌发展过程的策略，提高品牌价值、加强对品牌发展方向性的把握和控制，对集团品牌长期发展进行战略性规划和实施的过程。从集团公司品牌管控时间点的角度来看，管控主要分为前期计划、中期控制和事后总结。

（7）其他管控。其他管控还包括信息管控、风险管控、研发管控、流程管控、标准管控、安全管控、环保管控、应急机制管控等诸多方面。

第二节　集团财务战略

一、集团财务战略概念

财务战略是指以实现企业整体战略为前提，谋求资金均衡有效的流动，在分析企业内外环境因素对资金流动性影响的基础上，对企业资金的筹集和配置活动以及相应管控活动进行全局性、长远性、创造性规划，并确保其执行。

财务战略是主要涉及财务性质的战略，广义上讲，其属于财务管理的范畴。集团财务战略是符合利益相关者期望的规划，主要涉及资金筹集、配置和管理问题的战略，其中包括了财务领域全局的、长期发展方向问题。集团财务战略是站在集团总部的角度，根据集团所处的发展阶段、制定适合集团发展和利益的主要涉及资金筹集和配置以及财务管控的问题。

二、集团财务战略的特点

（一）全局性

财务战略管控涉及企业内部的每一个单位、各个部门的业务环节，各个利益相关者和集团的方方面面，是以整个企业的筹资、投资和收益分配的全局性工作为对象，根据企业长远发展规划制定的，是企业未来财务活动的行动纲领和蓝图，对企业的各项具体财务工作、计划等起着普遍的和权威的指导作用。从企业整体战略管理的角度看，财务战略涉及的范围更广泛。财务战略不仅重视有形资产管理，也重视无形资产管理；财务战略管理由于较传统财务管理视野更开阔，除提供财务信息外，还可提供诸如质量、市场需求量、市场占有率等方面的非财务信息。

（二）长远性

无论是资金战略，还是财务管控战略，都需要考虑资金供应的长期性，资金配置的预见性和财务管控长期的有效性。财务决策者要树立战略意识，制定财务管理发展的长远目标，充分发挥财务管理的资源配置和预警功能，以增强企业在复杂环境中的应变能力，不断提高企业的持续竞争力。

（三）复杂性

财务战略的制定与实施较企业整体战略下的其他子战略而言，复杂程度更大。一方面，企业集团成员多、级次长，各个利益相关者之间的矛盾导致集团内部信息传递的速度受到阻碍；另一方面，集团经营领域多元化、下属单位跨区域经营，不同的公司存在所有制以及文化差异，使得财务战略的执行面临很大的困难。此外，企业筹资与投资都直接依赖于金融市场，而金融市场复杂至极，变幻无常，这也增加了财务战略制定与实施的复杂性。

（四）导向性

财务战略规定了企业未来较长时期内财务活动的发展方向、目标以及实现目标的基本途径和策略，它是企业一切财务战术决策的指南，企业的一切财务活动都应该紧紧围绕其实施和开展。

（五）风险性

由于企业的理财环境总是在不断变化，因此，任何企业的财务战略都伴随着风险。财务战略风险的大小，主要取决于财务决策者的知识、经验和判断能力。科学合理的财务战略一旦实现，会给整个企业带来勃勃生机和活力，使企业得到迅速发展；反之，则会给企业造成重大损失，使企业陷入财务困境甚至破产。

（六）适应性

现代企业经营的实质，就是在复杂多变的内外环境中，解决企业外部环境、内部条件和经营目标三者之间的动态平衡问题。财务战略把企业与外部环境融为一体，注重观察、分析外部环境的变化及其给企业财务管理可能带来的机会和威胁，因而大大增强了企业对外部环境的适应性。

（七）动态性

战略是环境分析的结果，环境的变化必然引起战略的变化。一般来说，当理财环境变化不大时，一切财务活动都必须按原定财务战略行事，充分体现财务战略对财务活动的指导性；当理财环境发生较大变化时，财务战略就应作适当的调整，以适应环境的变化。

（八）资金供应有限性

财务战略需要有充足的资金供应来给予稳定的财务支持，但是，由于资金供应受到企业自身资源等方面的限制，当企业面临内部资源不足、外部资源缺乏的局面时，便使得财务战略在资金供应和资金配置之间很难做出优化选择，严重的将会影响战略的有效实施。

（九）战略执行艰难性

集团财务战略的制定者是集团总部最高管理者，执行者是整个集团公司的下属企业，由于制定者与执行者个人能力、综合素质、战略角度等方面的差距，执行者不一定能够准确地按照规划实施战略。同时，集团战略一旦确定，集团公司各个业务单位、组织结构、规章制度等管控模式随之确定，如果需要调整战略部署，将会面对来自各个方面的压力。

三、集团财务战略的类型及内容

（一）资金筹集战略

1. 资金筹集战略的类型

根据筹资能力和资金需求，可将企业资金筹集战略分为三种类型：扩张型、稳健型和收缩型战略。

（1）扩张型战略。

扩张型战略一般表现为成长期内迅速扩大投资规模，全部或大部分保留利润，大量筹措外部资本。扩张型战略一般会表现出"高负债、低收益、少分配"的特征。从企业产品和服务的角度来看，当企业产品技术、服务在较长时间内在所处行业中有较大的竞争优势，企业内部可利用资源丰富，融资能力能够满足发展的需求；同时外部经济环境良好、市场需求量和发展前景较好，企业在产品服务销售、研究开发、市场份额等方面可以取得快速发展。

企业扩张型战略强调要充分利用外部环境的机会，发掘企业内部的优势资源，对具有优势和增长潜力的产品或者业务，沿着经营链条的纵向和横向延展业务的深度和广度，通过控制关键原材料的投入成本、质量、供应可靠性、销售过程和渠道，确保企业生产经营活动稳定进行，有利于企业控制和掌握市场，增强对消费者需求变化的敏感性，提高企业产品的市场适应性和竞争力。

（2）稳健型战略。

稳健型战略是以实现企业财务绩效的稳定增长和资产规模的平稳扩张为目的的一种财务战略。当企业发展的外部环境较好，市场需求和发展趋势日益发展壮大，尽管行业处于稳定发展阶段但面临着激烈的市场竞争，企业在产品、技术、服务等领域的竞争力能够为企业赢得优势；同时，企业的融资环境好，能够保证企业稳定健康发展。实施稳健型财务战略的企业的一般财务特征是"低负债、高收益、中分配"。

采用稳健型战略的企业不需要改变自己的战略目标，只需要集中资源于原有的经营范围和产品增强竞争优势。减少开发新产品和新市场所必需的巨大资金投入和开发风险，避免资源重新配置和组合的成本，防止由于过快发展造成企业战略目标、外部环境、企业实力三者之间的失衡。稳健战略还容易使得企业减弱风险意识，甚至形成恐惧风险、回避风险的企业文化，降低企业的敏感性和适应性。

（3）收缩型战略。

收缩型战略指以预防出现财务危机和求得生存及新的发展为目的的一种财务战略。

一旦企业面临的外部环境变差，市场需求和发展前景出现不乐观的情况，企业的产品、技术、服务等在行业竞争中丧失优势，同时企业融资能力不足以提供发展所需资金，企业应当及时调整战略方向，扭转企业经营被动局面，使企业适应新的环境来保证企业的生存。

实施收缩型财务战略的企业，一般将尽可能减少现金流出和尽可能增加现金流入作为首要任务，通过采取削减生产能力和精简机构等措施，盘活存量资产，节约成本支出，集中一切可以集中的人力，用于企业的主导业务，以增强企业主导业务的市场竞争力。由于这类企业多在以往的发展过程中遭遇挫折，也很可能曾经实施过快速扩张的财务战略，因而历史上所形成的负债包袱和当前经营上所面临的困难，就成为迫使其采取防御收缩型财务战略的两个重要原因。"高负债、低收益、少分配"是实施这种财务战略的企业的基本财务特征。

企业采取的财务战略不是一成不变的，随着企业经营环境、组织形式的不断变化，企业自身发展所处阶段的变化，财务战略不再是纯粹的"扩张、稳健、收缩型战略"，从不同的角度综合分析企业的实际情况，可以机动选择合适的战略。

企业财务战略如果是针对单个企业发展所制定的财务发展规划，战略类型选择需要考虑的因素较为简单，而对集团企业财务战略来说，它需要综合整个企业内部各个子（分）公司的发展情况，各个子（分）公司经营领域不同、竞争能力参差不齐、产品和服务发展阶段不同、公司财务状况不同等因素都会影响集团公司战略选择。集团财务战略必须综合考虑各个企业业务状况、财务情况，制定符合集团实际情况又兼顾集团发展的财务战略。

2. 资金筹集战略的内容

（1）筹资方式。

资金筹集包括内部和外部筹资两种方式。

①内部筹资包括留存利润、折旧、出售资产等方式。留存利润是指企业分配给股东后剩余的利润，企业可以通过使用内部留存利润来进行再投资，这种筹资方式是企业最普遍采用的方式，也是最容易实现的筹资方式。在企业初创期和成长期，由于对外融资困难，往往采用不分或少分股利的方式，最大限度地使用留存利润用于企业的发展。内部筹资的优点是管理层在做此项筹资决策时不用听取任何企业外部组织或者个人的意见。对于陷入财务危机的企业来说，因为没有足够的盈利能力，内部融资没有太大的空间。企业还可以选择折旧、出售其部分有价值的资产进行筹资，这种筹资方式显然会给企业带来许多切实的利益，简单易行。

②外部筹资包括股权融资和债权融资。股权融资，是指企业为了新的项目向现在的股东和有投资意向的投资人或战略投资者发行股票或增资扩股来筹集资金，这种筹资方式经常面对的是企业现在的股东和未来的股东，根据现有净资产和现有股东持股情况及融资项目的盈利能力及资金需求，发行新股或增资扩股。新股发行或增资扩股能否成功取决于现有股东和意向投资者（含战略投资者）对于企业前景具有较好预期。股权融资的优点在于当企业需要的资金量比较大时，股权融资就占很大优势，因为它不需要定期支付利息和本金，而仅仅需要在企业盈利时向股东支付股利，其缺点是股利分配不能税前扣除，导致融资成本较高。

债权融资，是指企业通过借钱的方式进行融资，债权融资所获得的资金，企业首先要承担资金的利息，在借钱到期后向债权人偿还资金的本金。与股权融资相比，债权融资除在一些特定的情况下可能带来债权人对企业的控制和干预问题，一般不会产生对企业的控制权问题。

（2）资本最优结构。

资本结构是权益资本与债务资本的比例。每个企业都有自身的情况，因此资本结构决策不可能像数字公式那样可以按照统一的模式得出。借款会增加债务固定成本给企业带来财务风险，价格、产品需求以及成本来源的变动都将对使用负债的企业带来更多的影响。由于企业的财务杠杆增加，企业的整体风险也会增加。如果杠杆比率高，管理层和股东的利益将会和债权人的利益发生冲突，例如，管理层可能会做出对高风险项目进行投资的决策，但是债权人可能不同意。因此，借款人应当通过引入或者增加限制性条款来限制管理层的高风险投资以保护自身的权益。

除此之外，最重要的是要认识到债务的使用对于企业的影响会随着时间发生变化。当现有的长期债务清偿时，企业的资本结构会发生改变，除非企业又举借相似的新债务。在企业高速发展的时期，可能更倾向于大量举债。

大多数经理倾向于债务融资而不是权益融资，在实务中，这意味着在高盈利的时期，管理层会倾向于借债而不是发行新股进行融资。

决定资本结构的其他考虑因素还包括：企业的举债能力、管理层对企业的控制能力、企业的资产结构、增长率、盈利能力以及有关的税收成本。还有一些比较难以量化的因素，包括企业未来战略的经营风险、企业对风险的态度、企业所处行业的风险等。

在实际工作中，资本结构因素通常考虑较少，实际使用较多的是资产负债率，人们对资产负债率也更为重视。

（二）资金配置战略

1. 资金配置战略的类型

资金配置战略的类型包括：股东导向型战略、债权人导向型战略、政府导向型战略、战略联盟导向型战略、其他导向型战略。

股东导向型资金配置战略主要是为了体现股东的利益进行资金配置，股东希望投资项目的实施可以增加企业收入，提高企业价值创造能力，降低风险，增加对股东的分红。

债权人导向型资金配置战略主要是考虑债权人的期望，根据债权人期望企业有稳定的现金流为初衷，债权人不希望投资项目风险过大，从而影响到公司现金流的稳定，削弱其偿还债务的能力。

政府导向型资金配置战略，主要考虑这类项目可以为税务提供稳定的经济来源，或者提供就业岗位来解决就业问题，维护职工稳定。

战略联盟导向型资金配置战略，主要考虑企业战略联盟之间的投资项目能否提升战略联盟之间的合作关系，增强联盟整合资源、协调资源的能力，实现规模效应。

其他导向型资金配置战略，是上述类型以外的资金配置战略。例如管理层导向型资金配置战略是为了保持企业管理能够平稳进行。

2. 资金配置战略的内容

资金配置战略就是要在资金筹集的基础上，根据企业所处发展环境，为实现企业战略和满足主要利益相关者需要，在保证企业现金流运转正常的前提下制定出资金配置方案和办法。资金配置战略是确保企业持续发展的重要环节，主要考虑资金投向问题。

资金配置战略包括：股利分配、债权人还本付息、经营投资、金融投资、其他投资五个方面。

（1）股利分配。

股利分配是对股东投入资金的回报，往往与资金筹集战略相关联。

（2）债权人还本付息。

债权人还本付息是指企业从银行、金融机构或者个人等渠道取得贷款，在规定期限内向债权人支付贷款利息、偿还本金的行为。

企业在对债权人还本付息时，需对债权人进行甄别，除正常条件的债权人外，还需要将一部分资金用于归还下列债权人：①融资成本高的债权人。融资成本包括融资费用和资金使用费。企业通过债权筹资方式得到企业发展所需资金，如果融资成本较高，企业需要支付的费用和债权人的报酬也较高，必定会影响企业的盈利能力。为了减少高成本的融资费用，企业可以选择优先偿还这部分债权融资。②融资条件苛刻的债权人。债权人有权利与企业管理者一起制定维护债权人权益的规定，债权人通过这些规定可以对影响其收益的公司发展决策进行干预，如果债权人的意愿与公司管理层产生严重分歧，必定会对公司发展造成难以估计的影响。所以需要及时偿还条件苛刻的债权人的债务。③合作不良的债权人。对于合作中出现问题的合作人，尤其是进一步合作会影响公司发展的债权人需要及早解除债务关系，避免出现更坏的情况。④退出的合作人。将要或者已经退出的合作人，企业根据相关合同需要按时偿还债务，避免出现法律纠纷。⑤其他情况下的债权人。公司与债权人之间的关系会因为企业发展情况或者债权人单方面情况的影响变得很复杂，企业应根据实际情况灵活处置其中的债务关系。

债权人还本付息的资金配置战略就是要债权人选择和针对不同债权人的还本付息策略和方案。

（3）经营投资。

简单来说，经营投资就是扩大再生产的投资，是与集团战略相适应、与集团发展政策相结合的投资，是集团战略在财务资金方面的具体实施。

从投资领域上，经营投资主要涉及全国性投资以及区域性（产业性）投资，无论何种领域的投资，都应当注意投资的整体性和层次性。所谓整体性，要求从全局的高度，统筹考察相关领域的经济、社会及环境等因素。所谓层次性，要求分清投资领域的主次高低。

从投资目标上，经营投资可分为现有经营业务投资（如增加企业流动资金）以及新增规模投资（如企业新增建设投资）。

通常企业更多的是按照投资项目采取决策。一般而言，对于单一企业，如果某一项投资项目能够满足市场需要，且在技术上可行的前提下，企业决定投资项目取舍主要看投资项目的预期收益是否能够达到目标以及项目的风险大小。但对于集团型企业而言，投资决策不仅仅在于平衡单个项目的投资风险和收益，更在于如何对多个组合项目进行投资风险和收益的综合判断。

（4）金融投资。

金融投资即证券投资，又称间接投资，是指企业将资金投入到股票、债券、基金等有价证券以及这些有价证券的衍生品，以获得差价、利息及资本利得的投资行为和投资过程。

证券投资有利于集团企业调节资金流向，提高资金使用效率，引导资源合理流动，实现资源的合理配置，有利于改善企业经营管理，提高企业经济效益。

证券投资需要注意以下三个问题：①效益与风险最佳组合。风险在可控的前提下，尽可能使收益最大化，或者在确保最低可接受收益的前提下，风险最小化。②证券投资多样化。分散投资、灵活多变，建立科学有效的证券组合，通过调整证券组合来获得最大收益。③慎重分析。在投资前理性分析所投资类型的风险和收益，慎重选择。

（5）其他投资。

其他投资也是企业资金使用不可忽视的重要方面，是指除上述投资方式以外的投资形式，如援助项目投资、扶贫项目投资等。

（三）股利分配战略

1. 股利分配概述

股利分配是公司向股东分派股利，是企业利润分配的一部分，而且股利属于公司税后净利润分配。

股利分配涉及的方面很多，如股利支付程序中日期的确定、股利支付比率的确定、股利支付形式的确定、支付现金股利所需资金的筹集方式的确定等。其中最主要的是确定股利的支付比率，即用多少盈余发放股利，将多少盈余为公司所留用，因为这可能会对公司股票的价格产生影响。

2. 股利分配战略内容

股利分配战略即股利战略，就是依据企业战略的要求和内、外环境状况，对股利分配所进行的全局性和长期性谋划。在现实世界中，企业的股利分配要受到企业内、外多种因素的影响。

股利分配是股权融资的必然阶段和结果，同时股利分配策略对于筹资战略的有效实施至关重要。决定股利分配的因素有盈余分配和留存政策。盈余留存是企业一项重要的融资来源，企业应当考虑保留盈余和发放股利的比例。大幅的股利波动会降低投资者的信心，因此企业通常会通过调整盈余的变化来平衡股利支付。在决定向股东支付多少股利时，考虑的一个重要因素之一就是为了满足融资需要而留存的盈余的数量。留存盈余和发放股利的决策通常会受到以下因素的影响：留存供未来使用的利润的需要；分配利润的法定要求；债务契约中的股利约束；企业的财务杠杆；企业的流动性水平；即将偿还债务的需要；股利对股东和整体金融市场的信号作用。

一般而言，实务中的股利政策有四大类：①固定股利政策是指每年支付固定或者稳定增长的股利，将为投资者提供可预测的现金流量，减少管理层将资金转移到盈利能力差的经营活动中的机会，并为成熟的企业提供稳定的现金流。②固定股利支付率政策，支付固定比例的股利能保持盈余、再投资率和股利现金流之间的稳定关系。③零股利政策是将企业所有剩余盈余都投资回本企业中，在企业高速成长期，往往采用这一政策，可以为股东创造更多的财富，采用这一政策的前提是股东对公司的前景看好，愿意牺牲眼前利益，在将来获取更大利益。④剩余股利政策是指只有在现金净流量净额为正的时候才会支付股利。

（四）财务管控战略

1. 财务管控战略的类型

财务管控战略的类型包括集权型财务管控战略、分权型财务管控战略、混合型财务管控战略。

（1）集权型财务管控战略。

集权型财务管控战略是将子公司业务看做是母公司业务的扩大，所有战略的决策与经营控制权都集中在集团母公司，集团公司对集团内的财务进行集中管控。这种财务管控战略的集团公司拥有所属子公司的全部财务决策权，对子公司进行高度集权下的统一规划和管理，对子公司人、财、物和产、供、销实行统一经营、管理、决策和核算。各级子公司没有财务决策权，只是执行集团公司的财务决策。在集权型财务管控战略下，财务管理决策权高度集中于集团公司，集团公司对各级子公司实行严格的控制，实行统一核算，统一调配资金，并实行资金集中管理。集团内部可以充分展现其规模与效益，最大限度地降低资金成本、风险损失；同时充分利用母公司的人才、智力、信息资源，使内部控制制度完善，保证决策一体化。

（2）分权型财务管控战略。

分权型财务管控战略是集团公司只保留对子公司重大财务事项的决策权或审批权，不干预子公司日常的生产经营、财务事项的决策权与管理权，其对子公司的管理强调的是结果控制，即对子公司完成受托责任的情况进行考核与评价。

分权型财务管控战略下，集团领导层对下属的控制较为松散，下级单位有较充分的权力。集团公司将日常财务事项的决策权和管理权下放到子公司，只保留对少数关系到全局利益和发展的重大财务事项的决策权和审批权，不直接干预子公司的生产经营与财务活动。各子公司可以根据市场变化和自身发展的需求进行项目投资决策，利用自身资信向金融机构贷款，或通过其他融资渠道筹措生产资金，具有更大的灵活性，更能适应瞬息万变的市场环境的需求，提高竞争力。

（3）混合型财务管控战略。

混合型财务管控战略是集权和分权相结合的财务管控战略，其强调在分权基础上的集权，寻找集权和分权的平衡点，通过均衡权限，不仅发挥各子公司的积极性和主动性，而且从严理财，是一种自下而上的多层次决策的体制。

混合型财务管控战略的核心内容是集团总部应做到制度统一、资金集中、信息集成和人员委派。具体应集中制度制定权、融资权、投资权、担保权、固定资产购置权、财务机构设置权、收益分配权，分散经营自主权、人员管理权、业务定价权、费用开支审批权。

2. 财务管控战略的内容

集团财务管控是以集团总部为财务控制主体，在给定的环境下，采用一定的方式使集团资本运动链沿着集团企业整体财务价值最大化的目标发展。集团财务管控不同于一般的财务管理，它不仅是集团内部的一项财务管理工作，也是集团管控的核心环节和重要手段。集团财务管控战略的内容主要包括：全面预算管控、投资管控、融资管控、现金流管控、财务风险管控、财务人员管控、其他财务管控等。

（1）全面预算管控战略。全面预算管控战略是一种集系统化、战略化、人本化理念为一体的现代企业管控模式。它通过业务、资金、信息的整合，明确、适度的分权、授权，战略驱动的业绩评价等来实现资源合理配置、作业高度协同、战略有效贯彻、经营持续改善、价值稳步增加的目标。预算管控是一种系统的方法，用来分配企业的财务、实物及人力等资源，以实现企业既定的战略目标。企业可以通过预算来监控战略目标的实施进度，有助于控制开支，并预测企业的现金流量与利润。预算管理不是数据的罗列，而是一种与公司治理结构相适应，涉及企业内部各个管理层次的权利和责任安排，通过相应利益分配来实现内部管理与控制机制，具有全局性。总之，全面预算管理是利用预算这一主线对企业内部各部门、各种财务和非财务资源进行计划、控制和考评等一系列活动，是有效提高管理水平和管理效益的管理工具。

（2）投资管控战略。投资管控战略是为了对投资行为进行管控所采取的战略。投资行为是指投资者为获取预期的经济利益，以资金流出的方式获得实物资产、股权、金融资产等的行为。投资管控战略主要解决的问题是：集团发展什么？保护什么？鼓励什么？限制什么？确立母子公司各自的战略发展主题方向、目标、领域、任务和原则，从而实现集团整体的投资战略思想。

（3）融资管控战略。融资管控战略是指企业为了满足正常生产经营和未来发展的需求，以现有资产和企业信用为保证，采用交易行为，使企业资金需求由不平衡到平衡，并使企业价值得到提升的资金活动采取的管控战略。融资一般有两种形式：增量融资和存量融资。

增量融资是筹资行为最终导致资产总额的增加。增量融资一般包括权益筹资和债务筹资。权益筹资是指企业通过吸引投资者投入资本或其他增加权益资本的形式获取资金的行为。一般包括发行股票或直接吸收投资获得的资本金、资本利得、留存收益等。债务筹资是指企业通过负债形式获取资金的行为。

存量融资是通过盘活资产达到满足企业资金需求的目的。存量融资表现为：①表内资产未增加，但可运用资金的总量增加，如应收账款打包出售、票据贴现、不良资产盘活等。②表外融资。③利用有限的财务资源，充分利用出现的机会，开发出新资金来源。

（4）现金流管控战略。现金流管控战略是指以现金流量作为管理的重心，兼顾收益，围绕企业经营活动、投资活动和筹资活动而构筑的管理体系采取的战略。现金流管控是对当前或未来一定时期内的现金流动在数量和时间安排方面所做的预测与计划、执行与控制、信息传递与报告以及分析与评价。因此，现金流量管控的具体内容既包括与现金预算的分工组织体系有关的一系列制度、程序安排及其实施的预测与计划系统和由收账系统、付账系统和调度系统构成的执行与控制系统，又包括一定时期终了母系统和各子系统综合运行最终结果的信息与报告系统以及对现金流量管理系统、现金预算执行情况和现金流量信息本身的分析与评价系统。

（5）财务风险管控战略。财务风险管控战略是指企业为了对其财务活动中存在的各种风险进行识别、度量和分析评价，并适时采取及时有效的方法进行防范和控制采取的战略，财务风险管控以经济合理可行的方法进行处理，以保障理财活动安全正常开展，保证其经济利益免受损失的管理过程。财务风险管控是由风险识别、风险度量和风险控制等环节组成的，其中核心是风险的度量问题。财务风险管控的目标是降低财务风险，减少风险损失。因此，在财务风险管控决策时要处理好成本和效率的关系，应该从最经济合理的角度来处置风险，制定财务风险管控策略。风险的动态性决定了财务风险管控是一个动态的过程。由于企业内外环境不断变化，因此，在财务风险管控计划的实施过程中，应该根据财务风险状态的变化，及时调整财务风险管控方案，对偏离财务风险管控目标的行为进行修正。

（6）财务人员管控战略。财务人员管控战略是指对与公司财务管理相关人员的管理采取的战略，主要包括招聘、培训、使用、绩效考核、激励、晋升、后续教育等管控内容。财务人员管控战略还包括财务主管委派制的选择。

（7）其他财务管控战略。其他财务管控战略主要包括会计核算管控、资产管控、成本费用管控、内部交易管控、关联方管控、财务文化管控等，后面的章节将详述这些内容。

第三节　集团战略和财务战略的关系

集团战略和财务战略之间的关系是整体和局部关系，集团战略是对集团企业全局性的规划，财务战略主要是针对财务领域，前者是整体，后者属于前者的局部。整体是关系到整个事物发展的全部，而局部是整个大局的某一个方面和环节，是整体的有机组成部分。整体和局部相互依赖、不可分割，各以对方的存在为前提，同时二者相互影响，整体的性能状态和变化会影响到局部的性能状态，见图2-1。

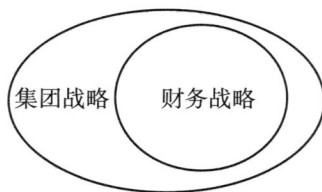

图 2-1　集团战略与财务战略的关系

一、财务战略是集团战略的组成部分

企业集团战略是指站在集团公司总部角度，在确保实现企业集团使命的前提下，为了发展和增强集团在市场竞争中的优势，根据集团所处的外部环境变化和内部资源条件，而对未来一段时间内发展目标和实现途径所做出的一系列的全局性、长远性的系统规划。集团战略是企业集团发展核心竞争能力的体现，企业内部其他战略服从集团战略，财务战略只是集团战略的局部。

二、财务战略影响和制约集团战略

财务战略是公司整体战略的重要组成部分，是集团企业财务控制的总体方向，是进行财务管控的第一步。财务战略是战略理论在财务管理方面的应用和延伸，不仅体现了整体战略的共性，更突出了财务战略的个性。

财务战略是以整个企业的筹资、资金配置和收益分配的全局工作为对象，根据企业长远发展需要而制定，它是从财务角度对企业总体发展战略所做的描述，是企业未来财务活动的行动纲领和蓝图，对企业的各项财务工作、计划等起着普遍的和权威的指导作用，企业的一切财务活动都应该围绕其来开展实施。财务战略一经制定，就会对企业未来长期内的财务活动产生重大深远影响。

（一）财务资金筹集战略影响着企业投资的方向、数量和质量

企业集团筹资能力的强弱决定公司能否为企业发展和投资项目提供充足的资金，投资项目能否充分开展工作，能否有效地为企业创造价值。集团企业较强的筹资能力可以保证集团稳定的现金流，为企业的平稳发展提供基础，增加较多的与集团战略相适应的投资项目；反之，集团企业较弱的筹资能力则使得集团战略投资项目受到影响甚至停滞。

（二）资金配置战略决定着集团战略的可持续发展

科学合理的资金配置战略能够充分利用企业内部资源，协调整体与局部资源的合理分配，为集团战略的实施提供持续的资金支持，保证集团战略能够按照计划顺利进行，达到局部支持整体发展的效果。

（三）资金管理管控能力决定着集团战略的实施质量

集团财务需要有效的管控方式来保证资金使用的安全性和有效性，财务部门对资金的监管和审查需要在财务工作中切实得到实施，避免资金管理混乱和使用效率低下的问题出现。

第四节　财务环境与财务战略选择

一、集团财务环境

集团财务环境是指一段时间内，集团财务所处的各种内外部环境。企业外部环境分为宏观环境、产业环境、竞争市场和市场需求等许多因素，其中宏观环境包括政治和法

律因素、经济因素、社会和文化因素、技术因素等。根据对产品的影响因素，可将外部环境分为政治环境、社会环境（包括国内和国外环境、法律环境、文化环境）、经济环境、经济周期、产业政策影响、行业周期、产品生命周期；内部环境分为生产资料获取能力、产品价值创造能力、产品价值实现能力、企业发展阶段等，具体可以利用产品财务战略环境评估指标明细表（如表2－2所示），综合分析内外部环境对于集团产品的影响能力。

表2－2　　　　　　　　　产品财务战略环境评估指标明细

序号	项目		状态/评估	类别		
1	政治环境		状态			
			评估			
2	社会环境		状态			
			评估			
3	经济环境		状态			
			评估			
4	产业政策环境		状态			
			评估			
5	经济周期		状态			
			评估			
6	行业周期		状态			
			评估			
7	产品生命周期		状态			
			评估			
8	生产资料取得能力（采购能力）	货物供应及劳务提供能力	状态			
			评估			
		运输能力	状态			
			评估			
		其他能力	状态			
			评估			
9	产品价值创造能力（生产能力）	基础设施能力	状态			
			评估			
		研发能力	状态			
			评估			
		制造能力（含技术）	状态			
			评估			

续表

序号	项目		状态/评估	类别			
9	产品价值创造能力（生产能力）	人力资源保障能力	状态				
			评估				
		资本筹集能力	状态				
			评估				
		其他能力	状态				
			评估				
10	产品价值实现能力（市场占据能力）	市场营销能力	状态				
			评估				
		运输能力	状态				
			评估				
		服务能力	状态				
			评估				
11	产品价值实现能力（管理能力）	组织管理能力	状态				
			评估				
		人力资源保障能力	状态				
			评估				
		财务管理能力	状态				
			评估				
		其他管理能力	状态				
			评估				
12	重大事件影响		状态				
			评估				

注：状态/评估类别中分若干类，如经济周期分为繁荣、衰退、萧条、复苏四个状态，行业周期分为初创期、成长期、成熟期、衰退期四个状态，产品生命周期分为导入期、成长期、成熟期、衰退期四个状态。

二、财务战略选择

本部分所述财务战略选择主要是指资金筹集方面的战略。

环境分析中要在仔细甄别、归类、评价各个因素的基础上指导选择扩张型、稳健型或者收缩型财务战略。评估分为两个层面的分析，对单个项目进行分析和对所有项目进行综合分析。

首先，对单个项目的分析，表2－2项目中各种因素的评估状态，如政治环境、社会环境、经济环境、产业政策环境的重大变化，经济周期的繁荣、衰退、萧条、复苏，行业周期的初创期、成长期、成熟期、衰退期，产品生命周期的导入、成长、成熟、衰退，所有项目都会影响对集团产品的财务战略的评估，根据评估表做出科学合理的评价，对集团确定财务战略的影响重大。例如，企业一段时间内所处的经济周期可能是繁荣、衰退、萧条或者复苏中的一种，集团总部需要准确判断这一阶段的经济周期类型，包括其影响程度和时间长短，财务战略是对未来一段时间集团财务管理问题的规划，所以财务战略选择需要针对下一阶段企业集团所处经济环境进行分析，即如果现阶段对经济周期的评估结果是繁荣期，那么下个阶段的经济周期就会是衰退期，集团财务战略针对衰退期做出相应的预测和调整，经济衰退期财务战略需要采取稳健型发展战略，集中资源于原有的经营范围和产品，增强竞争优势，减少开发新产品和新市场带来的巨大资金投入，避免快速扩张带来的经营风险。这种反周期整合是通过分析现阶段各个项目所在发展周期，预测、判断该项目接下来所处的发展周期，并填入表格中作为评估结果，这种反周期整合方法在各种因素的分析中均适用。集团公司如果有钢铁、煤炭、金属等周期性较强的行业，对所处行业周期性的研究十分必要，当行业已处在成熟期很长时间后，则要警惕衰退期的到来，及时调整财务战略。

其次，对于所有项目的综合分析。在单个项目分析结果的基础上，对评估状态进行综合，所有的评估结果（充分考虑周期的长短和反周期因素的评估结果），如果全部出现繁荣期（导入期）等较为乐观的评估结果，说明这一阶段的内外部环境将会逐渐有利于企业发展，市场经济繁荣发展会带动整体经营环境的快速发展，市场中的产品需求量会快速增加，财务战略可以选择扩张型，抓住机遇实现集团战略；但是如果出现衰退期等负面的结果之一且影响较大（出现短板），说明企业面对的内外部环境并不是发展的好时机，就要谨慎发展，企业需要调整经营方式，改变经营被动局面，回避风险，稳健或收缩型的财务战略将保证企业的生存。企业在选择财务战略的类型时还应特别重视生产资料取得能力（采购能力）、产品价值创造能力（生产能力）、产品价值实现能力（市场占据能力）、产品价值实现能力（管理能力）、企业发展阶段等内部因素的影响。以上提到的四个能力同时具备扩张条件的，可考虑采取扩张型财务战略，若四个能力中有一个不具备扩张条件的，应采取稳健或收缩型财务战略。

另外，在综合评估的基础上按照重要性原则，企业发展过程中需要有选择地忽略一部分环境因素，在风险可控范围内可以灵活选择财务战略的类型。集团财务战略的选择是针对集团整体所处环境分析后的全局性安排，实际工作中子（分）公司面对千差万别的环境，局部小环境对于子（分）公司财务战略选择也很重要。所以需要在保证集团公司整体财务战略发展类型的基础上，可以灵活、多样地允许子（分）公司选择适合实际情况的财务战略。

第 三 章 | 财务体制与财务组织结构管控

第一节 财 务 体 制

一、财务体制的概念

财务体制的概念包括宏观和微观两个层面。

宏观层面的财务体制是指国家通过法律法规等形式，调节财政部门与企业之间财务关系的基本原则和制度安排，其主要目的是引导和扶持企业按市场需求规范运行。

微观层面的财务体制是企业的投资者和经营者以企业章程、财务制度、企业内部财务文件等形式，规范企业内部财务关系的基本规则和制度安排。按企业类型可分为单一企业财务体制和集团企业财务体制。集团企业财务体制是规定企业集团内部财务关系的基本准则，其中包括两个方面的关系：一是集团作为投资者与下属被投资企业作为经营者之间权限的划分；二是作为法人治理内部结构的概念，在纵向上指集团董事会、经营者以及部门之间的权力划分，在横向上还包括董事会各委员会之间、经营层的各副总、财务总监之间、部门之间权限的划分。本节从第一种财务体制角度，重点讨论集团和被投资企业的财务权限划分。

二、财务体制的内容

财务体制分纵向和横向，纵向的财务体制有两个层级，第一个纵向是集团总部与各级子公司间的财务权限划分，第二个纵向是集团及各子公司本身法人治理层级间的财务权限划分，即股东会、董事会、经营层间财务权限划分。横向的财务体制是财务部门与业务部门的权限。如何划分财务体制各单位要按实际情况确定。第一个纵向财务体制是狭义的财务体制，第二个纵向和横向的财务体制为广义的财务体制。

集团财务体制包括五个方面的内容。

（一）财务人员管理权

财务人员管理权是集团对下属财务人员管理的权限。财务人员管理权是指集团公司对总部及下属单位财务专业部门的岗位设置，规定总部及下属单位财务人员任职条件，向下属单位委派财务负责人，对下属单位财务人员的编制制定控制性指导意见，检查所属各单位财务部门的履职情况，对其财务负责人的履职情况进行考核等方面行使管理的权限。

（二）财务管理权

1. 投资决策权

投资权主要指投资决策权，是投资权力的归属，一般来讲集团投资决策属于总部，集团公司对重大项目集中行使投资决策权。"重大项目"通常指对集团主业发展方向、核心竞争力具有战略影响或金额重大的投资项目。二级公司拥有有限的投资决策权，对集团不构成战略影响的或金额在集团批准权限之内的非重大投资项目的决策，在集团分权的情况下，可以由子公司决策。

2. 融资决策权

融资是指企业运用各种方式向金融机构或金融中介机构筹集资金的一种业务活动，融资权是企业筹资活动的决策权。集团总部需要严格把握集团的融资渠道，总部和下属公司选择合适的融资方式和渠道。为了更好地控制整个集团公司的融资风险，集团公司应掌握融资决策权，子公司有寻找融资渠道的权利，但无融资决策权。融资决策的项目有：生产经营融资、建设项目融资、导致母公司股权变化的股权融资、子公司增资、集团公司或子公司发行股票、集团公司和子公司的并购行为融资及融资租赁等。子公司对外担保往往存在较大的潜在风险，因此子公司担保的决策权也应纳入融资决策权的范畴，由集团公司行使。

3. 资金配置权

企业的资金实质上属稀缺资源，集团公司和子公司现有的资金如何配置，对提高集团公司资金的整体使用效率十分关键，集团公司应掌握资金配置权，根据集团公司战略规划、各板块公司所处环境的不同等，合理配置资金，将资金用到可以为集团创造更大价值的子公司，提高资金使用效率。

4. 资本运营权

资本运营就是以资本最大限度增值为目的，对资本及其运动所进行的运筹和经营活动。资本运营权主要指集团公司和子公司资本运营的决策权。资本运营事项对集团具有重大影响，诸如内部或外部的并购行为、资源整合、子公司增减资、清算等资本运营行为，往往伴随大额的现金流入、流出，可能对集团的发展战略构成重大影响，因此，集团公司应高度集中资本运营权。

5. 资产处置权

资产处置，是指资产占用单位转移、变更和核销其占有、使用的资产，将其拥有这些拟处理资产所有权、使用权的法人财产向集团公司外的意向购买人转让的行为。资产处置的主要方式有：转让、出售、置换、报废等。资产处置权就是拥有法人资产的单位处置资产的权利。集团公司对所属单位的资产处置权有严格的限制，集权管理的集团，将所有资产的处置权全部把握在集团总部，分权管理的单位对重大资产的处置权也把握在集团总部，子公司仅有非重大资产的处置权。

6. 资金管理权

资金管理权指集团公司管理资金的方式。资金包括流动资金、非流动资金，这里说的资金管理主要是货币资金，集团公司管控资金的模式主要有集团公司集中管理和法人单位自主管理模式，各有利弊。集团资金的统一管理和集中控制，能给集团本身及其内部各企业带来显著的好处，有效提高企业集团整体资金的使用效率，总体来看，利大于弊。为了充分发挥集团公司整体资金的使用效率，集团公司趋向于集中管理资金。

7. 成本费用管理权

成本管理权指集团公司对集团及下属公司的成本费用进行管理的权限。包括制定统一成本管理制度、成本费用筹划、成本费用预算、成本费用控制、成本费用对标等全面成本管理权限。

（三）供产销业务权

1. 采购权

集团公司内的主要原材料、燃料、设备、备品备件、辅助材料由公司统一采购，各项物资采购必须制订采购计划，严格物资进出库的计量和检验制度。集团公司内有部分采购权的二级单位，其采购业务在集团供应部门指导下进行，并优先使用公司内各级库存物资。

集团公司对物资采购的招标有严格的规定，超过规定额度的大额物资采购必须由集团公司采取统一招标的形式，并对招标过程进行严格监督。子公司在集团规定额度以下的自主采购物资，一般也需采用招标的形式进行，集团公司进行监督。

2. 销售权

集团公司拥有对具有核心竞争力的产品的集中销售权，并统一对外营销宣传，通过集中销售可以取得产品定价权，提高销售收入；通过统一对外营销，可以提高品牌效应，节约营销费用。

3. 产品的研发及生产

生产性企业集团的核心竞争力取决于产品研发能力，集团公司通常对产品研发高度重视，国家为了鼓励企业研究开发费的投入，对研发费有所得税优惠政策。企业集团一般单独成立研发机构集中进行产品的研发。

产品生产一般由下属单位组织，集团也有生产管理权，对下属单位的生产进行统一管理，统一组织生产。

4. 内部交易

内部交易指由母公司与其所有子公司组成的企业集团范围内，母公司与子公司、子公司相互之间发生的交易。内部交易的关键是交易价格的确定，集团公司从集团发展战略和税收筹划角度考虑，通过内部交易价格制定，调节子公司间的利益，对子公司有保有压，因此，内部交易定价权一般集中在集团公司总部掌握，公司总部和子公司，子公司间的内部交易必须经集团公司董事会和股东会批准，董事会的批准权限由股东会确定。

（四）收益分配权

收益分配权，也称剩余收益权，又称利润分配请求权。当公司向债权人偿还债务及向优先股股东支付股息后，其剩余收益归属公司的所有者（股东）。收益分配权是所有者（股东）最基本的权利之一，也是股东投资的首要目的。任何投资者，其他权利可以放弃，但收益分配权是不会放弃的，这是任何投资者成为股东的客观要求。集团公司作为投资者对全资子公司的收益拥有绝对的分配权，对于控股公司，作为实际控制人，对收益分配权也有绝对的控制力。集团公司对收益分配权应高度重视，并严格控制，是为了获取股东的最大利益；同时，为了子公司的健康发展，也会综合平衡。对于不同发展阶段的子公司，结合集团的发展战略，应采取不同的收益分配政策，促进整个集团公司的健康发展。

（五）财务制度的管理权

财务制度的管理权限一般包括：①由集团公司集权的财务制度管理权限。如，财务机构设置权、会计政策制定权、会计核算制度制定权、财务管理制度制定权、内部控制制定权、对外投资制度权、对外担保制度权、对外融资制度权、利润分配制度权、固定资产购置制度权、资金使用制度权、全面预算管理制度权、控制单据设计权、控制报表设计权、信用政策制定权、产品定价权。②预算审批权。包括预算内支出审批权和预算外支出审批权。预算内的支出审批权分额度下放；预算外支出审批权宜集权，预算外支出先报总部批示之后执行，严禁先斩后奏。③重大事项一票否决权。重大事项一票否决权是集团财务管理最根本的决策权。离开这个权限，集团将无法保障实现盈利。④其他权限：除上述权限以外的其他财务管理权限。对于其他权限是否采用集权还是分权形式，视这些权限对集团战略的影响而定。

三、财务管控的三种模式

集团公司内的子公司的取得方式多种多样，有新成立的，也有并购重组的，还有交叉持股的；产权关系复杂；子公司从事的行业有关联的，也有不关联的，企业规模大小不一，所处周期不一，有处于初创期、成长期的，也有处于成熟期的，还有处于衰退期的，呈多元的财务主体特征。选择一种适合集团公司发展战略和现状的财务管控模式成为必然，集团财务管控模式的核心是决策权和控制权的划分，解决权力集中和分散的问题。集团公司财务管控模式按财务决策权的集中程度一般分为集权型、分权型和均衡型三种管控模式。

财务体制不仅仅指集团总部对二级三级单位的财务权限划分，还有总部、各级单位，自身财务体制确定和实施，可以是股东会对董事会经营层集权型，可以是董事会集权型，也可以是经营层集权型，国有企业是党委集权，各集团公司要根据自身情况，确定由谁集权。股东会、董事会、经营层都存在集权、分权、均衡型。每一个集团都面临这一问题，比如股东是集权型，章程规定什么都通过股东会，董事会就是摆设。首先明确站在什么角度的集权，集权在哪个层面，只要有法人治理结构，就面临财务权力的划分。要明确站在什么角度集权，股东会、董事会、经营层、党委的财务权限如何划分。股东会集权，各层级的管理权限少，设置的部门也相对简单。董事会集权，董事会设立专业委员会，经营层就是摆设。还有另外一个角度也就是横向财务体制问题，财务事项由专业财务人员处理的幅度或者权利，财务事项谁来决定。外资企业设 CFO 就是集权型体制，在国企里如果总会计师不进入关键决策层就是分权型。

（一）集权型财务管控模式

1. 集权型财务管控模式概念

集权型财务管理体制是将子公司业务看作是母公司业务的扩大，所有战略的决策与经营控制权都集中在集团母公司，集团公司对集团内的财务进行集中管控。这种管控模式下的集团公司拥有所属子公司的全部财务决策权，对子公司进行高度集权下的统一规划和管理，对子公司人、财、物和产、供、销实行统一经营、管理、决策和核算。各级子公司没有财务决策权，只是执行集团公司的财务决策。在集权型管控模式下，财务管理决策权高度集中于集团公司，集团公司对各级子公司实行严格的控制，统一核算，统一调配资金，并实行资金集中管理。集团内部可以充分展现其规模与效益，最大限度地降低资金成本、风险损失，同时充分利用母公司的人才、智力、信息资源，使内部控制制度完善，保证决策一体化。

2. 资金管理

集权型财务管控模式下，集团公司对集团内所有企业的资金实行集中统一管理，实行收支两条线。为了对资金进行统一管理，集团公司总部设资金管理中心或内部银行对全集团的资金进行集中统一管理。成立财务公司的集团将集中统一管理集团内部资金职能赋予财务公司。

3. 制度制定检查

集权型财务管控模式要求集团公司制定统一的财务会计制度和内控管理制度，子公司有制度建议权，无制定制度的权力。集团公司对制定的财务管理制度纵向到底，横向到边，贯彻到集团公司的每个单位，对各子公司执行制度的情况进行指导和监督，发现重大偏差及时纠正。对发现的制度重大缺陷或随着内外部环境的改变，要及时修订制度。

4. 人员管理

集权管控模式的人员管理主要体现在对子公司财务人员的管理，对子公司财务总监和财务部门负责人实行委派制，财务总监委派制有财务监事委派制、财务主管委派制、财务监理委派制。代表集团核心竞争力的重要子公司财务部的全体财务人员也可以实行集团委派制，财务人员由集团选聘，人事编制在集团公司财务部，接受集团财务部的直接领导。集团财务部负责对委派到子公司的财务主管和财务人员进行业绩考核，决定其薪酬，对这些委派人员的奖惩和晋升起到决定性作用，子公司的意见仅起参考作用，通过对子公司财务人员的集中控制，将集团公司集权管控的模式，顺畅地贯彻到子公司。

5. 收益分配

集权式财务管控模式下，全资子公司的收益分配政策和具体的收益分配方案，由集团公司统一制定，子公司负责执行。控股子公司的收益分配政策和具体收益分配方案，由董事会提交议案，股东会讨论，集团公司通过在董事会和股东会拥有的超过 2/3 的表决权加以控制。

6. 适用范围

并非所有集团公司都适宜采用财务集权管控模式，集团的组织结构、发展战略和自身的人力资源条件等，决定了是否适宜采用这种管控模式。

（1）产品关联度。产品单一、种类较少或者种类虽多但其产品关联度较大的集团公司，适合选择集权型财务管控模式。如电力集团公司或煤电铝一体化的集团公司，通过财务集权型财务管控模式，可以更好地贯彻集团公司的发展战略，发挥资源优势，提高集团公司产业集中度。

（2）企业规模。规模较小的集团公司也适宜采用集权财务体制。规模较小的集团公司，往往处于集团公司发展初期，通过集中管理，更易贯彻集团公司发展战略，减少内耗，将精力放到外部竞争中，集中资源优势，尽快将企业做大做强。分权管理可能会分散集团资源，降低整体资产的效益，规模较小的集团公司更适合采用集权财务管控模式。

（3）企业战略。一体化战略是指企业充分利用自己在产品、技术和市场上的优势，向产业链条的横向和纵向延伸以获取协同效应的一种战略模式。一体化战略主要分为纵向一体化和横向一体化。纵向一体化是指生产或经营过程紧密衔接的上下游企业之间实现的一体化，其目的是节约上、下游企业之间的交易费用，并控制市场和资源。横向一体化是指与同一行业不同企业之间的联合，其目的是减少竞争、取得规模经济效益。集团公司通常直接掌握子公司的财务决策权，资金集中管控，实行全面预算管理，执行统一的财务会计制度，充分利用财务集权管控的优势，促进集团公司一体化战略目标的尽快实现。

（4）企业集团人力资源条件。对于子公司财务人员素质不是很好的集团公司，更适合选择集权管理，易于指挥，可以迅速做出决策，提高企业效率。可将全集团优秀的财务会计人才集中到集团总部，发挥集团财务管理部门财务专家顾问的作用，集中人才优势，更好地实施集中财务决策，并指导集团子公司的日常财务工作。

7. 优缺点

集权型管控模式的优点在于：①有利于集团财务战略目标和财务政策及制度在集团范围内的贯彻与执行；由集团最高管理层统一决策，有利于规范各成员企业的行动，促使集团整体政策目标的贯彻与实现。②有利于集团集中财权，充分利用财力，发挥整体资源优势和财务协同效应，最大限度地发挥企业集团的各项资源优势，集中力量，达到企业集团的整体目标。③有利于发挥集团资金整体的规模效益，提高资金使用效率，降低资金使用成本。④有利于集团总部对下属企业财务状况及资金流动的控制与监督、对业绩的考核。能够全方位地控制子公司的财务行为，财务管理效率较高。⑤有利于统一规划集团的税收战略，使整个集团的纳税金额合法的降至最低。⑥有利于充分发挥集团总部财务专家的作用，提高集团整体的财务管理水平，降低集团公司和子公司财务风险和经营风险。⑦在整个集团内通过产品结构的优化，成本不断降低，从而取得规模效益。

但其缺点也很明显：①财务管理权限高度集中于集团总部容易挫伤相关成员企业的积极性，抑制其创造力。②高度集权容易导致集团总部的管理负担过重，决策压力过大，从而增加了集团整体的全局性风险。③集权制首先要求最高决策管理层必须具有极高的素质与能力，同时必须能够高效率地汇集起各方面详尽的信息资料，否则可能导致主观臆断，以致出现重大的决策错误。④还可能由于信息传递时间长，延误决策时机，缺乏对市场的应变力与灵活性。⑤由于决策集中、效率降低，使应付复杂多变的环境难度增加，应对市场变化的能力大大降低。

（二）分权型财务管控模式

1. 概念

在分权管控模式下，集团公司只保留对子公司重大财务事项的决策权或审批权，不干预子公司日常的生产经营、财务事项的决策权与管理权，其对子公司的管理强调的是结果控制，即对子公司完成受托责任的情况进行考核与评价。

在分权管控模式下，集团领导层对下属的控制较为松散，下级单位有较充分的权利。集团公司将日常财务事项的决策权和管理权下放到子公司，只保留对少数关系到全局利益和发展的重大财务事项的决策权和审批权，不直接干预子公司的生产经营与财务活动。各子公司可以根据市场变化和自身发展的需求进行项目投资决策，利用自身资信向金融机构贷款，或通过其他融资渠道筹措生产资金，具有更大的灵活性，更能适应瞬息万变的市场环境的需求，提供竞争力。

2. 资金管理

分权管理模式下，子公司的资金一般自行管理，资金的筹集和运用均由子公司负责。但重大的资金筹集和运用事项的决策权，由集团公司掌握。限额下的资金的筹集和运用由子公司负责。对外担保事项必须由集团公司审批。

3. 制度制定检查

分权管控模式下，集团公司对财务会计制度和内部控制制定统一指导意见，子公司根据集团公司的指导意见，结合自身的实际情况，自行制定财务会计制度和内部控制制度，报集团公司审批或备案后执行。集团公司对子公司制度的执行情况进行检查，对实施过程中遇到的重大问题，进行调研和指导。

4. 人员管理

分权模式下，子公司财务主管由子公司提名，集团公司任命，子公司有更大的决定权。一般财务人员由子公司自行聘用。财务主管和一般财务人员的人事关系在子公司，由子公司对其进行考核。

5. 收益分配

分权管控模式下，子公司的收益分配政策和收益分配决策权由子公司股东会掌握，集团公司对收益分配的控制通过股东会和董事会实现。

6. 适用范围

（1）对上下游产业链的控股公司宜采用分权模式。集团公司为了保证主营产品上游原料供应的稳定、下游营销渠道的通畅及交易的经济性，从企业发展战略角度出发，往往会通过资本运营，控股产业链的上下游企业。如煤炭企业集团控股煤化工企业，氧化铝企业控股铝矾土生产企业等，集团公司对于控股的上下游企业，在人才、技术等方面缺乏储备，无关联经验，如果采用集权管控模式，会陷入外行领导内行的窘境，不利于控股企业的发展，对这些控股公司可以采用分权模式。集团公司对控股子公司的控制主要靠完善法人治理结构实现，集团公司通过控股子公司的董事会贯彻实施其经营及财务管理目标，监控较间接，控股子公司的决策权相对较大。一些从行业主管机构转变而来或由政府捆绑而来的企业集团、实行多法人制的集团或是实行多元化战略的集团往往采用此种控制模式。

（2）多元化宜采取分权型财务管控模式。多元化战略是指企业同时经营两种以上用途不同的产品或服务的一种经营战略。多元化战略的目的是通过扩大经营领域，分散经营风险，并取得协同效应。由于跨行业经营，受人力资源和管理能力的限制，集团总部集权管理的难度较大，效果不佳。对子公司的财务和经营则以间接管理为主，财务管理的主要目标是约束下属企业的经营财务活动，以保证集团财务目标的一致性。多元化战略宜采用分权型财务管控模式。

（3）企业集团人力资源条件。对于母子公司管理者素质均较高的集团公司，集团公司和子公司高层的控制能力与决策领导能力较强，适合选择分权管理，有利于各级管理者各尽其能，提高企业集团整体效益。

7. 优缺点

（1）优点。①在分权模式财务体制下，拥有充分的财权使集团的子公司积极性明显提高，可以调动子公司各层次管理者的积极性。②分权模式下的财务管理决策因接近信息源而变得高效快捷，市场信息反应灵敏，易于及时捕捉商业机会，增加创利机会。③分权模式通过间接管理的方式不仅降低了集团总部的决策压力，减轻了其管理负担，使最高层管理人员将有限的时间和精力集中于企业最重要的战略决策问题上，同时也避免了总部直接干预所造成的集团整体的负面效应。④分权模式下子公司能够自主、灵活地管理资金，便于其根据地区和企业自身状况，更好地协调处理与当地银行的关系，为本企业服务。

（2）缺点。①分权模式财务体制无法实现集团财务集中管理可能带来的规模效益，也难以发挥集团的整体优势，甚至还会导致集团内部资源配置的重复和浪费。②由于在分权模式下集团总部缺乏集团整体的信息平台和载体，难以对子公司进行统一控制和协调，因此导致有的子公司因追求自身利益而忽视甚至损害公司整体利益；上下级沟通慢，信息分散化和不对称现象较为常见。③分权模式弱化了集团总部对子公司的财务监控功能，使其难以及时发现子公司面临的风险和重大问题。④分权模式下集团总部很难约束子公司的经营者，容易造成集团管理内部的"诸侯现象"。⑤分权模式下，因为财务协同效应无法更好发挥，内部资源在配置上的浪费容易发生，可能会导致集团市场竞争能力和整体实力下降。

（三）均衡型财务管控模式

1. 概念

均衡型财务管控模式是集权和分权相结合的财务管理体制，其强调在分权基础上的集权，寻找集权和分权的平衡点，通过均衡权限，不仅发挥各子公司的积极性和主动性，而且从严理财，是一种自下而上的多层次决策的体制。

均衡型财务管理体制的核心内容是集团总部应做到制度统一、资金集中、信息集成和人员委派。具体应集中制度制定权、融资权、投资权、担保权、固定资产购置权、财务机构设置权、收益分配权，分散经营自主权、人员管理权、业务定价权、费用开支审批权。

2. 资金管理

平衡型财务管控模式下，集团集中资金管理权，统一调配资金，但子公司日常资金开支的额度比集权管控模式相对较大。

3. 制度制定检查

平衡型财务管控模式下，集团公司集中财务会计管理制度的制定权，对子公司制度的执行情况进行检查。

4. 人员管理

集团总部和事业部或专业化板块管理公司的财务人员由集团公司选派，子公司的财务人员由子公司选聘。

5. 适用范围

（1）事业部制组织架构。在事业部制组织结构中，企业集团把市场机制引入企业内部，按产品、部门、地区和顾客划分为若干事业部，实行集中领导下的分散经营，较适合采用平衡型财务管控模式。在此模式下，母公司拥有财务战略规划、计划控制、重大投资决策、利润分配权，可以看作是投资中心。而按产品性质和市场特点（地区）成立的事业部可以在最高决策层授权下享有相当大的经营自主权，可以计算事业部本身的营业额和费用，并据此计算利润，因而是利润中心；事业部下属的子公司则是成本中心，在本质上是一个在统一经营战略下承担某种产品或提供某种服务的生产经营单位。公司总部有专门的统筹部门，负责对各事业部进行授权，监控各事业部的经营活动和绩效，在事业部之间配置经营资源并制定战略，对各事业部的经营方针、销售利润和资金调度进行统一决策。这种体制适应了组织规模扩大，信息中心向下偏移的趋势，但总部控制难度加大，方式更为复杂，而且往往要在增强财务监控的成本与收益之间进行艰难地权衡。

（2）均衡型管控模式适宜在子公司差异较大的集团公司内使用。集团核心竞争力产业（产品）的子公司应采用集权模式，对于非核心竞争力子公司或集团公司新进入的不熟悉的产业的子公司可以采用分权管理模式，促使其在竞争中灵活决策，迅速成长。

6. 优缺点

（1）优点。①均衡型财务管理体制吸收了以上集权模式和分权的优点，同时回避了这两种模式的弱点，因而是一种理想的财务控制模式。②混合型财务管理体制既可以保证母公司财务和经营战略的一致性，又不失子公司决策的灵活性。

（2）缺点。均衡型财务控制模式的关键是对集权与分权"度"的把握，总部管理层不好把握分权的程度，容易出现对子公司控制过度或过松的问题，这一缺陷是制约该种模式广泛应用的主要因素。

（四）集团财务总监的类型及与财务管控模式的关系

集团公司财务总监管控模式分为管控型、核算型、综合型。管控型财务总监对下属企业的管控权限大，适用于集权型财务管控模式。核算型财务总监对下属企业的管控权限较小，以财务指标管控为主，适用于分权型财务管控模式。综合型财务总监对下属企业的管控权限比管控型财务总监小，比核算型财务总监大，适用于平衡型财务管控模式。

四、财务体制的影响因素

（一）企业集团对目标企业控制的必要性

1. 企业集团财务体制选择的财务环境因素

（1）外部环境的影响。

外部环境包含政治法律环境和经济环境。政治法律环境是指那些制约和影响企业的政治要素和法律系统，以及其运行状态。政治环境包括国家的政治制度、权力机构、颁布的方针政策、政治团体和政治形势等因素。政治和法律因素是保障企业生产经营活动的基本条件。在一个稳定的政治环境中，企业能够真正通过公平竞争，获取自己正当的利益，并得以长期稳定的发展。国家的政策法规对企业的生产经营活动具有控制、调节作用。同一政策和法规可能会给不同的企业带来不同的机会和制约。如国家执行严厉的环境保护政策对于不符合环保要求的企业，可能面临巨额罚款，甚至关停的危险。符合环保要求的企业，由于减少了竞争对手，将会获得更大发展。政治环境因素对集团公司采用何种管控模式也具有影响，当国家政策鼓励集团公司所处行业大力发展时，可以采用分权模式充分利用国家政策，使集团公司迅速成长。当国家政策对集团公司所处行业加以限制，甚至影响集团公司生存时，就应采用集权模式，集中利用集团的资源优势，使企业找到符合国家政策的途径，尽快渡过难关。

经济环境，是指构成企业生存和发展的社会经济状况和国家的经济政策，包括社会经济结构、经济发展水平、经济体制、宏观经济政策、当前经济状况和其他一般经济条件等要素。与政治法律环境相比，经济环境对企业经营的影响更直接、更具体。当经济环境导致集团公司步入发展快车道，处于行业发展周期的上升阶段时，可以采用分权或平衡模式，给予子公司充分的自主经营权，促进集团公司抓住机遇做大做强。

（2）企业发展战略。

企业发展战略是企业为了求得长期生存和发展，为获得持续竞争优势而在分析外部环境和内部资源和能力的基础上设计的关于企业的发展目标、实现目标的途径和手段的总体纲领和方案，具有全局性、系统性、长远性和方向性的特点。企业发展战略是中长期的规划，决定企业的发展方向和目标，对企业各项经营决策均有着指导和牵制作用。企业发展战略对集团公司财务体制的确定也具有决定性意义。企业发展战略可按不同标准进行分类，如按发展战略的性质可划分为稳定型发展战略、扩张型发展战略、紧缩型发展战略和混合型发展战略。

集团公司采用的战略不同，对财务管理模式的需求也不同。例如，集团实施扩张战略，应以采用分权模式为主，积极鼓励子公司开拓市场，迅速发展，形成集团公司多个新的产业和利润增长点。采用稳定性战略时，集团总部要牢牢把握投融资权，而对资金运用方面的权利可以适当分权。采用紧缩战略，为了使集团公司渡过难关，必须强化集团总部的领导力，高度集权。采用混合战略，对不同的子公司分别采取集权和分权的管控模式。如果企业发展战略是扩大集团主业的生产规模，强化集团公司的核心竞争力，需要集中大量资金实现这一战略，集团公司就要集中资金管理权和投资决策权。如果集团公司实行多元化发展战略，应积极鼓励子公司开拓市场，发展新的产业，增加新的利润增长点，这种战略要求分权程度较高。

（3）企业集团产品的选择，产品的类型、行业类型、市场竞争程度。

集团公司产业定位千差万别，按照多元化程度可分为单一产品密集型、一体化产业型、相关联多元化定位型、无关联多元化定位型四类，集团公司根据不同的产业定位，确定适宜的财务管控模式。单一产业密集型和一体化产业型的集团公司，产品单一，子公司间紧密程度高，需统一面向市场，靠集团的规模优势，在竞争中占得先机，应采用集权型财务管控模式。相关联多元化定位型的企业，多元的领域相关联，但没有任何单项产品占到集团销售总额的70%（参考值，具体判断比例要根据集团公司实际情况确定），呈均衡型产品发展态势，这类集团公司应对重大事项集权的前提下，适当扩大不同产业板块的公司的分权程度。无关联多元化定位型集团，多个产品无业务关联，如钢铁企业进入饮料、医药、电子等与钢铁行业无任何关联的产业，形成无关联多元定位，对新进入的领域不熟悉，必须充分信任新行业的专业管理人才，应加大分权程度。市场竞争强的集团公司，应采取分权型财务管控，市场竞争弱的集团公司，应采取集权型财务管控。

（4）企业集团的规模和总部的控制能力。

集团公司规模和总部控制能力不同，财务管控模式的选择也不同。根据管理幅度和管理层次理论，管理者时间和精力有限，在集团公司的规模扩大到一定程度后，需分层授权。集团公司规模不大，业务较单一，子公司数量少时，采用集权财务管控模式更能促进集团公司的发展壮大。随着集团公司规模不断扩大，经营多元化，子公司数量较多，子公司抗风险能力提高，集团内部产权关系复杂，集团总部再采用集权管理，已心有余而力不足，管理效率降低，这时就应逐步采用分权型的财务管控模式。

（5）子（分）公司对企业集团财务战略影响的重要程度。

子公司在集团公司所处地位不同，对集团公司的影响程度也不同。集团公司从结构发展战略出发，为了集中优势资源扩大集团公司核心竞争力，扩大核心产业的市场竞争优势，通常对与集团核心能力、核心业务密切相关的，规模大的子公司的经营活动实施高度的统一管理与控制，采用集权型财务管理模式。对于那些与集团核心竞争力、核心行业关联度不高，规模小的子公司为了提高管理效率，充分发挥这些子公司的积极性，增强市场竞争能力，应采用分权管控模式。

（6）企业的发展阶段。

集团公司一般都会经历孕育形成、成长、成熟和衰退蜕变的生命过程，在不同阶段应灵活采用不同的财务管理模式。在孕育形成初期，为了企业发展，充分利用现有资源，集团公司应高度集权；在成长阶段，追求更大的利润为公司首要战略目标，为了充分调动子公司的积极性，加大决策灵活性，客观上要求集团公司放弃部分控制权，降低集权度，使子公司获得充分的经营、资金运用权和一定的决策权；发展到成熟阶段，集团公司形成了垄断优势，子公司决策的灵活性要求继续上升，分权度要求进一步扩大，集团总部财务管控的控制力和灵活性达到更高程度的平衡，集团规模经济效益得到最大程度的发挥；在成熟转向衰退的阶段，企业集团转向防控风险，追求稳定的利润，对子公司灵活经营要求降低，需进一步加强集团的控制力，但集团公司的财务体制将走向僵化，集权和分权相结合的财务管理体制，可能更恰当。

（7）企业集团与子（分）公司经营业务的相关度。

产品单一、种类较少、产品关联度较高的集团公司，集团与子公司间关联度高，采用集权管控模式，充分利用集团资源，不断扩大产品的市场地位，追求企业价值最大化，增强集团公司抗风险能力。产品种类多，但关联度低的多元型企业集团，为增强各专业公司的市场竞争能力，增强决策的灵活性和及时性，调动子公司积极性，有利于集团公司长远发展，宜采用分权管控模式。

（8）经营业务风险性。

集团公司对于经营业务风险大的子公司，适宜采用集权模式，统一决策，控制风险。对于经营业务风险相对小的子公司，适宜采用分权模式，既可调动子公司积极性，又不易发生大的财务风险。

（9）组织协调的成本。

组织的协调成本包括"集中的成本"和"分散的成本"。"集中的成本"体现在子公司积极性下降的损失和财务决策效率下降，造成机会损失或决策等待时间加长增加的成本。"分散的成本"主要是随着分权程度的扩大，导致的资源集中利用优势的降低和代理成本的不断增加。集团公司应根据企业的现状和发展战略的要求，通过均衡"集中的成本"和"分散的成本"，确定适宜的管控模式，将"集中的利益"和"分散的利益"最大化。

（10）税务问题。

集团公司应对子公司的税收进行统一筹划，优化集团公司企业的税收模式，在遵守国家税收法规的前提下，通过流程再造、全产业链和产品产销周期筹划等方式，最大限度节约集团公司整体的税收成本，财务管控模式的选择要适应集团整体税收筹划的需求，避免税收风险。

2. 集团对子公司集权的必要性需考虑的因素

（1）子（分）公司是否为集团战略的重要组成部分。对于构成集团战略重要组成部分的子（分）公司应采用集权模式；反之，则采用分权模式。

（2）子（分）公司所占用集团的资源（资产、资金等）多少。对于占用集团的资源（资产、资金等）多的子（分）公司应采用集权模式；反之，则采用分权模式。

（3）子（分）公司对集团公司带来的风险。当子（分）公司的经营可能会给集团公司带来较大的现时或潜在风险时，对该类子（分）公司应该采用集权模式。

（4）子（分）公司的发展阶段。子（分）公司，在其处于初创阶段，遇到的困难较多，财务管理薄弱需要集团公司的支持，宜采用集权模式；处于成长和成熟期时可以采用分权模式，鼓励其自主、灵活经营，迅速成长。在衰退期，从财务稳健性原则角度考虑，应加强对其的财务管理，宜采用集权模式。

（5）子（分）公司自身的管理能力。对于自身管理能力弱的子（分）公司，应加强对其的财务风险管控，宜采用集权模式。对于自身管理能力强的子（分）公司，可采用分权模式。

（6）非正常子（分）公司，如法人治理不健全、单位责任人无心经营即将改制重组、破产的子（分）公司，集团鞭长莫及，财务指标异常的单位等。非正常子公司，由于法人治理不健全、经营不善资不抵债，或已进入资产重组、破产清算的子公司，在此阶段风险加大，需决策的非常规事项增加，不确定性因素增加，风险加大，如果不加强集中管理，可能会给集团公司带来难以估量的损失，甚至造成不良的社会影响，对于这些非正常子（分）公司，应采用集中管控模式，强化对其的管控能力，防控风险，使其平稳过渡。

（7）其他因素。集团对子（分）公司的控制力高则适宜采用集权财务体制；反之，控制力低则适宜采用分权财务体制。集团对子（分）公司管控能力以及效率高，则适宜采用集权财务体制；反之，则适宜采用分权财务体制。集团公司对子公司集权的必要性高，如符合集团发展战略的行业，应采用集权财务体制；反之，则采用分权财务体制，如不符合集团发展战略的非主业或新兴行业，或充分竞争的行业应采用分权财务体制（参见图 3 - 1）。

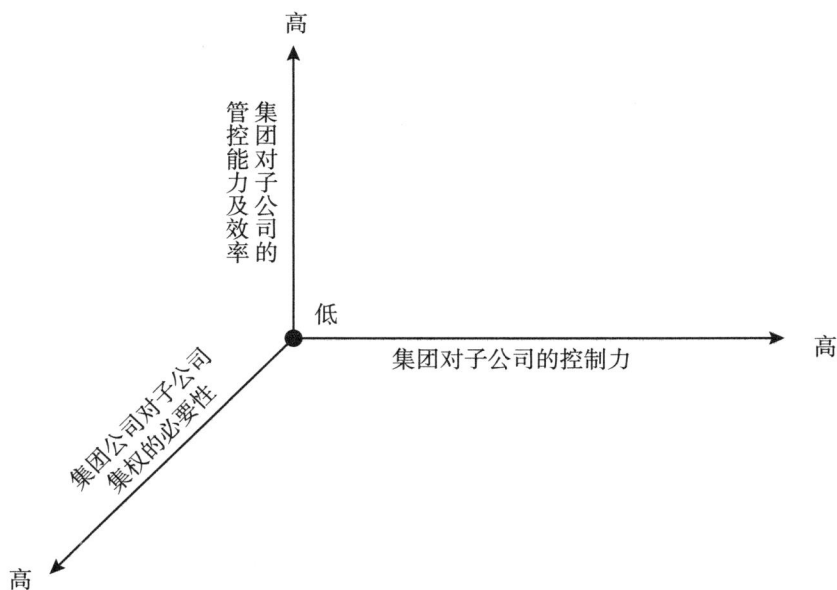

图 3 - 1　集团对子公司集权的必要性分析

（二）集团对目标企业的控制能力

（1）所有权（法律）控制。对于分公司、全资子公司和重要控股子公司宜采用集权模式，对于不重要的控股子公司、参股公司、关联单位宜采用分权模式。

（2）业务控制。业务控制能力强的子公司应采用集权模式；与集团主营产品和核心竞争行业的货源相关的子公司宜采用集权模式；涉及集团重要供货和销货渠道的子公司宜采用集权模式；对控制集团重要资源采购的子公司宜采用集权模式；掌握集团核心技术的子公司宜采用集权模式。

（3）资金控制。如提供资金、担保而签订协议增加控制力。对于提供资金、担保而签订协议增加控制力的子公司宜采用集权模式。

（4）关联（无形）控制力。如提供有形和无形资源以及人力资源。对于提供有形和无形资源的重要子公司和掌握企业核心竞争力、关键技术人员多的子公司宜采用集权模式。

（5）股权相关度。集团公司持有的股权与集团公司主业的相关度高的，应加强控制，适宜采用集权财务体制；反之，则采用分权财务体制。

（三）集团对目标企业的调控能力

（1）处理外部环境对集团企业影响的能力。处理外部环境对集团企业影响能力大的子公司宜采用集权模式。

（2）领导人的风格。一般来说，领导人的风格有：专制型领导风格、权威型领导风格、亲和型领导风格、民主型领导风格、领跑型领导风格、教练型领导风格六种。专制型领导风格和权威型领导风格作为主要领导人的子公司，容易独断专行，使得决策产生偏差，宜采用集权模式。对于其他四种风格作为主要领导人的子公司，可以发挥专业团队的作用，采用分权模式。

（3）集团管控能力。如集团管理文化、总部的人员素质、信息化水平、执行力、管理制度体系。集团总部管理人员素质较高，管控产业能力强，决策水平高，驾驭子公司的能力强，则宜对子公司采用集权模式，可以充分发挥集权模式的优点，提高集团整体资源的利用效率；反之宜采用分权模式。

（4）集团与子公司区域关联的影响。集团与子公司在同一或相邻区域内，可采用集权模式；如果相隔太远，即使采用先进的网络信息技术，集权模式的成本也较高，一般应采用分权模式。

（5）集团与子（分）公司设立的前后顺序。集团与子公司成立时间相近的，在集团初创期和成长期，为了充分利用集团现有资源，宜采用集权模式。在集团已处于成熟期随着集团管控能力的提高和资源掌控能力的加强，对于这一时期成立的子公司既可采用集权模式，也可采用分权模式。对于企业集团成立前成立的子公司，其自身管理能力较强，为了加强对其管控，集团公司可根据需要选择集权模式和分权模式。

五、财务体制选择的原则

（一）以法律为基础，同时要超越法律

集团公司财务体制的建立必然涉及集团公司与其成员企业的产权关系，而这种关系的处理以及与之相联系的权责利的界定必须在现有法律（公司法等）及相关制度的规定的框架之内。集团财务体制的建立，应以法律为基础，集团公司作为控股股东享有公司法赋予的各项权利，子公司作为独立的法人，则拥有完整的法人财务权。另外，为了发挥集团内整体资源的最大效能，需将子公司的部分法人财务权进行适度集中，从而超越法律。

（二）体现集团战略管理的思想

根据集团不同的战略采用不同的财务体制，稳定型发展战略、紧缩型发展战略、一元型发展战略的集团公司宜采用集权财务体制；扩张型发展战略宜采用分权财务体制；多元型发展战略既可采用分权模型，也可采用集权模式；混合型发展战略宜采用混合财务体制。

（三）以集团价值最大化为原则

企业价值最大化是指通过企业财务上的合理经营，采用最优的财务政策，充分考虑资金的时间价值和风险与报酬的关系，在保证企业长期稳定发展的基础上，使企业总价值达到最大。其基本思想是将企业长期稳定发展摆在首位、强调在企业价值增长中满足各方利益关系。集团公司采用何种管控模式要以集团价值最大化为出发点，通过平衡集权和分权对企业价值最大化的影响，选择恰当的财务体制。

（四）与集团管控能力相适应的原则

集团管控能力强，对子公司的影响大，执行力强，可以采用集权型或均衡型财务体制，管控能力弱的集团公司应采用分权型财务体制或均衡型财务体制。

（五）集权分权相结合的原则

集团管控模式的设计既不应过度集权也不应过度分权，对于子公司投资决策权、重大资产处置权、财务政策指定权、财务负责人任免权、关联交易价格制定权、融资决策权等权限应当集中，而对于子公司核算权、计划制订权、执行权、建议权等权限则应适当放权。

（六）与集团组织结构相适应

集团的规模、战略定位、发展阶段等影响到集团的组织结构，而财务体制的建立必须与之相适应、相协调。比如，在直线职能制（U 型）组织结构下，集团管理体现的是集权思想，则财务体制的建立必须与之相适应，即强化集团总部在财务管理方面的权力，适宜采用集权财务体制。对于事业部（M 型）组织结构的集团来说，其财务管理大都趋于分权，其财务体制的建立一般趋于两项原则：一是强化总部对下属企业的分权，并在分权中体现总部的管理权威；同时强化事业部对下属单位的集权，增强事业部市场竞争能力和抵御风险的能力，达到集权和分权的平衡，促进集团公司和谐发展。二是加强总部对下属企业的业绩考核和监督控制。根据企业集团的需要，事业部组织结构也可以采用混合模式。而控股型（H 型）组织结构的集团通常在经营管理权限下放的同时强化财务部门的职能和权限，其财务体制的建立必须充分体现这一点，适宜采用集权和分权相融合的混合型财务管理体制。

（七）要突出重点，充分考虑管控的多元性、复杂性

集团公司应充分认识到管控的多元性和复杂性，不能眉毛胡子一把抓，应对不同子公司采用不同的财务体制。对于具有集团核心竞争力的子公司，应采用集权型财务管控模式。多元化发展的企业集团，对于与集团主导产品和核心资源相关的子公司宜采用财

务集权型财务管控模式。非主业的多元发展的子公司可采用分权型财务管控模式。对于产权关系复杂的子公司应采用集权财务体制，加强控制，防范财务风险。

（八）逐步实施、动态调整的原则

集团不论是采用哪种财务体制，都不应一步到位，一成不变。应逐步实施，根据企业内外部环境的变化，灵活调整。

六、横向财务体制简介

（一）分类

（1）董事会财务委员会与其他委员会权限划分；

（2）经营层各副总与财务总监（总会计师）权限划分；

（3）财务部门与非财务部门专业部门权限划分；

（4）财务专业部门之间权限划分；财务专业部门包括会计核算、资金管理、资产管理、成本费用管理、税收管理、风险管理等。

（二）类型

1. 财务强主导型

财务强主导型横向财务体制是指财务总监或总会计师，进入高层决策，话语权强，能够直接参与企业经营决策，财务专业部门在企业经营管理中占有重要地位，对企业的财务管理起到主导作用。

2. 财务弱主导型

财务弱主导型横向财务体制是指财务总监或总会计师不进入高层决策，话语权不强，不能直接参与企业经营决策，财务专业部门在企业经营管理中不占有重要地位，对企业财务管理起到的主导作用较弱，以会计核算为主。

3. 均衡型

均衡型横向财务体制是指企业在财务管理上的主导地位介于强主导型和弱主导型之间，处理会计核算，具有部分财务管理职能。

（三）确定财务体制的若干因素

1. 集团对子公司的财务体制

集权型财务体制是强主导型，分权型财务体制是弱主导型，均衡型财务体制界于强弱之间。横向财务体制与集团对子公司的财务体制是相对应的。

2. 主要领导人风格

主要领导人风格对财务体制具有一定的影响，强势领导适宜采用集权财务体制，民主型领导可能更喜欢分权财务体制。

3. 财务总监（总会计师）自身素质

财务总监（总会计师）自身专业能力强，熟悉生产经营，有较强的沟通能力，则更适宜采用集权财务体制。财务总监（总会计师）自身素质一般，则更适宜采用分权财务体制。

4. 非财务人员素质

非财务人员素质低，财务人员素质高，则宜采用集权财务体制；相反，如果非财务人员素质高，财务人员素质一般，无法实行集权财务体制，只能采用分权财务体制。

5. 企业文化

企业文化体现的团队精神强，能够拧成一股绳，执行力强，则宜采用集权财务体制；若企业文化崇尚的是自由、民主，更强调发挥各自的创造力和主观能动性，则应采用分权财务体制。

第二节　财务组织架构

一、财务组织架构的概念

财务组织架构分为单一公司和集团公司组织架构。

单一公司的财务组织架构是指股东会、董事会、监事会、经理层和财务机构组成的公司组织结构，即明确各层级的职责权限、人员编制、工作程序和相关要求的财务管理方面的制度安排。股东会和董事会主要行使财务决策职能，经理层和财务机构是财务决策的执行机构，行使日常财务管理职能。

对于集团公司而言，财务组织架构是指集团公司、子公司的组织架构，明确各级次公司的机构设置、职责权限、人员编制、工作程序和相关要求的财务管理方面的制度安排。每个层级的公司均具有单一公司的财务组织架构。

二、财务组织架构分类

集团财务组织在架构上有横向和纵向两种分类。

横向的（经营层）财务架构是指财务机构的部门设置，包括财务管理部门、会计核算部门、资金管理部门、风险管理部门等。集团总部的横向财务架构设置的部门齐全，是整个集团财务架构的心脏，也是整个集团财务决策的执行机构，起到承上启下的作用，对子公司财务决策和财务管理制度的执行有指导和检查权。

纵向的财务架构是指集团公司的股东会、董事会、经理层以及各层级的子公司。纵向财务组织架构形成了集团公司完整的财务体系，集团公司股东会和董事会制定的财务战略和重大财务决策，通过集团经理层及各层级的子公司贯彻执行。日常经营过程中遇到的重大财务问题和财务决策需求又从各层级子公司和集团经理层反馈到集团董事会和股东会，形成了闭环的财务组织架构。

集团纵向组织架构是由若干单一组织架构和集团总部组织架构而构成的。

单一公司的财务组织架构分为投资者和经营者财务组织架构。投资者组织架构包括：股东会、董事会、监事会。投资者的主要职责是制定公司发展战略，确定公司战略目标，对经营者，也就是管理层的履职情况进行监督。股东会不是常设机构，主要是在定期和临时股东会上，由股东按出资比例对公司的重大事项行使表决权，投资者的决策职能一般由董事会履行，监督职能一般由监事会履行。经营者组织架构一般指经理层，根据企业财务管理通则规定，经营者的财务管理职责主要有重大财务决策事项的方案拟订权和实施权、财务工作的管理权、保障职工合法权益的责任以及配合国家有关部门、社会中介机构对公司进行财务监督的责任等。

　　集团总部组织架构与单一公司财务组织架构类似，它是集团公司的司令部，整个集团的财务战略和重大财务决策由其发出，对各个层级子公司关于集团公司财务战略和财务决策的执行情况进行指导、监督、协调。对各个层级子公司反馈的财务问题及时做出决策。

三、财务组织架构设计原则

（一）与集团组织架构相匹配

当集团组织架构复杂时，财务组织架构也要相对复杂，反之亦然。

（二）与集团财务体制相适应

集团财务体制是集权型的，财务专业部门多；财务体制是分权型的，财务专业部门少。均衡型财务体制的财务部门数量介于以上两者之间。

（三）与集团管控模式相匹配

集团管控模式是运营管控型的财务专业部门多；集团管控模式是财务管控型的财务专业部门少。集团管控模式是战略管控型的财务专业部门数量介于以上两者之间。

（四）与集团业务类型相适应

集团业务类型单一或较简单的财务专业部门数量少；集团业务类型复杂的财务专业部门数量多。

（五）其他

集团财务组织架构还要考虑集团战略、内外部环境、所处发展阶段等因素。

四、集团财务组织架构设计举例

　　集团财务组织包括两个层面，即纵向财务组织体系与横向财务组织体系。纵向财务组织体系按管理层次进行划分；横向财务组织体系按管理职能进行划分。如图3-2所示，集团公司财务组织从纵向角度可划分为股东（大）会、董事会、专业委员会、集团总部经营管理层、事业部、子公司等层次；集团财务组织从横向角度可划分为财务综合部、会计核算部、资金管理部（中心）、预算成本管理部、税务管理部、风险管理部等专业财务管理部门。

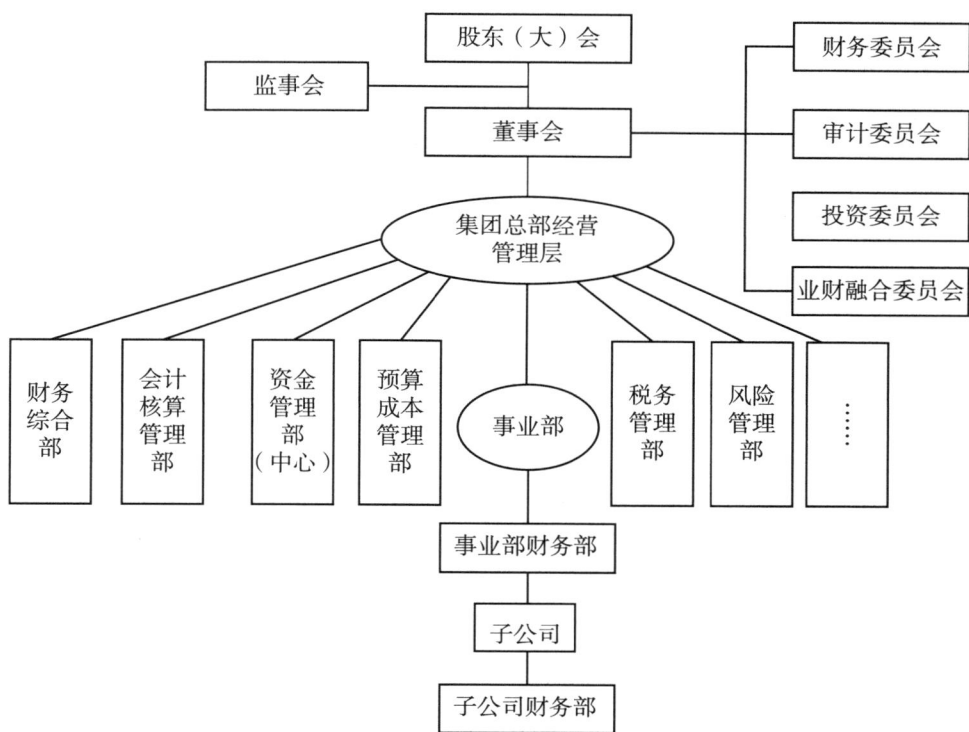

图 3－2　集团财务组织架构设计

第三节　财务人员管控

一、财务相关人员管控

（一）财务相关人员的概念

单体公司的财务人员指分管财务的副总经理（副总裁）、财务总监、财务负责人、全体财务人员等。财务非专业人员指公司董事长、董事、监事会主席、监事、高管人员、相关职能部门负责人、相关业务人员等。延伸的概念为凡与公司资金运动环节相关的人员均属财务非专业人员，以上人员均应纳入管控范围。董事会成员、经营班子成员、全体财务人员是管理的重点。

财务人员管理分三种类型：集权型、分权型、均衡型，与企业采用哪种财务体制相关。

（二）董事会成员的财务职责

董事会成员包括董事长和董事，其财务职责主要包括制定公司战略，审议年度财务预算，审议公司的投、融资事项，公司增减资、重大资产处置、并购重组事项，审批重大财务开支等。

董事主要的职责是对公司战略、投融资、生产经营等重大事项进行决策，要对所决策事项相关的国家法律法规、财务知识、生产经营知识等有所了解。要对企业全过程、全环节的财务管理知识有所了解。

（三）监事会成员的财务职责

监事会成员包括主席和监事，其主要职责是对董事会、经理层及公司的各项投融资、生产经营活动中违反国家法律法规及公司财务制度的事项进行监督，因此，监事不仅要求对财务知识有较全面的了解，还应了解审计知识。

（四）经理层管理人员的财务职责

经理层管理人员包括总经理（总裁）、副总经理（副总裁）、财务总监等。主要职责是执行股东会和董事会决策，对公司投融资、生产经营等日常业务进行管控。

总经理要对公司与投融资、生产经营各环节相关的法律法规和相关的财务知识有较全面了解。各分管副总经理和总经济师、总工程师要对相关领域的财务知识有所了解。

（五）各职能部门的负责人及普通职员

各职能部门的负责人及普通职员要对自己负责的职能部门和岗位的相关财务知识有所了解。如薪酬部门要了解与职工薪酬相关的财务知识，供应部门要对采购成本的构成、降低财务成本的途径、增值税专用发票相关知识，增值税进项税认证的相关知识有所了解，如自 2017 年 7 月 1 日起，增值税一般纳税人取得的 2017 年 7 月 1 日及以后开具的增值税专用发票和机动车销售统一发票，应自开具之日起 360 日内认证或登录增值税发票选择确认平台进行确认，并在规定的纳税申报期内，向主管国税机关申报抵扣进项税额。增值税一般纳税人取得的 2017 年 7 月 1 日及以后开具的海关进口增值税专用缴款书，应自开具之日起 360 日内向主管国税机关报送《海关完税凭证抵扣清单》，申请稽核比对。如果采购员取得增值税专用发票后不知道具体认证期限的规定，不及时交到财务部门认证，可能会给企业造成损失。还要对增值税发票的真假鉴定知识有所了解。销售部门要对销售确认条件的财务知识有所了解，知晓销售折扣、折让、退回的相关财务处理，对销售发票的相关知识有所了解。生产管理部门要对生产流程、成本核算的基础知识有所了解。

二、对财务人员的管控

（一）将财务人员的管控在体制上分为两种：集中管控和分散管控

财务人员的管控要和财务体制相适应。集权型财务体制下对财务人员应实行集中管控，对子（分）公司的财务总监、财务部门负责人实行委派制，集中管控。对于重要的子（分）公司的全体财务人员可以全部集中管控。集中管控对于纳入集中管控范围的财务人员的任命、考核、晋升均由集团公司统一管理。分散管控是对所有子公司的财务人员均由子（分）公司自行任命和管理。

（二）财务人员的管控

1. 重要财务人员

重要财务人员通常是指财务总监（总会计师）。

财务总监制度是在企业所有权与经营权相分离、组织规模和生产经营规模扩大化和复杂化、财务管理体制级次增多的情况下，投资者为了保障自身利益，按照一定程序向其全资或者控股的企业派出特定人员或机构，代表投资者进行财务监督而形成的制度，是企业法人治理结构的有机组成部分。财务总监的职责类型主要有以下三种：

（1）决策管理型。决策管理型财务总监由母公司委派，经子公司董事会任命；委派的财务总监属于子公司高管人员，接受集团和子公司的双重管理与考核奖罚。

（2）监督稽核型。在这种类型下，集团委派的财务总监由集团财务部统一调度、任命、管理和考核。其工资奖金全部由总部统一发放。其根本职能就是进行财务监督，强化产权约束。

（3）两者兼顾型。这种类型是介于两者之间的，财务总监既有决策管理型的职责，又有一定的监督稽核型的职责。

2. 财务机构负责人

财务机构负责人协助财务总监的工作，主持财务管理部门的日常工作，集团各子（分）公司均应设置财务机构，配备财务机构负责人。财务机构负责人可以实行上划一级管控，由上一级公司选聘；也可以子公司自行确定。

财务机构负责人的主要职责有：①负责公司的财务管理工作，协助财务总监负责系统内的财务管理工作；②负责研究和制定财务管理制度，负责资金管理、资本运营工作；③完善会计核算及财务内控管理制度与办法，监控财务管理与控制工作中的各项流程；④研究国家有关财务法律法规的变动和动态，研究企业财务、税务的管理方法；⑤组织指导编制财务收支计划、财务预决算，并监督贯彻执行；⑥参与公司重要事项的分析和决策，为公司的生产经营、业务发展及对外投资等事项提供财务方面的分析和决策依据；⑦定期对经济运行情况进行分析，及时发现并提出问题和建议，为公司领导层决策提供依据；⑧制订有效的融资策略与计划，利用各种财务工具和融资工具，确保公司最佳融资结构；⑨指导对重大投资项目和经营活动的风险评估，跟踪财务风险并对其进行控制。

3. 其他财务人员

（1）集团对下属财务人员管理的内容。

①控制下属企业财务部门的机构及设置；②对下属企业财务部门机构的职能及工作内容提出明确要求；③对下属企业财务人员的基本素质及任职资格等做出规定；④控制下属企业财务人员的数量编制；⑤其他。

（2）集团对下属企业财务人员管理的常用手段。

总体而言，集团对下属财务人员的管理又可分为委派制、指导制、监督制三种类型。

①委派制。集团直接委派子公司的财务人员；子公司的财务人员列为集团总部财务部门编制；子公司财务机构作为集团财务部门的派出机构。

②指导制。子公司的财务负责人由子公司总经理提名，由子公司董事会聘任或解聘；集团只能通过子公司股东会、董事会影响子公司财务负责人的产生；集团财务部门只能对子公司财务部门进行业务上的指导，无权对子公司财务部门发布命令。

③监督制。子公司在决定自身财务部门的设置上有很大的自主权；集团基本不干预，但对向子公司派出财务总监或财务经理负责监督。

委派制适宜集权型财务体制，指导制和监督制适宜分权型和混合型财务体制，对于集团公司而言，监督制更适宜。不论集团对下属单位财务人员的管理采用哪种类型，其都有一个共同特点即实行财务总监制度，集团必须对子公司委派财务总监，享有参与权、监督权与重大事项的签字权。

第四节　财务体制与相关要素之间的关系

一、财务体制跟集团管控模式的关系

二者是正向的匹配关系（详见图 3 – 3）。

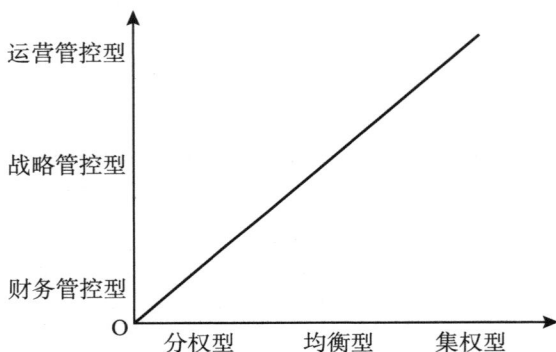

图 3 – 3　财务体制跟集团管控模式的关系

二、财务体制和财务总监（财务人员）地位的关系

越是集权财务总监（财务人员）的地位越高（详见图 3 – 4）。

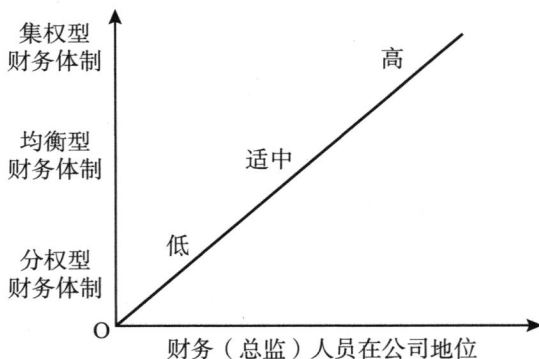

图 3 – 4　财务体制和财务总监（财务人员）地位的关系

三、财务体制与财务总监（财务人员）职能类型的关系

越是集权具备的管控职能越强（详见图 3－5）。

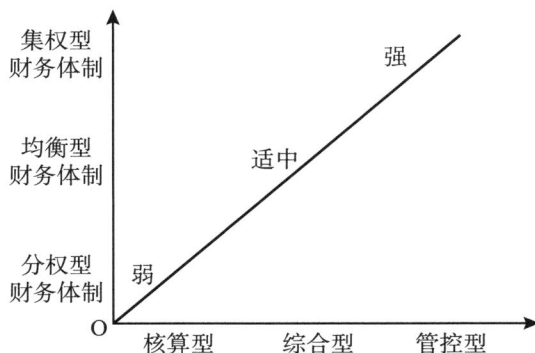

图 3－5　财务体制与财务总监（财务人员）职能类型的关系

四、财务体制和财务机构设置数量

越是集权财务机构设置数量越多（详见图 3－6）。

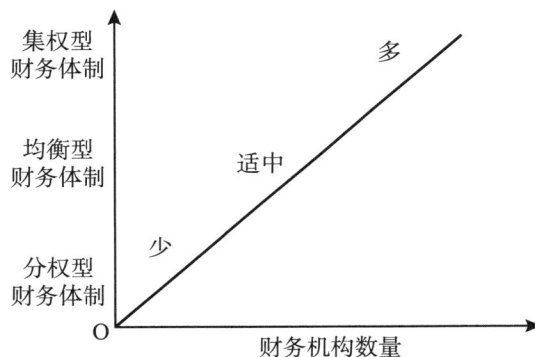

图 3－6　财务体制和财务机构设置数量

五、财务专业人员作用纠偏

（1）从财务知识角度看，所有财务专业人员和非专业人员均应具备。

（2）业务人员要懂财务知识。

（3）财务人员的知识要渗透到业务领域。

（4）专业的事专业人员来做，财务人员参与业务的事情多或少都有问题，要纠偏。

财务人员过度参与业务，知识和能力做不到，参与太少，又起不到财务对业务的管控作用，要纠偏。财务人员要发挥应当发挥的作用，不能太多，也不能太少。如有的单位副总既管经营、销售又管财务，最后把财务职能弱化了。有的单位财务总监（总会计师）进入不了决策层，或者发挥不了应发挥的作用。财务人员作用纠偏体现在各种体制中，包括纵向的和横向的，如果出现偏差，就会给集团造成不可估计的损失（见图3-7）。

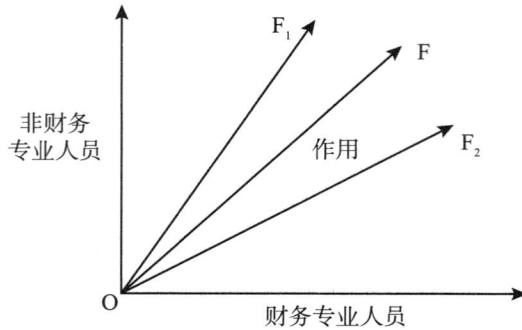

图3-7　财务专业人员和非财务专业人员的作用

图3-7中F线为财务人员应发挥的作用，在F线上，财务人员的作用发挥正常，企业价值就能最大化实现。F_1和F_2线均为出现偏差状态，存在越位和缺位，企业价值实现就会造成损失。

第 四 章　资本结构和融资管控

第一节　资本结构

一、资本结构的概述

（一）资本结构的含义

资本结构是指企业各种长期资金的构成及其比例关系，一般指长期负债和权益资本的关系。

资本结构有广义和狭义之分，广义的资本结构也叫财务结构，是指企业全部资本的构成及其比例关系。狭义的资本结构是本书所述的资本结构，是指企业长期资本的构成及其比例关系。长期资本的构成包括长期债务资本（长期负债）、股权资本等，资本结构的构成是指长期债务资本与股权资本的比例关系。从企业融资角度讲资本结构决定着企业的偿债和融资的能力，关系着企业未来盈利的能力，是反映企业财务状况的重要指标之一。如果企业同时采用长期债务形式和股权形式筹资，形成的资本结构一般称作"杠杆资本结构"，杠杆比率反映债务资本和股权资本的占比，决定企业融资成本的高低，通过合理筹划，充分发挥财务杠杆的调节作用，可以使企业价值最大化，是企业追求的财务管理目标之一。最佳资本结构是满足一定条件下使企业价值最大化的长期债务资本和股权资本的比例关系。

（二）资本结构理论概述

资本结构理论研究企业负债、企业价值和资本成本之间的关系，从而确定企业最佳资本架构。资本结构理论的奠基人是美国的弗朗哥·莫迪格莱尼（Franco Modigliani）和莫顿·米勒（Merton Miller）两位教授确立的 MM 理论，在此基础上又衍生出权衡理论、代理理论、优序融资理论等，为最佳资本结构的确定做出重要贡献。

（三）影响资本结构的因素

资本结构理论解释了企业运用财务杠杆确定筹资方式和企业价值之间的关系。企业可以利用资本结构理论确定最优资本结构，虽然，我们不能准确测定企业最优资本结构，但可以估计大概的区间范围。在此区间内可以使企业以最低的资金成本，取得最大的企业价值，这就是目标资本结构。目标资本结构与影响企业的多种筹资因素相关，这

些因素会随着筹资环境的变化而变化。这些主要影响因素有:

1. 企业成长速度

销售增长率和利润增长率高的企业,成长速度快,对资金的需求量一般较大,单靠企业的自身积累投资很难满足企业迅速发展的需要,发行股票的时间长,成本高于债务成本,因此,必须更多地依靠债务筹资的渠道。因此,成长速度较快的企业一般比成长速度较慢企业更多地去利用债务筹资。

2. 企业的资产结构

企业的资产结构也是影响资本结构的重要因素,一般来说,资金密集型企业,拥有较多的实物资产可以用于抵押借债,可以更多地通过借债筹资。知识密集型企业和商品流通企业,拥有抵押的实物资产少,只能更多地依靠权益资金筹资。

3. 企业所得税率

所得税率高的企业,债务筹资的成本可税前抵扣,筹资成本低,更多地倾向于债务筹资,反之所得税率低的企业,如可享受所得税减免政策的高新技术企业,债务筹资的成本相对较高,权益筹资的比重可以相对高一些。

4. 行业特征

不同行业企业特点不同,其企业的资本结构存在差异,如电力、钢铁、煤炭等行业,需要大量的资金用于产业投资,固定资产多,债务筹资的需求大。软件行业、手工艺行业是技术密集型、知识密集型行业,固定资产少,更倾向于权益筹资。

5. 投资者和经营者的态度和股权结构

股权较分散企业的控股股东为了确保控制权,防止股本被稀释,一般较多地利用借债筹资或优先股筹资。具有绝对控制权的企业的股东,可以根据企业所处环境和发展的需要,灵活的选择资本结构。

如果投资者和企业经营者风险承受能力强,能接受较高的资产负债率,可以更多地选择借债筹资,反之,更多地选择权益筹资。

6. 贷款人和信用评级机构的影响

企业资产负债率过高,销售收入下降、现金流出现巨额负数时,企业的财务风险加大,这时信用评级机构会降低企业的信用等级,贷款人可能会停止向企业贷款或续贷,即使同意贷款也会提高贷款利率,因此,贷款人和信用评级机构对企业的资本结构具有重大影响。

7. 经营风险和财务风险

企业经营风险加大,会导致财务风险增加,从而降低企业的净资产收益率,严重的会导致破产。经营杠杆大的企业,由于 EBIT 的变化大,这时会加大高负债率企业的总风险。因此经营杠杆大,经营风险高的企业要适度降低负债率,避免在经营杠杆的作用下,加大经营风险和财务风险对资本结构的影响。

8. 资本的可获得性

大型企业集团自身抗风险能力强,盈利能力稳定增长,得到贷款人的青睐,较之中小企业更易获得借债资金,可以更多地利用借债筹资。证券市场发育成熟、市场处于上升趋势时,企业更易通过发行股票筹资,这时,有条件的企业,会更多地利用权益筹资。

9. 企业经营的稳定性

在稳定的社会环境下，企业经营稳定，具有长期经营的条件，企业可更多的借债筹资。如果社会不稳定或企业自身经营不善，使企业陷入困境，不能长期经营，则企业筹资借债困难，为了走出困境更多地需要依赖投资人的支持。

10. 投资者的认可程度

企业的价值没有被投资者认同，通过发行股票筹资困难或成本较高，这时，如果有筹资需求时，一般只能靠发行债券、可转换债券或银行借款解决。

二、集团资本结构管控

（一）集团资本结构管控的特点

集团公司资本结构与单体公司资本结构最大的区别是集团公司由若干个子公司组成，层级多，各层级子公司的资本结构均对集团公司的资本结构造成影响，公司规模不同，对集团资本结构的影响有所不同。集团资本结构的管控与单一公司有很大不同，具体有以下特点。

1. 子公司资本结构具有虚拟性

集团公司所属子公司的部分负债来自集团内部，有些是集团公司的权益资本，有些是其他子公司的权益资本，也有些是集团或其他子公司的负债资本，这些集团的资金以负债的形式借给子公司，本身带有半股权性质，集团公司用内部权益资本借贷给子公司的负债资本，表面上是负债，实质上是权益资本。子公司这部分负债资本的风险要小于集团外部借贷的风险。因此，有的子公司的负债比率很高，但由于是内部债务，其实际的风险并不高，子公司资本结构具有虚拟性；相反，集团公司有时利用集团本部或其他子公司筹集的负债资本投资某企业，对被投资企业来说表面上看是权益资本，实际是负债资本，弱化了子公司的风险意识。

2. 集团公司要考虑子公司的抗风险性

集团公司与单体公司的区别是：由于集团企业层级多，规模大，当负债资本比重上升时，集团公司财务风险上升速度要慢于单体公司，集团公司接受的债务比重要大于单体公司，也就是说集团公司负债经营的抗风险能力大于单体公司，可以通过更高的负债比率增加收益，提高企业价值。原因为：①在子公司面临财务风险时，集团公司作为投资方，为了避免其破产时集团公司资产随之灭失，往往会通过资产重组等方式化解子公司的部分风险，这种做法利大于弊，集团公司也乐于为子公司化解风险。②如上所述，集团公司子公司的部分负债来自集团公司，这部分负债带有半股权性质，其风险比外部负债小得多。③由于有企业集团的强大背景，子公司的外部债权人更易接受该企业较高的负债率，当这些子公司因借债发生财务危机时，在集团公司的调解下，更易与外部债权人达成协议，从而使子公司的资产价值得到保全。在集团公司的支持下，子公司在面临危机时，不会为了维持短期经营活动而牺牲公司长远利益。有集团公司的背景，子公司更易受到客户以及供应商的信赖，比单体公司更易获得稳定的合作关系。或者说集团公司具有分散风险的功能，这有点像保险的作用。因此，管控子公司的资本结构时，要充分发挥集团的优势，重点看子公司资本结构，在本质上是有利于集团还是相反，不要仅仅看其具体比值。

3. 集团公司的资本结构有更大弹性

当企业外部融资的利率上升时，资金成本加大，企业的价值减少，为了实现企业价值最大化目标，需降低负债资本的比重；反之，需提高负债资本的比重。单体公司调整资本结构的方法是，利率上升时，通过发行股票还债来降低负债资本的比重，利率下降时，通过负债回购本公司股票来调整资本结构，这种调节的方法往往很难。因此，单体公司的资本结构弹性较差。集团公司的子公司如果仅通过外部资本市场调节资本结构，与单体公司一样困难。但集团公司的子公司在需要调整资本结构时，可以通过集团公司增资或减资来实现，这种增减资的资金并非来自外部资本市场，而是依靠集团公司内部资金的流动性来实现。因此，在外部金融市场的环境发生变化时，集团公司的资本结构弹性更大。

（二）确定合理的资本结构

1. 集团公司资本结构的含义

资本结构是指集团公司权益资本与长期债务资金的来源构成及其比例关系。集团公司良好的资本结构不仅可以通过集团及各子公司合理的资本结构使整个集团公司价值最大化，而且可使集团公司具有整体降低筹资成本与筹资风险的能力，提高集团公司筹资的使用效率。

2. 资本结构与集团公司风险水平

集团公司利用负债的杠杆效应，通过层层控股，使规模不断扩大，规模庞大的集团公司形成了一个金字塔形的控制体系。层层连锁控股使得集团可以运用同样的资本取得更多的负债，可以更大程度地发挥负债的杠杆作用。从某种意义上讲，集团公司的风险更为集中，集团公司的层次越多，处于顶层层面母公司的负债率相对就越高。由于集团公司的负债率远高于单体公司，随着集团负债的增多，资金成本加大，集团公司层次的微小比例变化将对整个集团公司产生系统连锁反应。集团公司资本结构管理的任务之一就是既要充分利用杠杆效应使企业价值最大化，又要防范由此产生的风险，正确处理好经营风险和财务风险的关系，及时调控资本结构，合理均衡收益与风险。

3. 集团公司资本结构管理的策略

（1）合理确定资本结构。

集团公司应根据发展战略、所处环境、自身管理能力等方面综合考虑，从集团整体层面综合考虑资本结构。通过正确考量自身能力、准确判断政策环境、市场环境、国际国内经济环境，制定恰当的筹资战略，确定合理的资本结构。当宏观、微观环境适合企业发展时，可采用激进的筹资策略，适度扩大负债比重，在可控风险范围内，扩大市场占有率，追求集团公司价值最大化。在不利的环境下，可以采取保守的筹资策略，适度降低负债比率，减少资金成本，抵御可能发生的综合风险。

（2）加强内部资金融通的有效管理。

集团公司控制和回避"杠杆风险"的途径之一是加强集团公司内部的资金管理，

通过提升内部资金使用效率，降低资金成本。各子公司均为独立法人，有的控股公司还有外部股东，如何解决集团公司与各子公司，各子公司间资金流动问题，是内部资金融通管理的重要工作。集团公司需采取有效措施，如资金集中管理等，保证集团与各子公司及各子公司间的资金有序循环，提高集团公司内部资金的使用效率。

（3）加强对子公司的筹资事项选择的管理。

集团公司应根据财务战略和中长期投资规划，制定相应的筹资政策，确定合理的资本结构。以控制人的身份影响子公司的筹资政策和资本结构决策，母子公司发展战略协调一致，母子公司财务决策与集团公司的财务战略协调一致。合理处理资本结构决策的集权和分权的关系。集团公司及其子公司的战略型筹资决策权（如发行股票、上市、发行债券等的筹资权，大额负债筹资权和对外担保权）必须掌握在集团公司层面，日常经营中的金额小、周期短的筹资决策权可由子公司行使。

（三）集团公司对子公司资本结构管控的内容

集团公司要根据集团公司合理的资本结构，结合子公司的实际情况，有针对性地加强对子公司资本结构的管控。在加强对子公司资本结构的动态管理的基础上，重点在以下方面加强管理。

1. 对子公司实行内部资本结构和外部资本结构的区别管理

子公司使用集团内部资金形成的内部资本结构，负债比重可适当加大，由于是内部资金，财务风险较小。子公司通过外部金融市场筹资，形成的外部资本结构，应根据集团公司发展战略和筹资政策，结合子公司的实际情况，确定合理的资金结构，在控制财务风险的前提下，确定合理的外部资本结构并提出内部筹资额。

2. 适时评估子公司现有的目标资本结构是否足以保持对子公司的控制能力

集团公司要评估子公司现有的目标资本结构，确认是否能够保持资本优势，控股并通过对子公司的控制，最大限度地发挥集团公司整体的资本杠杆效应，降低集团整体的资金成本。

3. 加强对子公司资本结构的控制

确保集团公司对子公司资本结构的控制具有良好的成本性、安全性及效率性特征。集团公司控制子公司资本结构，使其保持合理的资本结构；同时，确保其对集团公司的资本结构不会产生不良的连锁反应。

4. 延伸集团公司对子公司的控制力，扩展资本的杠杆效应

集团公司要充分发挥对子公司股权的控制力，通过控制权的外延，发挥子公司在资本市场和金融市场的筹资作用，进一步扩展资本的杠杆效应。

5. 通过资本运营，优化资本结构，巩固集团公司核心竞争力

集团公司的资源是有限的，必须将有限的筹资能力用到具有核心竞争力的主业上。对于非主业子公司可采取分立或分拆上市、债务重组等资本运营方式，改善或优化集团公司资本结构。

6. 保障集团核心企业、核心产业指标的财务结构必须合理

为了保证集团公司对外筹资的需求，应对集团公司合并报表的资本结构进行优化，优化集团核心企业、核心产业的财务指标，从集团整体层面确定合理的资本结构。

三、资产负债率与资本结构的联系和区别

资本结构与资产负债率本质上反映了负债与权益的比例关系，但有许多不同之处，从以下公式即可以看出：

$$资本结构 = \frac{长期负债}{权益} = \frac{负债总额}{资产总额} \times \frac{资产总额}{权益总额} \times \frac{长期负债}{负债总额}$$

$$= 资产负债率 \times 长期负债比率 \times 资产权益倍数$$

一般情况下资产负债率介于 0 ~ 100% 之间，那么在长期负债比率不变的情况下，若资产负债率上升，资产权益倍数会上升，资本结构也会上升，相反资产负债率下降，资产权益倍数也会下降，从而资本结构也会下降。也就是说在长期负债比率不变的情况下，资本结构的变化与资产负债率相同。

企业的资产负债率（特别是同一行业的企业）的差距要比资本结构差距要小的原因是各企业的长期比率不同所造成的。资本结构与资产负债率的区别如表 4 - 1 所示。

表 4 - 1　　　　　　　　　　　　资本结构与资产负债率的区别

编号	项目	资本结构	资产负债率
1	计算公式	长期负债÷权益	负债÷资产总额
2	研究的目的	选择筹资方式（长期负债还是权益）增加股东权益	评价偿债能力确定筹资额度
3	主要关注者	股东、债权人	债权人、股东
4	指标性质	定性	定量
5	比率波动性	较大（无固定范围）	较大（有行业比率）
6	反映内容	具有时期性质	具体时点性质
7	实际应用	理论性（少）	实践性（多）

第二节　融 资 管 控

一、集团企业融资管控的介绍

（一）融资的概念

融资是指企业为了满足正常生产经营和未来发展的需求，以现有资产和企业信用为保证，采用交易行为取得资金，使得企业价值得到提升的资金活动。从狭义上讲，融资即是一个企业的资金筹集的行为与过程，也就是说公司根据自身的生产经营状况、资金拥有的状况，以及公司未来经营发展的需要，通过科学的预测和决策，采用一定的方式，从一定的渠道向公司的投资者和债权人筹集资金，组织资金的供应，以保证公司正常生产经营管理活动的理财行为。从广义上讲，融资也叫金融，就是货币资金的融通，

当事人通过各种方式到金融市场上筹措或贷放资金的行为。

（二）融资的分类

融资从不同的角度区分，可有很多种分类。常用的分类方式有以下几种：

1. 按照产权性质分为权益融资、债务融资以及混合融资

权益融资是指企业通过扩大所有者权益筹集资金的行为，来源主要有吸引新的投资者、发行新股、追加投资等形式。权益融资一般会导致企业所有者权益的增加，表内体现为实收资本（股本）、资本公积和留存收益的增加。高危行业按国家规定提取的安全生产费和维简费等专项储备也属于权益融资，属其他权益融资。

债务融资是指企业通过向银行或非银行金融机构借款或发行债券等方式筹集资金的行为。债务融资一般包括长短期银行借款、企业债券、公司债券、融资租赁、商业信用负债等。

混合融资是指企业向投资者发行的有价证券，在一定条件下可转换债权或股权形式的筹资行为，是介于权益融资和债务融资之间，形式可转换的融资方式，包括"明股实债"的永续债和"明债实股"的可转换公司债券，还包括优先股、认股证等。

2. 按期限分为短期和长期融资

短期融资指期限不超过一年或一个营业周期的融资，一般包括短期借款、短期商业信用、商业票据、短期融资券等。

长期融资是指企业筹集可长期使用的资本的资金活动（期限一般为一年以上）。长期融资一般包括吸收直接投资、股票融资、债券融资、长期借贷融资、融资租赁和留存收益等方式。吸收直接投资、发行股票、留存收益属于权益性融资；发行债券、长期借款、融资租赁属于债务性融资。

3. 按渠道分为内部和外部融资

对单体公司而言，内部融资是指企业依靠其内部积累和通过盘活资产进行投资的融资行为，具体包括三种形式：折旧基金转化的重置投资、留存收益转化的新增投资、企业通过盘活沉淀的资金转换为货币资金或可为企业创造经济效益的活性资产。对集团公司而言除上述三种形式外，还包括通过集团内部的资本市场融资形式。内部资本市场是集团公司通过集中管理集团内企业的资金，用于满足集团内单位投资需求形成的内部融资渠道。

外部融资是指企业从外部渠道筹集资金的行为。主要包括：从银行和非银行金融机构取得的借款、发行债券、直接吸收外部投资者投资、对外部定向和公开发行股票等渠道的融资。

4. 按方式分为直接融资和间接融资

直接融资是指企业不通过金融中介机构，而是直接向投资者筹资的行为。包括发行企业债券、股票、直接吸收投资、内部融资等。

间接融资是指企业通过金融中介机构筹集资金的行为。如向银行或非银行金融机构借款、委托贷款、融资租赁等。

5. 按规模分为存量融资和增量融资

存量融资是通过盘活资产达到满足企业资金需求的目的。存量融资表现为：①表内

资产未增加，但可运用资金的总量增加，如应收账款打包出售、票据贴现、不良资产盘活等。②表外融资，如经营租赁。③利用有限的财务资源，充分利用出现的机会，开发出新资金来源。

增量融资是指企业为了扩大生产筹集资金的行为，包括企业新增的银行借款、发行债券、股票等形式的融资。

增量融资最终导致资产总额的增加。增量融资一般包括权益筹资和债务筹资。权益筹资是指企业通过吸引投资者投入资本或其他增加权益资本的形式获取资金的行为。一般包括发行股票或直接吸收投资获得的资本金、资本利得、留存收益等。债务筹资是指企业通过负债形式获取资金的行为。

6. 按报表列报分为表内融资和表外融资

资产负债表内融资，简称表内融资，是传统融资。指需列入资产负债表的融资方式，即该项融资既在资产负债表的资产方表现为某项资产的增加或产生结构的变化，也在负债及所有者权益方表现为负债的增加。

资产负债表外融资，简称表外融资，是指不需列入资产负债表的融资方式，即该项融资既不在资产负债表的资产方表现为某项资产的增加，也不在负债及所有者权益方表现为负债的增加。

7. 按有无资金成本分为商业信用融资和非商业信用融资

商业信用融资是指企业之间在买卖商品时，以商品形式提供的借贷活动，是经济活动中的一种最普遍的债权债务关系。

非商业信用融资指非通过正常商业行为，不是依靠企业的商业信用进行的筹资活动。包括银行借款、发行债券、发行股票等，这些融资行为不是支付利息就是支付股利，有的还支付发行费，均有资金成本。

8. 按融资用途分为项目融资和流动资金融资

从广义上讲，为了建设一个新项目或者收购一个现有项目，或者对已有项目进行债务重组所进行的一切融资活动都可以被称为项目融资。从狭义上讲，项目融资是指以项目的资产、预期收益或权益作抵押取得的一种无追索权或有限追索权（事项）的融资或贷款活动。我们一般提到的项目融资仅指狭义上的概念。项目融资一般适用于竞争性不强、建设周期长、投资量大但收益稳定的行业。主要适用于：资源开发、基础设施建设、制造业项目等。

流动资金融资是指企业为了满足日常生产经营中对流动资金的需求进行的筹资行为。一般指短期借款和短期融资债券、直接吸收投资者投资、发行股票等方式用于流动资金融资，最常用的还是短期借款融资。

（三）融资程序

1. 融资的需求

企业确定中长期融资规划或年度融资计划的前提是确定编制融资规划或融资计划期间的投资和生产经营需求，依次进行资金需求量的预测，确定资金需求量。企业为了满足正常生产经营的需求和为了未来发展的需要，以及企业调整资本结构等均需筹集资金。企业所需资金一部分通过内部筹集，不足部分则需要外部筹集。对外融资时，企业不仅需要寻找资金供应方，还需向对方做出按期还本付息或支付股利的承诺，为了吸引投资者，还需提供企业盈利前景的展望，使资金提供方确信其投资安全可靠并可获得预期的收益，这个过程往往花费很多时间。企业需要提前预测财务需求，确定资金需求量，以便提前制订融资计划，避免到时影响生产经营或投资的正常进行。

2. 具体的融资方案提出

融资方案是根据企业生产经营和项目投资的需要，在融资需求量预测的基础上，根据企业实际情况，结合宏观经济环境，制订企业实现融资需求的具体计划。需求融资方案有年度融资方案和项目融资方案，年度融资方案一般是为了满足年度生产经营资金需求和年度投资计划的资金需求编制的融资方案；项目融资方案是针对某个建设投资项目从立项到竣工交付使用全过程所需资金的融资方案。

年度融资方案包括的内容有：满足融资需求的年度财务指标控制目标（资产负债率、产权比率、流动比率、速度比率等年度控制目标）、年度资金总需求，生产经营资金需求量、项目建设投资需求量、年度融资结构（债务融资、权益融资、混合融资的具体金额和比率）、具体的融资措施（每种融资渠道具体的实现路径）、年度资金风险分析及管控措施等。

项目融资方案包括的内容有：项目背景、项目介绍、项目资金总需求和各个投资阶段或年度的资金需求、投资结构、融资结构、资金结构、担保结构、投资项目风险分析及防控措施等内容。

3. 方案的比较确定

不论是年度融资方案还是项目融资方案均需提出几个方案，供决策者进行比选和决策，确定最终的融资方案。影响确定最佳融资方案的因素有：①资金成本。加权资金成本最低的方案一般是最佳融资方案。②不同融资渠道获取资金的难易。企业应选择最易获得资金的渠道。③融资时间长短。应选筹资时间最短的融资方案。④企业可以满足的融资条件。应选择企业能够满足融资条件的方案，方案再好，资金成本再低，企业无法满足融资条件的方案也不能选择，因为企业无法实现这一方案。⑤与企业还本付息方案的配比。

4. 实施

企业的融资方案经过股东会或董事会批准后，一般由财务管理部具体组织实施，具体步骤有：①根据不同的融资渠道和方式，分别寻找有提供资金意向的金融机构或投资人进行协商；②准备意向资金提供者需要的资料，供其审核；③接受信用评级机构评级；④发行股票、债券等需履行证监会、发改委等部门的审批程序；⑤银行借款经贷款银行履行审批程序后，与银行签订借款协议，银行放款；⑥发行股票和债券的需与证券公司签订承销协议，由承销机构具体实施发行股票或债券的程序；⑦其他。

5. 监督和评价

企业审计部门和监事会负责对融资方案的实施过程进行全程监督，对于偏离融资方案或在执行中遇到的问题进行监督，发现重大问题及时向董事会和股东反馈和汇报，及时解决实施过程中的问题。方案实施完成后由财务管理部门组织相关部门进行评价，找出成功的经验和不足，向经理层和董事会提交评价分析报告，供经理层和董事会今后融资决策时参考。

6. 还款和展期

银行借款和债券均有约定的期限，需在约定期限内还本付息。企业应按约定在还本付息期限到来前及时筹措资金，按时偿还本息，防止到期无法偿还带来的财务风险和信用危机。对于到期的短期借款和短期融资债券，企业如需展期手续，应提前与相关机构进行沟通，提前准备展期的相关资料，按时完成办理展期的手续。还款和展期均应列入年度资金计划，并留有余地，保证落实。

二、集团企业融资管控的特点、原则以及注意事项

（一）融资的特点

1. 多主体

集团公司子公司众多，集团公司和各个子公司均具有独立法人资格，集团内部所有具有独立法人资格的企业均具有融资主体资格，因此集团公司融资的特点是多主体。

2. 内部融资能力强

集团公司内部子公司众多，其内部资金不仅包括集团公司及各子公司的留存收益，还包括各子公司暂时闲置的资金。集团公司可以设立内部资本市场，将集团内部企业的资金集中管理，集中资金投资集团具有核心竞争力的项目，促进集团公司发展。集团公司和子公司、子公司之间可以互相参股、互持债券、互相委托贷款等进行内部融资。集团公司内部融资具有资金成本低，风险便于统一管控、凝聚力强等特点。集团公司如果充分挖掘内部的融资潜力，将具有强大的内部融资能力。

3. 融资议价能力强

集团公司规模大，影响力强，具有良好的社会声誉，效益好、竞争力强，特别是一些垄断性行业的集团公司，金融机构趋之若鹜，主动向其推销金融产品，集团公司也就具有了与银行等金融机构议价的能力，可以签订优惠贷款协议条款，集团及子公司均可获得基准利率下浮一定比例的贷款利率优惠。

4. 产融结合

近年来，我国产业资本和金融资本的交融越来越多，步伐也越来越大，集团公司产融结合已成大势所趋。金融企业参股集团公司，集团公司参股金融企业，有的甚至达到控股的程度。例如集团公司控股或参股商业银行后，可以通过在所投资的银行里获得更多的贷款优惠，同时可获得丰厚的投资回报。民生银行就是很好的产融结合的例子，其前十名股东中，有数家中国的知名企业，这些企业的高管，进入了民生银行的董事会，对其经营决策形成影响力。集团公司还可参股证券公司、基金管理公司、保险公司、信托公司等金融机构，获得更多的融资渠道，增强了企业的融资能力和抗财务风险的能力。

5. 化解融资风险能力强

集团公司和单体公司比，当负债比呈同样的上升比率时，风险的上升速度要慢于单体公司，原因在于：①集团公司内部子公司获得的部分集团内部的贷款是集团内部自有

资金形成的，具有"半股半贷"性质，是"明债实股"，本身财务风险低。②当集团公司内部的子公司出现到期后不能偿还贷款的财务风险时，集团公司为了避免投资受损，会采取增资、借款、债务重组等措施帮助其渡过危机，集团内子公司抗风险能力强。③集团公司资源占用量、市场占有率、物资采购量的规模都是单体公司无法比拟的，一般与大客户和大供应商建立战略合作伙伴关系，集团公司和子公司可以获得更多、更优惠的商业信用债券。④集团公司内子公司从事的行业众多，不同行业所处的周期性阶段不一样，有的处在上升期，有的处在成熟期，有的可能面临衰退期，一般不会都处在同一个阶段，集团公司可以通过内部资源调配的权力，有保有压，规避或降低行业周期风险，因此，集团公司整体规避行业周期风险的能力较强。

综上所述，集团公司整体化解融资风险的能力较强，可以承担更高的负债比，充分发挥财务杠杆作用，创造更多的经济效益。

6. 融资方式多

集团公司可以获得多种融资方式，融资能力强。可采用的融资方式如：①发行债券、中期票据。债券、中期票据等的资金成本一般较低，但发行债券、中期票据等对企业的净资产总额、盈利能力等有一定的规模要求，单体公司往往因达不到发行的"门槛"而丧失低成本融资的机会。集团公司规模大、盈利能力强，是债券市场的佼佼者，可以发行较大规模的债券、中期票据等低成本的金融品种。②在不同的证券市场上市融资。集团公司在发行股票上市方面，也具有单体公司难以比拟的优势，可以发行较大额度的股票，募集巨额资金。集团公司内部子公司众多，可以根据不同子公司的行业和规模，发行不同类型的股票，分别在主板、中小板、创业板等板块上市，获得更多的资金。③资产重组。集团公司可以根据发展战略，对子公司进行整合重组，必要时，可以把不符合集团发展战略需求的子公司出售，获取资金，用于发展集团具有核心竞争力的产业。还可以将新兴行业的子公司发展成熟后，通过上市后转让股权，获得超额的投资收益，并可产生可观的现金流入。④集团公司一般在所处行业中具有领先地位，可获得超额利润，吸引大批战略投资者的关注，吸引战略投资者投资集团的子公司，也是重要的融资渠道。以上这些融资方式都是单体公司很难做到的。

（二）融资的原则

1. 符合国家法律、法规原则

在资金筹集过程中，必须遵守国家和金融机构的有关筹资政策和制度，认真执行各项资金筹集、使用、归还的程序，严格履行资金筹集合同和协议的各项条款。

2. **体现集团战略的原则**

集团公司应按照集团总体发展战略确定融资要求，制定整体融资规划。

3. 与投资、生产、经营相匹配的原则

集团各单位必须根据自身的生产经营投资现状及资金运用情况，进行科学的分析和预测后，进行融资。

4. 统一管理、集中授信、多行授信的原则

（1）集团融资业务应实行高度集中统一管理，融资业务的决定和审批权集中在集团公司投融资管理委员会，由集团公司财务部门办理。

（2）资金的筹集必须按照集团公司年度资金收支计划进行，避免资金的闲置浪费，统一筹措分级使用。

（3）集团公司应根据自身实际建立资金结算中心等资金管理机构，资金实行统一调度，成员企业流动资金周转需求筹集原则上先从内部调剂解决，不足时向外筹集。

（4）为了获取不同银行的优惠政策，集团公司还应在多个银行授信，可以在银行间的良性竞争中，获得更大的贷款优惠政策，避免某个银行贷款取向的变化，给集团公司的贷款带来不利影响。

5. 谨慎、适度的原则

集团各单位要根据自身经营实情况，谨慎地分析可能遇到的困难和问题，量力适度地制订融资方案，公司的资产负债率原则上控制在50%～75%之间。

6. 保持企业的控制权原则

集团各单位在权益性融资时，原则上必须坚守控股的底线，维护集团公司利益。

7. 融资成本最低的原则

集团各单位要按照融资来源进行融资成本评估，在选择银行融资时，要充分注意各银行间不同的信贷政策，选择对自己最为有利、最为优惠的银行筹集资金。

8. 统一融资规划原则

集团公司既要充分发挥规模融资的优势，又要提高资金使用效率，控制整体风险。这就要求集团公司进行整体融资规划，对集团公司和子公司的融资结构、资本结构等进行统一规划，集中进行融资决策，各子公司均需编制中长期融资规划和年度融资计划，由集团公司统一汇总、审核后，编制集团公司整体的融资规划和计划，统一执行。根据集团公司统一安排，集团公司和子公司分别采用不同的融资渠道，集团内部的多样化融资有机结合，才能达到集团公司整体加权平均成本最低，整体企业价值最大化的目标。

9. 制定合理的融资组合原则

集团公司的子公司情况各异，有的资金充足，却苦于无好的投资项目，有的投资项目符合国家产业政策，正处在行业上升期，却由于资金短缺，无法加大投入，获取更大的效益，如果集团公司制定统一融资组合，充分利用集团内的资金，投资于集团效益最优的企业，可以发挥集团内资金的最大效能。在集团内部资金不足，需向外部融资时，也应通过合理的融资组合达到加权资金成本最低，效益最优的目的。多种手段、多种渠道来进行组合融资，是最基本的融资原则，也是集团公司必须遵守的融资原则。

（三）融资的注意事项

1. 做好融资储备

集团应注意与各种类型的融资机构进行沟通，展示企业的实力，即使现在没有合作，也要经常沟通，并探讨新的融资品种，做好新融资渠道和融资产品的储备工作，一旦集团公司融资需要拓展新的融资渠道和采用新的融资品种时，可以及时使用，以解公司燃眉之急。如果储备不足，到需要时，再去临时抱佛脚，可能为时已晚。

2. 改善融资能力相关指标

集团公司若想获得银行授信和债券授信必须获得较好的信用评级等级，需在改善相关信用评级指标上下功夫。信用评级指标主要包括增值指标、经营效率指标、盈利指标、债务结构指标、长期偿债能力指标、短期偿债能力指标、管控能力等，集团公司应通过改善经营能力和盈利能力，提高资产质量，改善上述指标，提高企业信用等级，从而提高集团公司的融资能力。

3. 做好融资统一筹划

从集团公司战略高度，对集团内适应集团公司发展的投融资做出统一规划，并在此基础上，统一筹划集团公司中长期和近期的融资事项。只有集团公司上下一盘棋，做好融资筹划，才能更大限度地发挥集团公司的融资能力，保障集团公司的长远发展。

4. 做好还本付息、确保融资期限与还本付息期限的匹配

集团公司在统一做好融资筹划的基础上，还应在以下方面加以注意：

（1）做好还本付息工作。集团公司投资需求旺盛，需要的融资额很大。集团公司为了满足日常生产经营和未来发展的需要，融资规模大，融资的渠道和方式较多，且分布在不同的融资主体内，如果不能统一做好还本付息工作，一旦某个子公司出现了不能清偿到期债务的情况，可能会对整个集团公司的融资造成不良影响。

（2）切忌短贷长投，融资期限与还本付息期限要相匹配。有的集团公司由于项目投资规模大，长期融资额无法满足项目建设的需求，便将短期融资用到了建设周期长的项目中，导致项目尚未建成投产，无法产生现金流入，短期贷款和短期债券的还款期限已到的情况，如果集团现有的生产经营活动现金流不能满足偿还用于长期建设项目投资的短期贷款的需求，可能会给集团公司带来较大的财务风险，因此，集团公司的融资期限要和用于投资的项目产生现金流的时间和数量相符。

（3）量力而行、量入为出。集团公司在制订中长期融资规划和年度融资计划时，要做好企业未来现金流入、流出量和经济效益的分析，融资规模要与集团公司的能力相适应。不要盲目投资、盲目融资，导致投融资规模超过了企业的承受能力，出现财务风险。

5. 融资形象的提升和维护

集团公司资金需求大，同时可使用的融资渠道也多，但不能仅仅满足于现有的融资渠道，不能仅和现有的金融机构打交道。应防患于未然，做好集团公司统一的对外形象宣传，在各种融资机构和公众投资者面前展示企业的良好形象，对成长性强的子公司也应用各种形式进行宣传。通过宣传提升和维护企业融资形象，为集团公司拓展融资渠道，降低融资成本打下良好的基础。

三、融资管控路径

（一）制定集团融资管控制度

集团公司为了做好融资管控工作，首先要制定一套行之有效、适合集团需要的融资管控制度，包括确定融资财务战略、融资决策制度、融资内控制度等。

1. 确定融资财务战略

融资财务战略是集团公司中长期融资的大纲，是集团财务战略的重要组成部分，融资管控首先要确定集团融资财务战略。

2. 融资决策制度

融资决策制度主要包括：①集团内融资主体的确认。集团内的子公司是否授予融资主体资格，取决于集团的发展战略和对各子公司的定位，应在决策制度中对什么样的子公司赋予融资主体资格、什么样的子公司不允许对外融资做出严格的规定。②融资管理原则和控制目标。规定集团融资管理的原则（前文已对融资管理原则进行了阐述）；还应对集团公司融资的控制目标做出统一规定，规范各子公司的融资行动目标。③组织和职责。对集团公司总部和各级子公司在融资中分工和各自的职责做出规定。④决策与实施。对集团公司融资的决策程序做出规定，并对融资决策的实施保障做出规定。⑤执行与管理。对融资决策的执行和过程监督做出规定，保证集团公司的融资决策能够有效执行。⑥责任追究。对由于玩忽职守、疏忽大意等导致融资决策失误，给集团公司带来损失的责任人进行追究做出规定。

3. 融资内控制度

融资内控制度主要包括：①不相容职务相分离的控制办法，融资方案制订者和决策者相分离。运动员和裁判员是同一人的话，如何保障公平性？决策人和执行人相分离，决策人要对决策执行情况进行督导，不能是同一人。②授权批准制度。对融资相关事项的审批与执行做出规定。③风险点控制。融资的风险点主要有：融资与使用环节脱节风险，融资事项授权论证不充分风险，融资合同审查不细存在隐患风险，融资款项支付风险、财务指标虚假风险等，要对上述风险点制定行之有效的防控措施。④责任追究。对融资过程中由于不遵守公司融资制度、工作失误等给集团公司造成损失的责任人进行追究。

（二）根据集团战略确定中长期融资的资金需求量和资本运作规划

集团公司要根据集团公司发展战略和中长期规划，站在战略高度制定中长期融资规划，确定中长期的资本结构目标和资金总需求，制定集团的融资策略和融资目标，分解到各个年度和集团各个部门和各级子公司，统一运作，确保企业价值最大化。同时，企业应将融资与资本运作规划相结合，融资是为了投资，投资效益高，企业的实力增强了，又能有效提高企业的融资能力。资本运作得当可以将企业融来的资金创造较高的增值率，因此，通过提高资本运作效果，可以提高融资的经济效益，两者相辅相成，相得益彰。

（三）选择融资渠道和方式优化资本结构

集团公司选择什么样的融资渠道，取决于资本结构决策，要以优化资本结构，提升企业价值为目标，才能选择恰当的融资渠道和方式。

1. 遵循先"内部融资"后"外部融资"的优序理论

按照现代资本结构理论中的"优序理论"，企业融资的首选是企业的内部资金，主要是指企业留存的税后利润，在内部融资不足时，再进行外部融资。而在外部融资时，先选择低风险类型的债务融资，后选择发行新的股票。

2. 考虑实际情况，选择合适的融资方式

企业应根据自身的经营及财务状况，并考虑宏观经济政策的变化等情况，选择较为合适的融资方式。

（1）考虑经济环境的影响；（2）考虑融资方式的资金成本；（3）考虑融资方式的风险；（4）考虑企业的盈利能力及发展前景；（5）考虑企业所处行业的竞争程度；（6）考虑企业的资产结构和资本结构；（7）考虑企业的控制权；（8）考虑利率、税率的变动。

企业融资方式的选择是每个企业都会面临的问题，企业应综合考虑影响融资方式选择的多种因素，根据具体情况灵活选择资金成本低、企业价值最大的融资方式。

（四）具体融资方案实施

1. 与投资计划相结合，制订年度融资计划

集团公司应在每年度终了的前两到三个月，自下而上，自上而下，反复讨论，经多轮的研究，方能制订满足集团公司需求的最佳的下年度融资计划。制订融资计划的前提是确定恰当的投资计划，融资计划一般是为投资计划服务的，好的投资计划可以最大程度地提高融资的使用效果。

2. 选择融资方式

根据企业的融资战略和中长期投融资规划，围绕优化资本结构的目标，结合集团公司面临的外部宏观环境和自身实际情况，选择恰当的融资方式，确定债务融资、资本融资的合理比例，确定内部融资和外部融资的比例，选择直接融资和间接融资的比例，选择的这些方式的搭配是否合理取决于加权资金成本是否最低，能否充分利用财务杠杆，实现企业价值最大化。

3. 确定年度融资规模

集团公司根据年度投资计划，确定年度资金总需求量，根据集团公司资产负债率和资本结构的现状和优化目标，确定恰当的年度融资规模，做到既要留有余地，又要适当，不能过度融资，要考虑未来一年到期还本付息的规模和企业未来一年经营活动现金净流量情况，综合平衡确定年度融资规模。

4. 根据子（分）公司性质确定融资方式

集团公司应对子分司的行业特点、所处发展阶段、宏观经济环境、资产规模、资产负债率、资本结构、盈利能力等进行全面分析，对不同的子（分）公司确定不同的融资方式。

四、融资过程监控

（一）集团公司对融资事项的监控

集团公司应对各子（分）公司的重大融资事项进行全程监控，主要内容有：

（1）总部应有专门的机构和专职人员对子（分）公司的重大融资事项进行全程监控，审查子（分）公司的融资项目是否纳入集团的投资计划，融资规模、资本结构、渠道、期限及具体的融资和归还进度安排是否符合预算的规定，是否超预算融资。

随时掌握融资进度、到位资金的使用情况，对发现的问题及时向集团公司反映，并提出相应的应对措施，供管理层决策参考。

（2）子（分）公司必须定期将融资计划的执行情况报告集团总部的相关管理部门，集团总部相关管理部门对执行情况报告进行审核分析，发现问题及时纠正。子（分）

公司在融资过程中发现的重大问题，应随时向集团总部报告，集团总部及时制定应对措施，由子（分）公司遵照执行，确保融资计划的按时完成。

子（分）公司的融资款到位后，应及时交给资金使用单位投资到既定项目或生产经营中去，集团公司相关管理部门，应全过程监督融资款的使用情况，确保资金使用效果。子（分）公司应定期报告融入资金使用情况，集团审计部门应全程跟踪审计，发现偏差及时纠正，未经集团公司批准，不得擅自改变融资款项用途。

（二）融资帮助

集团对子（分）公司提供的融资帮助主要有三种形式：①为子公司贷款提供担保，子公司间相互担保、相互抵押或质押。②债务转移。通过签订协议，转移债务，化解子公司的财务风险。③债务重组。通过债务重组，资产整合等形式化解子（分）公司的财务风险或增强其融资能力。

五、融资综合评价

融资完成后，集团公司需要对所有融资效果进行评价。融资效果评价的内容主要包括：

（1）融资的总规模、资本负债的比例是否符合融资预算的要求。集团公司应在子（分）公司融资完成后，对其融资后的财务状况、资产负债率、资本负债比率的影响进行评估，对其是否符合融资方案、融资预算的要求进行评价。

（2）融资进度是否按照融资预算的时间安排。审查融资进度是否符合融资方案和融资预算的时间安排，对于提前完成的应分析原因，总结经验。对于延迟完成的，也应分析原因，总结不足，为以后融资提出改进建议。

（3）融资成本是否符合经济原则，成本确定的依据是什么，这一成本是否有助于融资效率的提高，是否发生了相对的浪费，可以降低的幅度是多少。

（4）融资的期限结构是否符合融资预算的要求，如果发生了变更，原因何在，是否会对未来的投资活动产生不利的影响，可能的影响有多大。

（5）融资来源有哪些附加约束条款，这些约束条款是否对企业集团未来的发展产生不良的影响，或可能会带来哪些隐含成本或潜在的风险损失程度有多大。

（6）在融资过程中，执行主体是否严格执行了法定的程序，有无非法的筹措费用开支。

（7）筹措到位的资金是否由用资单位及时投入了约定的项目，是否因融资效率低下、时间进度不相符而影响了投资的需要，程度有多大。

六、还款计划

集团公司在制订年度资金使用计划时，应将融资的还款计划作为重要的部分加以规划，还款到期的前一个月确保还款资金到位，集团公司相关管理部门提前一个月审核还款资金是否到位，发现问题及时解决。如果子（分）公司的现金流不能满足还款需求，首先可加大应收款项的催收，通过促销提高现款销售额，盘活不良资产等内部资金解决；如果还不足以解决的，应提前一个月向集团公司报告，集团公司筹措资金，提供融资帮助，给予紧急支持，确保各子（分）公司按期偿还本息。

七、后续管理

（一）融资效果评价

集团公司应对子（分）公司的所有融资事项和融资的适应情况进行评价，对年度融资计划的执行情况进行全面的分析和评价。

（二）还款保证

应在子（分）公司融资前对其还款能力进行评估，在融资前，必须制定还款保证方案，经集团审批后，方可执行融资计划。融资后全程监督使用情况，并监控还款，保证方案的执行情况，发现问题，及时纠正。

（三）过程的监控

集团公司应对集团和各子（分）公司的所有融资事项进行从融资执行、资金使用、还款等全过程的监控。

（四）对外形象的宣传

集团公司应对公司形象进行统一策划，制订形象宣传计划，提高公司在金融机构、资本市场和投资人中的形象，为集团公司的融资提供便利条件。

（五）制度完善

集团公司应对各子（分）公司执行集团公司融资制度的情况进行监督，针对执行过程中发现的制度漏洞和国家政策、宏观经济环境对集团融资的影响，及时完善融资制度。

（六）债券信用评级

债券较银行信贷有资金成本低、期限长的优点，是集团公司的重要融资渠道，要想顺利发行债券必须重视债券信用评级工作，只有企业的信用等级满足发行债券的要求才能完成债券融资目标。债券信用评级是以企业或经济主体发行的债券为对象进行的信用评级，是对具有独立法人资格企业发行某一特定债券，按期还本付息的可靠程度进行评估，并标识其信用程度的等级。进行债券信用评级的最主要目的是方便投资者进行债券投资决策，投资者购买债券是要承担一定风险的，如果发行者到期不能偿还本息，投资者就会蒙受损失，这种风险称为信用风险。

第三节　担　　保

一、担保的基本情况介绍

（一）担保的概念

担保是指在经济活动中，债权人为了保障自身权益不受到损害，由债务人或第三人以特定财产或信用提供履约保证或承担责任，确保正常履约的行为。

（二）担保的分类

1. 按照对内对外担保划分

按对内对外担保分为对内担保和对外担保。对内担保一般指公司为自己和实际控制股东提供的担保。对其他人提供的担保是对外担保。公司对子公司提供的担保也是对外担保，公司为母公司提供的担保是对内担保。集团公司可分为集团内担保和集团外担保，集团内担保是指集团内企业之间提供的担保，集团外担保是指集团或集团内企业为集团外部企业提供的担保。

2. 按照担保方式划分

按担保方为担保对象提供担保的方式划分为一般保证、连带责任保证、抵押和质押。

3. 按担保对象的企业性质划分

按担保对象的企业性质划分可分为国有独资企业、国有控股企业、集体企业、私营企业、外商投资企业和其他企业。一般来说为国有独资和国有控股企业提供担保的风险相对小一些。

4. 按担保种类划分

按担保种类划分为贷款担保、履约担保、贸易融资担保和其他担保。

5. 按担保主体划分

按担保主体划分为集团公司担保、单体公司自身信誉担保、各子公司之间互保。集团公司一般对各担保主体的担保权限有明确的规定，各担保主体应严格执行。如集团公司规定各单体公司不得对外担保。

（三）反担保

反担保又可称为求偿担保、偿还约定书或反保证书，是指债务人或第三人向担保人做出保证或设定物的担保，在担保人因清偿债务人的债务而遭受损失时，债务人有向担保人做出清偿的义务。担保人代被担保人履行了担保义务后有权向被担保人追偿。

二、担保的原则

集团公司在进行担保业务时，应遵循以下原则。

（一）遵纪守法原则

集团公司和子公司在对内、对外担保时，应当严格遵守《中华人民共和国公司法》《中华人民共和国担保法》等国家法律法规的规定以及《公司章程》和公司担保管理制度的有关规定。

（二）体现集团公司战略原则

集团公司和子公司对内、对外担保时，应符合集团中长期战略规划，只做与提升集团核心竞争力、提高集团公司所处行业的市场占有率等集团战略规定相符的担保；反之，则不应提供担保。

（三）集团公司利益最大化原则

集团公司和子公司对内、对外担保时，应衡量是否使集团整体利益最大化。原则上只对有股权关系和战略合作伙伴关系的债权人提供担保，集团公司担保的目的是使集团利益最大化。

（四）统一管理原则

集团公司和子公司的所有担保业务必须由集团公司集中审批、集中授权、统筹安排，实行统一管理，任何单位未经集团公司批准，不得擅自对内或对外提供担保。统一管理的目的是为了控制风险，避免因某一集团内单位担保决策失误给集团公司带来的难以挽回的损失。

（五）逐级管理原则

集团公司应对不同层级的公司的担保范围有严格的限制，应遵循逐级管理原则。所有担保需经过严格的审查程序，并按照谁管理谁审查的原则予以执行。

（六）谨慎稳妥，确保安全原则

担保风险大，如果不慎可能给集团公司带来较大损失，因此，集团公司和子公司对内、对外担保均应遵循谨慎原则，严格审查被担保人的贷款目的及实现的收益情况、财务状况、盈利能力和现金流量情况，经过综合分析，对被担保人的偿债能力做出准确的判断，出具严谨的被担保人调查评估报告和防范担保风险的措施，为集团公司正确决策提供参考依据。个人只有经过集团公司批准才能提供担保。

（七）动态管理原则

集团公司和子公司对内、对外担保时，要对提供的担保进行全程监控，在担保期内，随时掌握被担保单位的财务状况、经营成果和现金流量情况，实时评估被担保单位的偿债能力，一旦发现被担保单位可能存在无法履约的风险时，及时制定应对措施，并向集团公司报告。在担保期内对被担保单位的重大事项要进行完整的备查登记，进行全过程、全方位的动态管理。

三、担保的管控

为了防控风险，集团公司应按以下路径，进行担保管控。

（一）建立担保管理机构

（1）担保管理专门机构。集团公司和各级子公司均应成立担保管理机构，统一管理担保业务。集团公司担保管理委员会一般由集团公司董事长或总经理担任主任，分管财务、项目、经营等的集团公司副职担任副主任，管理委员会成员由集团公司相关职能部室负责人和集团外的知名专家组成。其负责对集团内年度担保计划和年度内的所有担保业务进行审查，出具审查报告，根据担保金额大小，按权限分别上报集团公司股东会或董事会批准。集团各层级的子公司也应设立相应的担保管理委员会，负责对本公司和下属公司的担保业务进行审核后，报集团公司审批。担保管理委员会下设担保管理办公室负责日常担保业务的全过程、全方位的动态管理工作，一般不单独成立机构，由财务管理部门的相关负责人和人员组成，也就是说，集团财务管理部是集团公司担保的日常管理机构。

（2）股东（大）会的权责。按照公司章程的规定，对于必须由股东大会审议的担保行为，董事会提交议案，由股东会审议。

（3）董事会的权责。对所有的担保行为进行审议，权限以内的担保事项，由董事会直接审批，权限外的担保事项，初审后，提交股东（大）会审议。

（4）财务管理部门的权责。财务管理部门负责担保业务的日常管理。主要职责：编制担保管理制度，经董事会审批后执行。对集团各单位的年度担保计划进行审核，汇编集团公司年度担保计划，提交集团公司董事会审批。各单位担保前对被担保单位的经营能力和偿债能力进行调查，出具担保业务尽职调查报告，提交集团公司审批时使用；对担保期间涉及的担保事务进行全过程、全方位的动态管理，发现重大问题及时向管理层报告，并提出应对措施。对遇到的法律纠纷及时协调相关部门进行处理；建立担保事项管理档案，并进行妥善保管。

（5）审计部的权责。审计部门应对财务管理部门编制的担保管理制度进行初审，提交修改意见，对董事会审批后的担保管理制度的执行情况进行审计。对集团各单位的年度担保计划进行事前审查，对批准后的年度担保计划的执行情况进行审计。对各单位的担保事项进行全过程的审计，对审计过程中发现的内控薄弱环节提交改进建议。

（二）划分内部担保权限

1. 集团公司的权限

集团公司负责集团公司及各单位担保事项的决策和管理。下列事项由集团公司审批：

（1）集团公司直接提供的担保；

（2）集团公司所属各单位为参股企业及集团非关联单位提供担保；

（3）集团公司所属各单位为关联企业提供担保，且担保金额在规定限额以上的；

（4）集团公司所属各单位以自身信誉、资产抵押、权利质押进行贷款担保，且金额在限额以上的；

（5）集团公司认为有必要审批的担保事项；

（6）对集团及各单位的年度担保计划进行审批，并对执行情况进行全程监控；

（7）对集团及各单位的担保事项进行全过程、全方位的动态管理。

2. 管理公司的权限

（1）集团公司授权以内的自身担保业务；

（2）集团公司授权以内的为下属经营公司的担保业务的审批；

（3）集团公司授权以内的下属经营公司自身担保业务的审批；

（4）编制公司本部的年度担保计划，对下属经营公司的年度担保计划进行审核，汇编公司的年度担保计划，集团公司审批后，负责管控本部和下属经营公司年度担保计划的执行；

（5）对公司本部和下属经营公司的担保事项进行全过程、全方位的动态管理。

3. 经营公司的权限

（1）集团公司授权以内的自身担保业务；

（2）编制公司的年度担保计划，经管理公司和集团公司逐级审批后，贯彻执行；

（3）对公司的担保事项进行全过程、全方位的动态管理。

担保业务是逐级担保，上层级的公司可以为下层级的公司担保，下层级的公司不得为上层级的公司担保。

（三）实行年度计划管理

（1）集团各公司自下而上的编制年度担保计划，经集团公司审批后，应严格贯彻执行；

（2）集团各公司的年度担保计划的事项，必须列入集团的年度融资计划和投资计划。

（四）后续管理

1. 责任追究

违约责任：对不符合展期要求且不能按期偿还的款项，给集团公司造成损失的，集团公司将组织专门小组进行调查，在尽快挽救损失的同时，追究被担保单位负责人的终身责任，构成犯罪的，报送有关国家机关处理。

担保责任：因未按审批程序擅自越权签订担保合同，对公司造成损害的，公司将追究有关当事人的民事或刑事责任。

2. 担保的日常动态管理

（1）财务管理部应指定专人按企业建立担保分户台账，及时跟踪借款企业的经济运行情况，并定期向上级报告担保的实施情况。

（2）任何担保均应订立书面担保合同。担保合同须在担保生效后5个工作日内收归财务管理部专人保管。

（3）当出现被担保人债务到期后15个工作日内未履行还款义务，或是被担保人破产、清算，债权人主张担保人履行担保义务、诉讼等情况，公司应该及时了解被担保人债务偿还情况。公司有关部门（人员）或下属企业应在得知情况后的第一时间以书面形式向集团公司董事会及财务管理部报告。

（4）设立担保备查登记簿，对集团公司和子公司的所有担保事项，分类进行备查登记，并及时更新担保信息，通过登记被担保单位在担保期内的财务状况、经营状况、现金流量情况、偿债能力指标、被担保债务的履约情况等，及时掌控被担保单位的状况，控制担保风险。

（5）对于有过债务到期无法清偿事项的被担保单位应单独备查登记，子公司在影响违约事项的情形没有消除前，不得再为其担保；集团外单位也不得再为其提供担保。

3. 担保风险动态管理

（1）集团公司财务部是公司担保行为职能管理部门。财务部应指定人员负责管理，集中妥善保管有关担保财产和权利证明，定期对财产的存续状况和价值进行复核，发现问题及时处理。建立担保业务记录制度，对担保对象金额、期限和用于抵押质押的物品、权利及其他有关事项进行全面的记录。公司所担保债务到期前，经办人要积极督促被担保人按约定时间履行还款义务。

（2）经办责任人应当关注被担保单位的生产经营、资产负债变化、对外担保和其他债务、分立、合并、法定代表人的变更以及对外商业信誉的变化情况，特别是到期归还情况等，对可能出现的风险预研、分析，并根据实际情况及时报告公司财务部和董事会。对于未约定保证期间的持续性保证，经办责任人发觉继续担保存在较大风险，有必要终止合同的，应当及时报告公司董事会和财务部。

（3）被担保单位不能履约，担保债权人对公司主张债权时，公司应立即启动追偿程序，采取相应的应对措施，同时报告集团公司董事会。

（4）集团公司或子公司作为一般保证人时，在担保合同纠纷未经诉讼或仲裁，并就债务人财产依法强制执行仍不能履行债务前，未经公司董事会决定不得对债务人先行承担保证责任。

（5）债权人放弃或怠于主张物的担保时，未经公司董事会决定不得擅自决定履行该部分的保证责任。

（6）对于被担保人放弃对债务的抗辩权的，公司仍具有权抗辩。

（7）人民法院受理债务人破产案件后，债权人未申报债权，有关责任人应当提请公司参加破产财产分配，预先行使追偿权。

（8）保证合同中保证人为二人以上且与债权人约定按份额承担保证责任的，公司应当拒绝承担超出公司份额外的保证责任。

（9）公司向债权人履行了担保责任后，责任人应及时向被担保人追偿。

四、注意事项

（一）担保管控与融资管控结合起来
担保管控与融资管控结合起来，能避免职能交叉，重复劳动，提高工作效率。

（二）对公司担保方式的选择
1. 信用
积极推动集团子公司的信用评级，有条件使用信用贷款的子公司，首选信用贷款。
2. 抵押
对于无法使用信用贷款的子公司，有可抵押的财产的，选择抵押担保方式贷款。
3. 质押
无法使用上述两种担保方式的，可选择质押担保贷款。
4. 一般保证担保
无法使用上述三种担保方式的，可采用一般保证担保。
5. 连带责任保证担保
连带责任保证的担保方式对担保单位的风险较大，不可控因素较大，一旦发生代为偿还责任，无缓冲余地，因此尽量不选择此种担保方式，万不得已必须采用此种担保方式的，必须经集团公司股东会批准，并加强对被担保单位的后续跟踪管理，指定专人跟踪，去被担保单位跟踪调查的间隔时间，不得超过1个月。

（三）对无暇顾及子公司的担保由担保公司来承担
对于情况不明、处于偏远地区的子公司，且不是属于集团核心竞争力的子公司，可以由社会上的担保公司为其进行担保。

（四）对股份制子公司的担保
1. 按照股比担保原则
对于股份制的公司，原则上应由公司的股东按股比承担相应的担保责任。

2. 不按照股比担保，对方股东承担相应责任

如果股份制公司的其他股东不能按股比承担担保责任的，对方股东应承担以下相应责任。具体按照以下程序办理：

（1）对融资项目所产生的效益、风险进行评估。

对股份制公司贷款事项将产生的经济效益和可能产生的风险进行评估，确定该担保行为涉及的贷款行为是否可行，以及产生风险可能性大小。

（2）对目标公司价值进行评估。

对目标公司的整体净资产价值进行评估，确定每个股东按股比享有的目标公司的股权价值。

（3）在前两项的基础上，根据风险情况全部或部分采取以下措施。

①根据风险程度进行股权质押。如果未承担担保责任的股东在目标公司的股权价值（含本息）一定比例的折扣（具体双方协商）大于其应该担保贷款金额的，可以由其进行股权质押。

②对方提供反担保，并对反担保物进行评估。如果未承担担保责任的股东在目标公司的股权价值小于其应该担保贷款金额的，可以首先将其股权质押，不足部分再由其提供反担保，委托资产评估机构对其反担保物进行评估。

③对方承担一定比例的担保费，按年或季度，负担保额的 1% ~3% （或商定）。如果不具备上述两个反担保条件的，可由对方股东承担一定比率的担保费，集团公司按其应担保贷款金额的 1% ~3% （或商定）收取担保费，按年或季度支付。

④对方承诺按照担保额的一定比例，在以后实现的利润中分给担保集团。如果不能提供上述反担保条件或提供后仍不足的，可由对方出具承诺书，与集团公司签订协议书，按照担保额的一定比例，在目标公司以后实现的利润中分享给提供担保的集团公司。

⑤其他方式。如果无法采用上述反担保方式的，可以采取由社会上的担保公司承担目标公司的其他股东应承担担保额的担保等方式。

（五）对担保额度大、风险大的担保要特殊关注

集团公司对于担保额度大、风险大的担保事项应特别关注，可采取以下措施，防范担保风险。

1. 定期调研

指定专门调研小组对被担保公司定期跟踪调研，及时了解被担保公司的经营情况、财务状况、盈利能力和现金流量情况，评估其偿债能力，及时发现其可能存在的无法按期清偿债务的风险。定期调研的间隔时间不得长于 3 个月。

2. 风险评估

集团公司成立风险评估小组定期对被担保单位进行风险评估，评估其是否存在不能按期清偿贷款本息的风险。定期向集团公司担保管理办公室或财务管理部提供风险评估报告，风险评估间隔期限不超过半年。

3. 专职人员沟通

集团公司和子公司应派专人定期与被担保单位进行沟通，及时了解被担保单位的情况，沟通的时间间隔不得超过 1 个月。

（六）加强对外担保的管理

集团公司对外担保的风险往往大于集团内部的担保，应加强集团公司对外担保的管理，有效控制和防范风险，保证公司资产的安全和完整。

1. 原则上互保

集团公司对外担保原则上应采取对等互保的方式，签订互保协议前，加强对目标公司的资信、偿债能力、盈利能力、风险水平、是否存在无法按期还款的风险等进行评估，出具评估报告，提交集团公司作为决策的担保。

2. 不互保情况下对方提供反担保

不能互保的情况下，须采取反担保，降低担保风险。只对符合集团战略，是集团长期战略合作伙伴关系的上下游单位提供担保，并加强风险调查评估。

（七）对子公司贷款卡的管理

凡需要向各金融机构申请贷款，办理承兑汇票、信用证、授信、保函和提供担保等信贷业务的法人企业、非法人企业、事业法人单位和其他借款人，均须向营业执照（或其他有效证件）注册地的中国人民银行各城市中心支行或所属县支行申请领取贷款卡。贷款卡提供了公司较完整的与贷款和担保相关的信息，通过查阅贷款卡可以提供很多与企业贷款和担保相关的信息。集团公司应加强对子公司贷款卡的管理，建立子公司贷款卡信息备查登记簿，子公司办卡后，将贷款卡查询信息及时报告集团公司财务管理部，由其进行初始登记，以后每半年将贷款卡查询信息报集团公司财务管理部，进行备查登记。通过贷款卡检查可以发现以下信息。

1. 子公司未经批准的担保

如果发现子公司未经批准对外提供担保，应按集团担保管理制度的规定，对责任公司和责任人予以严肃处理，并限期解除担保合同。

2. 子公司未经批准的贷款

如果发现子公司存在未经批准的贷款事项，应按集团融资管理制度的规定，对责任公司和责任人予以严肃处理，并对其贷款合同履行情况进行持续跟踪，直到按期还款，不得再续贷。

3. 子公司逾期

子公司的贷款逾期事项一旦发生，很可能对集团公司的信用带来严重影响，如果发现子公司有贷款逾期事项，首先了解其逾期的原因，有针对性地采取措施，协助其尽快偿还逾期贷款，将影响降低到最小。然后，总结逾期的教训，制定防范措施，避免以后集团的子公司再发生贷款逾期的事项。同时，将该子公司列入关注名单，今后对其贷款和担保行为从严调查，从严管理。

4. 子公司互保

子公司有对内、对外的互保行为的，应了解其互保前是否履行严格的调查程序，是否经集团公司批准，互保合同的履约情况是否正常等，审核互保行为是否符合集团公司的相关规定，根据实际情况，制定有针对性的防范措施，防范担保风险的发生。

第 五 章 | 资产结构与投资管控

第一节 资 产 结 构

一、资产结构的介绍

（一）资产结构的概念

1. 基本概念

资产结构是指企业不同类型资产之间的比例，以及不同类型资产占资产总额的比重。企业为了满足不同的经营管理需要，应进行不同的资产结构分析。例如，为了了解资产变现速度，可以作流动资产与非流动资产的比例或流动资产占总资产的比重分析。生产经营活动中企业的流动资产和固定资产之间的比例是重要的资产结构。

实质上资产结构就是各类资产的构成情况。资产从不同的用途或按不同的形式一般可以分为以下六种主要结构：一是按资产的价值转移方式划分为流动资产和固定资产；二是按资产的占用形态划分为有形资产和无形资产；三是按资产的占用期限划分为短期资产和长期资产；四是按资产的用途结构划分为货币资产、结算资产、非商品存货资产、商品存货资产、固定资产、无形资产及递延资产；五是按资产的数量习性划分为临时波动性资产和永久固定性资产；六是按照币种分为人民币资产和外币资产。

2. 引申概念

（1）对于单体公司而言，分析资产类别之间的关系，可以满足不同的管理需求。例如，分析流动资产中的存货占流动资产总额的比例，可以说明企业存货是否超储积压，能否满足企业生产经营的需要，通过对存货占资产总额比例的分析研究，结合存货周转率分析，可以确定企业合理的存货存储额度，既减少仓储资金占用，又能满足生产经营的需要。分析应收账款占流动资产总额的比例，可以了解企业赊账销售产生的债权占流动资产的比例，通过结合应收账款周转率分析，可以确定企业合理的应收账款赊账比例。分析固定资产和在建工程分别占非流动资产的比例、在建工程占固定资产的比例，可以了解企业处于建设期还是生产期，如果在建工程的占比大于固定资产的占比或在建工程占固定资产的比例大于1，说明企业处于建设期，反之则企业处于生产期，或两者兼而有之。固定资产与无形资产的比例，可以说明企业是资产密集型企业还是技术密集型企业，两者比例越大，说明企业是资产密集型企业，两者比例越小，说明企业是技术密集型企业。

（2）对于集团公司而言的资产结构包括以下方面的内容：

①各业务板块占资产的比例。

通过对集团公司内各行业板块的资产占集团总资产的比重分析，可以了解集团内各行业板块在集团公司的重要程度，也可以了解集团公司是业务单一型的集团还是多元化集团。如某一行业板块的资产总额占集团资产总额的比重较高，说明集团公司是单一型集团公司，如果每个行业板块的资产总额占集团资产总额的比重均较低，说明是多元型集团公司。

②全资、控股、参股公司占总资产的比例。

通过对全资、控股、参股公司资产总额占集团总资产的比例分析，可以了解集团公司是绝对控制型的集团还是相对控制型的集团公司。如，全资子公司资产总额的比例较高，说明是绝对控制型的集团；控股子公司比例占集团总资产的比例较高，说明是相对控制型的集团。

③各地区子（分）公司所占比例；各层级公司占总资产的比例。

通过对各地区子（分）公司资产总额占集团公司总资产的比例分析，可以了解集团是区域型的集团公司还是全国性的集团公司。如果某地区子（分）公司占资产总额的比例较高，说明是区域性集团公司；如果每个地区的子（分）公司占资产总额的比例均较低，或比例平均，说明是全国性集团公司。各层级的资产按直接控制的资产计算，扣除内部重复部分。

通过对各层级公司占总资产的比例分析，可以了解集团是扁平化集团公司还是多级次的集团公司。如果二三级子（分）公司资产总额比例较高，说明是扁平化集团公司；如果较低，说明是多层级集团公司。

④经营性和非经营性公司占总资产的比例。

通过对经营性和非经营性公司占总资产的比例分析，可以了解企业是经营性为主的集团公司还是非经营性为主的集团公司。如经营性公司资产占总资产的比例较高，说明是强经营性集团公司；否则是弱经营性集团公司。

⑤优质资产和非优质资产占总资产比例。

优质资产一般是指变现能力强、资产收益率高的资产。资产净收益率大于同期银行存款利率时称为优质资产；资产净收益率小于或等于银行存款利率时称为非优质资产。通过对优质资产和非优质资产占集团总资产比例分析，可以了解集团公司的资产优良情况。优质资产占集团资产总额的比例较高，则说明集团的资产优良，反之说明集团的资产状况欠佳。

⑥主业和非主业占总资产比例。

通过对主业和非主业资产占集团总资产的比例分析，可以了解集团公司的主业状况。集团公司主业资产占集团公司资产总额的比例较高，说明是主业突出的集团公司，反之是主业不突出的集团公司。

⑦其他方面的比例。

通过对有形资产与无形资产比例高低的分析，说明企业创造收益的源泉是有形资产为主，还是无形资产为主，比例越高说明对有形资产的依赖越强，比例越低说明对无形资产的依赖越强。

通过对货币资本与生产资料比例的高低的分析，说明企业货币资金的充裕程度和企业的盈利能力，比例越高说明企业的货币资金越多，同时利用资金创造效益的能力不足。比例越低，说明企业的货币资金越短缺，同时，企业的获利能力越强。

通过对长期资产与短期资产比例的高低的分析，说明企业获利能力和变现能力的高低。一般来说，长期资产的获利能力大于短缺资产的获利能力，但变现能力低于短期资产。因此，比例越大企业的获利能力越强，变现能力越差，比例越低企业的获利能力越弱，变现能力越强。

3. 现实的资产结构

现实的资产结构，分可控的和不可控的资产，对外投资是不可控的，剩余的为可控的。可控的资产分为基建资产和运营资产，运营资产又分金融资产和经营资产。

（二）资产结构的分类

1. 一般意义上的分类

（1）流动资产与非流动资产的关系。

企业拥有的资金总量是一定的，投入流动资产多就意味着投入非流动资产较少，相反投入非流动资产的资金多则投入流动资产的资金就少，正常情况下流动性强的资产获利能力差，流动性弱的资产获利能力强而且非流动性资产变现能力差。

企业收益是流动性投入与非流动性投入相组合创造的，因此过多的流动资产投入会造成企业资金的低效率使用，而过多的非流动资产投入又会增加企业流动资金短缺风险，二者此消彼长的组合，从理论上会形成不同的效益曲线，可以用图 5 - 1 表示。

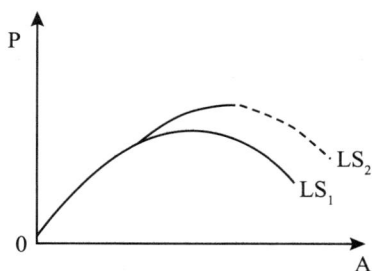

图 5 - 1　企业收益曲线

注：A——企业的资金总量；P——企业的收益总额；LS_1——独立企业的收益曲线；LS_2——表示集团企业的收益曲线。虚线部分表示长度视集团对企业的资产扶持程度而定。

假如企业筹集的资金全部是自有资金（不考虑利息）一开始全部存在银行，从 A 流动资产是 1、非流动资产是 0 开始到非流动资产是 1、流动资产是 0 结束，可以看出一开始企业资金全部用于流动资产，其不会产生效益（不考虑货币资金用于理财产品等收益），随着企业用部分资金用于非流动资产投入从而产生产出，企业的效益就会逐步上升，但上升到一定程度就会出现拐点，这个拐点是流动资产和非流动资产的最优组合，拐点之后曲线就会下降，主要是流动资产投入较少、非流动资产使用效率较低而导致风险增加的原因造成。

理论上企业流动资产与非流动资产有一个最佳组合，而且流动性短缺造成企业效益下降，比非流动资产投入较少更严重，因此资产流动性差，是企业必须面对的一个重要问题，特别是当企业有带息负债时（事实上无带息负债的企业很少，特别是大型企业）企业流动资产投放太少会造成资金链断裂从而形成毁灭性的打击。

如果企业属于集团公司的子（分）公司可以从集团获得资金，这样企业的风险就会减少了，从而在同样的资金总量情况下，取得相对较多的收益，如收益曲线 LS_2。

（2）传统的分类。

资本结构一般分为保守型资产结构、风险型资产结构、中庸型资产结构。①保守型资产结构，指流动资产占总资产的比重偏大。在这种资产结构下，企业资产流动性较好，从而降低了企业的风险，但因为收益水平较高的非流动资产比重较小，企业的盈利水平同时也会降低。因此，企业的风险和收益水平都较低。②风险型资产结构，指流动资产占总资产的比重偏小。在这种资产结构下，资产的流动性和变现能力较弱，从而提高了企业的风险，但因为收益水平较高的非流动资产比重较大，企业的盈利水平同时也在提高。因此，企业的风险和收益水平都较高。③中庸型资产结构，指介于保守型和风险型之间的资产结构。

2. 作为集团公司的资产分类

（1）按主业是否突出分为主业突出型、不突出型和中间型。集团公司主业资产总额占全部资产总额的比例高，则是主业突出型，较低则是不突出型，介于两者之间则为中间型。主业突出性的集团一般盈利能力较强。

（2）从控制角度（所有制性质）分为强控制、弱控制和中间型。集团全资子公司资产总额占全部资产总额的比例较高则是强控制型，较低则是弱控制型，介于两者之间则是中间型。强控制型集团公司贯彻集团公司战略的意志坚决，执行集团决策不易出现偏差。

（3）从区域的角度分区域集中型、分散型和一般型。集团公司在某个区域的资产总额占全部资产总额的比例较高则是区域控制型，较低则是分散型，介于两者之间则是中间型。区域型集团公司往往在某个区域的市场占有率和影响率均较高，但风险也较大，一旦该区域的经济下行，则对集团的影响较大。分散型集团公司往往在各个区域均有市场，但均不突出，这样的集团公司抗风险能力强，但由于区域不突出，在每个区域的竞争力均不强。

（4）按经营资产所占有的层级分为集中型、分散型和折中型。集团公司的经营资产总额占全部资产总额的比例较高则是集中型集团，较低则是分散型，介于两者之间则是折中型。经营资产集中型集团公司一般盈利能力较强。

（5）从生产经营资产的角度划分为经营型、非经营和中间型。集团生产经营资产总额占全部资产的比例较高，则是经营型集团。比例较低则是非经营型集团，介于两者之间则是中间型。

（6）从优质资产和非优质资产分为优质突出型、非突出型和均衡型。集团优质资产总额占全部资产的比例较高则是优质突出型集团，比例较低则是非突出型集团，介于两者之间则是中间型。优质突出型集团一般盈利能力较强。

（7）经营资产与金融资产。企业活动分为经营活动和金融活动两个方面，相应的集团资产可分为经营资产与金融资产。经营资产是指销售商品或提供劳务所涉及的资产，金融资产是利用经营活动多余资金进行投资所涉及的资产，表现为企业自资本市场购入的各种证券，包括政府、银行或其他企业发行的金融工具。

（三）轻资产

1. 轻资产

轻资产，又称轻资产运营模式，是指企业紧紧抓住自己的核心业务，而将非核心业务外包出去。轻资产运营是以价值为驱动的资本战略。用有限资产，获取最大收益，是所有企业追求的最高境界。在经济迅猛发展的当下，"变轻"不仅仅是一种选择，也是一种必然。在轻资产模式中，企业紧紧抓住自己的核心价值，而将非核心业务，例如物流、生产等外包出去。轻资产运营是以价值为驱动的资本战略，是网络时代与知识经济时代背景下企业战略的新结构。轻资产的运营模式任何企业都可根据自己的特点加以应用，无论是实体企业或非实体企业、生产企业或商业企业、单体公司或集团公司，来提升自己的价值。企业集团为了减少内部管理成本提高效率，突出核心竞争力，可以将部分业务进行外包，使得自身资产变轻，从而优化资产结构。

2. 无形资产

无形资产或准无形资产，包括企业的经验、规范的流程管理、治理制度、与各方面的关系资源、资源获取和整合能力、企业的品牌、人力资源、企业文化等。因此轻资产的核心应该是"虚"的东西，这些"虚"资产占用的资金少，显得轻便灵活，所以"轻"。首先要明白的是，资产的轻重是个相对的概念。就一个企业或一项投资而言，厂房、设备、原材料等，往往需要占用大量的资金，属于重资产。这样的企业一旦达到产能限制，而市场需求仍然增长，如果要想获得更高利润，则必须投资新的产能，这需要消耗大量的资金和时间，如果投产过慢，则可能丧失获利机会。因为那个时候市场需求可能早发生了变化，并且一旦需求转向，重资产的公司不仅盈利增长乏力，而且计提这些新设备和厂房造成大量的折旧反而降低了利润。

3. 轻资产公司的分类

轻资产公司一般分为五类，分别为类金融公司、知识产权为主型公司、增值型基础网络公司、品牌型轻资产公司、互联网公司。

（1）类金融公司。这些企业的特点是经营性现金流很丰富，尽管许多钱是供应商的或用户的，但是现金流强大让这类企业有很强的复制能力，复制能力又产生了规模效应，低成本将顾客牢牢吸引在身边。

（2）知识产权为主型公司。知识产权就是印钞机，知识产权就是巴菲特说的特许经营权，构筑了竞争中难以逾越的"门槛"，而且本小利大，企业资产成倍增长。

（3）增值型基础网络公司。未来移动电信增值业务发展的空间很大，运营商可以整合各种应用在一个"虚拟云平台"，成为增值型基础网络公司。

（4）品牌型轻资产公司。这类公司不仅是专注品牌和研发并且将生产外包，它的精髓还在于经营的全球化。品牌型轻资产公司的弱点在于品牌是虚的东西，在品牌方面一直保持领先是不容易的，品牌的价值是以无形胜有形，因此做好难度大，常胜不容易。

（5）互联网公司。对于此类公司的价值一定不要只看数字而要看趋势，一些互联网公司最擅长做的是网络营销平台，并且真正建立了这样一个平台。

（四）资产结构对企业经营的影响

1. 资产结构对企业风险的影响

企业面临的风险分为经营风险和财务风险。财务风险主要与资金的筹集即资本结构有关。而经营风险则与资金的运用即资产结构有关。不同种类的资产面临的风险程度不同。一般地，流动资产或者短期资产的经营风险相对较小。而固定资产等长期资产是一种功能性资产，它们的价值需要在生产过程中才能逐渐转移到其生产的产品中去，需要在较长时期内才能完成周转而实现其价值。在这一较长时期内，市场预测与市场变动极易相背离。另外，作为固定资产等长期资产价值的实现，是以其价值转移产物的商品卖出为条件的。所以，企业要有效地经营这些资产，必然考虑产品面临的市场因素，从而使这些资产的经营风险相对较大。

在不考虑通货膨胀的情况下，货币资产的经营风险最小，商品资产和生产资产必须在市场上完成销售，才能转化为货币资产，所以它们也面临较大的市场风险。由此可见，企业的资产结构不同，企业所承受的风险也不同。

2. 资产结构对企业经营收益的影响

企业的经营收益是各项资产综合运用的成果。只有合理有效地配置各项资产，才能最大限度地发挥各项资产的功能，创造最大的经营效益。企业一段时期的经营成果主要通过利润表来反映，而资产负债表反映的是企业实现该期间经营成果的财务状况，即创造该成果的能力，其中资产与企业的获利能力直接相关，负债和所有者权益则说明了企业资产的来源渠道。分析企业的各项资产，固定资产表明的是一个企业的生产能力，其数量的多少和质量的高低将直接影响企业的销售收入，并进而影响销售毛利和最终的经营成果；而流动资产更多的是作为帮助实现销售收入形成，并最终形成销售利润的资产，因而对企业最终经营成果的形成也具有间接影响；至于无形资产、长短期投资和其他资产等也会对企业利润表的构成产生影响，并最终影响企业的经营成果。因此，企业资产结构的合理与否必然会影响到企业的生产经营活动，并对企业的经营成果产生影响。资产结构对收益的影响主要表现为资产内部结构不协调，致使某项资产占用过多，另一项资产占用短缺所带来的损失。这种损失表现在两个方面：一方面是某项资产占用过多，会使该项资金占用成本增加，从而减少资产经营收益；另一方面如果某项资产占用过多，则意味着其他资产占用过少，这样就会影响企业资金的整体周转效果，使企业无法实现预期的最大收益。一般来说，作为生产经营物质技术基础，资产结构的优化和动态管控的固定资产等长期资产的规模体现着企业的生产经营能力，这类资产的规模越大，企业的生产经营能力越强。但企业必须保持足够的流动资产与固定资产相适应，才能充分发挥固定资产的生产经营能力。

3. 资产结构对企业资产流动性的影响

资产的流动性是指资产的变现能力和变现速度。资产流动性大小与资产的风险大小和收益高低是相联系的。总的来说，流动性大的资产，其风险相对小，收益能力相对较差，反之亦然。在一般情况下，企业的流动资产比固定资产流动性好、金融资产比实物资产流动性好、收益性无形资产比支出性无形资产流动性好、短期资产比长期资产流动性好、货币资产比商品资产和生产资产流动性好等。保持资产的流动性是企业安全经营的前提。

4. 资产结构对企业财务弹性的影响

财务弹性是指企业的资产结构和资本结构应对各种挑战、适应各种变化的能力。由于市场波动和季节性经营的原因，企业的资产总额和结构也必须相应调整。显然，在企业资产构成中，固定资产因难以随意改变其用途或变现其价值，所以弹性较小。一般来说资产弹性由金融资产的比重大小决定，但保持资产的弹性会以减少资产的收益性为代价。因此，企业应根据自身生产经营的性质、经营周期波动、日常支付需要等特点，合理确定其资产结构弹性。

由以上分析可以看出，合理的资产结构就是可以使企业风险最小和获利能力最大的结合点。当然，我们相信对于个体公司而言，都有其本身的最佳资产结构。但是，最佳资产结构难以量化，并且它仅是相对于特定的行业在特定的时间和特定的经营环境条件下的最佳；另外，最佳资产结构一般不可能一步到位，而是一个无限接近的过程。所以说，企业在实际的运作过程中，需要结合自身实际情况和行业内成功的模式以及对市场情况的分析，寻求最适合自己的最佳资产结构。

二、资产结构的优化和动态管控

1. 概念

资产结构优化是指通过对企业各类资产的合理调整，使企业价值最大化、风险最小化的财务管理手段。企业资产规模再大，如果结构不合理，也无法达到最佳的资产使用效果，甚至亏损，因此，资产结构的优化比资产规模更为重要。

2. 原则

（1）与企业发展战略相适应。资产结构优化要紧紧围绕企业的发展战略目标进行，资产结构优化的目标应与企业发展战略相适应。企业发展战略的目标是企业价值最大化，恰当的资产结构可以提高企业效益，使企业价值最大化。

（2）充分考虑行业特点。行业特点就是某行业所具有的独特的地方，不同行业具有不同的特点，其对资产结构的要求也有所不同，资产结构优化要与企业的行业特点相适应，应充分考虑行业特点。资产密集型行业或资源型行业固定资产占比较大，是企业盈利的主要资产，应重点优化固定资产结构。知识密集型无形资产是盈利的主要资产，应重点优化无形资产结构。

（3）收益和风险兼顾。资产结构优化的目的是增加收益，降低风险，因此，资产结构优化要兼顾收益和风险。企业应重点投资可以创造效益的资产如固定资产、无形资产等，但投资有风险，应控制风险，将收益和风险有机结合。

（4）与行业周期相适应。每个产业都要经历一个由成长到衰退的发展演变过程。

这个过程便称为产业的生命周期。一般地,行业的生命周期可分为四个阶段,即初创期(也叫幼稚期)、成长期、成熟期和衰退期。资产结构优化要与行业周期相适应,企业处于不同的行业周期,要采取不同的资产结构。

(5)不能失去控制力。资产结构调整要以不能失去控制力为基础,企业若要稳定发展,不能失去投资者对其的控制力,企业不能因为优化资产结构而导致失去对企业的控制力,这是核心原则之一。企业在优化资产结构时,要把不稀释股权、不丧失控制力,放到首位。

(6)要动态观察资产结构。影响企业资产结构的因素包括经济环境、经济周期、资本市场发展状况等宏观层面的因素和企业规模、成长性、盈利性、偿债能力等微观层面的因素,这些因素都对企业资本结构发生作用。企业的资产结构始终处于动态调整之中,且资产是时点数,所有资产结构也是时点数值,因此要动态观察评估资产结构。

3. 资产结构优化的路径

(1)集团对资产的统一调配权。

集团的资产均由集团公司统一调配,既能最大限度地发挥集团公司资产的价值,又能节约资金占用。对集团公司资产统一管理的前提是对集团公司的现有资产和资产状况有清晰的了解,对集团公司的资产按专用资产和通用资产进行分类。通过对集团公司资产进行全面清查,建立集团公司资产信息库,实施动态管理,根据不同子(分)公司的需要,进行统一调配。具体路径有:

①对使用规模大、频率高的通用资产实行内部有偿使用。某个子(分)公司根据生产的需要,向集团公司申请增加设备,如果子(分)公司需要的设备是通用设备,通过查询集团资产信息库,发现该子(分)公司急需的资产,却在另外一个子(分)公司闲置,可以将另一个子(分)公司将闲置的设备调拨给急需设备的子(分)公司有偿使用。集团公司与子(分)公司,子(分)公司间的资产只有有偿使用,才能充分发挥资产的利用效果,减少资金的占用,提高经济效益。

②使用频率低的专用设备可以通过集团内部成立设备租赁公司,有需求的子(分)公司通过经营租赁有偿使用设备,一方面可以满足生产经营的需求,另一方面可以通过统一调配资产,提高专业设备的使用效率,并减少各子(分)公司均购置专用设备造成的资金占用。

(2)提高资产使用效率。

集团公司资产管理的核心目标是提高资产使用效率。提高资产使用效率的主要途径有:提高设备的生产效率,使同样的设备创造更大的价值;加大销售力度,合理储备原材料和库存商品,提高存货周转率,以最合理的存货储备,创造最大的价值;选择恰当的投资方式,增加现金投资的使用效率,使现金创造更大的价值;通过引进人才,加大研发力度,创造更有价值的专利或专有技术,提高无形资产创造价值的最大化。

(3)盘活不良资产。

不良资产的存在,降低了企业资产的周转率及使用效益,增加了资金占用费和管理费用,直接影响了企业未来的获利能力。因此,企业应制定行之有效的盘活措施,努力盘活不良资产,以提高集团公司资产的流动性,提高资产的使用效率。

（4）提高资产转化能力。

集团公司拥有的资产各异，既有具有核心竞争力的核心资产，也有非核心竞争力的子公司。非核心资产一般盈利能力弱，且与集团发展战略不相适应，对这些非核心资产进行管理，不但耗费大量的精力，还占用大量的资金，降低了集团资金的整体利用效率，如果能够适时通过恰当的方式处置这些非集团核心资产的子（分）公司，可以有效地提高集团公司的资产使用效率，从而达到优化集团资产结构的目的。

（5）根据需要分拆或整合资产。

集团公司根据发展战略和所处宏观环境的变化，采取分拆资产或整合资产的方式，使集团公司资产价值最大化。

分拆资产一般包括公司分立和分拆上市等形式。

资产整合在并购中占有重要地位。通过资产整合，可以剥离非核心业务，处理不良资产，重组优质资产，提高资产的运营质量和效率。

（6）通过债券融资、融资租赁或者经营租赁（轻资产）来优化资产结构。

集团公司可以通过债券融资、租赁（融资租赁、经营租赁）等方式优化资产结构。

债券融资和股票融资是企业直接融资的两种方式，企业债券融资同股票融资相比，在财务上具有许多优势。

融资租赁是集融资与融物、贸易与技术更新于一体的新型金融产业。集团公司的子公司在其他融资方式受挫时，融资租赁是一个较好的融资方式；同时，融资租赁也可优化企业的资产结构，尽快增加固定资产在资产结构中的比例，在较短的时间内提高企业的盈利能力。

经营租赁是一项可撤销的、不完全支付的短期租赁业务（融资租赁不得随意撤销）。集团公司的子公司为了短期内满足经营的需要，可以通过经营租赁方式达到经营目标。经营租赁既可短期内满足生产经营的需要，又不需占用较多的资金，是优化资产结构的较好途径。

（7）设计、建造通用型、多功能的资产。

集团公司可以设计、建造通用型、多功能的资产，提高资产的使用效率，也是优化资产结构的路径之一。通用型的资产可以在不同子公司间调配，将资产配置到效益最好，最能发挥资产效率的子公司。多功能资产也存在同样的特性，可以通过内部调配，将其配置到最能发挥其效能的子公司，使资产价值最大化。

（8）开展合作、发挥自身优势。

集团公司可以和社会上的有投资意向且资金充裕的投资者或战略合作伙伴进行合作，发挥自身优势，吸引外来资本，提高资产利用效率，同时起到优化资产结构的作用。

（9）轻资产模式的优化。

集团公司也可以采取轻资产策略，充分发挥集团的品牌、技术、人才的优势，通过外包的方式，以较少的资金，扩大集团公司生产规模和市场占有率，提高资产的使用效率，是优化资产结构的重要路径。

三、资产结构与资本结构

（一）二者关系和匹配

资产结构与资本结构具有对称性关系，资产等于负债加所有者权益，资产结构研究的是资产间的比例关系，资本结构研究的是负债和权益间的比例关系，这也决定了两者之间有对称关系。两者之间的关系具体分为以下几类：

1. 中庸型结构对称关系

见图 5 - 2。

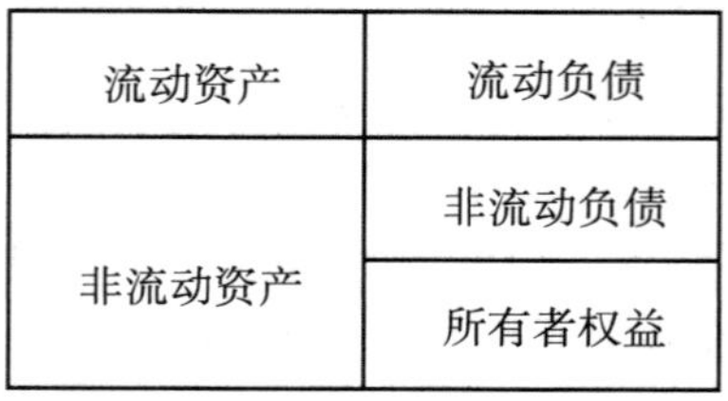

流动资产	流动负债
非流动资产	非流动负债
	所有者权益

图 5 - 2　中庸型结构

中庸型结构对称关系中，流动资产 = 流动负债，非流动资产 = 非流动负债 + 所有者权益。这种对称关系符合各类资产和各类负债和所有者权益的特性，短期资产和短期负债对称，长期资产和长期资本对称，企业的风险最小，但企业的效益也较中庸。

2. 稳健型结构对称关系

见图 5 - 3。

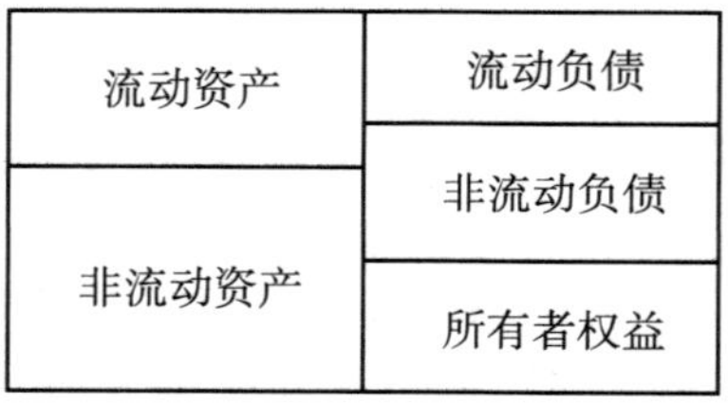

流动资产	流动负债
非流动资产	非流动负债
	所有者权益

图 5 - 3　稳健型结构

稳健型结构对称关系中，流动资产与全部流动负债和一半左右的非流动负债对称。非流动负债与一半左右非流动负债和全部所有者权益对称。这种资产结构既能充分发挥资产的效力，又能控制风险。

3. 风险型结构对称关系

见图 5 - 4。

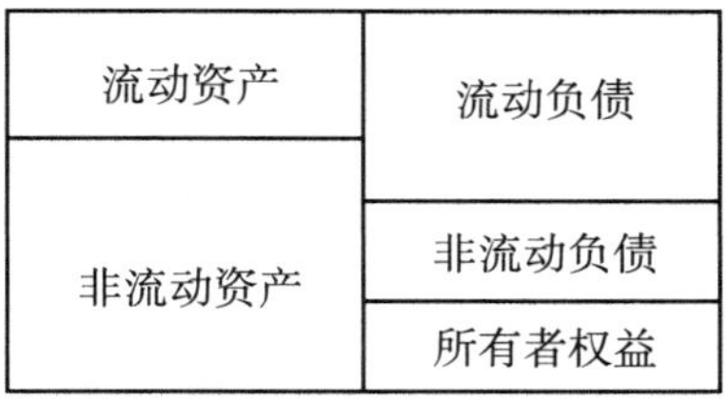

流动资产	流动负债
非流动资产	非流动负债
	所有者权益

图5-4 风险型结构

风险型结构对称关系中，部分流动负债用于非流动资产，企业的风险加大。企业如果用短期负债投入到长期资产中，在长期资产还无法投入使用，不能产生现金流入时，可能短期负债已到期，如果企业无法偿还到期的短期负债，可能出现财务危机，甚至破产。但如果企业运作得当，加之市场环境好时，可能会通过集中企业的所有财力、物力去投资，占领更多的市场，创造更大的效益。

4. 财务危机型结构对称关系

见图5-5。

流动资产	流动负债	流动资产	流动负债
非流动资产	非流动负债	非流动资产	非流动负债
	所有者权益 （未分配利润为负）	所有者权益为负 （资不抵债）	

图5-5 财务危机型结构

财务危机型结构对称关系中，未分配利润为负数和所有者权益为负数（资不抵债）两种财务危机均是企业处于危险境地的情况，这也是任何企业不愿意看到的。

5. 特殊资产结构的对称关系

前4种是一般意义上的对称关系。特殊情况下，比如对外担保（不可控）占很大比重，或基本建设资产占很大比重，都要具体情况具体分析。

（二）注意事项

集团公司资产结构管控还应注意以下事项：

1. 资金成本和报酬率相互间的关系

资金成本是指企业为筹集和使用资金而付出的代价，是资金使用者向资金所有者和中介机构支付的占用费和筹集资金费用。资金成本包括资金筹集费用和资金占用费用两部分。资本报酬率是指税后盈利（净利润）与平均资本总额的比率，也叫资产净利润率。它是用以衡量公司运用所有资本所获经营成效的指标。资本报酬率越高，表明公司资本的利用效率越高，反之则资本未能得到充分利用。集团公司对资产结构管理应注意资金成本和报酬率的关系，处理好两者之间的关系。

2. 资金来源与资产结构相匹配

集团公司要注意资金来源要与资产结构相匹配，流动负债的期限要和资产的期限相匹配，流动负债不能用于长期资产投资，非流动负债筹资可以适当用于流动资产。长期资产的投资主要用期限超过一年的非流动负债和所有者权益筹集的资金。长期负债的偿还期限要和长期资产产生收益的期限相匹配，防止出现债务到期，长期资产尚未产生效益和无力偿还本息的财务风险。

3. 财务杠杆与资产结构相匹配

集团公司要注意财务杠杆与资产结构相匹配，负债融资的规模、期限和比例要与资产结构相匹配，防止财务杠杆应用不当，可能会给企业造成财务风险。财务杠杆与资产结构是否匹配，主要取决于资产结构是否恰当，是否为最优资产结构，也就是说能否使资产使用效率最高，只有用同样的资产创造更大的效益，才能更好地利用财务杠杆，两者相辅相成。

4. 流动比率和速动比率要合理

流动比率指标不考虑不同企业因流动资产构成不同导致流动性存在差异这个事实，而速动比率则武断地将存货判为不易变现的资产，难以准确、客观地反映企业真实的偿债能力。因此，在运用、评价流动比率、速动比率指标时，必须进行深入、细致的财务分析和综合评价，既要分析行业特点、企业规模，又要分析流动资产及流动负债的具体内容结构。只有这样，才能对企业的短期偿债能力做出客观、准确的评价。集团公司在资产结构管控时，应注意流动比率和速动比率的合理性，有效控制短期偿债风险。

5. 集团层面资产结构

（1）对外投资。对外投资，就是有效地利用闲置资金或其他资产，进行适度的资本扩张，以获取较好的收益，确保资产保值增值。作为集团公司，对外投资必须遵守国家法律法规，符合国家相关产业政策，必须符合集团的发展战略，一切从实际出发，规模适度、量力而行，不能影响集团企业主营业务的发展，要格外控制好投资与非投资间的关系，注意非可控性投资在全部投资中所占比重。

（2）基建与生产经营资产结构比例关系要互相协调。目前正常生产经营的企业能够产生收入、利润和现金流，基本建设的企业是为未来产生收入、利润和现金流，二者作为不同时期的资产结构应当相互匹配，企业应当量力而行。要充分考虑外部融资的要求、现金流的充足供应、未来企业业绩指标等各种因素。

（3）充分考虑现在和未来实现主要财务指标所发挥作用的资产结构，它包括三个方面：实现收入的资产结构、实现利润的资产结构和实现现金流的资产结构。换言之，无论现在或是未来，企业部分资产重点产生收入，部分资产重点产生利润，而部分资产重点产生现金流。因此，各种资产应相互匹配相互协调，结构搭配合理，且要与集团企业发展战略相适应。

第二节 投资管控

一、投资管控介绍

（一）投资管控的概念

投资是指投资者为获取预期的经济利益，以资金流出的方式获得实物资产、股权、金融资产等行为。投资管控是对投资行为进行管理的过程。投资具有以下特点：

（1）投资是让渡一项或几项资产的所有权而换取对另一项或多项资产的所有权；

（2）对外投资是企业在生产经营过程之外持有的为实现某一目的而持有的资产；

（3）投资是一种以获取权利为表现形式的资产；

（4）投资往往具有一定的财务风险，同时也可能为企业获得预期收益。

（二）投资的分类

1. 按是否涉及外部法律关系分类：对内和对外投资

对内投资指企业用自有资金或借款进行基本建设、技术更新、改造、购买大型机器设备等的投资者活动。

对外投资是企业将货币资金、实物或无形资产等资产让渡给其他单位，然后通过从其他单位获取利息、股利等形式，实现经营规模扩张和资产增值的行为。它是企业常用的一种资本营运手段。对外投资可分为股权投资、债权投资、混合投资和基金投资四类。

2. 按投资形式分类

按投资形式可分为无形资产投资、固定资产投资、流动资产投资、股权投资、债权投资、混合投资、基金投资以及其他投资。

无形资产、固定资产、流动资产等形式的投资一般是企业为了满足生产经营和发展的需要进行的投资，属于内部投资。股权、债权、混合、基金以及其他等形式的投资一般属于外部投资。

3. 按投资方式分类：直接和间接投资

直接投资是指为了满足生产经营和发展的需要，直接进行的固定资产投资、无形资产投资、长期股权投资、流动资产投资等的资金活动。

间接投资是指企业通过金融市场购买证券、融出资金或者委托贷款等方式，以获取资金收益为目的的资金活动。

4. 按期限分类：长期和短期投资

长期投资是指企业不准备随时变现，持有期限超过一年的投资，一般包括长期股权投资、长期债权投资、预计持有期限超过一年的股票、基金投资等。

短期投资是指可以随时变现，持有时间预期不超过一年的投资。一般包括短期债权投资、预计持有期限不超过一年的股票、基金投资及其他证券投资等。

5. 按投资形态分类：有形和无形投资

有形投资是指以资金的流出获得对另一种有形资产的所有权的资金活动，一般指固定资产投资、金融资产投资、长期股权投资等。

无形投资是指以资金的流出获得对一种无形资产的所有权的资金活动，一般指无形资产投资。

6. 按控制能力分类：可控和不可控投资

可控投资是指对被投资单位或其他标的物具有控制权的投资行为，一般指具有实质控制权的长期股权投资（持股比例一般超过51%）。

不可控投资是指对被投资单位或其他标的物不具有控制权的投资行为。一般包括不具有实质控制权的长期股权投资和证券投资。

7. 按领域分类：主业和辅业投资

主业投资是指集团投资具有核心竞争力的产业的资金活动。辅业投资是指集团公司投资非核心竞争力的产业的投资。如某煤炭集团公司对煤炭行业的投资就是主业投资，对某个酒店投资就是辅业投资。

8. 按投资主体分类：集团总部和子公司投资

总部投资是指集团公司总部直接进行的投资，包括其对外和对内的投资。子公司投资是指集团公司的子公司进行的投资，包括其对外和对内的投资。

9. 按投资目的分类：收益性和非收益投资

收益性投资是指以获取收益为目的的投资，企业的投资一般均是收益性投资。非收益性投资是指不以获取经济效益为目的，而是以获取社会效益或提升企业形象为目的的投资。如投资希望小学或福利性企业等。

10. 按投资是否涉及实业分类：实体和非实体投资

实体投资是指投资于实体经济的投资。实体经济是指以实际的、有产物的投资的经济方式，是有实物的现实主义的基础经济，在众多的投资项目中，以实体经济为基础的投资方式，其风险是最小的。

非实体投资是指投资于非实体经济的投资。非实体经济是以股票、期货为主要表现形式的经济形式，其在性质上并不代表公司没有实际产物，只是投资者从某种意义上，并没有目睹其产物或是对其产物没有具体了解的前提下，以股市信息或是部分机构资料为依据，而产生的对公司经济基础信息和基本概况的了解，判断和依托用以信任该公司经济基础，再进行投资的经济方式，由于投资者对此类经济没有足够的实物了解，其在投资过程中风险是比较大的。

11. 按境内外分：境内和境外投资

境内投资是指企业和个人在本国境内进行的投资。境外投资（也称"国际投资"）是指企业和个人在境外进行的投资，是企业将其拥有的货币资本或产业资本，通过在境外流动和营运，以实现资本增值的跨国经济行为。

二、集团投资的特点和原则

（一）集团投资管控的特点

1. 多主体

集团公司是由多个不同的法人主体组成的，由管理总部、管理型公司、经营型公司多个层次的子公司组成。多元型集团公司中，子公司从事多个不同的行业。集团公司在制定投资决策时，不仅要考虑为股东创造丰厚的收益，还要考虑社会效益，考虑保护自然资源、遵守国家的法律法规和遵循社会道德准则。多元化集团公司，在投资决策时，还要考虑平衡集团中各个行业的关系，协调发展战略和市场的关系，因此，集团公司投资的多主体特征非常明显。

2. 战略性

集团公司的投资决策要服从于集团的发展战略，集团内各个子（分）公司的战略要服从整个集团公司的发展战略。集团的投资决策分析要站在整个集团的发展战略高度综合考虑，集团公司的投资战略分析和决策较单体公司要复杂和全面得多。站在集团角度进行投资决策是集团投资的重要特征。

3. 系统性

集团公司一般由众多的事业部和子（分）公司组成，体现为集团公司一元中心下的多层级子（分）公司的复合结构特征，形成了投资决策权、投资主体等相对复杂的层次结构。集团公司投资系统由各个投资要素组成，这些投资要素之间相互作用、相互联系，有着复杂的整体性特点。整个投资系统的整体性特征决定了集团公司投资决策要充分体现集团的系统投资性特征（即集合性、相关性、阶层性、整体性、目的性和环境适应性特征）。各个子（分）公司的投资都必须以整个集团公司的利益为最高利益，使集团公司作为一个完善的投资系统运作，以实现集团公司发展战略目标，形成集团公司的整体竞争力，使企业价值最大化。因此，集团投资具有系统性特征。

4. 多样性

集团公司一般子（分）公司众多，从事的行业众多，呈多元化特征，集团公司投资决策要充分考虑集团公司的多样性特征。

5. 复杂性

集团公司不同的子（分）公司处于不同的发展阶段，不同行业处于不同的产业周期，不同发展阶段、不同产业周期的投资战略也不同，投资决策对不同子（分）公司要分别对待，不能采用单一、僵硬的模式。集团公司投资具有复杂性特征。

6. 规模性

集团公司较单体公司而言，规模大，投资金额也远大于单体公司。集团公司投资具有规模性特征。

7. 归一性

集团公司各子（分）公司作为独立的投资主体具有各自的利益，但其投资行为必须符合集团公司的发展战略，要以增强集团核心竞争力为目标。因此，集团投资具有归一性（投资目标一致）特征。

（二）集团投资管控的原则

1. 符合国家产业和环保政策原则

集团公司的投资要符合国家产业、环保政策，遵守国家的法律法规。国家鼓励发展的产业政策往往会有很多优惠政策，在审批方面也会提供便利条件，投资这些产业易获得较大的收益。如果投资国家不鼓励的产能过剩行业，往往会使集团的投资受到很多限制，也会由于产能过剩，市场价格下降，使企业的投资蒙受损失。投资的行业如果不符合国家环保政策的规定，是国家限制发展，甚至是强令淘汰的行业，可能会增加环保投入，从而增加企业的生产成本，甚至会被强制停产，导致血本无归。

2. 战略导向原则

战略导向是指企业的所有经营活动均须在公司制定的战略规划下进行，企业所有经营管理活动必须和企业的发展战略保持一致。只有如此企业的发展才能形成合力，取得更好的经济效益。集团公司的投资要与发展战略保持一致，投资决策必须围绕发展战略进行。集团公司的长远发展离不开企业中长期投资规划，中长期规划不能脱离企业的发展战略，制订年度投资计划不能脱离集团中长期投资规划，环环相扣，集团的一切投资都应遵循集团的战略导向原则。

3. 量力而行原则

集团公司投资应遵循量力而行的原则。集团公司投资决策前必须对自身的实力进行评估，投资额度要和企业的能力相匹配，超越自身能力的盲目投资可能会给企业带来难以挽回的损失。

4. 谨慎投资、科学决策原则

集团公司投资应遵循谨慎投资、科学决策的原则。投资决策要慎重，在立项前，要进行周密的调研和科学的可行性研究，对可行性研究报告进行多方论证和调研。集团决策委员会对各投资项目，均应进行审慎、科学的决策，风险得不到有效控制的投资，坚决不投。

5. 全过程风险管控原则

集团公司的投资应从立项前调研、立项决策、投资过程到投资完的后评价，进行全过程的风险管控，并实行投资决策和投资管理责任制。集团公司投资遵循全过程风险管控原则，实行终身责任制。

6. 集团价值最大化原则

集团公司投资要通过最优投资组合，实现集团价值最大化。集团公司通过寻求最优的投资组合策略，将产业组合分为若干层次，包括战略产业、财务性产业、风险投资性产业、退出性产业等。投资组合以控制集团投资风险，追求企业价值最大化为目标。为了实现价值最大化，集团公司投资要根据集团中长期发展战略，结合内外部环境的变化，对集团公司的产业进行动态平衡管理。

7. 综合平衡原则

（1）投资和融资平衡。投资和融资相结合，投资决策前要对投资项目进行全过程的现金流量预测，在此基础上，拟订恰当的融资方案，在融资有保障的前提下，进行投资决策。投资决策同时要考虑投资完成后产生的现金流入量能否满足按期偿还本息的需求，只有投资和融资能够有机平衡的项目，才能进行投资。

（2）现金流入和流出平衡。企业投资前一定要对拟投资项目进行全过程的现金流量预测。投资阶段，筹资的现金流入量要满足投资的现金流出量的需要；投资完成阶段，投资项目产生的现金流入量要满足偿还债务筹资的本息的现金流出需要。

（3）财务指标平衡。投资决策相关的财务指标有静态指标和动态指标。具体包括：静态、动态投资回收期、净现值、净现值率、内含报酬率等。同时还要考虑和投资相关的融资事项及长、短期偿债能力指标。集团公司投资决策时要考虑静态指标和动态指标的平衡，要考虑投资结果对企业长、短期偿债能力产生的影响，应全面考虑、综合平衡。

（4）实业和非实业平衡。集团公司的产业有实业，也有非实业。实业投资是集团公司立足之本，是实现集团公司战略目标的重要路径。实业投资一般周期长、见效慢。如果仅靠实业投资，难以抵抗实业投资的风险。非实业投资具有投资周期短，见效快的特点，同时，风险比实业投资大。集团公司应坚持两条腿走路的原则，根据内外部环境的变化，综合平衡实业和非实业投资。

（5）期限长短平衡。集团投资要中长期、短期相结合，中、长期投资主要考虑集团公司战略的需要。短期投资是为了满足企业近期融资的需求，如果均是中、长期投资，短时间内只有投入没有产出，则无法满足近期融资的财务指标需求，融资出现困难，则无法满足中长期投资的资金需求，使企业陷入资金短缺的困境。因此，集团公司投资决策时，要充分考虑投资的时间因素，长短期兼顾、综合平衡。

（三）注意事项

1. 要充分考虑母公司和子公司的不同情况

母公司和子公司在资金、资源和人才方面有较大的差异，母公司往往集中集团的资金、资源和管理能力方面的优势，其投资管控能力远超子公司，因此，集团公司在投资管控时，要充分考虑母子公司的不同情况，将子公司的投资决策权集中在集团公司，对子公司的投资实施过程进行全程管控，防控投资风险。

2. 根据具体情况选择不同的评价标准

集团公司内子（分）公司众多，从事不同的行业，有实业投资，也有非实业投资，大的集团公司还涉足金融业，涉猎广泛，投资业态多种多样，如果使用同样的投资评价标准，不能真实反映不同投资的特点，也无法准确地做出评判，不利于正确的投资决策。

3. 注重企业人才、资源、管理能力的培养和储备

集团公司从事多种行业，不同行业有不同的特点，对人才、资源、管理能力的要求不一样。集团公司为了发展战略的需要，除投资于集团核心竞争力的行业外，还涉足其他行业，因此，在做好投资管理的同时，要注重人才、资源、管理能力的配套培养和储备。

4. 充分评估外部股东的出资能力、债务融资的变动

集团公司控股、参股公司的股东除集团公司还有外部股东，对于这些公司的投资，需要各股东按出资比例投资或对其融资进行担保，但有的股东由于自身实力不足，无法承担按比例出资或担保的义务，导致这些控股、参股公司的投资项目无法正常进行。因此，集团公司要充分评估外部股东的出资和担保能力。

集团公司还要评估集团公司和子（分）公司债务融资的变动情况，关注资产负债率等融资指标，确保集团公司和子（分）公司具有融资能力，以保证投资的顺利进行。

国家政策的变动，对集团公司投资的影响很大，有的变动是正面影响，有的是负面影响，企业应积极运用正面影响的政策，促进企业的投资，提高经济效益，要防范负面影响对企业投资的影响，防控投资风险。

5. 充分及时掌握国际环境、国家政策、市场发展

经济全球化，使得集团公司的任何一个企业都直接或间接地与国内外发生关系，因此，及时掌握国际环境动态是投资必须考虑的因素。

国家政策是指国家对一个行业所制定的标准规范。国家政策对集团投资的影响较大，集团公司应有专门的部门或人员对与集团公司相关的国家政策对投资的影响进行研究，为集团公司投资决策提供参考依据。

集团公司往往涉及多个行业，不同行业处于不同的行业周期，集团公司应充分研究各行业的市场规律，把握其所处市场周期，制定不同的投资策略，在投资决策时，有保有压，使各子公司的投资适应其所处行业的市场发展规律。对于处于行业成长期（上升期）的行业加大投资力度，对于处于行业成熟期的行业谨慎投资，对于处于行业衰退期或下行期的子公司限制投资。

6. 多元投资要谨慎

企业集团实行多元化的主要目标不在于建立共同的业务主线，而在于提高投资报酬率、增进效益、规避风险等。随着企业集团规模越来越大，多元化经营似乎是必然趋势，但在国内外众多因实施了错误多元化战略而倒闭的大企业、大企业集团的影响下，多元化的经营风险也逐渐引起了人们的关注。企业集团多元化经营的风险与障碍主要有：①资源配置过于分散；②产业选择误导；③技术性壁垒和人才性壁垒；④成本性壁垒和顾客忠诚度壁垒；⑤抵制性壁垒和政策性壁垒。

集团公司进入新的行业进行多元化投资时，一定要充分评估自身是否有拟进入的行业，是否有资金、技术、人才的储备，切忌盲目投资给集团公司带来损失，甚至拖累主业。

7. 投融资关系

投资和融资具有相关性，融资一般是为了投资，投资效益的好坏，又关系到融资的本息能否按期偿还。因此集团公司投资管控过程中，要注意投融资关系。

投资与信贷融资还本付息、股权融资利润分配的关系问题，包括：投资收益大于还本付息和利润分配；投资收益仅与信贷还本付息相一致；投资收益不能满足信贷还本付息。

投资资金需求（投资规模）与资金供应（融资能力）的关系问题，包括：投资规模与融资能力相匹配为主；投资规模与融资能力基本匹配为主；投资规模与融资能力不匹配为主。

投资要始终保持资产结构的合理，包括流动资产和非流动资产，可控资产和不可控资产，经营资产和金融资产，基建资产和运营资产，产生收入的资产、产业利润的资产、产业现金流的资产要合理。

8. 投资兼顾不同时期的主要财务指标

与投资相关的财务指标主要有偿债能力指标、营运能力指标、盈利能力指标、发展能力指标。

集团公司投资管控要在项目决策立项、投资项目实施、投资项目完成后效果评价等阶段，兼顾上述主要财务指标。盈利能力是增强偿债能力的保障，没有偿债能力，无法顺利完成项目投资的融资事宜，两种指标相辅相成。项目的运营能力是盈利能力的保障，盈利能力和营运能力又是发展能力的保障。因此，企业在投资的不同阶段要统筹考虑，兼顾这些财务指标。

9. 投资目的要满足集团不同需求

投资目的是指投资者投资的意图以及所要获得的效果（或效益）。集团公司投资目的多种多样，有以增加销售收入为目的的投资，有以增强盈利能力为目的的投资，有为集团主业提供辅助的投资，有以股权增值获利为目的的创业型投资。集团公司要根据集团公司不同的需求，进行不同目的的投资。

三、投资组合管控

（一）投资组合管控的概念

1. 狭义上的概念

投资组合指由投资人或金融机构所持有的股票、债券、衍生金融产品等组成的集合。投资组合的目的在于分散风险。

2. 广义上的概念

广义上的投资组合指在资金总额一定的情况下，实现集团战略不同要素之间的分配，要素包括：产业、领域、风险程度、产业增长率、子（分）公司结构、现金流等。

（二）投资组合管控中要处理好几个方面的关系

1. 战略纵深发展与战略转移的关系问题

企业战略可以帮助企业指引长远发展方向，明确发展目标，指明发展点，并确定企业需要的发展能力，战略的真正目的就是要解决企业的发展问题，实现企业快速、健康、持续发展。战略纵深发展是指企业发展战略的深度和广度。企业战略转移是指企业基于长远发展的需要，对企业的经营重心进行重大调整。从理论上来说，企业战略转移是外部环境和内部条件相互作用的结果。集团公司投资组合管控要处理好战略纵深发展和战略转移的关系。

2. 集团生存投资与发展投资的关系问题

按照生存与发展的主次分为：集团发展型为主；集团生存型为主；集团生存与发展相结合。

集团公司根据自身所处环境和自身实力要解决好生产投资和发展投资的关系。生存的目的就是为了活下来，集团公司生存投资就是要解决企业的存续问题。发展是事物从出生开始的一个进步变化的过程，是事物的不断更新。发展是指一种连续不断的变化过程。既有量的变化，又有质的变化；有正向的变化，也有负向变化。集团公司发展的目的是为了强大，为了强大需不断进行投资，扩大企业生产经营规模和技术水平，增强市场竞争能力。集团公司投资管控要处理好生产与发展的关系，发展是为了更好地生存，也只有生存好，才能发展。

3. 集团主业与多元发展的关系问题

按集团发展定位分为：发展主业为主；发展多元为主；发展主业与多元并举。

如何解决主业与多元的关系是集团公司发展战略需解决的重要问题。集团公司主业单一既可以集中资源做大做强，又由于产业单一，面临诸多风险。集团公司多元化发展，固然可以分散风险，增强集团公司综合竞争力，但也分散了集团公司的资源。主业和多元发展相辅相成，如何处理好主业与多元发展的问题，是集团公司投资管控中需解决的重要问题。

4. 一般投资与高风险投资二者之间的比例关系

按投资风险程度分为：一般投资为主；风险投资为主；一般投资与风险投资兼顾。

一般投资是对传统产业的投资。广义的风险投资泛指一切具有高风险、高潜在收益的投资；狭义的风险投资是指以高新技术为基础，生产与经营技术密集型产品的投资。一般投资风险小，收益也相对低，耗用的资金多。高风险投资风险大，收益相对较高，较传统产业投资相比，耗用的资金较少。集团公司投资管控要妥善处理好一般投资与高风险投资的关系。

5. 投资能力与管控能力的关系

按投资与管控能力及风险分为：投资与管控能力相匹配为主；投资与管控能力基本匹配为主；投资与管控能力不匹配为主。风险导向型投资为主；投资收益谨慎导向型为主；二者兼顾型。

投资能力是指企业利用目前所拥有的资源以及发行债券或股票后所具有的经营投入能力，它是和企业收益能力结合在一起的。管控能力是指管理控制企业的能力。集团公司的投资能力要和管控能力相匹配，管理能力不强，即使投资能力再强，也无法取得预期的投资效果。投资收益和投资风险一般成正比关系，风险高相对收益也高，收益高往往风险也较高。因此，集团公司在投资决策的时候就需要在风险与收益之间权衡，处理好投资收益和投资风险的关系。

6. 集团投资与子公司、孙公司投资的关系问题

集团公司子（分）公司众多，层级多。集团公司和各子（分）公司均是投资主体，投资主体众多，各投资主体均想在集团公司有限的投资资源中，占据较大的份额，但各公司的投资能力和管控能力又参差不齐，如何协调好集团投资于子公司、孙公司的投资关系是集团公司投资管控的重要内容。

7. 向控股、参股（股份制）企业投资与失去控制力的关系问题

按对被投资单位的控制能力分为：绝对控制型投资为主；相对控制型（控股）投资为主；中间型。

集团公司除了向全资子企业投资外，还要根据经营的需要向控股企业和参股企业投资，如果对控股企业和参股企业的投资额大于对全资企业的投资，随着控股公司和参股公司控制力的变化，集团公司有失去对这些企业的控制的可能。如果仅对全资子企业投

资，虽然不会失去控制力，但仅依靠自身力量，不吸引社会资本投入，企业的投资规模难以迅速扩大，绝对控制和相对控制有利有弊，集团公司投资管控要处理好两者之间的关系。

8. 投资能力与配套资源配置能力的关系问题

集团公司的投资能力要与其拥有的配套资源的配置能力相匹配，集团公司拥有较强的投资能力，如果没有与之能力相匹配的配套资源，也无法通过投资获得较大的收益。反之，集团公司拥有较强的配套资源，但缺乏投资能力，也无法发挥资源的优势，取得投资效益。

9. 投资项目失败与现金流维系的关系问题

不是所有投资都能取得成功，投资项目一旦失败，需关注现金流能否维持该项目的运营，如果现金流能够维系失败项目的正常运营，则有可能使该项目继续进行下去，并寻找转机。如果现金流不能维系项目的正常运营，则失败的项目将无法挽回。集团公司在项目投资之初，应研究投资失败因素和现金流保障的关系。

10. 投资与区域文化的关系问题

由于地理环境和自然条件不同，导致历史文化背景差异，从而形成了明显与地理位置有关的文化特征，这种文化就是区域文化。区域文化与集团公司在该地区的投资是否相适应，是决定投资成败的关键因素之一。集团公司在对目标地区投资前，要对该地区区域文化与投资的匹配性进行调查研究，对集团公司的投资决策提供参考依据。

11. 不同投资目的与财务指标的关系

投资目的是指投资者投资的意图以及所要获得的效果（或效益）。①为企业正常的生产经营奠定基础，如购建固定资产、无形资产和其他长期资产等。②为企业对外扩张和其他发展性目的进行权益性投资和债权性投资。③利用企业暂时不用的闲置货币资金进行短期投资，以求获得较高的投资收益。企业不同投资目的关注的财务指标有所不同，生产经营投资决策关注的财务指标主要有营运能力指标和盈利能力指标。权益性投资和债权投资关注的财务指标有盈利能力指标和偿债能力指标。短期投资关注的财务指标主要有盈利能力和发展能力指标。因此集团投资管控要关注不同的投资目的与财务指标的关系。

（三）集团投资组合管控

1. 根据战略方向，明确投资方向

战略方向是指企业制订战略方案和战略决策的指导方向。企业的战略方向是指产品和市场的综合选择。集团公司进行投资组合管控，首先要根据集团战略确定的战略方向，明确投资方向。明确战略方向需明确以下问题：①企业的发展目标是什么？集团公司的行业众多，有的是收入中心，有的是利润中心，有的是成本中心，集团公司要根据发展战略明确企业发展的目标。②企业需优先发展的对象是什么？优先发展的对象，也是企业要鼓励发展的对象，明确是高风险的高新技术行业还是收入利润稳定但增长缓慢的传统行业。③企业要保护的对象是什么？与企业的发展目标一致，但尚处在发展初期的行业或品牌是企业应保护的对象。通过对企业的所有投资目标进行上述分析，结合集团公司发展战略，确定战略方向，明确投资方向，是集团公司投资组合管控的关键一步。

2. 明确投资组合的财务标准，不同投资目的有不同标准

不同的投资目的，决定不同的投资组合，其财务标准也不一样。例如，以增加销售收入为目的的投资组合，财务标准应是产业增长率指标。以增加利润为目的的投资组合，财务标准应是净资产收益率指标。以稳定的现金流为目的的投资项目，财务标准应是营业现金流比率指标。以高风险高收益为目的的投资项目，财务标准应是行业信用度指标。

3. 确定投资组合模型

根据集团公司不同的投资目的可以选择不同的投资组合模型，具体如下：

（1）按投资风险度划分：一般投资为主的投资组合；风险投资为主的投资组合；一般投资与风险投资兼顾的投资组合。投资组合以投资的风险度为标准，风险和收益一般成正比。一般投资为主的投资组合风险较小，收益也相对较小。风险投资为主的投资组合风险相对较高，收益也相对较高，该组合考验企业风险管控能力和承受能力。一般投资与风险投资兼顾的投资组合，既控制了风险，又兼顾了投资效益。

（2）按战略发展和转移为标准划分：战略发展为主的投资组合；战略转移为主（结构调整）的投资组合；战略发展与转移并举投资组合。战略发展为主的投资组合，以集团发展战略为目标，重点对集团的主业进行投资。战略转移为主的投资组合，根据集团所处环境，对集团的主业进行调整寻找投资目标，实施战略转移，使集团进入新的领域。战略发展与转移并举的投资组合则战略发展与转移相结合，稳步进行。

（3）按主业与多元为标准划分：发展主业为主的投资组合；发展多元为主的投资组合；发展主业与多元并举的投资组合。发展主业为主的投资组合，集中集团资源优势，发展主业，易取得成功，但当集团主业进入成熟期的末期或衰退期时，发展主业投资组合，易因行业产能过剩，降低投资效益。发展多元为主的投资组合，集团进入多个领域，可分散风险，增加效益，但当集团的人才储备、资源储备不足、多行业的管理能力不足时，易造成失败。发展主业与多元并举的投资组合，突出主业，适当多元，尤其是围绕主业发展多元，易取得成功。

（4）按集团生存投资与发展投资为标准划分：集团发展型为主的投资组合；集团生存型为主的投资组合；集团生存与发展相结合的投资组合。集团发展型为主的投资组合；投资的目的主要围绕集团企业发展，以谋求相应的收益回报；集团生存型为主的投资组合，投资主要针对集团企业基本生存，投资目标多关系到集团企业生存要害方面；集团生存与发展相结合的投资组合，投资既兼顾集团企业的生存，同时又要兼顾集团企业的发展。

（5）按投资收益与投资风险为标准划分：风险导向型投资为主的投资组合；投资收益谨慎导向型为主的投资组合；二者兼顾型投资组合。风险导向性投资为主的投资组合，可以创造较高的收益，但风险较大，对企业管理能力和风险控制能力要求较高。投资收益谨慎导向型为主的投资组合，既可以取得稳定的投资收益，又可控制风险，但收益相对风险导向型投资较低。二者兼顾型为主的投资组合可以兼顾风险和谨慎投资的关系，既可创造较高的投资收益，又可控制风险。

（6）按投资能力与管控能力为标准划分：投资与管控能力相匹配为主的投资组合；投资与管控能力基本匹配为主的投资组合；投资与管控能力不匹配的投资组合。投资与

管控能力相匹配为主的投资组合，企业应对投资风险的能力相对较高；投资与管控能力基本匹配为主的投资组合，企业应对投资风险的能力一般；投资与管控能力不匹配为主的投资组合，企业应对投资风险的能力较差。

（7）按投资能力与配套资源配置能力为标准划分：投资能力与配套资源配置能力相匹配为主的投资组合，投资能力与配套资源配置能力基本匹配为主的投资组合；投资能力与配套资源配置能力不匹配为主的投资组合。投资能力与配套资源配置能力相匹配为主的投资组合，配套资源配置能力强，企业应对投资风险的能力强；投资能力与配套资源配置能力基本匹配为主的投资组合，配套资源配置能力在投资风险控制中的效果一般，企业应对投资风险的能力一般；投资能力与配套资源配置能力不匹配为主的投资组合，配套资源配置能力在投资风险控制中无法发挥效果，企业应对投资风险的能力较弱。

（8）按投资资金需求（投资规模）与资金供应（融资能力）为标准划分：投资规模与融资能力相匹配为主的投资组合；投资规模与融资能力基本匹配为主的投资组合；投资规模与融资能力不匹配为主的投资组合。投资规模与融资能力相匹配为主的投资组合，企业投融资实现动态平衡，企业投资可实现良性增长；投资规模与融资能力基本匹配为主的投资组合，企业投资规模与融资能力不能良好匹配，无法实现动态平衡；投资规模与融资能力不匹配为主的投资组合，企业投资通常不可持续。

第六章　运营财务管控

第一节　全面预算管控

一、全面预算管控的概念、作用以及内容

（一）基本概念

1. 全面预算的概念

全面预算是指企业为了实现长、中、短期战略目标，对公司未来一年及一年以上的经营、投资、融资等方面的资金运动，进行全过程、全方位筹划，将企业的决策目标及其资源配置以预算的方式用货币价值加以量化，全员参与的管理体系。

全面预算管理是一种集战略化、系统化、人本化理念为一体的现代企业管理模式。它通过业务、资金、信息的整合，明确适度的集权、分权、授权，以及战略驱动的业绩评价等手段或方式，来实现战略有效贯彻、资源合理配置、作业高度协同、经营持续改善、价值稳步增加的目标。全面预算管理是利用预算这一主线对企业内部各部门、各种财务和非财务资源进行计划、控制和考评等一系列活动，是有效提高管理水平和管理效益的管理工具。

2. 全面预算管控的概念

全面预算管控是指集团公司为了实现集团长、中、短期战略目标，对集团总部及各子（分）公司一定时期内的预算进行全方位的管理和控制，实现集团公司价值最大化。

（二）全面预算管控的作用

全面预算管理是集企业计划、控制为一体的全员、全过程、全方位的系统预算管理过程。全面预算管控在集团公司的管控活动中起重要作用。

1. 促进集团公司战略目标的实现

全面预算具有战略性，对企业战略起着全方位的支持作用。全面预算能够细化公司战略规划和年度运作计划，它是对公司整体经营活动一系列量化的计划安排，有利于战略规划与年度运作计划的监控执行。集团公司内部主体众多，有各自的目标和打算，往往与集团公司的总体战略目标产生偏差。集团公司跨度大，管理难度大，很难对各下属单位的管理做到面面俱到，预算管理通过规划未来的发展指导当前的实践，因而具有战

略性。战略支持功能能充分地在动态预算上体现，通过滚动预算和弹性预算形式，将未来置于现实之中。全面预算是实现集团公司战略目标的管理工具。

2. 有利于部门之间的合作和管理协调

集团公司管理跨度加大，需要通过一个机制来强化管理的协调。全面预算管理通过制度运行来代替管理，是一种制度管理而不是人的管理。全面预算管理可以协调各机构、各公司、各部门的行动，并保证一致性，将公司的战略目标、机会和业务经营计划向不同公司和部门的经理人传达。因此，全面预算管理有利于集团公司总部和各子（分）公司、各部门间的合作和管理协调。

3. 提升集团公司的管理水平

全面预算管理作为重要的管理工具，可以在管理方面发挥作用，从而提升集团公司管理水平。

（1）实现公司目标，提高日常企业管理水平。

（2）全面预算可以起到绩效考核管理工具的功能，用以评价公司的经营业绩与管理者的管理业绩。确保考核结果更加符合实际，真正发挥评价与激励的作用。

（3）全面预算管控可以通过合理资源配置，提高企业管理水平，促进企业内部各个经济单位之间相互协调环环紧扣。

（4）全面预算管控通过强化控制，有利于管理层在过程中控制和监督业务执行情况，及时发现执行中存在的偏差并确定偏差的大小，预算管控是控制经济活动的重要手段。

4. 提高防范风险的能力

企业集团的风险主要包括经营风险、投资风险和财务风险等，实施预算控制有助于提高集团防范风险的能力。全面预算是集团公司对各单位进行事前、事中、事后监控的有效工具，通过寻找经营活动实际结果与预算的差距，可以迅速地发现问题并及时采取相应的解决措施。通过强化内部控制，降低了集团公司的经营风险、投资风险和财务风险。全面预算实际上是在市场预测的基础上，对预测的结果及其可能产生的风险事先制定应对措施，从而使预算具有了一种主动防范风险的作用。因此，通过预算制定和控制，可以提高企业集团防范风险的能力。

5. 预算可以使各方面的目标或活动有机结合

预算管理把企业各方面工作纳入统一计划之中，通过编制全面预算，将企业经营中的长期战略规划和短期战略目标，分解到各个经济单位，明确各个经济单位的经营奋斗目标和活动范围，使各个经济单位的经营奋斗目标与企业的最终目标一致。通过预算的编制、执行、调整与考评等一系列管理行为，达到管理上的有机结合，避免传统管理中的"各自为政"的弊端。

（三）内容

1. 业务预算

业务预算是指为供、产、销及管理活动所编制的，与企业日常业务直接相关的预算，也可以称为总体预算。业务预算一般包括经营预算、资本预算、筹资预算、资金预算、财务预算等内容，具体内容如下：

（1）经营预算。

经营预算是企业集团日常经营活动方面的预算，主要包括销售预算、生产预算、制造费用预算、产品成本预算、营业成本预算、采购预算、期间费用预算等。经营预算既要有实物量指标，又要有价值量和时间量指标。包括以下具体内容。

①销售预算。销售预算是预算期内销售各种产品或者提供各种劳务可能实现的销售量或者业务量及其收入的详细计划预算，是整个预算管理的基础，是预算的起点。主要依据年度目标利润、预测的市场销量或劳务需求及提供的产品结构以及市场价格编制。

②生产预算。生产预算是根据销售预算编制的，是在预算期内所要达到的生产规模及其产品结构的预算。在销售预算的基础上，依据各种产品的生产能力、各项材料及人工的消耗定额及其物价水平和期末存货状况编制。为了实现有效管理，还应当进一步编制直接人工预算和直接材料预算。

③采购预算。采购预算是在预算期内为保证生产或者经营的需要而从外部购买各类商品、各项材料、低值易耗品等存货的预算。主要根据销售或营业预算、生产预算、期初存货情况和期末存货经济存量编制。

④制造费用预算。制造费用预算是在预算期内为完成生产预算所需各种间接费用的预算。主要在生产预算基础上，按照费用项目及其上年预算执行情况，根据预算期降低成本、费用的要求编制。

⑤产品成本预算。产品成本预算是在预算期内生产产品所需的生产成本、单位成本和销售成本的预算。主要依据生产预算、直接材料预算、直接人工预算、制造费用预算等汇总编制。

⑥期间费用预算。期间费用预算是预算期内组织经营活动必要的管理费用、财务费用、销售（营业）费用等预算。应当区分变动费用与固定费用、可控费用与不可控费用，具体根据上年实际费用水平和预算期内的变化因素，结合费用开支标准和降低成本、费用的要求，分项目、分责任单位进行编制。

⑦营业外收入和营业外支出预算。营业外收入和营业外支出预算是预算期内与生产经营活动没有直接关系的收入支出预算。主要根据上年实际执行情况和本期有关计划编制。

（2）资本预算。

资本预算是指企业集团在预算期内进行资本性投资活动的预算，主要包括固定资产投资预算、权益性资本投资预算和债券投资预算。

①固定资产投资预算。固定资产投资预算是在预算期内购建、改建、扩建、更新固定资产进行资本投资的预算。应当根据集团公司有关投资决策资料和年度固定资产投资计划编制。处置固定资产所引起的现金流入也应列入资本预算。

②权益性资本投资预算。权益性资本投资预算是在预算期内为了获得其他公司的股权及收益分配权而进行资本投资的预算。根据有关投资决策资料和年度权益性资本投资计划编制。转让权益性资本投资或者收取被投资单位分配的利润（股利）所引起的现金流入，也应列入资本预算。

③债券投资预算。债券投资预算是在预算期内为购买国债、企业债券、金融债券等所做的预算。应当根据集团公司有关投资决策资料和证券市场行情编制。转让债券收回本息所引起的现金流入，也应列入资本预算。

（3）筹资预算。

筹资预算是指企业集团在预算期内需要新借入的长短期借款、经批准发行的债券以及对原有借款、债券等还本付息的预算。

筹资预算主要依据有关资金需求决策资料、发行债券审批文件、期初借款余额及利率等编制。经批准发行股票、配股和增发股票，应当根据股票发行计划、配股计划和增发股票计划等资料单独编制预算。股票发行费用，也应当在筹资预算中分项做出安排。

（4）资金预算。

资金预算是指企业集团在预算期内预计实现资金收入和发生资金支出的预算。其主要包括资金收入预算和资金支出预算，以预计资金计划表的形式反映。

①资金收入预算。资金收入预算是指各销售部门和有关单位对外和对子公司等的销售收入、融资收入及其他收入的预算。资金收入预算主要依据集团公司年度经营规划、经营预算、资本预算、筹资预算为基础编制。

②资金支出预算。资金支出预算的范围包括对外投资、物资采购、工程、检修等各项费用以外的支出、还贷还欠等。资金支出预算编制的原则是以收定支，根据集团公司年度经营规划、资金收入预算、经营预算、资本预算、筹资预算为基础编制。

（5）财务预算。

财务预算：主要以预计资产负债表、预计现金流量表和预计利润表等形式反映。

①预算资产负债表。预算资产负债表是按照资产负债表的内容和格式编制的综合反映预算执行单位期末财务状况的预算报表。根据预算期初实际的资产负债表和销售或营业预算、生产预算、采购预算、资本预算、筹资预算等有关资料分析编制。

②预算利润表。预算利润表是按照利润表的内容和格式编制的反映预算执行单位在预算期内利润目标的预算报表。根据销售或营业预算、生产预算、产品成本预算或者营业成本预算、期间费用预算、其他专项预算等有关资料分析编制。

③预算现金流量表。预算现金流量表是按照现金流量表项目内容编制的反映集团公司预算期内一切现金收支及其结果的预算。其以经营预算、资本预算和筹资预算为基础编制。

2. 单位、板块、区域预算

广义的单位预算是指实行预算管理的国家机关、社会团体、全民所有制事业单位的经费预算和企业的财务收支计划中与预算有关的部分。狭义的预算是指企业单位编制的预算。这里的单位预算指集团公司各预算单位编制的预算，单位预算包括业务预算的所有内容。

板块预算是指集团公司按行业板块编制的预算，是对集团内相同板块的子公司的预算进行的合并汇总。板块预算包括业务预算的所有内容。

区域预算是指集团公司按区域编制的预算，将集团内同一区域的子公司的预算进行汇总。区域预算包括业务预算的所有内容。

3. 专项预算

专项预算是指预算期企业涉及长期投资的、非经常发生的、一次性业务支出的预算。也指针对不同所有制类型编制的预算，如全资企业经营预算、控股企业经营及投资分红预算、参股企业投资及分红等专项预算。

二、全面预算管控的分类

（一）按时间分类：长期预算、中期预算、短期预算

长期预算是长期战略预算，指编制期间超过 10 年的预算，是根据企业的长期战略规划编制的预算。中期预算也是中期战略预算，指编制期间为 3~5 年的预算，是对长期战略预算的细化，起到衔接长期预算和短期预算的作用。短期预算是业务预算，编制期间不超过 1 年，是企业的年度业务预算，是对长中期战略预算的具体执行计划。年度预算又分解为季度、月度预算。

（二）按编制主体分：集团公司、管理型、经营型

集团公司预算是集团公司编制的预算，是对全集团预算的汇编。管理型预算是管理型公司编制的预算。经营型预算是经营型公司（单体公司）编制的预算。

（三）按预算内容分：业务、财务、专项预算

业务预算是企业集团在一定预算期内根据集团公司经营计划编制的预算，包括反映预算期内企业可能形成现金收付的生产经营活动（或营业活动）的预算，一般包括销售或营业预算、生产预算、制造费用预算、产品成本预算、营业成本预算、采购预算、期间费用预算等。财务预算是在预测和决策的基础上，围绕企业集团战略目标，对一定时期内企业集团有关现金收支、经营成果和财务状况的预算，主要以现金预算、预计损益表和预计资产负债表等形式反映。专项预算是指预算期企业涉及长期投资的、非经常发生的、一次性业务支出的预算。专项预算主要包括：①资本性支出预算；②科技开发、研究支出预算；③技术改造支出预算。业务预算和专项预算按单一公司或单位编制后，再按板块和集团汇总成板块预算和集团预算。

（四）按编制方法分：固定、弹性、滚动、零基、概率

固定预算是根据预算内正常的、可实现的某一业务量水平编制的预算，一般适用于固定费用或者数额比较稳定的预算项目。弹性预算是在按照成本（费用）习性分类的基础上，根据量、本、利之间的依存关系编制的预算，一般适用于与预算执行单位业务量有关的成本（费用）、利润等预算项目。滚动预算是随时间的推移和市场条件的变化而自行延伸并进行同步调整的预算，一般适用于季度预算的编制。零基预算是对预算收支以零为基点，对预算期内各项支出的必要性、合理性或者各项收入的可行性以及预算数额的大小，逐项审议决策从而予以确定收支水平的预算，一般适用于不经常发生的或者预算编制基础变化较大的预算项目，如对外投资、对外捐赠等。概率预算是对具有不确定性的预算项目，估计其发生各种变化的概率，根据可能出现的最大值和最小值计算其期望值，从而编制的预算，一般适用于难以预测变动趋势的预算项目，如销售新产

品、开拓新业务等。

（五）按作用分：战略预算、经营预算

战略预算是以企业战略为导向，以战略目标为编制起点，通过优化配置企业资源以及实行滚动、灵活的过程控制程序来保证战略目标得以实现的管理方法。

经营预算是指企业日常发生的各项活动的预算。经营预算中最基本和最关键的是销售预算，它是销售预测正式的、详细的说明。由于销售预测是计划的基础，加之企业主要是靠销售产品和提供劳务所获得的收入维持经营费用的支出和获利的，因而销售预算也就成为预算控制的基础。生产预算是根据销售预算中的预计销售量，按产品品种、数量分别编制的。生产预算编好后，还应根据分季度、月度的预计销售量，经过对生产能力的平衡排出分季度、月度的生产进度日程表，或称为生产计划大纲，在生产预算和生产日程表的基础上，编制直接材料采购预算、直接人工预算和制造费预算。这三项预算构成对企业生产成本的统计。而销售及管理费用预算，包括制造业务范围以外预计发生的各种费用明细项目，例如销售费用、广告费、运输费等。对于实行标准成本控制的企业，还需要编制单位生产成本预算。

（六）按预算管理模式分：集中、分散、均衡型

企业集团不同组织体制下预算组织体制与管理模式也是不一样的。前面我们提到，根据集团总部与分部间的管理关系，企业集团最为普遍采用的管理模式是 U 型、M 型和 H 型管理模式，归集到权力安排上来说就是集权型、分散型和均衡型。与此相应，企业集团的预算管理模式也分为三类，即集中型预算管理模式、分散型预算管理模式、均衡型预算管理模式。

1. 集中型预算管理模式

集中型预算管理模式的特征体现在"集中"上：①总部是集团公司预算的编制者与下达者；②分部不参与预算编制，只是预算执行主体；③预算具有综合性，类似于单一企业中的全面预算；④总部负责对分部预算责任的考核与监督等等。

在这种模式下，总部的主要管理方法就是预算，但由于集团经营的多样化，总部与分部和子公司间的信息不对称，预算的可行性和合理性会大打折扣；而且由于总部只关注预算，会产生为预算而预算的不良后果。因此集中型的预算管理模式并不适用于多数集团公司，主要适用于那些产品生产或经营较单一的集团公司，如快餐连锁集团。

2. 分散型预算管理模式

分散型预算管理模式的特征主要体现在"分散"上：①总部以控制母公司的身份出现，因此下属公司预算采用自下而上式，由各具体子公司自身编制，总部审批下达；②总部在预算管理中的任务主要是确定预算目标，即短期财务目标，如规定对子公司投资的必要报酬率，这一目标也就成为子公司确定预算的依据；③总部负责资本竞价管理，审定资本预算，并分配资本；④总部负责对子公司的预算考核和经营业绩评估，确定分部是继续"持有"还是"卖出"。

这种预算管理模式避免了集中式的不足，体现了基层管理组织的积极性与人本主义思想，同时也使预算具备真实性与可操作性。但由于预算来自子公司和更基层组织，有可能因为总部与分部目标不一致而产生不良预算行为，如宽打窄用等。因此，强化总部目标与分部目标的一致性，并加强对分部预算的审批，是这种分散预算管理模式存在的前提。在现实中，这种预算管理模式主要使用于资本型的控股企业集团，如投资公司等。

3. 均衡型预算管理模式

均衡型预算管理模式能在一定程度上避免上述两种模式的不足。管理要点是：①总部作为战略筹划者，根据市场环境与集团战略，提出总部战略目标，如明确进入（或巩固）哪些产品领域、这些领域的销售增长率或利润增长率等；②根据产品领域优先顺序，由总部提出企业集团的资本预算，以确定对各子公司的资本分配政策，如哪个子公司的投资应当追加，追加多少等；③采用自下而上式预算编制模式，强化对下属预算的审批权；④重点审批各子公司的业务预算，对获准通过的业务预算进行全方位的监控；⑤加强对各子公司预算执行情况的评估与考核等等。三种预算管理模式的比较参见表6-1。

表6-1　　　　　　　　　三种预算管理模式的比较

模式	预算编制程序	总部作用及预算管理组织	预算重点
集中型	自上而下	编制并下达预算，监督预算执行，考核管理效果 董事会及预算委员会	全面综合预算
分散型	自下而上	审批分部预算，结果考核 董事会及下属投资管理委员会	资本竞价与资本预算
均衡型	自上而下提出预算目标、自下而上汇总分布预算、自上而下下达预算	总部预算目标，确定经营优先领域，协调并审批分部预算，保持对预算执行的日常监控，强化预算结果考核 董事会及下属的预算审批委员会	资本预算，获准的重点业务的预算

三、全面预算管控的原则

全年预算管控的原则包括以下几个方面。

（一）目标一致性

集团在确定集团整体预算目标时，要有战略与全局眼光，在考虑集团利益的同时还要考虑成员企业的利益，以保证集团确定的预算目标能得到成员企业（特别是核心企业和紧密层企业）的认同，并服从集团的整体战略目标。

（二）可控性

在制定集团预算目标和将预算目标分解给各成员企业时，要注意考虑不可控因素，比如宏观经济形势和政策及法律的变化、原材料价格上涨等，这些往往不是集团或企业所能控制的。对于一些成员企业来讲，由于转移定价等原因，还会有其他一些不可控的影响企业损益、成本的因素，在制定预算时也应当充分加以考虑。

（三）谨慎性

在制定预算时，除了充分考虑不可控因素外，还要尽可能地考虑预算执行中遇到的一些突发性问题，留有余地，即预算必须具有一定弹性，当然预算弹性必须控制在合理的范围内，否则预算将失去控制作用。

集团公司和各单位编制预算要遵循谨慎性原则，各项预算均留有余地，富有弹性，量力而行。

（四）全员性

预算控制需要全员参与，应当充分发挥集团员工的主观能动性，争取他们对预算目标的认同与支持，使集团目标成为各个成员企业乃至个人的目标。在预算的执行过程中，要严格按照既定标准加以考核，并做出奖惩，发挥预算的激励功能，确保全体员工形成合力，共同实现集团的目标。

（五）灵活性

在分解预算目标时，要注意协调各成员企业之间的利益问题，既保证集团整体目标的实现，又不过分损害成员企业的利益，特别不能侵害成员企业的法人财产权；包括自主经营权。还应当合理、清楚地划分成员企业和有关职能部门的权责关系，以便于预算的执行和考核。

（六）可靠性

预算目标的确定应建立在历史经验和科学预测的基础上，根据当年的经营目标，结合实际情况，实事求是地确定。确定的预算指标应尽可能地客观、公正、可靠。预算目标过高或者过低都将失去它存在的意义。

（七）战略性

企业的使命和愿景首先转化为企业战略，进而被分解为年度经营目标、经营计划和年度预算。通过执行，经营计划和预算的结果又与绩效考核联系起来，以达到战略的目的和效果。因此，集团公司预算管控要以战略为导向。集团公司的业务内容涉及方方面面，预算也涉及集团的所有单位，如果面面俱到，将费时费力，很难起到全面预算管理的目标，要突出重点，兼顾一般，才能起到事半功倍的作用。

（八）现实性

集团公司全面预算管控要与企业的现状相适应，要实事求是，不能盲目地追求与企业能力不相符的预算目标，要与企业的管控能力相符合。

（九）实质性

现金流量是企业发展的根本，现金流量出了问题，生产活动、投资活动、筹资活动等一切企业的经营活动，都将遇到重重困难，甚至因为资金链断裂而导致企业陷入困境。因此，集团公司全面预算管控要以现金流为核心，所有预算均要与现金流量挂钩。

四、管控的路径

（一）组织机构和职能

为了更好地进行全面预算管控，集团公司应自上而下建立完善的全面预算管理组织机构，明确职能，并有效运行。集团公司总部和各级公司应分别建立各自的组织机构，以明确各自的职能。

集团公司总部及子公司设立全面预算管控组织机构的基本原理是围绕图 6-1 的组织架构设置，根据不同公司的职能进行细化或简化。

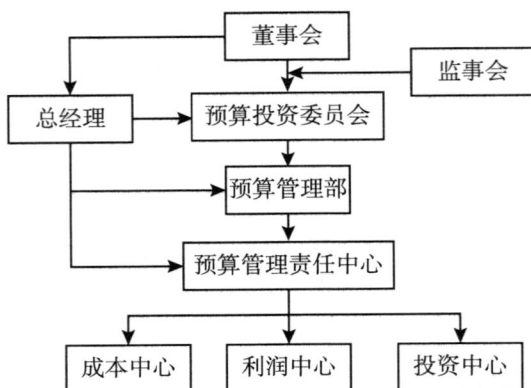

图 6-1　预算管理的组织架构

（二）建立制度

集团公司的预算管理制度体系一般包括图 6-2 所示的内容。

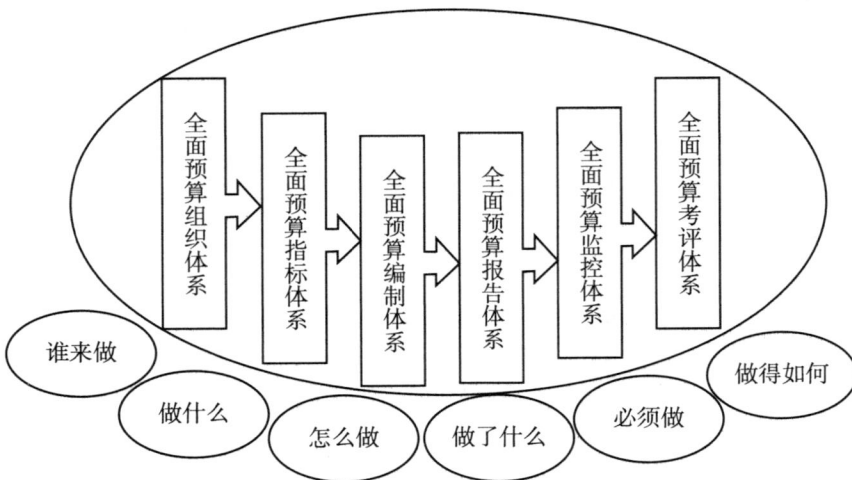

图 6-2　全面预算管理制度体系的"6S"

集团公司全面预算管理制度包括集团总部、管理型公司、经营型公司三部分的制度，具体来说，包括集团总部的预算管控制度、集团公司和下属公司共同执行的预算制度，以及分公司、子公司的预算管控制度。

1. 集团公司预算管控制度体系

集团公司预算管控制度一般包括：①集团全面预算管理制度，具体包括上述六个体系的内容，是对集团公司及下属子公司全面预算管控的刚性的规定。②集团公司总部预算管理实施细则和操作手册，是对集团公司总部层面的全面预算管理实施进行详细的规定。③业务流程图，是对集团公司总部的管理流程和分公司的业务流程进行规定。④预算编制表样、预算编制说明、预算分析表样，统一制定集团公司总部和子公司编制预算的通用表样和分析表样，并对其编制方法进行说明。对总部及分公司个性化的预算编制表样和分析表样进行规定，并对其编制方法进行说明。⑤预算管理任务一览表，对集团公司及子公司的常规预算管理任务进行详尽地说明，对总部及分公司的个性的管理任务进行分析。

2. 管理型公司预算管控制度体系

管理型公司预算管控制度一般包括：①公司全面预算管理制度，具体包括上述六个体系的内容，是对公司及下属子公司全面预算管控进行详细的规定。②公司本部预算管理实施细则和操作手册，是对公司本部层面的全面预算管理实施进行详细的规定。③业务流程图，是对公司的管理流程和业务流程进行规定。④预算编制表样、预算编制说明、预算分析表样，是对公司及子公司个性化的预算编制表样和分析表样进行规定，并对其编制方法进行说明。⑤预算管理任务一览表，是对公司及子公司个性的管理任务进行说明。

3. 经营型公司预算管控制度体系

经营型公司预算管控制度一般包括：①公司全面预算管理制度，具体包括上述六个体系的内容，是对公司全面预算管控的纲要性的规定。②公司本部预算管理实施细则和操作手册，是对公司本部层面的全面预算管理实施进行详细的规定。③业务流程图，对公司的管理流程和业务流程进行规定。④预算编制表样、预算编制说明、预算分析表样，是对公司个性化的预算编制表样和分析表样进行规定，并对其编制方法进行说明。⑤预算管理任务一览表，是对公司个性化的管理任务进行说明。

（三）预算资源分析

集团公司拥有的资源包括人力资源、生产资源（矿产资源等）、供应商资源、客户资源、资金资源等，集团公司虽然拥有丰富的各种资源，但对于整个集团公司的战略需求和日常生产经营需求来说，又十分有限，对集团公司可用于预算的资源进行分析，并根据集团发展战略进行合理配置，成为集团公司预算管控的重要一环。集团公司应组织专门的工作小组，对集团公司所掌控的资源进行详尽的调查分析，对其形成的历史、现状和未来的发展状况进行科学、系统的分析，形成预算资源分析报告，供集团公司编制预算并进行决策时参考。预算资源分析包括战略、人才、资金、目标、有形的或无形的资源等各方面资源的分析。

（四）目标体系的确立

1. 预算目标体系的基本内容

集团公司在编制预算前，预算目标体系的确立非常重要，只有确定与集团战略目标相一致的目标体系，才能编制行之有效的集团公司预算。预算目标体系分为：公司战略愿景目标（长期）、战略计划（3~5年）、年度预算过程（1年，包括经营预算和投资预算）、财务预测、生产预测等部分。

2. 预算目标的分解

多级法人制是企业集团的一个重要特征。在企业集团内部，集团母公司与其成员企业（控股子公司或参股公司）各自为独立法人，但在很多政策选择上，成员企业要受到母公司的控制与引导。就预算管理而言，多级法人制下的母公司预算管理主要包括两个方面：一是集团公司总部的预算管理；二是母公司对子公司的预算控制。从预算目标的确定看，它相应地也包括两方面，即：总部预算目标确定和子公司分部预算目标分解。预算目标分解的步骤为：确定要分解的目标（按利润中心、投资中心、成本中心等分别设定），确定实现目标如何做的内容，分析实现目标的关键成功要素、确定衡量工具（KPI，不同的责任中心确定的KPI不同），确定运营管理的流程、结构、工具。

3. 预算指标体系

预算指标体系是集团公司预算编制、执行、考核的基础。各责任中心要根据各自业务特性和管理需求建立相应的预算指标体系。不同的责任中心，其指标体系也不同，但内容大致相同，一般包括考核指标、辅助指标、否决指标。

（五）流程管控

预算管控流程包括自下而上、自上而下、上下结合三种管控模式。自下而上是指基层单位作为预算编制主体，依据集团预算管理办法，结合企业自身情况和政策、市场变化等，在规定的时间内编制预算，并逐级上报至集团公司审核。自上而下是指集团总部或管理型公司作为出资人，结合集团公司战略和年度经营计划、投融资计划确定下属单位预算，并下达至各下属单位，作为刚性指标执行。上下结合是指集团公司制定预算总体目标，由下属单位细化分解，编制自身预算，报集团公司审核，集团公司下达由下属单位执行，下属单位在执行过程中发生偏差，及时上报上级单位，上级单位分析审核后，确定是否必须调整，确需调整，下达调整指标，下级单位执行。

（六）过程管控和考核评价

1. 过程管控

（1）预算执行。

预算履行批准程序并下达后，具有刚性和严肃性，各单位必须严格执行。集团公司将预算指标层层分解到集团各级单位，各单位再将本单位的预算分解到各个部门，直至每一个人。

（2）预算控制体系。

集团公司通过建立有效的预算控制体系，可以确保各单位严格执行预算。预算控制体系一般包括：预算内资金控制和预算外资金控制。预算内资金是指集团董事会批准后下达的正式预算，包括调整后的预算。预算内资金控制内容主要包括下达硬性预算指标并与各单位绩效考核挂钩，月度剩余的费用预算可以转到下月执行，但不能转到下年度执行。成本、费用预算由于管控不善需修订的，由责任单位或部门提出书面申请，说明原因、明确责任，报上级单位审批。经过审批调整后纳入预算内资金执行，并进行考核。

预算外资金是指各责任单位或部门由于事前预测不到或出现预测偏差出现的不在预算范围内的资金，如发生预算外资金，应提出书面申请，说明发生预算外资金事项的原因和预计金额，及管控措施，逐级上报审批后，单独执行，单独考核。

预算控制体系的核心是建立各级全面预算管控体系，按预算目标记录反映各单位预算额、实际发生额、差异额、累计预算额、累计差异额，通过有效手段对预算执行进行全面、全过程管控的体系。

（3）预算分析。

各级单位应按月度、季度、年度编制预算分析报告，逐级审核、汇总，编制集团定期预算分析报告，确保预算的执行，并为预算考核和下期编制预算提供依据。预算分析报告包括：上期预算执行偏差整改情况、本期关键预算指标执行情况、影响关键指标完成情况的内外因素分析、差异改进建议、根据实际执行情况并结合内外部环境因素的变化情况预测预算执行的趋势。

（4）预算预警和调整。

预算预警是当累计预算执行数达到事先确定的年度预算数的预警值时，发出预警。经各级预算管理机构审核批准后，对预算目标进行修订并下达执行。为了确保预算预警机制健全，做到及时预警，应建立多层次的预算监控体系。第一层次是集团公司监事会的监控，第二层次是集团委派财务总监的监控，第三层次是集团预算监控机构的监控。预算监控中心对经理层负责，对集团各预算单位日常的执行情况进行监控，是最主要的预算监控中心。第四层次是建立预算执行责任中心，按总预算分解部门预算，按部门单位建立预算执行责任中心，由部门主要领导负责预算的执行、监督、控制责任。预算反馈是预警实现的重要途径，预算反馈包括差异分析和反馈路径两部分。差异分析包括：差异的绝对值大小、差异发出的次数、差异的发展趋势、差异的可控性、关键的有利差异和不利差异等；预算反馈的路径应该是自下而上、逐级向上归集反馈，直至集团最高预算管理机构。

预算调整是指对发出预警的指标分析原因，提出调整草案报上级单位批准。预算调整包括自上而下的调整和自下而上的调整，自上而下的调整是集团预算管理部门根据内外部环境的重大变化，当出现对预算进行调整的重大因素时，主动调整预算，并逐级执行。自下而上的调整是集团公司整体内外部环境未发生重大变化，但下级单位执行过程中由于内外部环境变化或管理不善导致预算执行出现重大偏差，向上级单位提出调整申请。

预算调整经过分析、申请、审议、批准四个程序。预算分析主要是对产生预算偏差的原因进行分析，是由于不努力或管理不善等主观原因导致的差异还是由于内外环境发生变化等客观原因产生的差异。如经分析是由于客观原因产生的差异，应逐级进行调整预算的申请。预算调整的审议程序包括：①确定审议的内容，报预算审议人审议。②预算审议人对申请预算调整事项进行深入调查和论证，提出审议意见。③预算委员会或其常设机构对预算审议结果进行复核。预算调整的批准，经审议的预算调整申请，根据审批权限进行批准，并下达执行。

2. 考核评价

（1）预算考核的作用。

①预算考核是各单位和个人绩效考核的重要依据，从而提高了预算的权威性。

②通过预算考核促进预算管理目标的实现，从而确保经营管理目标的完成。

③预算考核结果可以考核各单位经营结果，衡量其管理水平，并通过与绩效考核关联，起到激励作用。

（2）预算考核内容。

预算考核包括预算目标和预算工作两项考核内容。

①预算目标考核。预算目标考核是指通过对各单位主要经济指标完成情况进行考核，最大限度地确保实现预算目标。考核指标主要为关键财务指标，包括：收入、成本、费用、利润等。

②预算工作考核。预算工作考核是对各单位完成预算工作质量的评价，促进预算管理水平的提高。考核内容主要包括：a. 预算编制程序规范性、数据准确性、编报及时性。b. 预算分解、执行程序的标准化程度。c. 预算分析是否全面系统、清晰透彻、及时。

五、注意事项和需要考虑的问题

1. 预算的编制首先要确定编制单位

集团公司主体众多，集团公司应根据纵向到底、横向到边的原则，对集团公司的预算编制单位进行全面的清查，确定集团内的预算单位名单。原则上预算编制法人单位名单要和集团合并报表的口径一致，对于未纳入集团合并报表口径的单位，要逐一分析原因。对于由于破产清算等原因不纳入合并范围的法人单位，可不编制预算；对于由于权属关系或控制关系尚不明确，集团公司仍对其进行管理的单位，应纳入预算编制单位的范围。各单体法人公司的预算编制单位以管理口径为基础，划小核算单位，根据不同的责任中心，确定预算编制单位。要处理好产权和管理权的关系，应以管理权为核心，谁管理谁编制。

2. 预算编制管控与集团的集中销售体制相结合

很多集团公司实施集中销售管理体制，集团公司的预算编制也要与这一管理体制相结合，编制销售预算时，要围绕销售体制确定编制单位，将销售收入预算指标按集中销售管理体制进行逐一分解。

3. 预算管控与集中采购相结合

很多集团公司实行集中采购管理体制，集团公司预算管控要与这一管控体制相结合，编制采购预算时，要按集中采购单位编制预算，各单位编制采购预算时，均应结合集中采购体制编制。

4. 预算管控与资金集中管理相结合

集团公司大多采用了资金集中管理体制，集团公司预算管控也要与这一管控体制相结合，编制资金预算时，要以集团资金中心为龙头，各单位编制资金预算时，均应体现与资金中心资金归集收支的关系，集团公司最终汇编的资金预算要真实体现资金集中管理后的现金流入、流出情况预算。

5. 建立内外部价格管理体系

预算以货币价值的体现为基础，集团公司所有业务在编制预算时，均以货币形式体现，集团公司的采购、销售收入预算均体现采购或销售标的的价格，且集团公司的内部交易很多，内部价格的确定是否合理，与最终内部交易预算的价值是否合理有直接关系。因此，集团公司应成立内部交易管理机构，对集团内、外的采购和销售价格进行统一的管理，建立科学的内外部价格管理体系，从而为编制科学、合理的预算打基础。

6. 树立相对成本费用降低的意识

集团公司行业众多，不同行业间的成本费用具有不可比性，但相对成本费用是可比的，所谓相对成本费用是指成本费用降低的比例，不同行业间的绝对成本不可比，但成本费用比例具有可比性。同时成本费用降低，要和收入增长率挂钩，收入增长要和费用增长挂钩，收入增长率大于费用增长率，说明了相对成本费用的降低。因此编制预算时，要考虑成本费用降低率，同时还要考虑收入成长率和成本费用增长率间的关系。

7. 树立预算知识共享的机制

集团公司应建立预算数据库，体现全过程、全方位、全员参与原则，所有与预算相关的数据均应纳入集团预算管理数据库。各单位编制预算时，可以通过查询预算数据库，获取对本单位预算编制有用的数据，提高编制预算的质量和效率。要树立预算知识共享意识，建立预算知识共享机制，集团各单位均主动将自己的所有与预算相关的数据及时、准确地录入集团预算信息数据库，通过各单位的努力，建立全集团完整的、动态的预算信息数据库。

8. 利益协调必须满足集团战略和核心利益以及现金流的协调的关系

集团公司编制预算，要协调各方面的利益关系，以满足集团战略和维持集团核心竞争力为原则，各预算编制单位的利益，必须与集团的发展战略和核心竞争力相适应，不能为了满足单位的利益，损害集团的战略和核心竞争力。集团公司编制投资、筹资、财务预算，应以集团公司的现金流为基础，所有预算均应与集团公司现金流的实际情况相适应。

9. 预算的严肃性与灵活性相结合

所谓严肃性，是指凡已纳入集团公司预算中的项目，不能因后续波动等原因而随意更改变动，确需调整的应严格执行集团预算调整程序；同时，预算在一定程度上应保持灵活性，集团不可因预算而编制预算，预算的目的是提升企业价值，当企业所处外部环境发生重大变化、出现自然灾害或是市场出现异常变化时，企业应当根据灵活性及时进行调整，以适应客观环境的变化。

第二节　会计核算管控

会计核算管控是财务工作最基础的工作，本节将重点从核算工作的组织形式上予以介绍，在本书的其他章节中将详细介绍信息化管控、核算制度管控、财务报告管控等方面的内容。

一、目前集团核算管控存在的问题及改进

（一）目前集团核算管控存在的问题

集团公司目前大多采用分散会计核算管控模式，各会计主体单位各自对本单位进行会计核算，再逐级合并或汇总财务报表，最终编制集团的合并财务报表。这种分散核算的管控模式存在以下问题：

1. 核算标准难以统一

由于集团内各单位独立进行会计核算，统一的核算制度标准很难执行，造成集团内不同会计核算主体的会计核算、费用标准、审批程序等执行尺度存在较大差异，一定程度上影响了集团内部单位财务信息的合法性、真实性、可比性。影响了集团内同类企业的对标考核，对集团内单位的考核很难做到公允。

2. 财务信息反映不及时，准确性也难以保障

财务信息具有时效性，只有能够及时满足集团公司经营决策的信息才有价值。集团公司层级多，通过逐层编报和合并或汇总，才能最终形成集团公司的财务报表。一方面集团公司不可能对所有子（分）公司的财务报表进行审核，难以保证信息的准确性；另一方面，编制层级多，汇编时间长，编制时间难以保证信息及时性要求。集团各单位内部往来多，各单位核算口径和时间不一，内部单位的关联交易和关联往来，核对难度大，数据难以准确，不能完全抵销，影响了财务信息的准确性和完整性。

3. 不利于对子公司的全面管理

集团公司下属会计主体单位众多，涉及行业面广。在分散会计核算体制下，集团公司有多层级的会计核算主体，政出多门，各自追求小团体的利益，本位主义严重，集团公司的政令很难有效地贯彻执行，难以对集团内子公司实施全面的管理。

4. 财务人员独立性受到限制

在分散型的会计核算管控模式下，由于各单位的财务人员接受本单位负责人的领导，其自身利益容易受到威胁，使得集团内各子（分）公司财务人员的独立性难以保证。子（分）公司财务管理人员在人事方面由各子（分）公司负责，其绩效考核、晋升等更多地受到本公司的影响，为了满足本公司的利益，往往很难独立地执行国家和集团的会计核算制度。在业务方面接受集团公司财务管理部门领导，但由于独立性受到限制，在集团利益和本公司小团体利益发生冲突时，很难坚决地执行集团公司财务管理部门的指令，往往上有政策，下有对策。即使是财务人员委派制，被委派到子（分）公司

工作的财务人员，也随时面临公司上下各方面的压力，独立性也受到很大程度的影响。

5. 易滋生子公司管理人员腐败

分散型会计核算管控模式下，各单位负责人和各级管理人员均掌握不同程度的财务管理权。各单位的内部控制程度不同，子公司的管理人员，易利用内部控制的重大缺陷，侵蚀或挥霍公司财产，给企业造成难以挽回的损失。这最终又将风险转嫁到集团公司，使集团公司面临极大的经营风险和财务风险。集团公司子公司多，管理层级多，及时通过集团各级审计部门和人员与上级财务管理部门加强对子公司会计核算的监督管理，受时间和人力物力的限制，很难从根本上解决子公司管理人员的腐败问题。

目前，集团公司解决分散会计核算存在的弊端的有效方式，除了加强对子公司的日常监督管控外，最有效的方式是逐步推进集中会计核算的管控模式，具体可以先易后难，先试点后全面推开，逐步的推行集中式会计核算管控模式，从而解决上述分散型会计核算管理模式存在的问题。

（二）集中会计核算的改进方法

1. 改进分散核算问题的办法是集中会计核算

集中会计核算是指通过统一会计核算标准、集中会计核算人员，对子公司的财务收支进行集中核算的管控模式。

2. 集中核算的优势

（1）有利于规范会计核算基础，提高信息质量。集团公司实行集中会计核算管控模式后，会计人员独立制定统一执行标准，便于管理和监督，有利于实行统一的会计核算标准，将财务标准工作提高到一个新的高度，分散核算时各层级子（分）公司财务人员良莠不齐，导致会计核算不规范，集中核算使财务信息质量低的问题得到根本的改变，同时实现数据共享。对业务的各项收支随时编制各类报表和资料，保证了会计信息的真实性、完整性、及时性和统一性。因此，集中会计核算，有利于规范集团公司会计核算基础，从而提高财务信息质量。

（2）有利于内部控制，强化对子公司的财务管控。集团公司实行集中会计核算管理模式后，会计核算业务从各子（分）公司各自处理变为集团集中核算，减少了各子公司经营者人为的行政干预行为。集团公司会计核算中心，依法处理财务事项，正确行使监督权，将财务监督由事后监督改为事前和事中监督，实行了对集团公司各子公司资金活动全过程的监督，做到事前预防、事中管控、事后分析和问责，可以有效执行集团的各项内部控制制度，充分发挥集团公司对子公司的财务管控职能。

（3）增强财务报表编报的及时性。集中会计核算后，各子公司的财务报表集中会计核算中心，统一编制并上报，既保证了财务报表的编报质量，又提高了财务报表编报的及时性。

（4）标准统一，提高核算质量。集团公司实行集中会计核算的过程为：首先，对集团的现有会计核算流程进行优化和流程再造，统一会计核算标准，利用会计核算信息系统，建立集团公司统一的会计核算标准。其次，建立集团财务集中核算系统，统一会计核算科目和会计核算流程，按照管理要求，科学制定会计核算标准，使之与预算、资产管理、收入费用管理等财务管理系统协调一致，满足实现集团财务管理目标的需求。

最后，集团公司通过构建统一的财务报表体系，满足集团公司内、外部的需求，提高财务报表的信息质量的同时，更好地满足集团公司和各层级子公司经营决策和日常管理的需求。

（5）监督和审批分离，防止腐败。集团公司集中会计核算后，各子公司的财务审批权均由集团会计核算中心统一管理，提高了会计核算的合法性和规范性，避免了以前的审批权和财务监督权均集中在子（分）公司，可能带来的监督力度受到限制，无法有效防止腐败事件发生的风险，从根源上，增强了防范腐败的力度，增强了各子公司资金和人员的安全性。

（6）强化预算管理。集团公司实行集中会计核算后，由于掌握了各单位的财务数据，在编制预算环节可以有效地对子（分）公司的财务预算数据进行审核，提高了预算编制的质量。在预算执行环节，可以及时了解子（分）公司预算的执行情况，及时预警，避免了以前集团公司对子（分）公司预算执行过程不能及时管控的弊端。子（分）公司预算调整时，由于集团公司对其财务信息数据能够实时掌握，可以有效地对其预算调整的合理性、必要性、准确性发表审核意见。在预算考核环节，集团公司可以准确地通过掌握的子公司的财务数据，做出科学、客观的评价。因此，通过集中核算，可以强化集团公司对子（分）公司的预算管理。

（7）减少核算层级。集中会计核算后，集团会计核算中心对各层级子公司统一核算，统一出具财务报表，减少了大量核算层级，规模大的集团公司效果更加明显。

（8）减少人员、减少审计费用、减少办公经费，节约费用。集中会计核算后，通过优化业务流程和核算流程，集中通过信息系统核算，有效减少会计核算人员的工作量，压减财务人员数量，节约核算成本、人员经费和办公经费，从而节约管理费用。集中核算也使集中审计成为可能，通过集中审计也减少了审计费用。

（9）强化财务管控职能。集中会计核算后，集团公司对子（分）公司的财务管控由事后改为了事中，可以对子（分）公司的资产、收入、利润、资金活动等，进行过程的管控，及时发现和纠正子（分）公司在日常经济活动中出现的财务违规行为。

（10）提高财务管控核心竞争力。集中会计核算，通过强化对子（分）公司的财务管控，提高了集团公司各子公司资金的使用效率，通过降本增效，提高了集团公司的核心竞争力。

（11）提高风险管控能力。集中会计核算，可以在对子（分）公司报账时，通过审核相关报账资料，及时发现子公司日常经营活动或融资活动中可能存在的财务风险，通过及时应对，降低集团公司的整体风险，提高风险管控能力。

（三）集中核算种类：实体、虚拟、混合三种模式

一般来讲集团企业集中会计核算分为实体集中核算、虚拟集中核算、混合集中核算。

（1）实体会计核算是指通过设立会计核算中心核算大厅，集团公司各单位去会计核算大厅报账，由会计核算中心审核报账资料后，进行集中会计核算，完成填制会计凭证、登记账簿、编制财务报表等会计核算工作的集中核算形式。实体会计核算是传统的集中核算方式，虽然采用财务电算化形式，但各子（分）公司仍需用传统方式，现场报账。

实体会计核算的优点：①各子（分）公司现场报账，可以直接对原始凭证和相关附件进行审核，易于当场发现问题，并提出纠正意见，直观性强，提高了报账速度。②各子（分）公司在报账过程中，对审核意见有异议，可以直接进行交流。缺点：①由于需去现场报账，增加了子（分）公司往返的差旅费用，如果单位距报账地点较远，影响工作效率。②如果集团公司是全国性甚至是国际性的公司，为了提高工作效率，需根据区域设置多个核算中心，核算中心间很难统一审核标准，影响了财务信息质量的准确性。③会计档案与会计主体分离，与国家有关财政法律法规的规定不相符，且存放在会计核算中心，不便于被核算单位及时查询相关会计资料，管理效率低。

（2）虚拟会计核算，也称共享财务中心，是指通过财务共享核算中心，以互联网的形式，建立虚拟的会计核算中心对集团内子公司采用远程报账、集中核算的形式。

虚拟集中会计核算的优点是：①通过"互联网＋"形式，以虚拟集中会计核算中心的形式对集团内子（分）公司进行核算，无须现场报账，提高了工作效率，节约了往返的差旅费用。不论是全国性公司还是国际性公司，只要建设一个集中核算中心即可，节约了多处建设会计核算中心的费用。②虚拟会计核算可以实现子（分）公司和会计核算中心的互动，可以与其他管理软件实现数据共享。③虚拟会计核算的原始单据仍存放在被核算单位，便于及时查询相关会计资料，提高工作效率。缺点：①由于虚拟会计核算是通过审核远程传输的原始凭证扫描件，不能当面审核原始凭证，直观性差，容易产生差错，也难以识别伪造的原始凭证。②由于不能面对面报账，沟通不畅，影响了报账效率，甚至会由于理解差异，产生核算错误。实践中，财务共享中心，根据运营模式又可分为（初级）模式、改进（市场）模式、高级模式等多种形式。

（3）混合集中核算是指介于两种形式之间的集中核算形式，离集团公司总部近的子（分）公司仍采取实体集中会计核算，离集团总部远的子公司可采用虚拟集中核算形式。优点是灵活性较大，子（分）公司可根据实际情况选择一种集中核算形式，集团公司可以采用渐进式的方式，通过混合方式，逐步选择适合集团公司的集中核算模式。该种核算方式存在的问题是实体和虚拟核算形式自身存在的缺点，混合模式本身无缺点。

二、实体集中会计核算的实施

（一）对分散会计核算现状进行分析

集团公司在确定是否进行集中会计核算前，应对集团公司分散会计核算的现状进行分析，了解有多少分散核算的会计主体，各会计主体从事的行业、业务规模、资产规模、盈利能力、人员状况、财务人员数量及专业素质等情况。对各会计主体以往分散核算的质量进行考核并排名，在逐步实现集中核算时，优先选择核算质量差的单位进行集中核算试点。

（二）规划集中核算

在调查了解集团公司会计核算现状的基础上，根据集团公司的实际情况，制定集团公司集中会计核算的规划，包括：设立集中核算中心的数量和规模、设立核算中心的城市、集中核算的步骤，纳入集中核算单位的选择标准，集中核算单位的范围，集中核算的实施步骤和终极目标等。

（三）确定会计核算中心的数量及选址

根据规划确定会计核算中心的数量和选址城市，根据集团公司实际情况，在拟设立核算中心的城市，选择恰当的地址，并进行设立核算中心的准备工作。

（四）成立机构，设置岗位

1. 建立组织机构

会计核算中心的组织结构是：会计核算中心在总经理领导下，由总会计师或财务总监具体分管，与集团财务管理部门、资金管理中心、审计部门是平行关系。

会计核算中心组织机构一般分四层，分别为：总会计师或财务总监层；会计核算部门、财务资金管理部门和审计部门层；会计核算中心层；会计核算中心各岗位层。各层分别向上层负责。

会计核算中心、财务管理部门、资金管理中心和审计部门四者之间的关系：自成体系、相互牵制、相互监督，并形成有机统一的整体，最终共同完成企业的财务会计及内控管理工作。

会计核算中心按照地域相近，兼顾工作同质性及工作量大小等相关条件分设。集团总部和管理型公司可以分别设立集中核算中心，经营性公司不得设立集中核算中心。

2. 设置岗位

根据集团公司或管理型公司实际业务中的需求，设置不同的岗位，例如设置以下主要岗位：

（1）会计核算中心主任。负责核算中心的全面工作与绩效考核。

（2）会计核算中心副主任。主要分管资金管理组、税务管理组、财务主管、核算组、资产成本组、报表组。

（3）财务主管。全面负责成员单位财务管理工作，由原各成员单位财务主管担任，负责资金管理、成本控制、债权债务管理、税务管理，与成员单位业务部门的协调、其他非核算、报表类事务。

（五）建立制度和标准化流程

在确立了机构、明确了各岗位的职责后，应建立集中会计核算制度和标准化流程。集团公司层面应制定全集团的集中会计核算的制度和标准化流程。集中会计核算制度包括：集中会计核算的管控模式，集中会计核算的目标，建立集中会计核算中心的数量、区域、规模和各自负责的范围，核算中心机构设置和职责，岗位设置和职责，核算中心工作程序，子公司在集团公司报账的程序，核算中心风险管控等内容。标准化流程包括各级核算中心集中核算的标准流程、子公司在集团公司报账的标准流程，集中核算风险管理流程等。管理型公司的制度和标准化流程应在遵守集团相关规定的基础上，结合本公司的实际情况，制定相应的集中核算制度和标准化流程，既体现和集团总部核算中心的关系，又体现和下属经营性公司的核算关系。

（六）会计信息技术的确定和维护

集中会计核算在完成了上述程序后，应根据集团公司实际情况，确定统一的会计核算信息化系统，根据集团公司的实际情况，进行集中核算的二次开发，适应各个会计核算中心的需要，并将各个会计核算中心通过会计电算化核算系统连接起来，形成共享中心。制定会计电算化核算系统的维护制度，成立专门的岗位或委托软件提供商负责对集团公司集中核算会计信息系统的日常维护和升级工作，确保各会计核算中心的正常运行和核算数据的安全。

三、虚拟集中会计核算

（一）财务共享中心的概念

虚拟集中会计核算（财务共享服务）是财务管理模式的变革和创新，它通过将企业分散在各个区域的易于标准化的财务业务进行流程再造与标准化，并由共享服务中心集中统一进行处理，达到降低成本、提升客户满意度、改进服务质量、提升业务处理效率目的的作业管理模式。通过财务共享服务中心，企业能够促使财务人员由传统的核算业务处理向价值创造、决策支持转变，使企业财务人员有更多的精力去关注企业的财务管理工作、更多地参与业务与运营，进而更加有利于推动集团管控从财务管控向业务管控转型。

（二）分类

1. 按建设模式分

按建设模式分：集团建设统一的财务共享服务中心、垂直产业财务共享服务中心、区域财务共享服务中心、项目财务共享服务中心。

2. 按运营模式分

按运营模式分：一是，吸收和借鉴国内外企业为降低财务运作成本、提高财务信息透明度需求的服务型财务共享服务中心；二是，根据国内企业集团立足强化财务管控力度、防范财务运作风险，建设集团统一的财务标准体系的需求，在服务型共享中心基础上以管控为目的的管控型财务共享服务中心。

以上两种模式的比较见表6-2、表6-3。

表6-2　　　　　　　　　　按建设模式划分财务共享中心的比较

建设模式	建设方案	特点
集团建设统一的财务共享服务中心	在集团层面建设完全集中的财务共享服务中心，面向整个集团提供服务	统一运营管理体系和标准规范 利于加强管控，降低财务运营风险
垂直产业财务共享服务中心	按照集团产业业态不同，建设为每个业态服务的多个财务共享服务中心	体现垂直行业特色 根据行业特色进行精细化管理
区域财务共享服务中心	按照所在区域建设为区域运营单元提供服务的财务共享服务中心	距离服务对象较近，业务响应快，便于沟通交流
项目财务共享服务中心	参与特大型项目建设的多个法人单位为实现资金封闭运作、项目税务统筹规划而成立财务共享服务中心	项目内多家法人单位实现财务数据的标准统一 项目内资金运作和税务统一统筹

表6-3　　　　　　　　　　　按运营模式划分财务共享中心的比较

运营模型	服务型	管控服务型
发展背景与动机	经济发展缓慢和全球化扩张的产物，成本因素是企业推行财务共享服务所考虑的首要因素，泰勒主义和福特主义是其存在的理据和根源	财务共享服务是经济迅猛发展、企业集团规模迅速扩大、财务监管理念和手段落后且大有"被空心化"之虞带来的产物
价值创造	效率提升、运营成本降低、服务满意	财务信息质量提升、财务风险可控、战略支持
组织定位	趋向成为独立运营的利润中心，将盈利性作为重要的业务发展依据	主要面向集团内部进行业务扩张，强调业务的可靠性和稳定性，对于规模扩张和盈利性要求并不突出
组织发展	独立的服务机构，企业服务资源共享	集团财务部门下属职能部门之一
组织考核	利润中心，依据服务水平协议进行收费，可以向外部提供服务	成本中心，主要面向内部提供财务服务
人员来源	社会招聘，注重低成本，一般采用计件工资	部分来自内部，一般不采用计件工资
职能角色	去智能化。定位于基础服务平台只是在服务水平协议框架内考虑其追求的主要目标——服务、效率和规模	管控模式仍立足于财务领域和职能，并在提供财务服务共享服务时考虑企业集团内部其他专业性财务管理要求
选址	考虑成本、地方政策支持、人力资源、人员成本、综合办公成本、城市基础IT设施等因素，综合考虑后选址	一般在总部所在地
信息系统	财务共享系统趋于独立；系统设计重视业务人员的操作便捷性	系统设计重视业务流程的协同性；财务共享系统是企业ERP的组成部分
后期需集成的外部系统	差旅系统、行政办公系统	战略财务、业务财务一体化、业务系统
业务流程	追求流程精简、优化，强调服务客户	注重内控细化和完善，强调对经营管理和决策的支撑
业务流程优化重点	优化、创新服务流程，降低服务成本	根据内控制度进一步强化管控力度，强调对经营管理和决策的支撑

（三）财务共享中心关键因素

建立财务共享中心的关键因素如图6-3所示。

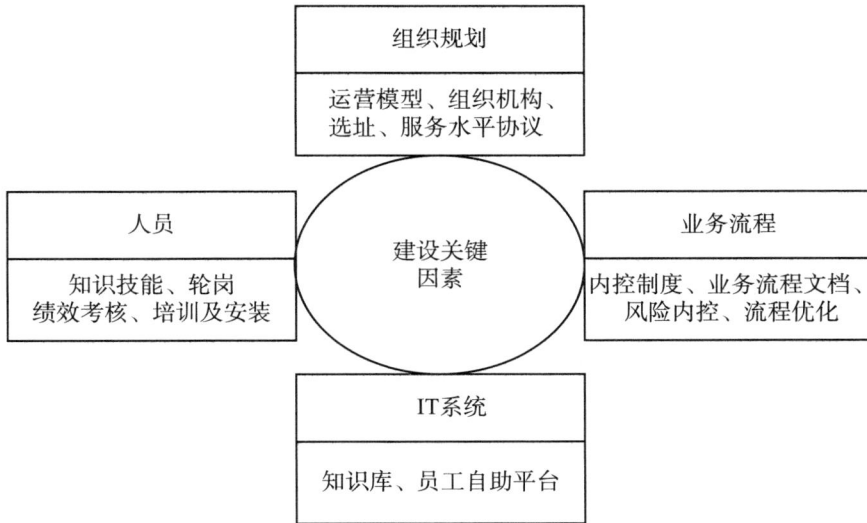

图6-3 财务共享中心建设关键因素

（四）优缺点

1. 财务共享服务中心的优点

（1）运作成本降低。如分析一个"共享服务中心"人员每月平均处理凭证数、单位凭证的处理费用等。这方面的效益主要通过减少人员数目和减少中间管理层级来实现。如果"共享服务中心"建立在一个新的地点，通常成本的降低效果更显著。原因是：通常选择的新地点，当地的薪资水平会较低；通过在"共享服务中心"建立新型的组织结构和制定合理的激励制度，能显著地提高员工的工作效率，并形成不断进取的文化。

（2）财务管理水平与效率提高。比如，对所有子公司采用相同的标准作业流程，废除冗余的步骤和流程；"共享服务中心"拥有相关子公司的所有财务数据，数据汇总、分析不再费时费力，更容易做到跨地域、跨部门整合数据；某一方面的专业人员相对集中，公司较易提供相关培训，培训费用也大为节省，招聘资深专业人员也变得可以承受；"共享服务中心"人员的总体专业技能较高，提供的服务更专业。此外，"共享服务中心"的模式也使得IT系统（硬件和软件）的标准化和更新变得更迅速、更易用、更省钱。

（3）企业整合能力与核心竞争力提高。公司在新的地区建立子公司或收购其他公司，"共享服务中心"能马上为这些新建的子公司提供服务。同时，公司管理人员可以更集中精力于公司的核心业务，而将其他的辅助功能通过"共享服务中心"提供的服务来完成。"共享服务中心"可以将企业管理人员从繁杂的非核心业务工作中解放出来。

（4）向外界提供商业化服务。有些公司开始利用"共享服务中心"（一般为独立的子公司）向其他公司提供有偿服务。例如，壳牌石油建立的"壳牌石油国际服务公司"

每年约8%~9%的收入来自向外界提供服务。

2. 财务共享服务中心的缺点

（1）财务人员脱离业务，可能沦为辅助岗位。财务人员不再与公司的销售人员直接接触，面对的仅仅是一堆冰冷的数字，这些数字往往无法确切表达公司目前所面临的各项财务状况，财务分析师也无法将销售业绩的感性情况表达出来。

（2）急速增加的差旅费。一般建立财务共享中心的企业往往面临高额的差旅费，而最初创立财务共享中心的美国及欧洲公司拥有大量廉价航空公司，一二百美元的航空机票相对于数千美元的人工成本来说是非常便宜的，所以往往选择财务共享中心模式。

（3）臃肿的总部机关造成机关作风。设置财务共享中心的企业往往仅仅"共享"而不"服务"。例如，将各分支机构原本的财务人员编制抽调为总部机关的编制，而不是相应的增加财务共享服务中心的编制。同时，由于大量人员集中在机关，造成服务意识淡漠，机关作风严重。

（4）巨大的税务风险及税务机会成本。一方面，财务人员不再直接接触子公司及分支机构所在地税务局，对税务风险的敏感性极大地降低；同时，为了满足税务人员的约谈、询问、审计等工作而疲于奔命。另一方面，由于税务人员与公司财务人员的沟通不畅，导致各项税收优惠政策申请的困难程度不断加大，使得企业失去大量税收优惠机会成本。

（5）财务共享服务中心员工有可能成为弱势群体，人员流动率大幅度提高。财务共享服务中心员工是否成为弱势群体取决于集团对财务共享服务中心的定位。在一些企业中财务共享服务中心被定为与原财务部同一级别机构，则不会成为弱势群体；而在另一部分企业被定位为原财务部下属机构，则很可能成为弱势群体，造成财务共享服务中心员工离职率较高。财务共享服务中心往往是求职者的"离职陷阱"，应聘者进入该中心即意味着需要在较短的时间内离职。

3. 财务共享中心核心要素的转变

财务共享服务中心运营的实践表明，大多数集团公司实施财务共享系统需要1~2年时间，其人员、流程和技术是成功的核心因素。流程包括：绩效评估、灵活组织结构、质量、服务。人员包括：团队、学习、持续改进。技术包括：网络设施、ERP系统、呼叫中心、办公（参见表6-4）。

表6-4　　　　　　　　　财务共享服务中心实施前后核心要素的转变

内容	财务共享服务实施前	财务共享服务战略实施后
人员	职能部门人员	服务提供人员
	投资中心、利润中心、成本中心	财务共享服务中心（不同于责任中心：投资中心、利润中心和成本中心）
	核算、监督和控制	服务、支持和增值
	对部门和企业负责	对顾客（业务部门）负责

续表

内容	财务共享服务实施前	财务共享服务战略实施后
流程	集权或者分散管理	集中管理
	未充分考虑顾客，业务部门的需求	按照顾客业务部门的需求设计流程
	分散、未优化的财务作业流程	简化、标准化的财务处理流程
	管理费用高	管理费用大大缩减
技术	通用型	专用性，提供支持高效性
	信息口径不一致	从业务端统一口径确认数据，集成数据仓库
	基本信息技术和一般目的的信息技术	基本信息技术，一般目的的信息技术，共享服务流程特有的信息技术
	实施过程相对较简单	实施过程过于复杂，技术风险高

资料来源：何瑛. 企业财务流程再造新趋势：财务共享服务［J］. 财会通讯，2010（2）：110 － 113。

（五）财务共享中心的适用范围

财务共享中心并非适用于所有企业，其主要适用于大型跨国企业（跨区域企业）和大型企业集团，具体是否实施主要根据利弊分析和可行性等方面研究分析决策。

四、集中核算存在的问题

（一）认识不足

集团公司各级领导和财务人员对集中核算的认识存在不足，一方面，一些领导认为实施集中核算是对他们工作的限制，对本单位由集团公司或管理型公司集中会计核算有抵触情绪，消极对待，影响了本单位加入会计核算中心集中核算的进程。另一方面，财务人员对集中财务核算的业务流程不熟悉，对信息核算技术掌握不足，影响了集中核算的正常进行。

（二）监督存在盲点

集中会计核算模式下，核算中心会计人员与被核算单位的实际业务活动脱节，对其业务内容、业务流程等很难详细掌握，对核算单位的监督流于形式，不能结合被核算单位的业务实际，进行有效监督。核算中心一个会计人员同时负责多个公司的财务核算，忙于日常事务，加之对被核算单位了解不够，行使会计监督的难度较大。单位在去会计中心报账或通过网络传输报账的影像资料前，对被核算单位的情况一无所知，只能在报账过程中，实施监督，根据报账的单据进行事后监督，往往与被审计单位的业务脱节，无法有效地进行事前、事中监督，事后监督也往往流于形式。

（三）核算工作量大

核算中心的一个会计人员往往要核算多个单位的账务，即使通过电算化核算，业务量也很大，如果复核不到位，易出现核算误差。会计人员专业素质的高低、服务意识的好坏对集中核算的质量往往存在重大影响，人为因素对集中核算的质量存在重大影响。

（四）财务人员与实际业务脱节，不了解企业情况，难以真实核算

会计核算中心财务人员仅靠报账的单据了解被核算单位情况，往往对被核算单位的实际业务并不了解。不了解企业的业务内容和流程，不了解企业的实际情况，难以真实核算。

（五）财务人员难以正确处理管理与服务的尺度

会计核算中心财务人员在日常工作中，对管理监督和为被核算单位服务的尺度如何协调和把握的难度很大。

（六）实体集中会计核算存在财务档案与独立法人分离的情况

实体集中会计核算模式下，财务会计档案存放在了会计核算中心，存在会计档案与独立法人分离的情况。两者分离一方面与国家会计档案管理法规的要求不一致，另一方面不利于被核算单位因业务需要及时查询会计档案。

（七）虚拟核算无法现场审核原始凭证，存在凭证造假不能被发现的可能

虚拟集中核算模式下，由于通过网络传递原始凭证，财务人员无法审核原始凭证，存在凭证造假不能被发现的可能性。

（八）人员经费承担分割存在问题

核算中心的财会人员在集团总部或管理型公司工作，其经费全部由集团总部或管理型公司负担，与谁受益谁负担的原则相违背，往往一个财会人员负责多个单位的账务，经费如何分担存在难点。

五、集中会计核算的风险控制

集中会计核算在战略层面、组织层面、执行层面存在风险。战略层面风险包括变革管理风险、选址管理风险、服务关系管理风险。组织层面的风险包括员工风险、沟通风险、文化风险。执行层面的风险包括技术风险和法律风险。集中会计核算的风险控制要从上述层面寻找风险点，并制定相应的控制措施；定期对集中会计核算进行风险点分析评估，出具风险分析报告，针对风险评估结果，制定相应的风险管控措施，并加以落实。

第三节 财务报告管控

一、财务报告体系

（一）财务报告的概念

财务报告是指反映企业财务状况、经营成果、现金流量和企业内部经营管理控制情况的书面文件。

（二）财务报告的组成

财务报告一般分为财务会计报告和财务管理报告。财务会计报告是对外报送的报告，使用者主要是股东、潜在投资者、银行及非银行金融机构、政府部门（税收机关、财政部门等）、企业管理者等。

财务会计报告是指企业财务会计部门根据经过审核的会计账簿和相关资料反映的财务数据，编制并经审批后对外提供的反映企业某一特定日期财务状况和某一会计期间的经营成果、现金流量及所有者权益等会计信息的总结性书面文件。

财务管理报告是指为了满足企业管理的需要编制的内部财务报告，包括生产经营、投资、融资等专项管理报表、分析图表等。

（三）财务会计报告和财务管理报告的区别

（1）使用者不同。财务会计报告的使用者主要是外部股东、潜在投资者（上市公司的股票持有者不限于股东，所有对公司股票有购买意向的投资者都可以是财务会计报告的使用人）、政府部门、债权人。财务管理报告的使用者主要是集团和子公司董事会、管理层、职能部门和厂矿（车间）管理者、员工。

（2）使用者的确定性不一样。财务会计报告的使用者不确定，所有外部对本公司感兴趣或有监督职能的政府部门、债权人均有可能使用财务会计报告，企业招标有时也需使用财务会计报告。而财务管理报告的使用者相对确定，一般来说，财务管理报告都有固定的使用者。如销售方面的财务管理报告报表的使用者一般是销售部门和分管领导、财务管理部门和分管领导、总经理、董事长。职工薪酬方面的财务管理报告的使用者一般是薪酬管理部门和分管领导，财务管理部门和分管领导、总经理、董事长。

（3）报告的期间不一样。财务会计报告的期间一般有月报、季报、半年报、年报。财务管理报告的期限除一般处理财务会计报告的期限外，还有日报、周报、旬报、特定日期或期间的报告。

（4）编报要求不一样。财务会计报告有《会计法》《企业会计准则》《企业财务会计报告条例》等法律法规的严格要求，不得违反，提供虚假的财务会计报告是违法行为。而财务管理报告没有法律法规的要求，只有企业管理制度的要求，提供虚假的财务管理报告违反的是企业制度，但不一定会上升到违法层面。

（5）对财务信息的需求不一样。内部使用者如公司领导、相关职能机构、员工等，以管理会计信息为主。外部使用者如股东、投资者、债权人、政府机关等，以法定会计信息为主。

二、财务会计报告管控

（一）制定财务会计报告管理制度

对财务会计报告的编制、审核及批准程序制度，应规定集团公司各单位财务会计报告由谁编制、谁审核和如何批准报送的程序。规定对报表编制人的要求，报告编制应履行的程序；对报表审核人的要求，报告审核的程序；报告批准机构、人员和批准程序等。

财务会计报告的报送程序和时间制度，应规定集团总部、管理型公司、经营型公司等不同的编报主体报送财务会计报告的程序和具体的报送时间。应遵循逐级上报的原则，上一级一般只接收下一级的财务会计报告。

财务会计报告的审计包括外部审计和内部审计，外部审计是指委托社会中介机构（会计师事务所）对财务会计报告进行的审计，对财务会计报告的合法性和公允性发表审计意见。外部审计一般是对各单位的年度财务会计报告进行审计，如果需要，也可对半年报或指定期间的财务会计报告进行审计。内部审计是指集团公司各层级的审计部门对内部各单位的财务会计报告进行审计。财务会计报告审计制度要对财务会计报告的外部和内部审计的范围、时间、中介机构的选聘程序、审计中发现问题的处理等进行规定。

财务会计报告的整改和督导制度是对集团各单位如何对财务会计报告中存在的问题进行整改和集团公司对各单位整改情况如何督导做出规定。

集团公司财务会计报告制度的核心是从制度上保障集团公司及单位编制的财务会计报告的合法性和真实性，并确保及时报送。

（二）财务会计报告制度的完善

财务会计报告的编报规则要随着国家会计法律法规的变化而变化，集团公司要及时跟踪企业会计准则的变化，通过完善财务会计报告管理制度、规范会计核算流程、统一内部各单位业务流程、完善财务信息系统、规范财务会计报告编报流程、建立财务报告质量监督与奖惩机制、提升与审计师的沟通协调能力等一系列工作，确保集团公司财务会计报告编制的合法性和公允性，满足报告使用人的要求。

（三）财务会计报告的日常管控

集团公司制定财务会计报告管理制度后，要从以下方面加强对财务会计报告的管控。

（1）加强培训工作。集团公司制定财务报告管理制度后，要在集团内对会计人员进行培训，使得每个财务会计人员掌握财务会计报告管理制度。能够熟练操作财务会计报表编制的信息化系统。财务会计报告的编制虽然有专门人员，但最终形成的财务会计报告凝结了所有财会人员工作的结晶，因此，所有财务会计人员均应掌握财务管理制度的内容和报表编制技能，才能更好地配合财务会计报告的编制。由于财务会计报告的格式经常变化，要及时对财务会计人员进行培训，及时掌握财务会计报告编制的最新政策。

（2）明确财务会计报告的分工和职责。单位负责人是财务会计报告合法性、公允性的第一责任人，主管会计工作负责人是第一业务责任人，主管会计机构负责人是直接责任人。各级财务会计部门还应指定专职人员直接管理财务会计报告工作，负责财务会计报告的日常管理工作，是财务会计报告的复核人；同时应确定财务会计报告编制人，负责财务会计报告的编制工作。各级责任人员均应保证对外报送的财务会计报告的真实、准确、完整。

（3）加强财务会计报告的过程管控，保证报告质量。集团公司应对财务会计报告进行全程管控，首先要通过完善的内部控制制度的制定和有效执行，确保会计记录的真实性和完整性，财务会计报告是对会计记录的综合反映，只有通过强化内控，避免重大错报，才能保证财务会计报告的质量。财务会计报告是对企业一定时期生产经营成果的综合反映，实质上是全员、全过程参与的企业生产经营活动的集中反映，并不是会计机构一个部门和几个编报人员的事情，认识到这一点，是财务会计报告管控的关键。当然，会计机构是财务会计报告的直接编制部门，要加强会计机构的内部控制，从原始凭证的审核、记账凭证的编制、登记会计账簿到编制财务报表全过程，都要加强管控，避免重大错报的发生，确保财务会计报告的质量。集团公司财务会计部门还要加强对各子公司财务会计报告的督导，形成长效的监督机制，实时对各子（分）公司的财务会计报告编报质量进行监控，发现问题及时处理。

（4）加强审计工作并及时整改。通过外部和内部审计机构定期或不定期对财务会计报告进行审计，将审计发现的问题及时反馈到财务会计报告的编制部门，要求限期整改。集团财务会计管理部门，积极配合，指定专人进行沟通，确保发现的问题及时改正，对发现的内控重大缺陷要及时弥补，确保不再发生同样的差错。

三、财务管理报告管控

（一）财务管理报告的目的和意义、作用

集团公司编制财务管理报告的目的是可以及时、准确、完整地反映集团公司及下属子（分）公司的生产经营情况，并及时反映子（分）公司经营过程中发生的个性问题，集团公司董事会和管理层可以通过财务管理报告及时准确了解集团公司及子公司的经营情况，为董事会和管理层决策提供参考依据。具体意义和作用体现在以下方面：①通过汇集编报单位生产经营成果反映出的重要财务数据，反映集团公司及子（分）公司在特定期间内的经营情况与管理绩效。②通过及时汇集并反映集团公司及子（分）公司的财务数据与财务预算的差异情况，反映集团公司及子（分）公司生产经营目标的完成情况。③通过对集团及子公司财务管理报告反映的数据汇总和分析，可以了解集团公司及子（分）公司未来的发展方向，及时发现其潜在的机遇及挑战。④通过财务管理报告汇集的集团及子（分）公司的生产经营信息，可以了解集团公司的核心竞争力和非核心竞争力的分布状况，便于集团董事会和管理层调整产业结构决策。

（二）财务报告的编制者和使用者

1. 财务管理报告的编制者

财务管理报告的编制者为集团总部、管理型公司、经营型公司及厂矿车间等基层单位。不同编制单位编制财务管理报告的内容和详细程度也不一样。基层单位编制的财务管理报告以生产经营统计表格形式为主，文字说明为辅，是经营型公司编制财务管理报告的基础数据。经营型公司编制的财务管理报告是对厂矿车间等基础单位提供数据进行汇总、筛选、加工后的结果。经营型公司编制的财务管理报告又是管理型公司编制财务管理报告的基础。集团公司的财务管理报告是对管理型公司编制财务管理报告汇总分析后编制的。由于各单位情况不同，财务管理报告的编制者和编制内容会有很大的差异。

2. 财务管理报告的使用者

从单体公司角度看，使用者包括董事会、管理层、事业部、职能部门、厂矿车间

等。从集团公司角度看，使用者包括集团总部、管理型公司、经营型公司。

单体公司不同的使用者对财务管理报告的要求不同，董事会需要的财务管理报告的信息是决策需要的企业的重大生产经营情况，关心的是对董事会决策能够提供参考依据的财务数据。管理层需要的财务管理报告的信息是执行层关心的财务数据，既要满足了解企业生产经营状况的需求，又要满足为了向董事会汇报的需要。

事业部关心的财务管理报告主要是为了满足事业部本身经营管理需要的财务数据。职能部门需要的财务管理报告的数据除财务管理部门、企业管理部门、审计部门需要的数据较全面外，其他职能部门一般只关心与本部门管理相关的财务数据。厂矿车间等基层单位关心的财务管理数据更单一，主要关心本单位管理部门需要的财务数据。

集团公司对财务管理报告的需求是了解板块、事业部、管理型公司的生产经营状况，更多地关注与集团发展战略、年度生产经营计划、经营班子年度绩效考核指标相关的财务数据，关心反映各板块和事业部在生产经营过程中发生的重大例外事项的财务数据。管理型公司对财务管理报告的需求是了解本部和下属经营型公司及基层单位的生产经营状况，关注与本公司发展战略、年度生产经营计划、董事会和经营班子年度绩效考核指标相关的财务数据，关心反映下属经营型公司在生产经营过程中发生的重大例外事项的财务数据。经营型公司对财务管理报告的需求是了解本公司和下属子（分）公司及基层单位的生产经营状况，关注与本公司发展战略、年度生产经营计划、董事会和经营班子年度绩效考核指标相关的财务数据，关心反映下属单位在生产经营过程中发生的重大例外事项的财务数据。

内部管理层级不同，对财务管理报告中反映的财务信息的需求也不同。董事会的需求包括业绩评估、投资评估、风险监控、经营战略，具有全局性、战略性、决策性的特点。公司管理层的需求包括：业绩评估、投资评估、风险监控（经营管理），具有适中性、管理性、控制性的特点。事业部和职能部门的需求包括业绩评估、风险监控、经营管理，具有局部性、管理性、控制性的特点。各层级对财务管理报告提供的财务信息共同的需求是风险监控，一旦发生经营风险，对企业的影响很大甚至是致命的，因此各层级均关注对风险的监控。一般来说，是董事会更关注全局性、战略性方面的财务信息；管理层更关注管理性和控制性的财务数据；事业部和职能部门的需求更倾向局部性和专业性。

（三）财务管理报告的设计

1. 设计财务管理报告，需要考虑的因素

（1）单体公司应考虑的因素。

①要有明确的目的。设计财务管理报告有明确的目的，就是满足企业盈利决策的需求，如，股东追求的是合法的盈利，是利润最大化，不盈利的项目将被股东抛弃。

②要因人而异。财务管理报告一般有明确的使用人，设计时要有明确的针对性。

③横向到边，全面覆盖，宽度控制。按管理和会计要素和具体的人、事、物进行划分。

④纵向到底，精准到点、深度控制。可以按科目级次层层深入。

⑤突出措施。数据反映企业运营的健康状况，结论就是对企业病症的诊断，措施就

是财务管理人员或经理层开出的药方。数据、结论、措施三位一体，才算一次完整、精确对症的诊断。

⑥突出反馈和协调解决，"财务、业务、决策、执行"四位一体。"诊断"最终还是要落实在措施上，措施一旦提出，财务总监应要求各部门反馈意见，然后"强化"成制度。

⑦直观易懂。表格、图形、文字三位一体，字不必多，图不必深奥，切中要点最重要。

⑧即时生成，形式多样。按时间分为日报、周报、旬报、月报、季报、半年报、年报、任意期间报表，企业根据实际情况确定。

⑨多维分析。分析方法有结构分析、造势分析、差异分析、评价分析等。

⑩一表一目的。目的突出，主题突出，力度突出。

（2）集团公司应考虑的因素。

①分部报告。集团公司各子公司从事的行业和所处的区域不同，在设计财务管理报告时，要考虑分部报告的因素，通过分部财务管理报告，集团公司董事会和管理层可以了解各行业和不同区域的发展状况，为集团公司进行决策时充分了解需保护或限制的行业或区域，将有效的资源用到最具核心竞争力的行业或区域，增加集团价值。

②体制。集团公司的子公司众多，从股权比例分有全资的、控股的、参股的。从控制角度分有绝对控制、相对控制和不控制的。从公司性质角度分有有限责任公司和股份有限公司，股份有限公司又区分为上市公司和非上市公司。集团公司设计财务管理报告时要充分考虑复杂的体制因素，根据不同的体制设计不同的财务管理报告。总的原则是全资的和绝对控制的子公司，了解的财务数据要多而细。控股的和相对控制的子公司主要从投资人角度了解企业经营、投资和盈利情况，重点关注资本的保全和盈利能力。上市公司和非上市公司财务管理报告的区别是，上市公司的重大财务信息要公开披露，还有内幕信息保密原则，涉及重大财务信息特别是内幕信息的财务管理报告的使用有严格限制；非上市公司的财务信息披露的限制相对较少，和有限责任公司的子公司的财务管理报告的要求基本相同。

③不同板块。各板块根据各自的特点又分为投资中心、利润中心、成本费用中心、管理中心或混合中心等。不同的中心负有不同的使命，集团公司对其在经营管理中的要求不同，设计财务管理报告时要充分考虑不同中心的需求，有针对性地设计报告格式。

④考核。集团公司对各子（分）公司进行绩效考核既是重要管理内容，也是实现集团战略和经营指标的重要手段，为了有效对各子（分）公司进行绩效考核，集团公司财务报告应体现集团绩效考核的内容和要求，便于考核子公司绩效。

2. 设计财务管理报告的程序

（1）确定目的。明确要设计的财务管理报告希望达到什么目的。

（2）确定层级。考虑财务管理报告要送给谁，谁需要这份财务管理报告。

（3）宽度设计。确定考核对象，涉及的人、财、物的范围，包括哪些内容，到哪个层级。

（4）深度设计。深度由企业层级和科目级次决定。

（5）报告内容设计。确定财务管理报告要反映的内容。

（6）提供者确定。确定财务管理报告要提供给谁。

（7）数据生成设计。将设计的财务管理报告与集团公司电算化系统和 ERP 系统对接，自动生成财务管理报告的全部或部分数据，也有一些需手工填写的数据和编写的说明，这样通过自动生成和手工编制最终完成财务管理报告。

（8）数据报表传递。设计财务报告传递流程和级次。

（9）反馈。建立财务管理报告反馈机制，不论哪个级次的人员使用财务管理报告，均需填写反馈意见卡。通过反馈系统控制和引导业务，是财务部门约束业务部门的法宝。建立反馈系统，彻底解决了财务和业务断裂的问题，将建立以盈利为导向的经营模式，树立财务控制业务的良性运营模式。反馈系统结合预算提出措施，是实现集团管理权力的捷径，彰显财务管理系统在企业盈利中的核心位置和作用，彻底解决企业财务管理机构的地位问题。

3. 财务管理报告的组织实施

（1）确定财务报告时间。集团公司涉及各种类型的财务管理报告，为了避免同一种数据在不同的报表重复填写多次的情况，需明确财务管理报告的填写或生成的时间。时间顺序为：前导性的财务管理报告先报送，然后是过程性的财务管理报告再报送，结果性的财务管理报告最后报送。

（2）落实责任人。应通过集团内部的管理制度或文件明确各种具体的财务管理报告应由哪些子公司或部门提供，具体由谁最终出具，并对提供的财务管理报告的质量承担责任。

（3）确定上报程序。确定上报程序是逐级筛选、汇总上报还是直接报送集团总部。逐级筛选是公司对下级公司的财务管理报告的数据进行筛选加工，形成本级公司的财务管理报告；本级公司上报后，上级公司采用同样的筛选汇总方法，形成财务管理报告后，再上报到上级公司；通过逐级筛选汇总上报，直至形成集团公司的财务管理报告。汇总上报是把下级公司的财务管理报告和公司本部的财务管理报告汇总后上报，上级公司也采用同样的程序，汇总上报，直至形成集团的财务管理报告。直接报送总部是相关公司形成财务管理报告后，不经过中间层级，直接报送集团总部。

（4）确定报告对象。集团公司应该由财务管理部集中接受各事业部及子（分）公司的报告，再根据需要分送给集团相关领导或相关职能部门。

（5）及时处理问题。一般重大信息的处理意见由各级财务管理部出具，如果财务管理部无权限，应上报分管领导或总经理，必要时可直接上报董事会。

（6）建立沟通机制。集团各级次的公司均应建立财务管理报告重大事项的沟通机制，上下级也应建立沟通机制，保持沟通的畅通。

（7）建立后续管理机制。财务管理报告的后续管理包括财务管理报告的使用、修订、保管机制。对财务管理报告的制度应根据集团公司实际情况修订完善。

4. 体系保障

财务管理报告的体系保障分四个层次。

（1）业务流程。业务流程事实上是整个企业母与子之间信息对称的一个根，如果没有这个，你的信息对称无从谈起。信息对称当中，定性信息固然重要，但是定量分析更加重要，如何使得准确的定量分析能够给组织提供一种很强大的参考，使得组织能够拥有一个组织智商呢？首先我们认为业务流程非常重要，业务流程的完整性、系统性使得整个组织的运转相对封闭、相对透明。很多公司里面有很多流程是隐性流程、默契流程，即具体我们做的时候会这么做，但是没有把它标准化出来，所以整个公司的运作就是不透明的，这是一个根本的出发点。

（2）财务流程。整个公司的财务流程包括会计政策的执行、处理会计凭证、账簿、会计报表和各种财务报告。必须经由公司强大的财务流程来肯定和固化，如果公司的业务流程有，但是各种财务类的流程没有，那么公司流程里的各种数据也流不到报告里面来，更流不到管理者的身边来。

（3）信息系统。集团公司首先要建立最基本的数据库，从数据库里面，集团公司能及时获取子公司各种财务数据的变化、资金的往来，能及时进行各种疑问数据的查询，这就是信息系统。

（4）决策支持系统。基于业务系统业务流程、财务流程和信息系统的决策支持系统。财务报告与管理报告结合在一起，就能组成定量和定性的坐标系，从而给管理者的决策判断带来非常大的便利性。所以我们在很多企业里建立财务报告体系的时候，既要提供资产负债表、利润表、现金流量表最基础的数据，又要充分考虑子公司所需。

母公司不仅要求报告上来，为了有效管理子公司的报告，还要对子公司报告建立管理制度。

第一步先重形式，打破子公司旧有习惯，要求其按时上报，质量内容方面暂不作要求，第二步重内容，要逐步提高子公司填报质量及准确性，第三步追求效果，要对报告的时限、质量、内容等方面进行严格要求及考核。当然对集团公司来讲，因为信息不对称，集团公司是点状控制，无法实施连续控制，因此对报告进行有效的挖掘非常重要的，并且要对报告中的内容进行详细梳理以及有效运用，一方面，可以减少子公司频繁上报重复内容；另一方面，也可以有效监督子公司从报告中反映出相关问题。

5. 财务管理报告中存在的问题以及改进

财务管理报告可能存在以下问题：

（1）结构不合理。有些财务管理报告由于结构不合理，无法满足集团公司管理需求，或由于被编制人误解，导致编制不正确。针对这一问题，改进的措施是对财务管理报告进行梳理，对于不合理的结构应及时纠正。

（2）财务管理报告编制工作量大、效率低、数据逻辑准确性差。针对这一问题，应简化财务管理报告，减少财务管理报告编报的工作量，简化报送程序，提高工作效率。

（3）侧重于数据统计。针对上述问题，改进措施是加强对财务数据的分析，对存在问题进行诊断，提出管理建议。

（4）决策支持不足。针对这一问题的改进措施是，财务管理报告的内容与集团战略和经营管理密切结合，针对各项决策，有针对性地提供财务数据。

（5）内部管理报告体系的设计不完善，不能满足经营管理的需求。内部管理报告体系包括决策报告、责任报告、风险报告、价值报告。针对这一问题的改进措施是管理会计报告体系设立时应考虑亟待实现的管理目标；要明确各层级和层次使用者的管理需求；应立足于管理目标，抓住需要解决的关键问题。

（6）财务管理报告编制制度不完善。针对这一问题的改进措施是，着力培养复合型的管理会计人才；制定和规范内部管理报告制度；逐步建立和完善财务管理报告体系。

四、财务报告的决算

年度财务报告决算在集团公司财务管理中占有重要地位，各单位也高度重视财务会计报告的年度决算工作，但对财务管理报告的决算有所忽视，为了满足企业决策的需要，财务管理报告的决算也应引起集团各级次公司的高度重视。

（一）领导机构组织体系

集团公司各级次公司均应成立年度财务决算领导组，由单位负责人担任领导组组长，主管会计工作的负责人担任副组长。财务管理部门、审计部门、企业管理部门、计划部门、采购供应部门、销售部门等部门的负责人应为领导组成员。

（二）基础工作

集团公司应在财务决算前组织各单位完成财务决算基础工作，一般在12月开始进行财务决算的基础工作。包括：①确定决算单位户数，做到不重不漏，应纳入未纳入决算范围的单位，应提交书面报告和相关资料，经批准后才能执行。②对资产和负债进行全面清查。重点项目有货币资金、应收款项、存货、长期股权投资及证券投资、固定资产、无形资产等的清查工作，要编制财产清查计划，积极组织实施，编制财务清查报告，清查中发现的重大盘盈、盘亏、毁损报废等事项要及时报告，按规定履行批准手续后，方可处理。在决算前的一项重要的工作是做好全体参加决算财务会计人员的培训工作。

（三）编报工作

为了保证财务报告编报工作质量，必须严格遵守国家会计法律法规和集团公司会计核算制度的规定，确保财务数据的合法性、真实性、准确性和完整性。只有确保会计工作质量，才能保证财务报告的编报工作的质量。

（四）内外审计

要外部审计和内部审计相结合，以外部审计为主，内部审计配合，加强对集团公司各单位财务决算报告的审计工作，确保财务状况、经营成果、现金流量情况的合法性和公允性。

（五）有效沟通

外部审计机构完成集团公司各单位财务决算的审计工作后，集团公司财务管理部门应组织各财务决算汇编单位和外部、内部审计机构及相关职能部门进行沟通，对各单位的年度财务决算中遇到的问题进行集中沟通。为了提高工作效率，应采用逐级沟通的工作程序，经营型公司负责本级和下属单位财务决算重大问题的沟通，管理型公司负责本级和下属经营型公司财务决算重大问题的沟通，集团公司负责公司本部、事业部、管理型公司财务决算重大问题的沟通。

（六）出具报告

各单位对汇审过程中提出的需调整的重大不符会计事项进行账务处理后，应出具财务决算报告，提交公司董事会审批。

（七）审议批准

公司董事会对财务决算报告进行审核后，如无异议应批准报出年度财务报告，如需股东会批准的，还需报经股东会审议批准。

（八）注意事项

集团公司财务决算应注意以下事项：

（1）重视决算工作。首先要引起公司领导、职能部门、子（分）公司对财务决算的重视。现在还有些单位的非财务会计人员，认为决算是财务人员的事，与己无关。财务决算应是全员参加的重要的年度财务工作，各级领导层和员工应积极配合年度财务决算工作。

（2）加强过程管理。加强财务决算全过程的管理，决算前周密计划，做好财务决算的基础工作；决算过程中集团公司和各层级子公司财务管理部门要积极与公司内相关部门和外部审计机构沟通协调，及时发现财务决算过程中发生的问题，并按规定进行处理；决算后要认真总结，对成功的经验要推广，对于教训要提出防范措施，堵塞漏洞，避免或减少损失。

（3）根据不同单位制定不同重点。集团公司、管理型公司、经营型公司、基层单位在集团中的重要性不一样，行业和区域也可能不同，为了提高决算的质量和效率，应针对不同单位，确定不同的财务决算重点。

（4）财务会计报告与管理报告内容相符。财务会计报告和财务管理报告的内容和数据要进行勾稽核对，同样的财务数据要一致，内容要相符，不能出现两张皮的情况。

（5）整改落实。集团公司财务管理部门对于各公司在年度财务决算中被发现的问题，要督导其进行整改，通过整改落实，提高财务报告的质量。整改落实非常重要，只有将年度决算审计中发现的问题及时整改，才能起到审计的作用，提高企业财务管理水平。整改落实一定要引起集团公司和被整改单位的高度重视，集团公司财务管理部要把督导集团内单位整改作为重要的工作，常抓不懈。集团内的所有单位也要把整改落实作为提高自己管理水平的重要路径，积极整改。

五、不同主体对财务报告的影响

集团公司不同主体对财务报告的影响不同，主要体现在法律主体和管理主体的影响及集中编制和分散编制的影响。

（一）根据使用主体分为法律主体和管理主体

法律主体和管理主体编制的财务报告的不同影响有：

（1）法律效力不同。法律主体编制的财务会计报告对外提供时有法律效力，可以向银行借款，是纳税的依据。管理主体编制的财务会计报告对外提供时无法律效力，不是银行借款和纳税的依据。

（2）用途不同。法律主体编制的财务报告主要为向外部提供时使用，管理主体编制的财务报告主要为了董事会和管理层决策使用，主要向内部提供。

（3）编制人不同。法律主体的财务报告是法人主体单位编制的，管理主体的财务报告是管理单位编制的，集团内的事业部和管理的子公司可能没有投资关系，但有管理关系，事业部本身不是法人单位，其编制的财务报告即为管理主体编制的财务报告。

（二）根据编制主体分为集中编制和分散编制

集中编制财务报告是指集团公司的会计核算中心集中编制进入核算中心核算的子公司的财务报告。分散编制财务报告是指集团公司的子公司单独编制财务报告。

（1）集中编制对财务报告的影响主要有：①深度难以保证，不易符合企业实际情况。由于会计核算中心核算的单位多，难以对所有单位的情况进行全面深入的了解，编制的财务报告深度不够，难以准确地反映单位的实际情况。②统一编制标准，更客观公正，便于绩效考核和对标。由于是统一编制，使用的标准一致，各核算单位的财务报告更易于绩效考核和对标。③财务报告的合法性、真实性、完整性更易保证。

（2）分散编制对财务报告的影响有：深度易于保证，更符合企业实际情况。法人主体分散编制，对企业的实际情况可以深入了解，更有深度，更符合企业的实际情况，但标准难以统一，不便于绩效考核和对标，难以保证客观公正。受编制人专业水平、理解能力和单位领导的影响，分散编制的财务报告标准难以统一，受主观影响较大，难以客观公正；财务报告的合法性、真实性、完整性不易保证。

第四节　绩效评价与激励管控

一、绩效评价管控

（一）绩效评价的概念以及意义

1. 绩效评价的概念

绩效评价是指上级部门运用一定的评价方法、量化指标及评价标准，对企业的经营绩效及管理者的管理绩效进行全面系统的分析与评定，目的在于通过评价对企业和管理者在评价期内的绩效做出评价，成为对企业的目标完成情况和管理者的经营能力进行考核的重要依据，是决定企业管理者和员工薪酬的重要依据。

2. 绩效评价的意义

（1）促进集团战略的实施。两权分离的现代企业管理制度，将管理者的管理绩效和管理者的报酬有机地结合，使经营者与所有者和企业的目标达成一致；同时，也可以通过管理者绩效评价目标的设定，将集团公司的战略目标与管理者的目标结合，将集团公司战略分解到管理者的绩效评价目标中，促进集团战略的实施。

（2）通过绩效评价促进企业价值提升。企业绩效评价指标中，包含与企业价值相关的指标。集团公司及各子公司通过完成绩效评价指标，促进企业价值的提升。

（3）对工作任务实现结果的检测。集团公司将工作任务分解到各子公司和集团各职能部门，通过绩效评价可有效检测各单位工作任务结果的实现情况。

（4）提升管控水平。绩效评价指标包括企业资产管理效果、运营能力、盈利能力、发展能力等一系列指标。这些指标综合体现了集团公司和子公司的管控水平，通过实现这些绩效评价指标，促进了集团公司整体管控水平的提升。

（5）正确引导企业以及子（分）公司实现经营目标、业绩目标。通过绩效评价目标的设定，可以将集团公司的经营目标分解到各层级子（分）公司，通过合理设定绩效评价指标的目标值，可以正确引导集团各子（分）公司实现经营目标。

（6）通过绩效有利于提升企业以及子（分）公司的管理水平，引导企业的经营行为。集团公司通过绩效评价可以促进子（分）公司通过完成各项绩效评价指标，提升企业管理行为，并且可以正确引导企业的经营行为，使之走向良性循环。

（二）绩效评价体系的设计

1. 绩效评价体系设计的原则

（1）战略导向原则。集团公司设计绩效评价体系，应该以集团的战略为导向，将战略分解到具体的绩效评价体系中。将绩效评价体系同企业战略相挂钩是保证战略成功实施的关键一环，只有综合考虑各方面的因素，选择性地采用适当的方法和工具，才能不断提高战略导向绩效指标体系的科学性和可操作性，从而为公司层面战略落地奠定坚实基础。

（2）与集团管控体系相适应的原则。集团公司的管控体系有集权、分权、混合等模式，不同的模式对集团公司管控要求也不同，绩效评价系统也要与管控体系相适应。

（3）以实现集团目标为绩效评价的目的原则。企业为了适应外部环境的变化，在变革中求生存，不断发展壮大，不同时期都会有不同的发展目标，既有长期目标又有近期目标。为了实现这些目标，企业采取了各种手段，绩效评价是重要的手段之一。

（4）立足过程管控原则。集团公司在设计业绩评价系统时，应当立足于过程管控，起到导向的作用。具体来说有五点：①流程化；②环节责任指标化；③全面化；④全员化；⑤全方位化。

（5）不同类型企业的绩效评价要区别对待原则。集团公司下属子公司众多，从规模上有大、中、小型之分，从行业上有集团核心竞争力企业（主业）、多元产业之分，从体制分有全资、控股、参股之分，从企业所处发展阶段有初创期、成长期、成熟期、衰退期之分。集团公司设计绩效评价体系，不同类型企业应区别对待，有针对性地设计绩效评价体系。

2. 绩效评价体系设计过程

（1）战略的分解。战略的分解是将集团公司制定的战略逐项分解到集团的各个层级的子（分）公司和职能部门，这一步是通过绩效评价促进企业战略实现的重要一环。

为了更好地分解战略指标，应对集团公司各子（分）公司有充分的了解，有针对性地将战略目标恰当分解到各子（分）公司。

（2）内外部环境分析。集团公司应对集团所处的内外部环境进行全面分析，通过分析对集团公司定位有了合理认识，将为有针对性地确定子（分）公司绩效评价指标提供很大的帮助，可以有的放矢地设计绩效评价指标并进行有效分解，通过绩效评价的实施，有效地帮助集团公司化解风险。

（3）选择绩效评价模式。绩效评价模式有战略计划型、战略控制型、财务控制型。战略计划型集团公司积极参与子公司的战略制定、实施和监督。集团公司发布战略指导意见，并监督战略决策的执行。财务控制型子公司独立制定战略，由集团公司进行评估，区分优先次序，由子（分）公司自行完成。

（4）制定经营计划和预算。将战略目标细化为各子公司具体经济业务和过程的目标，并通过制定经营计划和编制预算的形式分配资源。制定经营计划和预算必须考虑经济环境的易变性，通过弹性计划和预算、滚动计划和预算等形式将变化纳入计划和预算的范围内，从而使计划和预算有更好的可操作性，能够成为衡量业绩的标准。

（5）设计体系。通过设计适合集团内各子（分）公司实际情况的绩效评价体系，并在实践中不断完善，最终实现集团公司战略目标，提升企业价值的目的。

（三）绩效评价指标体系设计与开发工具

KPI（关键绩效指标）与 MBO（目标管理）是指标开发工具，是各有侧重的评价选择方法，集团公司通过科学合理地运用指标开发工具，达到实现集团战略、提升企业价值的目的。

1. KPI 指标及应用

KPI 又称关键绩效指标，KPI 在狭义上理解是指标体系，在广义上理解是融合结果与过程的管理体系。KPI 是从组织战略出发，以事实为基础，从最高目标向下层层分解，建立团队和个人的绩效衡量指标体系，以制订并检查绩效计划、促进行动过程、实现绩效效果，使各个绩效链条向预期方向发展，促进组织目标达成的一种绩效管理工具。

（1）KPI 体系的设计需考虑事项及要点。

公司管理人员在设计 KPI 时，将面临从几千甚至上万个指标体系中挑选出 20 个左右的关键绩效指标，如何从众多的指标中挑选出关键绩效指标，如何确保这些挑选出的关键绩效指标可以体现公司战略目标，是公司运营的重要驱动因子。为了解决这些问题，我们在设计 KPI 体系时，需关注以下问题：

①你需要衡量什么？

②你要设计多少个指标？

③你要多久衡量一次？

④什么可以解释这些指标？

⑤这些指标的复杂性应该达到什么程度？

⑥你如何使这些指标规范化？

⑦你如何保证这些指标能够对公司战略目标的实现起到积极的推动作用？

（2）建立 KPI 体系的程序。

①确定绩效指标；②审核关键绩效指标；③建立评价标准；④分配指标权重；⑤确定评价主体。

2. MBO 指标及应用

（1）MBO 的概念。MBO 又称目标管理，目标管理就是先由企业制定、提出在一定时期内期望达到的理想总目标，然后由各个部门和全体员工根据总目标确定各自的分目标，并积极主动想法、设法使之实现的一种方法。

（2）应用。目标管理（MBO）是一个目标设定过程，可以通过这个过程为组织、部门、部门负责人、员工建立目标。目标管理是一种程序或过程，它使组织中的上级和下级一起协商，根据组织的使命确定一定时期内组织的总目标，由此决定上、下级的责任和分目标，并把这些目标作为组织绩效考核和考核每个部门和个人绩效产生对组织贡献的标准。

（3）步骤。实施目标管理（MBO），应实施以下步骤：①制定公司目标；②制定部门目标；③讨论部门目标；④界定预期成果（制定个人目标）；⑤绩效审查；⑥提供反馈。

3. KPI 和 MBO 二者之间的区别和联系

KPI 和 MBO 虽然都是把目标加以数量化，但两者本质上最大的差异就是，KPI 是比较策略性的，所以通常都是属于公司的重大目标；而 MBO 多数情况下会偏向例行性的工作。MBO 是绩效管理方法的一种，而 KPI 只是考核的一种工具；另外，MBO 是关注过程管理的，而 KPI 是关注结果的。

（四）绩效评价的评价工具及方法

1. 绩效评价工具

平衡计分卡（BSC）是绩效评价的工具，适用于正常生产经营的企业，不适用于基建期及破产清算的企业。

平衡计分卡是以企业战略为基础，将各种衡量方法整合为一个有机的整体，既包含了财务指标，又包含了市场和客户，内部流程管理、学习与成长等业务指标，使得组织能够一方面追踪财务结果；另一方面密切关注能使企业提高能力并获得未来增长潜力的无形资产等方面的进展。这样就使企业既具有反映"硬件"的财务指标，同时又具备能在竞争中取胜的"软件"指标。

平衡计分卡是使企业战略落地的工具。它最突出的特点就是将企业的愿景、使命和发展战略与企业的绩效评价体系联系起来，把企业的使命和战略转变为具体的目标和测评指标，以实现战略和绩效的有机结合。平衡计分卡的指标体系分为以下四个方面。

（1）财务收益。

财务方面的绩效评价指标由财务评价指标体系和经济增加值（EVA）组成。

（2）市场客户。

目标是解决"顾客如何看待我们？"的问题。"顾客满意度的高低是企业成败的关键"，因此现代企业的活动必须以客户价值为出发点，以顾客角度从时间（交货周期）、质量、服务和成本几个方面关注市场份额以及顾客的需求和满意程度来看一个企业。

（3）内部流程。

目标是解决"我们擅长什么?"的问题。它反映企业内部效率，关注导致企业整体绩效更好的，特别是对顾客满意度有重要影响的过程、决策和行动。

（4）学习成长。

目标是解决"我们是在进步吗?"的问题。它将注意力引向企业未来成功的基础，涉及人员、信息系统和市场创新等问题，评估企业获得持续发展能力的情况。

实施平衡计分卡的步骤为：①要明确公司的使命、愿景和战略。明晰公司的愿景，这有助于管理者就公司的使命和战略达成共识，确定公司的平衡计分卡（包括财务、流程、学习和成长四个角度）。②要进行战略目标沟通，使各级经理能在组织中就战略要求进行上下沟通，并把公司战略目标与各部门及个人的目标联系起来。③要进行基于战略的业务规划。④要在公司、部门和个人层面建立反馈机制、绩效考核和能力发展模型，赋予公司战略性的战略学习能力。⑤要建立浮动薪酬的绩效激励系统，与公司、部门和个人层面挂钩。激发员工发挥积极性、主动性，将自己的目的与公司战略保持一致，更好地执行公司战略和长期发展目标。

2. 绩效评价方法

绩效评价所用的方法有两大类：一类是定性分析法；另一类是定量分析法。定性分析法主要是通过直接观察、实地调查、与相关人员座谈等形式达到收集相关资料、了解实际情况、查找原因等目的。定量分析法是通过数据的对比、换算等，来查找预算（计划）差异原因的方法。具体包括：指标法、趋势法、情景模拟法、评估法、重要事件法、序列比较法、目标评比法、综合法等。

（五）绩效评价中心

1. 责任中心的类型及鉴定

（1）主要类型包括：成本、利润、投资中心，辅助类型包括：收入、费用、现金、其他中心。

①成本中心。如果不形成或者不考核其收入，而着重考核其发生的成本和费用，这类责任中心称为成本中心。成本中心有两种类型：标准成本中心和费用中心。标准成本中心，必须是所生产的产品稳定而明确，并且已经知道单位产品所需要的投入量的责任中心。标准成本中心的典型代表是制造业工厂、车间、工段、班组等。费用中心适用于那些产出物不能用财务指标来衡量或投入和产出之间没有密切关系的单位。这些单位包括一般行政管理部门、研究开发部门、销售部门等。

②利润中心。一个责任中心，如果能同时控制生产和销售，既要对成本负责，又要对收入负责，但没有责任或没有权利决定该中心的资产投资的水平，因而可以根据其利润的多少来评价该中心的业绩，那么，该中心称为利润中心。利润中心有两种类型：一种是自然的利润中心，它直接向公司外部出售产品，在市场上进行购销业务。另一种是人为的利润中心，它主要在公司内部按照内部转移价格出售产品。

③投资中心。投资中心是指某些分散经营的单位或部门，其经理所拥有的自主权不仅包括制定价格、确定产品和生产方法等短期经营决策权，而且还包括投资规模和投资

类型等投资决策权。投资中心的经理不仅能控制除公司分摊管理费用外的全部成本和收入，而且能控制占用的资产，因此，不仅要衡量其利润，而且要衡量其资产并把利润与其所占用的资产联系起来。投资中心是最高层次的责任中心，它拥有最大的决策权，也承担最大的责任。投资中心必然是利润中心，但利润中心并不都是投资中心。利润中心没有投资决策权，而且在考核利润时也不考虑所占用的资产。

④收入中心。收入中心是指负有销售收入和销售费用责任的销售部门，以及相应的管理责任人。

⑤费用中心。费用中心是成本中心的一个细分种类，具体定义前面已叙述。费用中心可应用于管理部门、行政部门等顾问、人事、办公等费用预算支出，其目的在于支出预算内提供最佳的服务。该中心最大的优点为既可控制费用又可提供最佳的服务质量，其缺点则为不易衡量绩效。费用中心又有两种类型：固定费用和随机费用。

⑥现金中心。现金中心是指能为企业创造稳定的现金流的单位或部门，如集团公司中的金融企业、超市、酒店等，虽然不能为集团公司贡献较多的利润，却可以为集团公司创造稳定的现金流入量。

⑦其他中心。其他中心是除上述中心以外的以一定目的设置的中心，如服务中心、管理中心等。

（2）责任中心的鉴定。

①单一中心的鉴定。单一中心是在收入、成本、利润中只有一种突出责任中心特征的单体公司、经营型公司或分公司、生产车间等，如钢铁集团公司的销售公司是单一的收入中心，炼铁、炼钢等分公司是单一成本中心。其指标也较单一，单一收入中心的指标主要为收入，单一成本中心的指标主要为成本。

②混合中心的鉴定。混合中心是具有两种或两种以上的责任中心特征的公司，集团公司和管理型公司一般是混合型中心，大多数经营型公司也是混合型公司。如集团公司是投资中心、利润中心、收入中心、费用中心等。管理型公司和大多数经营型公司是利润中心、收入中心、成本中心。

2. 责任中心鉴定的原则

（1）体制相适应原则。根据体制不同确定不同的中心，管理型和经营型体制的公司一般是混合中心。分公司和车间体制的单位一般是单一中心，一般划分为收入、成本、现金中心。

（2）职能定位原则。根据其职能不同进行划分，根据各责任单位是否具有投资决策职能，生产、销售职能、管理职能等定位，具体划分为投资、利润、收入、成本、费用、现金等中心。

（3）与管控导向相结合原则。根据集团公司对各级公司和部门的管控导向不同，具体进行鉴定。例如，集团公司对以创收为管控导向的公司或部门，鉴定为收入中心，以降低成本为导向的公司或部门鉴定为成本中心等。

3. 责任中心的绩效评价

（1）单一中心的公司评价标准。

①成本中心的评价考核指标。成本中心的考核指标包括成本（费用）变动额和成

本（费用）变动率两项指标。

②利润中心的评价考核指标。分两种情形：第一种，当利润中心不计算共同成本或不可控成本时，其考核指标是利润中心边际贡献总额，该指标等于利润中心销售收入总额与可控成本总额（或变动成本总额）的差额。第二种，当利润中心计算共同成本或不可控成本，并采取变动成本法计算成本时，其考核指标包括：利润中心边际贡献总额、利润中心负责人可控利润总额、利润中心可控利润总额。

③投资中心的评价考核指标。除考核利润指标外，投资中心主要考核能集中反映利润与投资额之间关系的指标，包括投资利润率和剩余收益等。

④收入中心的评价考核指标。对收入中心的考核主要包括三个指标：销售收入目标完成百分比、销售款回收平均天数、坏账损失发生率。

⑤费用中心评价考核指标。费用中心评价考核指标主要有费用预算完成率、费用较上年降低率、可控费用较上年降低率等。

⑥现金中心的评价考核指标。现金中心的评价考核指标主要有现金收入预算（计划）完成率、现金收入较上年增长率等。

⑦其他中心的评级考核指标。其他中心如管理中心、服务中心等，这类中心无法考核收入、利润、现金指标，应重点考核管理指标，根据管理中心、服务中心的工作性质和特点制定管理指标。

（2）混合中心的评价标准。

不同中心的考核指标的确立，要具体结合各时期的工作导向来确定。在对混合公司具有哪几种中心特征进行分析基础上，确定其是哪几种责任中心，再根据上述单一公司各种责任中心的评价考核指标，分别选取 1 ~ 2 种考核指标，组成混合中心的绩效评价指标。

二、激励管控

（一）理论介绍

1. 概念

激励就是采用某种有效的措施或手段调动人的积极性的过程。它使人产生一种兴奋的状态并保持下去，在这种状态的支配下，员工的行为趋向组织的目标，并且行为效率得到提高，最终高效地完成组织的目标。

2. 激励理论介绍

已有的激励理论主要从心理学和组织行为学的角度展开研究，激励被认为是通过高水平的努力实现组织的意愿，而这种努力以能够满足个体某些需要和动机为条件。

按照研究层面的不同，激励理论可以分为三种类型：内容型激励理论（需要层次论、双因素理论、ERG 理论、成就需要理论）、过程型激励理论（公平理论、期望理论、强化理论、目标设置理论）和综合型激励理论，除此之外，还有 X 理论、Y 理论、Z 理论和投入产出理论等。本书重点介绍投入产出理论，具体如下。

现实中员工和组织是一个双向选择的结果，员工可以离开组织，组织可以解聘员工。组织的目标一般都是明确的，而员工的需求一般来说相对比较复杂，是多方面的。组织加强对员工的激励，要从多方面着手，但最根本的是在核心利益上达成共识。可以将对员工的激励分为正激励和负激励，也可以分为无形激励和有形激励，也可以有其他的分类法。下面从员工与组织互为矛盾而又互为依存的角度分析如何从方向上把握对员工的激励，称之为双顾客激励。

（1）作为组织购买员工的劳动力，组织是顾客，员工尽其所能满足组织的要求，所以组织应当以其顾客身份，充分发挥对员工的议价能力，尽量设置较高的目标为企业提升价值，从激励角度可以无形负激励为手段促进企业目标的实现，如：①充分利用企业的议价能力在同等效率情况下，降低企业劳动力相关支出或者在同等投入的情况下提高企业的生产效率。②引入竞争机制，促进员工效率的提高，通过优胜劣汰提高员工素质。③培养岗位后备员工，实行 AB 岗位制度，一方面防止人员调动影响正常工作，另一方面增加现有员工的无形负激励。④寻求岗位替代，对一些不利于工作效率提高的岗位以及由于种种原因无法使原岗位人员效率提高的岗位，通过组织流程优化，重新设置新的岗位，替代原岗位部分或全部职能，从而产生对员工的负激励。

组织作为顾客，目标的设定理论上应当是最高的，这里表现在员工作用发挥是最高的和绩效目标应当是行业最高的两个方面。从组织角度看员工应当实现最高目标，否则应当采取负激励措施。

（2）作为员工，是组织目标的实现者（在企业中体现为产品或服务创造者即给企业带来利益的主体），员工应当是上帝，组织为实现其目标应充分利用其各种资源满足员工的各种需求，以期员工为组织创造更多的价值，实际上是员工与组织投入双方投入（成本）与产出（收益）的互动过程，可用图 6-4 表示。

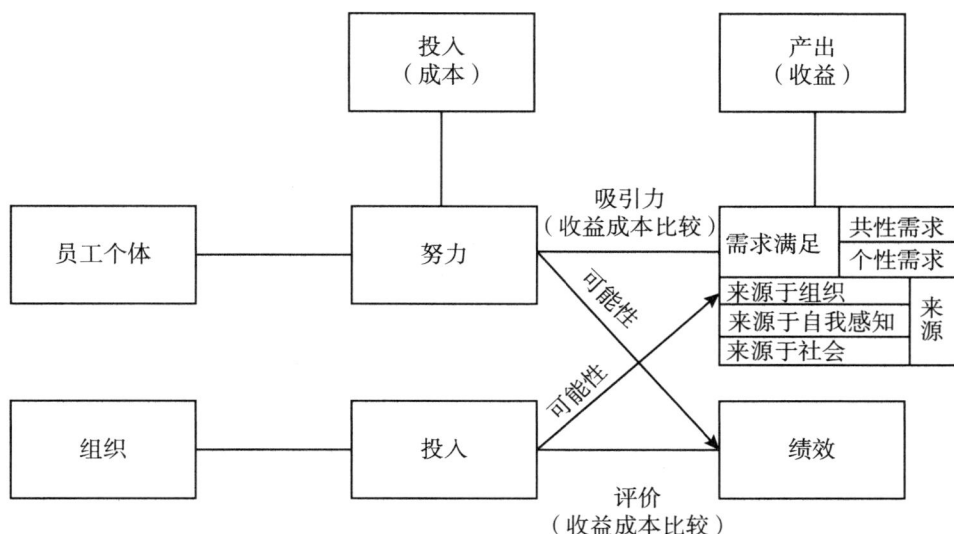

图 6-4 员工与组织投入双方投入（成本）与产出（收益）的互动

从图 6 - 4 中可以看出：①作为员工个体，其投入个人努力，通过努力产生组织所需要的绩效，从而满足自身的需求，其总是在比较自己是否该努力，其努力能否产生绩效，从而从组织中获取报酬，获取自我满足，获取社会认可等。②作为组织其投入的是其资源（如金钱、有限职位等），通过投入激发个体需求的愿望，从而促使其努力，从而创造出组织的绩效。其总是在比较组织的投入能否激励出员工的需求，从而达到组织绩效。③可以看出组织应当以其较少的投入，促使员工为实现自己需求满足的目标，从而为组织创造尽量高的绩效，也就是说主观为自己，客观为组织，这是一个很简单的道理。所以组织应当设立以尽量高的绩效目标为目的，以满足员工需求为手段开展激励。

激励理论中对人的需求的研究很多，这里不再重复，但是作为人的需求，又分为共性需求（如金钱、荣誉、工作成就等）和个性需求（自我的满足，有的人对金钱特别关注、有的人对荣誉特别关注、有的人对社会地位特别关注）。因此，需求研究中要特别注意在研究共性需求的同时研究个性需求。

员工通过努力得到的报酬来源于三个方面：第一来源于组织，如薪酬、职级等；第二来源于自我感知部分，如工作成就感，工作阅历等；第三来自周围的社会如同事的评价、社会的影响和人脉资源等。

第一部分是组织的投入（组织成本的付出），第二部分、第三部分来源组织以外（员工本人和社会），也可以说是组织投入的附加值。因此，组织研究员工需求应尽量提高第二部分、第三部分比例，从而达到事半功倍的效果。

在研究投入产出模型时需要考虑以下因素：

①组织投入对员工产生的效果（即需求满足效果）是否具有吸引力，从而调动其积极性。②组织投入产生的员工需求满足与相应的绩效目标是否相匹配，即图中的可能性有多大。③组织对投入（成本）与产出（收益）的比值是否满意。④组织研究个体的同时要充分考虑个体员工之间的公平对待问题（这在公平理论中有大量的研究）。⑤组织应当在应用正激励的同时根据具体情况适当应用负激励（如警告、纪律处罚、经济处罚等）。

组织应当结合上述内容选择适合自我的绩效目标设定和相关的激励方式，概括为图 6 - 5。

图 6 - 5　组织的绩效目标设定和激励方式的选择

（二）激励体系设计的原则

1. 物质激励与精神激励相结合原则

强调物质激励与精神激励相结合，并不是说不需要有所侧重，物质激励与精神激励是对人们物质需要和精神需要的满足，而人们的物质需要和精神需要在层次与程度上受多种因素的制约，并随主客观条件的发展而不断有所变化。从社会角度来看，一般来说，社会经济文化发展水平比较低，人们的物质需求就会比较强烈，而在社会经济文件发展水平比较高的条件下，人们的精神需要则会占主导地位。只有坚持物质激励和精神激励相结合的原则，才能更好地管理企业，更好地调动员工的积极性，这样企业才能够按照自己的计划顺利地发展下去。

2. 正激励与负激励相结合原则

正激励是主动性激励，负激励是被动性激励，就二者的作用而言，正激励是第一位的，负激励是第二位的，所以企业在激励中应该坚持以正激励为主、负激励为辅的原则。在激励过程中，宜多采用正激励的方式，以唤起人的增力情绪，调动其积极情感。少采用负激励的方式，以减少人的减力情绪，克服其消极情绪。从普遍意义上来看，要坚持正激励与负激励相结合原则，把正激励放在主导地位，把负激励作为补充。

3. 短期激励与长期激励相结合原则

在激励机制中，还包括两个激励：短期激励与长期激励。这里的短期激励是指短期内的激励，能够很好地满足基本生存的需要，这直接给予员工工作的动力；而长期激励，是指长期的激励，能够满足个人职业生涯发展和个人价值实现的需要，这个能够提高员工对企业忠诚度，从而更加积极地去为企业创造更大的利益。所以，将短期激励和长期激励结合起来就可以将一个员工的潜力充分激发出来，这样对企业就越有利。

企业要把企业员工特别是高管和骨干人员的利益与企业的长期利益捆绑在一起，吸引并留住高层次人才，避免出现只追求短期行为、养懒汉等问题。所以必须考虑结合自身特点有选择地引入长期激励机制，将短期激励和长期激励有机结合起来。

4. 激励与绩效相结合原则

对员工激励时还要考虑绩效原则，即对员工的激励水平要与企业绩效挂钩，他们的报酬要与自己的业绩挂钩。如果把激励与绩效联系起来，即依据绩效考核的结果做出与激励有关的决策，那么，必须保证绩效考核的客观性和准确性。这里有必要阐述一下绩效管理和绩效考核的联系。应该注意的是，绩效考核不是孤立的考核工作，它是绩效管理的一个不可或缺的组成部分，尽管很重要，但不是绩效管理的全部。绩效考核是依据既定的标准，通过一套正式的结构化的制度和系统的方法，用来衡量、评价员工对职务所规定职责的履行程度，即用来确定员工工作成绩的一种管理方法。绩效管理是通过一套系统的管理活动和过程，达到组织和个人对目标以及如何完成目标的共识、形成利益与责任共同体，共同推动个人和组织努力创造更高业绩的程序方法。其实质是通过持续不断的动态沟通，将个别员工的绩效与组织绩效相结合，最终提高整个组织的绩效，实现部门或企业的目标。

5. 成本与效益配比原则

激励成本要和企业的效益配比。例如，只有企业高管的薪酬和企业的效益大小挂钩，才能起到激励作用。通过使经营者利益与企业利益捆绑在一起，从而实现共赢和利益的最大化，但在实际实施过程中应注意激励成本与企业效益的配比问题，过高增加企业负担，过低无法有效实现既定经营目标。

6. 公平原则

企业员工对物质激励的公平感，也就是对激励的实施是否公正的认识与判断，是设计物质激励机制和进行激励管理时首先需要考虑的因素。激励的公平性可以分为两个层次：一是外部公平性，即与同行业内其他企业的激励水平相比较，该企业所提供的激励必须是有吸引力的，这样才可以吸引优秀的求职者，同时留住优秀的员工。二是内部公平性，即公司内的多数员工应该认同，自己的激励水平与公司内其他员工相比是公平的，如果不公正，奖不当奖，罚不当罚，不仅达不到预期的效果，反而会影响员工的积极性。

所以在企业激励机制制定的过程中，要在管理方面采取各种措施力争做到公平，必须坚持客观、公正、民主和科学，使员工产生公平感，从而调动工作积极性。

（三）激励的方式

1. 薪酬激励方式

薪金激励方式是根据员工的报酬与业绩的关系，将经营者的报酬分成两部分：基本工资和效益工资。管理者眼里的基本工资是最基本、很少的一部分，并不能对他们形成多大的刺激，效益工资才是他们的动力所在。高层管理者的效益工资同修正的经济增加值（EVA）相联系；中层管理者（各部门经理）的效益工资同 EVA 相联系，同时还需考虑部门收益、成本等财务指标，以及顾客满意度、产品质量等非财务指标。

2. 股权激励方式

股权激励具有长期激励的特点，能引导经理将公司经营目标定位于中长期，而不仅仅是追求短期效果。这就将企业经营者的利益和企业利益连在一起，起到了激励和约束的双重作用。在美国，股权激励（主要是期权激励）发展得非常快，CEO 的平均报酬构成中，股权部分逐渐增加。目前，股权激励在国内越来越受到重视，不仅有理论上的探讨，而且近年来国家出台的政策也对股权激励提供了政策依据。按照基本权利义务关系的不同，股权激励方式可分为三种类型：现股激励、期股激励和期权激励。

3. 声誉激励方式

人类社会发展到今天，人的需求层次已经不仅仅局限于拥有的金钱越多越好。根据马斯洛需求层次论，满足"自我实现"是管理者的一项重要的需求。精神激励的运用可以增强子公司经营者的内在成就感，使其从内心产生主动工作的积极性和创造性。精神奖励和物质奖励相结合，往往要比单纯的物质奖励的效果好。激励奖惩制度可灵活采用多种方式，但必须事先明确规定，明确业绩完成情况与奖惩制度之间的关系，使员工明确什么样的业绩会得到什么样的奖励，以引导员工去约束自己的行为，尽可能争取好的成绩。

4. 职位消费激励方式

除给代理人薪金收入外，还可按其职位享受企业所给予的待遇，这应根据企业的规模和代理人的业绩来确定。职位消费要求明确化，以制度的形式加以明文规定，防止职位消费成为管理层腐败、侵吞企业财产的途径。

（四）团队和高管激励

现今通用的团队和高管人员的激励措施主要分为三大类：加薪、奖金或晋升。

加薪是比较常见的一种经济激励措施。加薪激励把对高管人员的肯定直接表现在重要的稳步增长的经济收入——工资当中，非常直观实在，量化了的金钱可以直接让高管人员感觉到自己已经实现了的价值。奖金从表面上看是一种单独、额外的奖励，可变性较大，但其实质仍然是"多给点钱"，与基本薪酬一起，构成了高管人员的一般性收入。晋升则在提高高管人员物质待遇的同时，还能加大高管人员的工作责任，获得更多的机遇，使高管人员提高组织、社会地位及综合能力，物质、金钱激励作用不是晋升激励的重点。

对于高管人员来说，除了常规物质薪酬激励之外，也许更需要的是一个完全属于自己的、能充分发挥自己能力的平台。没有新的平台给他，高管人员就会受到压抑，时间长了，心生厌倦，最终造成优秀高管人才流失。能否给予他一个相对独立的平台，让其主导决策并亲自督导执行，是企业是否能激发其工作积极性和创造性、满足其发展欲望的关键因素。

利用薪酬、晋升或创造新的平台来激励高层管理者毕竟是有限的，因为无论哪种办法都不能改变"雇主—雇员"关系，因此很多优秀高管人员并非能够真正满意这些激励措施。企业高级管理层持股计划或利润分享计划就是让优秀的高管人员就地由打工仔转化成企业老板的措施之一，根据他们对企业贡献的大小，给予一定的股份。这样，高管人员不仅可以享受正常的较高的薪酬和奖金，而且还可以根据股份大小分享利润，真正成为企业的所有者，从而与企业利益攸关，共同成长，进而实现其人生价值。

以上三大类激励措施，在企业不同阶段，针对不同需要的高管人员，都能发挥一定的激励作用，但不同的激励方式因不同企业发展阶段和不同需求的个体，其作用有差异。企业初创时期，人人都在干事业，要求的是发展空间，对于晋升、新平台比较看重；等到事业成熟了，许多高管人员才能发挥也差不多了，开始考虑利益问题，单一激励因素不够了，综合激励制度就少不了。对于高级经理、总经理助理一级的人来说，加薪、奖金、晋升、新平台、利润分享、股份，均具有吸引力；对于总经理、副总经理而言，则利润分享、持股计划、新平台可能更具有激励价值。同是一个总经理，年轻点的可能更看重新平台，而年纪大点的可能更看重利润和股份分享。

高管激励措施，必须充分考虑和权衡以下几大基本要素：

1. 工作的难度

在设计激励制度的时候，绝不可以按主观愿望盲目下达超高标准的、脱离现实的工作任务。当设定过高的工作目标时，无论其奖励如何吸引人，也只是镜花水月。面对无法完成的目标和任务，能做的也只是气馁和消极抵制了，在无法完成任务的情况下，他们最后反而会把责任推到上级的决策失误上。正确的激励制度应当把相关的目标保持在一个有难度但是可以达到的水平。通用电气公司（GE）的激励制度就是一个很好的例子，GE 每年为高管定的目标有两个：第一个是高管必须完成的，在假定最大工作难度的情况下的目标；第二个就比较有挑战性，它鼓励高管在完成基本的目标后向更高的目标冲刺，继续挑战自我。这样的激励制度的设计使得 GE 长期维持着一种既稳定而又不失进取的状态。

2. 具体业务前景

具体业务的前景也是制定高管激励制度必须考虑的一个重要因素。这要求企业决策层对各高管人员负责具体业务的前景做出一个比较准确客观的估计，并且以此为依据来制定对各高管的合适激励制度。业务潜力大，意味着业务开展的难度低，高管只需要相对较少的努力就可以取得较好的业绩，因此，对于负责此业务的高管人员无须给予太多的激励；相反，如果业务未来的前景不容乐观，想要高管出成绩就应当给予更多的激励成果。只要激励成本小于利润增量，企业就应当适当加大激励。

3. 人力资源的质量

高管的工作业绩和他所面对的企业人力资源有很大的关系，手下拥有大量素质优秀的人才，令出必行，工作业绩必定显著提高；而手下人才匮乏，无人可用的高管，事必躬亲，必然无法顺利完成任务。因此，在企业缺乏良好的人才结构的情况下，加强对高管人员的激励，目的之一就是希望高管在短期内，在人力资源有限的情况下，充分发挥个人能力，起到力挽狂澜的作用；目的之二就是促使高管人员去逐渐提升企业人力资源的质量，搜寻优秀的人才，为企业建立一个合理的人才结构。

4. 短期激励与长期激励

制定激励制度还要考虑短期激励与长期激励的平衡。过多的短期激励会下意识地刺激高管人员采取短期的经营管理行为，使其不惜损害企业的长远利益。而过多的长期激励，不顾及高管的现实利益，高管必然丧失工作积极性，使得长期目标无法实现，激励制度也失去了应有的作用。因此，在制定激励制度的时候，必须有一个综合的短期长期激励计划，使得对高管人员的激励兼具持久性与有效性。

5. 责任、权力和利益相结合

在对高管人员进行激励的同时，必须把这三者结合起来考虑。高管人员手中权力大的，是否有相应的责任与其匹配，责任匹配了，而激励制度是否能匹配，权力大、责任大，而激励低则必然导致高管人员心存不满，容易造成其滥用职权。而低权力、低责任，高激励必然导致企业激励成本过高，少做事多拿钱，最终会对企业造成损害。如何让这三者恰当结合，是企业制定高管激励制度时必须考虑的一个重要因素。

6. 企业文化

企业在制定高管激励制度的同时，也必须考虑企业文化因素，这主要体现在两个方面：一是企业的历史，即企业在过去几年中对高管采取的激励措施，激励措施应当尽量具有连续性，即使改革也应该有步骤进行，要尽量避免突变，让新的激励制度和激励观念达到"随风潜入夜"的效果。二是企业文化对激励的认同，有的企业文化支持高激励制度，而有的企业文化则相反。因此，具体的激励措施要与企业文化有机地结合起来，不能背企业文化而动，否则会适得其反。当然，无论是何种激励制度，都没有绝对的正确或错误，关键是这种制度能否促使高管人员给企业带来最大限度的价值，其激励成本能否在所带来的利润之下。如果是肯定的，则证明其激励制度是可取可行的。

（五）激励的注意事项

1. 长短期目标相结合

前面已叙述，激励要注意长短期目标相结合。只有长短期相结合，才能兼顾眼前利益和长远利益。防止企业管理层为了实现短期激励目标，而急功近利，妨碍了企业长远战略目标的实现。

2. 保持激励制度的严肃性

激励办法确定后不得随意变更，其对企业的发展有引导作用，激励办法随意变更不利于企业的长远发展和战略目标的实现，激励政策一旦确定，要坚持执行，可以微调，不得随意大幅变更甚至彻底改变，要保持一贯性和严肃性。

3. 加强针对激励相关任务指标的管理

激励要有的放矢，要与任务目标一致。激励指标体系设计得优劣，直接关系企业战略目标的实现，激励指标设计要达到促进企业短期、中期、长期战略目标实现的目的。

4. 与同类企业对标

激励指标要注意与集团内外同类企业对标，才能找到企业的不足，通过制定激励指标促进企业找出与集团内外同类企业的差距，并迎头赶上。

第五节　内部交易管控

一、内部交易的意义

（一）内部交易的概念及利弊

内部交易是指集团公司内部发生的母子公司、子公司间的资源使用和被使用的交易行为。内部交易发生在集团内部，集团内部两个单位之间分别以使用和被使用方的身份进行交易，对同一集团来说，并未形成交易，仅是资源在集团公司内部的转移。如集团公司一个子公司生产的产品，被另一个子公司消费，就形成了集团内部的生产与消费的关系。集团公司一个子公司生产的产品，成为另一个子公司生产用设备或基建投资用材料，就形成了生产者与使用者的关系，母公司对子公司投资或子公司间投资，就形成了所有者与经营者的关系。

内部交易是一把"双刃剑"。一方面是正面效应，集团公司通过内部交易可以降低交易成本，提高内部公司的经营效率，增加利润；可以提高集团公司整体运营效益，提高企业价值，促进集团战略目标的实现；还可以提高风险管理的效率，更有效地管理集团内部公司的资产、债务。另一方面是负面效应，在集团公司的主要行业处于经济周期的下行期时，内部交易可以通过风险传递，扩大集团经营困难企业的行业数和公司数量，如以煤炭采掘为主的集团公司在煤炭市场下行时，将遭遇经济风险，经营困难，资金紧缺，可能会拖欠集团内装备制造公司的设备款，拖累了装备制造公司，使之也遭遇经济风险；集团公司组织结构复杂，随着规模的不断壮大，内部交易的规模增大，交易类型复杂化给集团总部的监管造成难度，难以控制内部交易的风险，从而增加集团的整体风险。

一方面内部交易会加大集团的管理成本；另一方面由于内部交易属于内部行为，不加以管理，时间长了，会影响到产业技术进步。

（二）集团内部交易的意义及作用

随着集团公司的发展壮大，为了实现集团公司战略，提升企业价值，内部交易成为重要的路径。集团公司通过内部交易，节约交易成本，避免公开市场激烈竞争带来的负面影响，提高集团整体经济效益，实现利润最大化。内部交易除具有内部转移价格的作用外，还具有调配利润、增加价值、保证供应、调控市场、融洽当地政府或所在国的关系、调度资金、规避外汇风险、税收筹划等作用。

（三）内部交易的形式

内部交易在企业经营中表现为多种形式，但最为常见的通常有以下几种：

1. 产品购销

这是各类内部交易中占首位的方式。尤其是集团公司产业链中形成上下游关系的子公司间，从原材料采购、委托加工、产品销售到提供后勤服务等相关的内部交易行为。

2. 研究与开发项目的转移

这也是众多集团内部交易的重要形式，包括新产品新技术的研发投入和成果的转移、孵化、产业应用。

3. 资产重组

发生在公司调整产品结构、优化公司资产结构时的资产转让、债权或债务重组行为。

4. 租赁关系

发生在集团和子公司或子公司间的厂房、设备、土地使用、商标及特许权等的租赁行为。

5. 资金使用

包括母子公司之间和子公司之间资金借贷往来和担保、共同受益的项目建设、研究开发、市场开拓、后勤服务、社会职能等所需费用的分摊等。

6. 购买或出售资产

集团和子公司或子公司相互间发生的购买或出售资产的行为。如出售或购买机器设备或房产等。

7. 股权或债权投资

包括母子公司间或子公司间发生的股权投资或购买内部公司发行的债券的行为。

8. 签订管理方面的合同

包括母子公司间或子公司间发生的委托经营和受托经营行为。

9. 赠与或受赠资产

包括母子公司间或子公司间发生的资产赠与或受赠行为。

10. 委托或受托销售

包括母子公司间或子公司间发生的产品委托或受托代销行为。

11. 共同投资

包括母子公司间或子公司间共同对外投资的行为，通过一致行动获得对某集团外企业的控制权或产生重大影响。

12. 通过协议形成资源或义务的转移

包括母子公司间或子公司间通过签订协议使得集团内资源或义务从一个集团内公司转到另一个集团内公司的行为，通过集团内部资源或义务的转移，使集团整体利益最大化或化解集团内某个子公司的风险。

（四）内部交易管控的原则

1. 集团利益最大化原则

实现集团发展战略，追求集团整体利益最大化，是集团公司内部交易的重要目的，也是重要原则。如集团产品供不应求、产能不足时，应尽量减少内部交易，最大限度地供应外部市场，以获得最大利益。当集团产品供大于求、产能过剩时，可以通过加大内部交易，减少外销的压力，通过内部其他供不应求的行业消化这部分过剩产能，实现价值转移和叠加，创造最大利益。为了寻求内部交易的利益最大化，还要关注管理成本和交易成本的关系，当管理成本低于交易成本时，加大内部交易的数量；当管理成本高于交易成本时，减少内部交易的数量。

2. 充分调动各方面的积极性

由于集团公司的各子公司是相对独立的实体，在内部交易中有根据其自身利益自由选择的权利，也有和集团公司或其他子公司进行商业谈判、协商的权利。集团公司在制定转移价格时，在均衡各方面利益的基础上，应尽量尊重与保护这种自由与权利，充分调动各方面的积极性，不能一味地使用行政命令手段，强行制定内部转移价格，导致因照顾一方子公司的利益，而损害另一子公司利益的情况，挫伤利益受损方子公司的积极性。内部转移价格制定应遵循以下原则：①目标一致。制定内部转移价格应使交易双方的利益取向，与集团公司整体利益相结合。②自主权。集团公司的各子公司在交易中应有充分的自主权，购买方子公司的经营层有权按价格孰低原则，决定选择内部子公司还是外部单位购进商品，销售方子公司的经营层有权按价格孰高原则，决定选择内部子公司还是外边单位销售产品。③绩效评估。制定的内部转移价格应能使各子公司的绩效评估公平与合理，要兼顾内部交易各方的利益。确定受到损失的一方，集团考评时应充分考虑，根据具体情况给予一定的补偿。

3. 与集团管控环境相一致的原则

内部交易管控首先要了解集团公司及所属子公司所处的内、外部环境，只有在对内、外部环境有充分了解的前提下，制定与集团管控环境相一致的内部交易政策，也才能从根本上起到实现集团战略，达到集团整体利益最大化的目的。如集团公司所处某个行业的子公司，处于行业发展的上升期，产品产销两旺，且外部市场的产品价格处在上涨周期内，这时，就应该减少内部交易，加大外部交易的市场份额。如集团公司所处某个行业的子公司其外部市场的产品价格处在上涨周期，但其所需原材料价格的涨幅却超过产品上涨的幅度，而集团内其他子公司也生产这种原材料，如果使用内部子公司的原材料，可以降低成本，但其带来的收益没有该种原材料直接销售的收益大，这时就应综合平衡，找到原材料内外销的合理比例，创造最大的集团整体效益。如集团内的某个新成立的子公司其产品拥有核心技术，具有核心竞争力，盈利能力强，但创业初期企业效益尚无法体现，靠自身的信用无法获得银行贷款，这时，如果集团公司通过内部交易，给其内部委托贷款，使之获得发展所需资金，尽快释放产能，取得盈利，将增强集团公司整体的盈利能力。

二、内部交易管控的重点——内部转移价格的管控

（一）内部转移价格的含义

内部转移价格指企业内部各责任中心之间或各关联方之间用于相互结算或相互转账所使用的价格标准。内部转移价格是集团内各公司或各部门之间由于相互提供产品、半成品或劳务而引起的相互结算、相互转账所需要的一种计价标准。转移价格广泛地应用在企业决策制定、成本计算、业绩评价等方面。它与公司经营战略和公司的内部控制、管理制度相关。一般由进货价格、流通费用和利润构成。

（二）内部转移价格的作用

集团公司内部转移价格的动机是实现整体利益最大化，同时也可以平衡集团多个利润中心之间的关系。

集团公司内部各单位之间的交易种类数量和交易频率往往显著高于单体公司。因此，集团企业转移定价的目的就更为复杂，作用也更加明显。

1. 调节集团内部各利益相关方的关系，明确经济责任

通过制定内部转移价格，起到明确各单位经济责任的作用。集团内部交易的对象有可能缺乏活跃的外部交易市场，如果任由卖方定价，就很可能因为垄断而定价过高，从而使购买方成本过高。那么，购买方就会以此作为不能实现经营和财务目标的借口。因此，通过制定内部转移价格可以平衡内部买卖双方的经济责任和利益关系，更好地服从集团的整体利益。

2. 通过税收筹划合理避税

内部转移定价可以合理地调节各子公司的利润，将利润集中在所得税税率较低的子公司，从而起到集团公司整体税负最小化的目的。如我国对获得高新技术企业认证的企业有所得税税收优惠，研究开发费用也可通过加计扣除，获得所得税优惠。可以在合理的范围内，通过内部转移定价，最大限度地将集团公司的利润体现在这些有所得税税收优惠的子公司，从而达到税收筹划的目的。对于跨国公司而言，税收筹划的空间更大，不仅可以通过合理的内部转移价格少缴所得税，还可以少交关税，甚至流转税。

3. 规避风险

①减少或避免外汇汇率变动风险。金融危机以来，各国货币汇率波动很大且频繁，使跨国公司面临贸易中的交易风险，也面临资产的外汇风险，一般跨国公司采取货币转移的方法和"提前与错后"付款的方法来防止，但利用转移定价可以加强这种方法的有效程度，从而使风险进一步降低。②避免政治风险。跨国集团公司的境外子公司，对东道国政府没收资产或国有化是跨国公司所担心的，尽管跨国公司可以采取一系列方法，如参加投资国政府的投资保险计划、雇用当地管理人员、使东道国拥有公司的股权等，将部分风险转嫁出去。但在具体投资中，跨国公司常常使用转移定

价对子公司实行更高的销售价格、索取高额服务费、压低子公司出口商品价格等使子公司陷入财政赤字状态，成为空架子，从而将投资利润从东道国转移出去，将风险降至最低。

4. 对付价格管制

为维护本国市场和当地居民的合法权益，保护民族工业，东道国制定市场价格控制政策。为避免东道国倾销等指控，跨国集团公司利用转移定价提高成本以提高产品价格，同时，为避开东道国的最终产品价格管制，跨国公司将产品或生产该产品的中间产品以高价转嫁给子公司，形成高成本，提高产品售价，赚取高额利润。

5. 调拨资金

集团企业可以根据整体的发展战略，以各种方式进行资金的内部调度，转移定价就是其中的重要方式之一。通过转移定价的方式，可以将资金配置到集团战略发展所要求的项目上，从而实现整体的战略目标。假设集团内有一个子公司，目前盈利一般甚至亏损，发展资金不足，但属于朝阳产业，市场前景看好，那么集团为了使该子公司得到优先发展，就可以通过转移价格，让该子公司与其他集团成员企业进行交易时，以较低的转移价格买入或以较高的转移价格卖出，从而实现资金向该子公司汇集。

6. 获得竞争优势

转移定价是跨国公司获得竞争优势的制胜法宝。跨国公司在海外新建子公司时，可以凭借整个公司体系的资金等实力，运用转移"低价"，为新建子公司供应低廉的原料、产品和服务，高价买进子公司产品，帮助子公司迅速打开局面，树立良好信誉，站稳脚跟；当跨国公司的某个海外市场竞争异常激烈时，总公司以转移"低价"，不惜血本，维持低价倾销，集中财力、物力支持在那里开拓市场的子公司，直至把对手挤垮，最终占领市场。

7. 减轻配额限制

作为非关税壁垒，配额在国际市场上是普遍执行的国际贸易限制。如果配额是针对产品数量的，利用转移价格可以改变产品进口成本；如果配额是针对产品价值的，那么配额一定时，跨国公司降低转移价格，则可以增加产品出口量，进口子公司就可以加大产品实物的进口量，达到扩大生产、提高销售额的目的。

（三）内部转移价格制定的原则以及需要考虑的因素

1. 内部转移价格的制定原则

集团公司制定内部转移价格的定价政策，在以实现集团战略和集团整体利益最大化为导向的前提下，应充分调研集团内外部环境，确定恰当的内部转移价格政策的基本原则。

（1）全局性和集团整体利益最大化原则。

集团公司的目标是实现资源的有效配置，提高集团公司整体利益。采用内部转移价格的各单位从属于集团公司，各单位的利益应与目标是一致的。制定内部转移价格，只是为了分清各单位的责任，有效地考核评价各单位的业绩。在这种情况下，企业制定内部转移价格，要从全局出发，使局部利益和整体利益协调统一，力争使企业整体利益最大化。

（2）激励原则。

从理论上来说，在制定内部交易的转移价格时，要充分考虑策略的制定是否能够激励各成员企业去努力降低生产成本，要充分考虑内部转移价格对各成员企业业绩的影响，使各成员企业所得的收益与该成员企业的成本呈反比关系，这样才能激励它们努力降低成本，增加企业集团的整体利益。

（3）公平性原则。

内部转移价格的制定应公平合理，防止某些单位因价格上的缺陷而获得一些额外的利益或损失。在商品经济条件下，商品交换是按等价原则进行的，高质高价、低质低价。如果制定的内部转移价格不合理，就会影响到单位的生产经营积极性。

（4）自主性原则。

集团公司高层管理者不应干预各个单位经理层自主决策。在集团公司整体利益最大化的前提下，集团内各单位应有一定的自主权，如生产权、技术权、人事权和理财权等，制定的内部转移价格必须为各方所接受。

（5）重要性原则。

集团公司法人主体众多，规模和效益情况千差万别，需要制定的内部转移价格的对象成百上千，甚至更多。如果事无巨细，都制定一个详细、准确价格，不但不必要，而且很难实施。因此，制定内部转移价格，可对那些价高量大、耗用频繁的对象，尽可能地科学计算，从严定价；对一些价低量小、不常耗用的对象，可以从简定价。

2. 需要考虑的因素

制定内部转移价格对内部交易的双方均产生重大影响，制定内部转移价格时，应充分考虑这些因素。

（1）对集团内各单位绩效评价的影响因素。转移产品的价格会影响购买方分部的成本和销售方分部的收入。这样双方的利润都受到了影响。由于利润是业绩评价指标的基础，因此转移定价常常成为极其敏感的问题。在制定内部转移价格时，要考虑对内部交易双方绩效评价的影响，不能只考虑其中一方的利益。

（2）对集团公司整体利润的影响因素。若从集团公司整体角度考虑转移价格的制定，转移价格能从两方面影响集团公司的利润水平：①影响子公司的行为；②影响所得税。

（3）对子公司经营自主权的影响因素。由于转移价格的制定会影响集团公司整体利润，公司高层有时会不自觉地介入其中。这种介入如果成为一种惯例，公司实际上背离了分权管理原则。公司之所以选择了分权管理是因为分权管理的总体效益要高于总体成本。从长远来看，公司高层的介入可能使分权管理无法充分发挥优势。

（4）有无外部供应商。有外部供应商，则外供商品的市场价格成为决定内部转移价格的重要因素，内供商品价格高于外供商品价格时，内部商品需求商会倾向于采购外供商品，反之，则选择内供商品。

（5）内部供应者的生产能力。内部供应商的生产能力如果没有充分利用，存在产能过剩的情况，则会采用较低的内部转移价格，吸引内部需求方购买。如果产能不足，外部市场供不应求，会以外销为主。

（四）内部转移价格的实施方式

集团公司规模不断扩大，所属子公司的体制也多种多样，经营模式不断创新，内部交易也日趋规模化、多样化，内部转移价格的实施方式多种多样，主要表现在以下方面。

1. 商品交易及劳务的实施方式

集团公司内部交易形式多种多样，但最重要的形式还是商品交易，主要包括原材料、燃料、周转材料、半成品、库存商品等货物的购销。集团公司为达到预定的目的，根据实际情况对商品内部交易的内部转移价格相应运用高价或低价定价政策。

2. 内部资金交易的实现方式

企业集团通过提供贷款利息的高低来影响产品的成本和费用。在公开市场上，资金交易的价格就是利息，而企业集团内部的资金借贷也是有偿的，其转移价格则是利率。由于贷款利息允许在税前列支，因此集团公司总部可利用公司的金融机构（如资金管理中心或财务公司）为子公司提供贷款，通过调整利率的高低来调节子公司的经营成本。

3. 特许权及其他无形资产的实施方式

随着集团公司管理体制和组织结构日趋复杂，集团公司总部和管理型公司对经营型公司进行管理、咨询等。提供这些服务后，经营型公司可以将支付的管理费用分解为专有技术价格、技术培训费、工程服务费等成本，从而实现成本向免税项目的转移。

4. 固定资产购置和租赁的实施方式

集团公司内部固定资产的购置或租赁权多由总部控制。当集团公司内部各关联方发生财产租赁时，总部往往抬高向高税率地区关联方出租的租赁费，以减少其利润，达到少缴纳所得税的目的，又或改投资为租赁，一方面收取高额租赁费，增大成本费用，以减少利润；另一方面暗中分取利润。在固定资产内部交易中，也可通过抬高或降低固定资产的价格，起到调节利润的目的。

5. 内部转移价格实施主体

集团根据需要，通过现有公司、新设公司、关联单位予以实施内部转移价格。现有公司是指集团将内部交易的职能、价格赋予集团公司指定的公司予以实施；新设公司是指为了交易实施成立新的公司，设置并配备相应机构及人员；关联单位是当现有公司不具备实施条件且没有必要新设公司时，通过关联单位予以实施。

（五）内部转移价格定价方法

无论采取什么样的转移定价制度，具体的转移定价方法不外乎以下四种，即以市场价格为基础的转移定价方法、以成本为基础的转移定价方法、以市价为基础的协商价格、双重定价法。

1. 以市场价格为基础的转移定价方法

以市场价格为基础制定内部转移价格，意味着将市场机制引进企业集团内部，使其每个子公司都成为真正的独立机构，在规范的机制下各自经营，最终再通过利润指标来评价与考核其经营业绩。

2. 以成本为基础的转移定价方法

在无法以市价为基础制定内部转移价格时，可选择以成本为基础的转移定价，这是一种比较简单的方法。但是，可用于作为转移价格基础的成本又有多种选择，而且受成本管理水平的影响，如完全成本法、制造成本加成法、标准成本加成法、边际成本法等，使用时应区别对待。

3. 以市价为基础的协商价格

如前所述，当转移产品或劳务不存在完全竞争的外部市场，直接以市价为转移价格就会受到限制，而以成本为基础的价格制定方法又存在一定缺陷。这时比较可行的解决方法是由买、卖双方的部门经理通过定期进行协商来确定一个双方都愿意接受的转移价格。因此，内部责任中心之间以正常的市场价格为基础，并建立定期协商机制，共同确定双方都能接受的价格作为计价标准。采用该价格的前提是中间有非竞争性的市场可以交易，在该市场内双方有权决定是否买卖这种产品。协商价格的上限是市场价格，下限则是单位变动成本。当双方协商僵持时，会导致集团企业高层的行政干预，集团通过发文件等方式通过行政命令干预定价。

4. 双重定价法

双重定价方法是指企业管理层对购买利润中心采取以完全成本为基础的定价方法，对销售利润中心则采取以市场价格为基础的定价方法。双重定价方法不会产生以完全成本为基础的定价方法下销售利润中心既作为成本中心又作为利润中心的矛盾；也不存在以市场为基础的定价方法下购买中心不愿意内购的可能。这种方法不以任何方式改变各利润中心的职权，却减少了它们的责任。因为它与以成本为基础的定价方法不同，购买利润中心无须对进入最终产品的中间产品赚取的全部利润负责；也与以市场为基础的定价方法不同，销售利润中心不需对内部交易的中间产品的全部盈利负责。可见，双重定价方法既有利于国际企业纵向一体化战略的实施，也使各利润中心免受指派交易的困扰。双重定价方法也有其自身的缺陷，至少存在着利润重复计算的问题，并且这种问题会随着企业内部交易的增多而日益突出。

（六）建立内部定价制度

在实践中，根据集团内部各交易主体参与程度不同，内部交易的定价模式一般有两种：一是集团总部直接制定或干预内部转移价格制度；二是各内部交易主体自主协商转移价格制度。直接制定或干预内部转移价格制度是集团公司总部根据集团战略目标和利益最大化的需求，直接规定上游子公司内部交易产品定价方法和价格，或规定上下浮动比例，按总部规定的价格"销售"给下游子公司。

三、内部交易管控注意事项

（一）明确内部交易中各主体的职能

集团要发挥价值创造，实现总体价值最大化，内部交易不可避免。要解决多种内部交易难题，控股集团的内部交易必须以集团战略发展目标与要求为导向、以提升内部协同与共享为核心、以统一规划分层设计为理念、以切实可行的管控体系为基础、以合法合规为原则，合理搭建内部交易链平台，并在管控体系的基础上配以交易链管理办法，由此形成相对公平合理的内部交易体系。

（二） 对内部交易要做充分的分析、评估、筹划

集团公司的内部交易形式多样且复杂，有的交易事前已有明确的交易目的，集团公司要在制定内部交易制度，制定和执行内部交易计划时，对内部交易进行充分的分析、评估、筹划。分析的主要内容是根据对集团内外环境调查结果，分析内部交易事项的内容、定价、数量等是否符合国家有关政策的规定，是否有利于实现集团战略目标，是否可以达到利益最大的目的，是否可以达到该项内部交易的目的。评估的主要内容是评估内部交易事项对集团和参与交易的双方在资产、收入、利润方面产生的影响；定性和定量评估该交易产生的有利和不利影响，对该事项产生的各种风险的影响进行充分评估。筹划的主要内容是根据该内部交易欲达到的目的，结合集团公司和参与交易子公司的实际情况，在不违反我国和东道国法律法规政策的前提下，进行全程的筹划，充分考虑分析和评估过程中发现的不利因素，筹划化解风险，实现内部交易目的的路径和步骤。

（三） 建立内部与外部交易并行的管理体系

集团公司应建立内外部交易价格并行联动的管理体系，集团公司内部转移价格的上限为同类产品或服务的市场价格，下限不低于成本价格，做到内部转移价格与外部市场交易价格尽量接近市场价格，并及时与市场价格联动，避免出现市场价格已大幅上升，而内部转移价格仍不调整，损害提供内部供应商品的子公司的利益情况。集团公司应建立内部供应的商品或服务的市场价格信息反馈系统，及时将市场价格反馈给内部交易双方，并制定内部转移价格和外部市场价格联动的定价机制，调动内部交易双方的积极性，提高集团公司整体利益。集团公司应充分关注内部交易调节市场的作用，协调内部和外部交易的关系，实现内外部交易管理体系的动态调整。

（四） 考虑内部交易引起的负面影响

1. 管理成本加大，内部协调难度加大

内部交易的复杂性，加大了内部交易协调的难度。集团公司在内部交易管控中，要注意控制管理成本，筹划该项内部交易的全过程中，要把降低管理成本放到首位，管理成本大于交易成本的事项原则上应否决。同时应建立内部交易协调机构，明确各级公司在内部交易中的职责，遇到内部交易纠纷，逐级调解。

2. 质量问题被掩盖，工作效率降低

内部交易也要注意内部交易的商品和劳务的质量和效率，防止因为内部交易而降低所提供商品和劳务质量。要制定内部交易质量监督体系和质量问题处理机制，通过全程监督、及时处理，防止由于上游子公司提供原材料或半成品质量存在问题，导致下游子公司对外销售产品出现质量问题，对集团公司造成不良影响。内部提供劳务也要严格按协议规定的进度完成，提高工作效率，达到预定要求。

3. 内部企业联合作弊

内部交易如果内控制度存在重大缺陷，加之监管不力，可能会出现内部企业联合作弊，满足小团体的利益，损害集团整体利益的情况。集团公司为了防止该类事项的发生，一方面，要制定有效的内部交易内控制度，从制度上防止由于内控重大缺陷，导致该类事项的发生；另一方面，要加强对内部交易的监管力度，实行事前、事中、事后全

过程的内部交易监控，发现漏洞，及时堵塞。

4. 弱化企业对外竞争力

内部交易是对内部子公司的扶持，但有的内部子公司过于依赖内部交易，淡化了对外竞争的意识，由于长期内部交易，对市场规律不熟悉，弱化了市场竞争的能力。解决这一问题的办法一方面是加强集团内子公司的市场竞争意识；另一方面内部交易也要引进市场竞争机制，在同等质量、低于市场的优惠价格的前提下，才能采购内部单位的商品，从而强化内部子公司的竞争意识，提高技术水平，增强竞争的能力。

（五）建立内外部产品、服务对标体系，定期分析、发现问题

对内部交易的商品和服务要建立与外部同类产品、服务的对标机制，每笔内部交易产生前，都要与外部同类商品、服务进行对标，进行全方位的比对，找出内部交易与外部交易的差距，及时改进。定期进行对标分析，及时发现问题，并加以改进。

（六）做好不同性质企业之间利益转移的补偿机制

不同股权结构子公司的内部交易问题。如果都是全资子公司，这一问题还好处理，但往往集团企业里存在着全资、控股、参股等多种形式。对控股企业，由于涉及其他股东方对成员企业的投资收益（利润分配），还要对价格损益进行调整，由价格受益方对价格受损方进行补偿。这种补偿要通过股东会，与成员企业其他股东方进行协商，在达成一致的基础上方具有可操作性，以维护其他股东方的权益。参股企业则更为复杂，无论是费用和价格同时受益，还是仅仅价格受益，都必须进行利益调整，但一般如何调节与补偿，不同股东方往往意见不一，难以达成共识。

（七）通过库存，调整内外部交易，调控市场价格达到集团自身利益最大化

一般来讲，市场上产品供应量大小，会决定产品的价格，集团公司可以通过对产品内部交易或外购影响市场价格的评估，平衡利弊，获得高报酬。如某方案，内部产品外售，增加收益大于外购产品采购成本增加时就可以采纳，否则，就不予采纳。

当集团内某子公司的库存超过储备定额量较大时，加大内部交易的数量，帮助降低库存，尽快回笼资金，当库存严重不足时，通过内部交易，满足下游子公司生产的需求。当产品供不应求，价格上涨时，通过减少内部交易，加大外部交易，获取更多的收益。当产品供过于求，价格下降时，通过内部交易消化库存，减少外部供应量，起到减缓外部市场价格下降速度，甚至是价格有所上升，减少集团公司下游子公司的亏损。集团公司通过调节库存，调控市场价格，达到集团公司自身利润最大化的目的。

（八）避免内部利益转移到"僵尸企业"，造成损失

"僵尸企业"是指那些无望恢复生气，但由于获得放贷者或政府的支持而免予倒闭的负债企业。"僵尸企业"不同于因问题资产陷入困境的问题企业，能很快起死回生，"僵尸企业"的特点是"吸血"的长期性、依赖性。集团公司往往存在不同数量的"僵尸企业"，这些企业不依赖集团公司的输血很难存活，同时也很难救活。集团公司内部交易时，如果向"僵尸企业"转移利益，这些转移的利益，往往血本无归，甚至拖累正常经营的子公司，加大集团公司的损失，影响集团公司的整体利益。因此，集团公司内部交易时，严格限制向"僵尸企业"转移利益，要按国家和集团的相关规定，尽快

处理"僵尸企业"。

第六节 政府性收费及税务管控

一、政府性收费管控

（一）政府性收费的基本概念

1. 广义政府性收费概念

广义的政府性收费是指各级国家机关、事业单位、代行政府职能的社会团体及其他组织依法利用政府权力、政府信誉、国有资源、国有资产或提供特定公共服务、准公共服务、取得并用于满足社会公共需要或准公共需要的财政资金，是政府财政收入的重要组成部分。

2. 狭义的政府性收费概念

狭义的政府收费是除税收以外的其他政府性收费。本书中的政府性收费指狭义的政府性收入。

（二）政府性收费的内容

政府性收费包括行政事业收费、政府性基金（附加）、国有资源（资产）有偿使用收入。国有资源（资产）有偿使用收入包括土地转让金、新增建设用地土地有偿使用费、海域使用金、探矿权和采矿权使用费及价款收入，场地和矿区使用费、出租汽车经营权、公共交通路线经营权、汽车号牌使用权等有偿出让取得的收入、政府举办的广播电视机构占用国家无线电源频率资源取得的广告收入，以及利用其他国有资源取得的收入。

（三）政府性收费的特点

政府性收费作为政府财政非税收入的重要形式，是政府在履行其职能的过程中收取的费用，且一般都有专项用途，它与财政收入的主要形式———税收相比，有自己的特点。

1. 征收主体的多元性

政府性收费的征收主体有的是国家及其政府有关部门，有的是事业单位，还有的是代行政府职能的社会团体；而税收是由税务机关负责征收。

2. 使用方向的特定性

政府性收费是为了满足准公共需要即特定的公共产品和服务而收取的，资金的使用方向相对固定。税收是政府为满足纯公共需要，筹集一般公共产品和服务所需资金而征收的，使用方向不固定。

3. 征收上的有偿性、自愿性和不固定性

政府性收费的征收虽然具有一定的强制性，同时在很大程度上体现了自愿和有偿，具体表现为缴费人提供特定的公共产品和服务，同时每项政府性收费一般都明确征收期限，且征收标准与提供的准公共产品和服务直接相关，并适时调整。

4. 资金管理方式的特殊性

政府性收费由于是政府为提供特定公共产品和服务而收取的，其收入应纳入财政预算或预算外资金财政专户管理，一般实行专款专用；而税收收入全部纳入财政预算，用于政府一般性开支，实行集中管理。

（四）政府性收费的管控要点

大型集团公司，特别是资源性集团公司涉及的政府性收费较多，对企业财务状况和经营成果的影响较大，应加强对政府性收费的管控。

1. 做好政策研究和风险防范

政府性收费开支在集团公司，特别是能源型和房地产开发行业占比较大的集团公司，应由集团公司相关部门牵头，管理型公司和经营型公司参与，进行相关政府性收费的政策研究。首先进行集团公司政府性收费目录的摸底调查，摸底内容包括收费名称、收费部门、法规依据、收费标准、缴纳环节、优惠政策等，在调查的基础上编制集团公司所有政府性收费目录，作为集团公司管理政府性收费的依据，并根据政府性收费的变动及时修改。集团公司应加强政府性收费的政策研究，一方面用足政府优惠政策；另一方面防范由于少交造成的政府惩罚性风险。

2. 筹划

集团公司涉及行业众多，由多个法人主体组成，有正处于建设期的、有生产经营的；分别处于初创期、成长期、成熟期、衰退期等发展阶段。不同的阶段、不同的发展期，不同行业涉及的政府性收费不一样。应注意政府性收费的筹划。如前述加强政府政策研究和风险防范。

（1）对集团内各行业、各阶段的子公司涉及的政府性收费进行梳理，编制政府性收费手册。将手册下发集团内各子公司，各公司严格执行政府性收费政策，避免因少交带来的处罚损失和多交带来的损失。

（2）建设投资项目立项阶段，涉及的政府性收费金额大，时间性强，如果不及时缴纳将影响工程进度，如果多缴纳将增加工程成本。因此应对该行业涉及的政府性收费进行研究，对该项目再建设阶段涉及的政府性收费进行梳理，制订政府性收费筹划方案，争取免交或缓交政府性收费。

（3）对于生产经营期的企业，政府性收费是常规收费，重点研究优惠政策，用足收费政策，尽可能少交费。

（4）利用集团公司在某地区、某行业的优势，发挥在政府的影响力，最大限度地争取政府性收费的优惠政策。

二、政府补助管控

（一）政府补助的基本概念

政府补助，是指企业从政府无偿取得货币性资产或非货币性资产，但不包括政府作为企业所有者投入的资本。

（二）政府补助的分类和内容

1. 政府补助的分类

根据政府补助准则规定，政府补助应当划分为与资产相关的政府补助和与收益相关的政府补助，这是因为两类政府补助给企业带来经济利益或者弥补相关成本或费用的形式不同，从而在具体账务处理上存在差别。

（1）与资产相关的政府补助。与资产相关的政府补助，是指企业取得的、用于构建或以其他方式形成长期资产的政府补助。这类补助一般以银行转账的方式拨付，如政府拨付的用于企业购买无形资产的财政拨款、政府对企业用于建造固定资产的相关贷款给予的财政贴息等。

（2）与收益相关的政府补助。与收益相关的政府补助，是指除与资产相关的政府补助之外的政府补助。补助通常应当在实际收到款项时按照到账的实际金额确认和计量。只有存在定额标准拨付的，才可以在这项补助成为应收款时予以确认。

2. 政府补助的内容

（1）财政拨款。财政拨款是指政府为了支持企业而无偿拨付的款项。为了体现财政拨款的政策引导作用，这类拨款通常具有严格的政策条件，只有符合申报条件的企业才能申请拨款；同时附有明确的使用条件，政府在批准拨款时就规定了资金的具体用途。比如，财政部门拨付给企业的粮食定额补贴，鼓励企业安置职工就业的奖励等均属于财政拨款。

（2）财政贴息。财政贴息是指政府为支持特定领域或区域发展，根据国家宏观经济形势和政策目标，对承贷企业的银行贷款利息给予的补贴。财政贴息的补贴对象通常是符合申报条件的某个综合性项目，包括设备购置、人员培训、研发费用、人员开支、购买服务等，也可以是单项的，比如仅限于固定资产贷款项目。

（3）税收返还。税收返还是指政府按照国家有关规定采取先征后返（退）、即征即退等办法向企业返还的税款，属于以税收优惠形式给予的一种政府补助。

（4）无偿划拨非货币性资产。属于无偿划拨非货币性资产的情况主要有无偿划拨土地使用权、天然起源的天然林等。实务中这种情况已经很少。

需要说明的是，政府补助体现为以上几种形式，但并非所有这些形式的经济支持均属于政府补助准则规范的政府补助，应严格按照政府补助的定义来界定。

（三）政府补助的特点

（1）无偿性。无偿性是政府补助的基本特征。政府并不因此享有企业的所有权，企业将来也不需要偿还。这一特征将政府补助与政府作为企业所有者投入的资本、政府采购等政府与企业之间双向、互惠的经济活动区分开来。政府补助通常附有一定的条件，这与政府补助的无偿性并无矛盾，并不表明该项补助有偿，而是企业经法定程序申请取得政府补助后应当按照政府规定的用途使用该项补助。

（2）来源于政府的经济资源。对于企业收到的来源于其他方的补助，有确凿证据表明政府是补助的实际拨付者，其他方只起到代收代付作用的，该项补助也属于来源于政府的经济资源。

（四）政府补助管控要点

1. 确定管控部门

政府补助一般由集团和各级子公司的收益相关部门与财务管理部门负责，财务管理部门负责集团各单位政府补助的收取和核算工作。

2. 及时收集和学习政府部门相关补助的政策

组织专门人员关注国家、省市、行业等相关政府补助政策的执行文件，根据企业集团实际情况，充分研究获得政府补助的机会和取得的条件，积极与政府相关部门进行沟通协调，为政府补助的获取充分准备、做足功课。

3. 利用集团公司的优势和影响力获取更多的政府补助

集团公司在地区和行业具有的优势和影响力，最大限度地获得政府的支持，争取更多的政府补助。

4. 加强对取得的政府补助的管理

取得的政府补助有严格的使用要求，与资产相关的政府补助可能会经受政府部门的监督检查。财务管理部门要加强对政府补助的管理，严格按发放政府补助文件的要求执行，专款专用，不得挪作他用。财务管理部门要加强对政府补助使用过程的监督，发现问题及时纠正。

三、税务管控

（一）税务管控的内容

1. 税务管控基础

（1）建立机构、设置岗位。

为了做好税务管控，集团公司应成立相应的管控机构，明确责任，设置相应岗位。集团公司应结合自身业务特点和内部税务风险管理的要求设置税务管理机构和岗位，明确各个岗位职责和权限，建立税务管理的岗位责任制。企业可任命税务总负责人，直接对总经理负责，一般由负责财务的集团公司副总裁或财务总监兼任税务总负责人。集团公司，要根据自身特点在地区性总部、产品事业部或下属企业内部分别设立税务部门或者税务管理岗位。企业应配备合格的人员负责涉税业务，负责涉税业务的人员应具备必要的专业资质、良好的业务知识和职业操守，遵纪守法，并且具有良好的沟通能力。

（2）制定税务管理制度。

制定税务管理制度是集团公司税务管理的基础工作之一。税务管理制度包括：各级税务部门和岗位人员应履行的职责；税务管理中不相容岗位的分离、制约和监督制度；税务报告及档案管理制度；纳税业务的处理流程制度；税务管理激励制度等。

在各项规章制度中，企业要特别注意建立科学有效的职责分工和制衡机制，确保税务管理的不相容岗位相互分离、制约和监督。

设置了对应的税务管理部门，制定了相应的税务管理制度，真正按照税务管理流程进行执行才能发挥出应有的效果。在企业的税务管理过程中，要始终贯彻事前规划的原则，把握住关键的一点，即企业的业务活动环节。因而，税务管理过程需要在业务活动开始之前就行动。执行税务管理流程中的一个重要目标就是在合法的基础上节约企业税务成本，控制企业的税务风险。

2. 税务管控内容

（1）单体公司税务管控内容。

单体公司税务管控内容包括：税务登记证、税费缴纳申报、涉税政策研究、税收筹划、企业税务风险管控、税收成本和税收检查等。

（2）集团及管理型公司的税务管控内容。

集团公司及管理型公司的税务管控内容主要包括：政策研究、税务登记、税费缴纳、大额税款支出管理、税收筹划、风险管控等。

3. 税务成本管控

税务成本，又称为"履行纳税义务费用"，是企业生产或销售商品、提供劳务而必须耗费的经济价值，它通过减少某项资产或增加某项负债的方式来实现，是指除企业实际上缴的实体税款外，为上缴实体税款或履行纳税义务而发生的一切费用；具体来说，企业税务成本是企业在纳税过程中为履行纳税义务所发生的税款支出和相关费用支出的总和。税款支出是指纳税人按税法规定所应计算缴纳的税款。相关费用是指纳税人在办理税务登记、纳税申报、税款缴纳、税务检查等纳税过程中所必须支付的相关人员的工资、交通费用、办公费以及因为纳税违章而必须支付的罚款、滞纳金等。

（1）税务成本的构成。

企业税务成本主要由实体税款支出、税收服务成本、税收处罚成本、额外税收负担和税务代理费用组成。其中税收处罚成本、额外税收负担和税务代理费用与企业纳税管理水平有直接的关系，属于潜在税务成本。

（2）税务成本的特点。

税务成本具有以下的特点：①范围广。税务成本除了包括正常的纳税负担外，还包括纳税滞纳金、罚款、办税费用、咨询费、税务代理、额外纳税等。②金额大。我国现行税种有20余种，其整体税负约占纳税人收益总额相当的比例。除此之外，企业的纳税咨询费用、办税费用、滞纳金和罚款等也占较大的比例。③风险大。纳税人为了降低纳税负担，减少税务成本，常常采取一定的方法进行纳税筹划，一旦筹划失败，很有可能涉嫌偷税，而偷税行为将被处以罚款；触犯刑律的，还要依法追究刑事责任，给企业带来经济上和名誉上的双重损失。

（3）税务成本的分类。

①按照税务成本发生额与缴纳税款数量的关系，税务成本可分为变动成本和固定成本。②按照税务成本是否可控，税务成本又分为可控成本和不可控成本。③按照税务成本的形态，税务成本可分为有形成本和无形成本。

（4）税务成本管理的概念。

税务成本专项管理，也称为纳税筹划或税收筹划，是纳税人依据其经营活动所涉及的税收及其相关法律法规，在遵守税法、不违背税法精神的前提下，充分运用纳税人的权利及税法中的有关规定，通过对其生产经营投资、理财等经济活动的事先安排，所进行的旨在降低税务成本的策划研究与实施的一系列的管理活动。但是，无论是税务成本日常管理还是专项管理，在具体操作时都应注重管理的合理合法性和便于执行性。税收是企业最大的外部成本，有效的税务成本管理可以让企业增强法制观念，提高纳税意识和自我保护意识及财务管理水平，实现自身经济利益最大化。

（5）税务成本管控的原则。

税务成本管控具有技术性强、涉及面广、风险大的特点，税务成本管控应遵循以下原则。

①依法原则。企业在税务成本管控中，应严格遵循国家税收法律法规，不论是日常管理还是专项管理，均应以遵纪守法为前提。

②全程管控、全员参与原则。企业税务成本管控要以有利于实现企业价值最大化目标为前提，要从战略高度进行全过程的税务成本管控。税务管控不仅是财务部门的事情，所有财务相关人员，每个与税务成本有关的生产经营环节的人员均应参与，才能从根本上降低税务成本。如采购人员不能及时取得增值税发票，或报销费用的员工取得的发票不合规，都可能增加企业的税务成本。

③成本效益原则。税务成本管理作为一种经济行为，在寻求企业利益的同时，必然会发生相应的成本、费用，也必然存在一定风险，因此，企业在进行税务成本管控时应遵循成本效益原则，要统筹兼顾。

（二）税收筹划

1. 税收筹划的概念

税收筹划，是指在纳税行为发生之前，在不违反法律、法规的前提下，通过对纳税主体（法人或自然人）在经营、投资、理财活动中预计发生的涉税的事进行事前谋划和安排，以达到少缴税、延迟纳税或转嫁税负目标的一系列税务专项管理活动。税收筹划的要点在于"三性"：合法性、统筹性和目的性。

2. 税收筹划与偷税漏税的区别

税收筹划的基本特点之一是合法性，而偷税、逃税、骗税等则是违反税法的。各国对违反税法的行为根据其情节轻重均规定了相应的处理办法。我国对违法行为较轻者，根据《中华人民共和国税收征收管理法》给予行政处罚，处以罚款；情节严重、触犯刑律的属于涉税犯罪，要追究刑事责任，除了依法判刑外，还要认定附加刑——处以罚金。要正确进行税收筹划，一定要能识别偷税、逃税、骗税等违法行为，要认识其界定依据及相关的处罚规定。

3. 税收筹划的特点

（1）事前性。税收筹划一般都是在应税行为发生之前进行规划、设计和安排的，它可以在事先测算税收筹划的结果，因而具有一定的前瞻性。在经济活动中，纳税义务通常具有滞后性。税收筹划的直接目的，就是为了减轻税负，等到发票、单据摆到桌面上，基本上已经没有了税收筹划的空间。在业务还未发生、合同还没签订之前就应该开始税收筹划。

（2）目的性。目的性表示纳税人要取得税收筹划的税收利益。这有两层意思：一层意思是选择低税负或零税费。低税负意味着低的税收成本，低的税收成本一般意味着高的资本回报率。另一层意思是递延纳税（非指不按税法规定期限缴纳税款的欠税行为）。

（3）普遍性。各个税种规定的纳税人、纳税对象、纳税地点、税目、税率、减免税政策及纳税期限等，一般都有差别。这就给所有纳税人提供了税收筹划的机会，也就决定了税收筹划的普遍性。

（4）多变性。各国的税收政策，尤其是各税种的实施细则等，随着政治、经济形势的变化会经常发生变化，因此，税收筹划也就具有多变性。纳税人应随时关注国家税收法规的变动，进行税收筹划的应变调整。

（5）专业性。专业性并不是指纳税人的税收筹划一定需要财务会计专业人员进行，而是指充分发挥社会中介在税收筹划中的作用。当今世界各国，尤其是发达国家的会计师事务所、律师事务所、税务事务所和税务咨询公司等纷纷开辟和发展有关税收筹划的咨询业务，说明税收筹划呈现越来越专业化的特点。

（6）综合性。全税种筹划，企业涉及的税种多至几十种，还有代扣代缴的个人所得税，都需要税收筹划。在各个税种的筹划中，也有全局性的问题，某一税种税负的降低，可能意味着另一税种税负的增加，税收筹划追求的是整体税负最低。

4. 税收筹划分类及内容

税收筹划可分为分行业筹划、分税种筹划、分环节筹划、分区域或分国别筹划。

（1）分行业。不同行业涉及的税种不同，如目前消费税的征收范围包括了五种类型的产品。第一类：一些过度消费会对人类健康、社会秩序、生态环境等方面造成危害的特殊消费品，如烟、酒、鞭炮、烟火等；第二类：奢侈品、非生活必需品，如贵重首饰、化妆品等；第三类：高能耗及高档消费品，如小轿车、摩托车等；第四类：不可再生和替代的石油类消费品，如汽油、柴油等；第五类：具有一定财政意义的产品，如汽车轮胎、护肤护发品等。涉及这些产品的行业都要缴纳消费税，对上述这些行业进行税收筹划时，应考虑对消费税进行筹划，其他行业则不需要。又如，资源税涉及原油、天然气、煤炭、其他非金属矿原矿、黑色金属矿原矿、有色金属矿原矿、盐等，对这些行业进行税收筹划时，应考虑对资源税的筹划，其他行业则不需要。

（2）分税种。我国现行的税种比较多，名称各异，可以从不同的角度、根据不同的标准，进行多种分类。按征税对象分类分为：流转税类、所得税类、财产税类、资源税类、行为税类。各税种的特点各异，税收筹划的方法也不同。

（3）分环节。包括投资、研发、采购、破产清算、重组等。按不同的经营环节可分为筹资决策税收筹划、投资决策税收筹划、利润分配税收筹划、资产重组税收筹划、资产处置税收筹划。

（4）分区域，跨国企业各地区的税收筹划。集团公司的经营区域跨度大，全国各地甚至世界各地均有分公司或子公司，不同地区、不同国家的税收政策各异，按区域、国别进行税收筹划也是重要分类。

5. 税收筹划的基本方法

税收筹划的基本做法是：对纳税人各种经营、投资、理财等活动应纳税的情况进行分析比较，在不受其他条件制约的情况下，选择税收负担较轻的方案。因此，税收筹划的核心是减轻税收负担，即选择合适的经营活动方式，以使当期或以后的应纳税额减少，实现直接或间接减轻税收负担的目的。

具体方法主要有：

（1）利用税收优惠政策不予征税方法。不予征税方法是指选择国家税收法律、法规或政策规定不予征税的经营、投资、理财等活动的方案以减轻税收负担的方法。

（2）减免税方法。减免税方法是指选择国家税收法律、法规或政策规定的可以享受减税或免税优惠的经营、投资、理财等活动方案，以减轻税收负担的方法。

（3）税率差异方法。税率差异方法是指根据国家税收法律、法规或政策规定的税率差异，选择税率较低的经营、投资、理财等活动的方案，以减轻税收负担的方法。

（4）分割方法。分割方法是指根据国家税收法律、法规或政策规定，选择能使计税依据进行分割的经营、投资、理财等活动的方案，以实现不同税负、税种的计税依据相分离；或是分解为不同纳税人或征税对象，增大不同计税依据扣除的额度或频度；或是防止税率的上升等效果，以求减轻税收负担的方法。

（5）扣除方法。扣除方法是指依据国家税收法律、法规或政策规定，使经营、投资、理财等活动的计税依据中尽量增多可以扣除的项目或金额，以减轻税收政策负担的方法。

（6）抵免方法。抵免方法指依据国家税收法律、法规或政策规定，使经营、投资、理财等活动的已纳税额或相应支出，在其应纳税额中予以抵扣，以减轻税收负担的方法。

（7）延期纳税方法。延期纳税方法是指依据国家税收法律、法规或政策规定，将经营、投资、理财等活动的当期应纳税额延期缴纳，以实现相对减轻税收负担的方法。

（8）退税方法。退税方法是指依据国家税收法律、法规或政策规定，使经营、投资、理财等活动的相关税款得到退还的方法。

（9）转让定价筹划法。利用转让定价筹划法，主要是通过关联企业不符合营业常规的交易形式进行的税收筹划。它是税收筹划的基本方法之一，被广泛地应用于国际、国内的税收筹划实务中。

（10）会计处理方法。利用会计处理方法筹划法就是利用会计处理方法的可选择性进行税收筹划。在现实经济活动中，同一经济业务有时存在着不同的会计处理方法，而不同的会计处理方法又对企业的财务状况和经营成果有着不同的影响，同时这些不同的会计处理方法又都得到了税法的承认。所以通过对有关会计处理方法筹划也可以达到获取税收收益的目的。

6. 注意事项

（1）税收筹划不是税负最小化，而是利益最大化。税收筹划的目标不仅仅体现在降低企业税负，其真正目标是在税制框架约束下的税后利润最大化或股东财富最大化。在现实经济生活中，最优的税收筹划方案并不一定是税负最小化的方案，但一定是税后利润最大化或股东财富最大化的方案。这是因为，税收负担的降低并不一定等于企业税后利润的增加，有时一味追求税款的减少反而可能会导致税后利润的下降。

（2）守法意识。税收筹划必须遵守税收法律和政策，只有在这个前提下，才能保证所设计的经济活动、纳税方案为税收主管部门所认可，否则会受到相应的惩罚并承担法律责任。

（3）要及时掌握国家税收政策的动态（已经出台、即将出台和已变更的），税收筹划要随时掌握国家税收政策的变化，只有充分掌握国家税收政策，包括已经出台的和即将出台和已变更的，在制订税收筹划方案时，要与国家税收政策相匹配。制定税收筹划方案要有前瞻性，不能仅考虑现有的税收政策，要特别关注即将出台的税收政策。

（4）建立良好的税企关系。再周密的税收筹划方案，也难以面面俱到，建立良好的税企关系十分必要。

（三）税务风险管控

1. 税务风险管控的概念

税务风险管控是企业在法律法规允许的范围内，通过对企业可能产生的税务风险的识别和评估，采取合法、合理的经济、技术等方面的手段，对企业经营、投资、理财等活动进行事前筹划，事中采用指导、监督、服务等手段进行控制，事后通过审阅和调整进行补救，对可能产生的税务风险加以规避、控制或转移，从而降低税务风险给企业造成的经济、声誉、信用损失的管控活动。

对企业要注意正负税务风险。正税务风险是指企业面临的行政、经济、法律上的处罚。企业一旦发生正税务风险将面临警告、通报批评、停业整顿、暂停营业、吊销营业执照、滞纳金、罚款、罚金等行政、经济和刑事处罚，对企业的影响很大，有的甚至是灭顶之灾，企业应注意防范这些风险。负税务风险是指应当少缴的税费多缴，应筹划的税费没有筹划。为了避免这种税务风险，首先，企业应加强涉税人员的培训，避免因缺乏税收知识，导致多计或少计应缴税费。其次，制定税收缴纳的稽核制度，指定专人对税务人员计算的应纳税费进行复核。再次，制定税收筹划管理制度，对企业各环节涉及的纳税事项均应进行税收筹划，纳税额大的事项重点筹划，对税收筹划方案进行审核，一旦批准执行，要有监督机制，全程监控，确保税收筹划方案落实到位，达到节税的目的。最后，企业应聘请专业水平高、声誉好的税务事务所或会计师事务所等中介机构，对企业的重大纳税事项进行咨询和审核，避免发生负税务风险。

2. 税务风险的形成

税务风险是指企业的涉税行为因未能正确有效地遵守税法规定而导致企业未来利益的可能损失。具体表现为企业涉税行为影响纳税准确性的不确定性因素，其结果导致企业多缴税或少缴税。如企业被税务机关检查、稽查而承担过多的税务责任，或是引发补税、缴纳滞纳金和罚款的责任，甚至被追究刑事责任。从征税人的角度看，征管的水平和力度在逐年增强；从纳税人的角度看，纳税筹划的认识和技巧不断提高。随着税法的不断完善，企业合理避税的空间越来越小。因此，纳税人必须动态地看待税法，注意税务风险，因为今天的合法税收筹划行为，明天可能就成为违法行为。

3. 税务风险管控

（1）建立系统。企业税务风险管控系统，包括税务风险管控目标、税务风险管控机构、税务风险评估系统、税务风险应对系统和税务风险管控考核系统 5 个组成部分。

（2）税务风险识别和评估。税务风险识别和评估系统是建立的对企业可能产生的税务风险进行识别与评估的系统，是依据税收法律法规的规定，企业定期对自身在一定时期内的纳税情况、纳税筹划等一系列涉税事项进行分析检查，从中识别已存在或潜在的税务风险，对识别的税务风险进行分析分类、用科学的方法测算税务风险的大小以及可能给企业带来的损失及影响的一套流程与方法。

（3）风险控制与应对系统。税务风险控制与应对系统是一个控制、防范、化解企业税务风险的系统，即按照税务风险评估分析出来的结果，针对税务风险的大小、特征以及其对企业生产经营管理可能带来的影响或损失程度，确定税务风险控制方法，设计制订税务风险控制方案，组织税务风险控制方案的实施与落实，达到真正控制、防范、化解税务风险的目的。

（4）内部检查和处罚制度。集团公司应建立税务风险内部检查和处罚制度，并认真贯彻执行，发现违反集团公司税务风险管控制度，给集团公司造成损失的，应视情节轻重，予以处罚，集团内税收额大、风险大的行业和企业应重点检查。

四、集团在政府性收费和税收筹划中的作用

（一）提高人员素质和意识
集团公司涉税费人员和相关管理人员的税务专业水平的高低，集团公司各级领导税费意识的高低，对税收筹划和税务风险的控制十分重要，要重点做好这方面的工作。

（二）从集团角度做好全面税费筹划
应从集团层面，通过机构和制度的顶层设计，全面做好税费筹划工作。要有全局观、大局观，不能局限于一时一事一个单位的得失。

（三）加强政策研究
政府性收费和税收方面的政策性强，如果研究不到位，可能会给企业带来难以估量的损失，应有专门机构和人员进行政策研究，及时掌握国家和当地政府最新的相关法规政策，并具有前瞻性，及时对新的相关法规变化做出应对措施。

（四）发挥集团作用
集团公司的影响力远超单体公司，要充分发挥集团的作用，通过集团在行业、地区做出的税收贡献，取得政府支持、优惠政策。

（1）减少政府收费，增加税收优惠。获得政府在政府性收费方面的减免或缓交，在企业经营活动或特定行为中的税收减免优惠，取得更多的实惠。如并购重组行为可能产生较多的税负，如果通过政府的支持减免地方性税收，可以降低并购重组成本。

（2）增加政府补助。国家为了引导企业按国家制定的规划发展，对国家鼓励发展的行业或事项会有很多政府补助性支持，集团公司利用各方面的优势，在获得政府补助时，较单体公司有更多的优势，应充分利用各种优势，取得更多的政府补助，减轻集团资金压力，增加经济效益。

（3）增加返还。政府性收费如果满足国家的某项规定，可以获得返还，有的税收也

有返还政策，集团公司应全面掌握这些返还政策，利用集团优势，最大限度地增加返还。

第七节　成本费用管控

一、成本费用综述

（一）成本费用的概念

1. 成本

成本是指在生产经营活动中为到达一定的目的，所耗费的资源的货币表现及其对象。资源是指凡是能被人所利用的物质。在一个组织中资源一般包括人力资源、物力资源、财力资源和信息资源等。

2. 费用

费用是指企业在日常活动中发生的、会导致所有者权益减少的、与向所有者分配利润无关的经济利益的总流出。

3. 成本和费用的区别

费用和成本是两个独立的概念，但两者又有一定的关系。两者的联系在于，成本是按一定对象归集的费用，是对象化了的费用。也就是说，生产成本是针对于一定的成本计算对象（如某产品、某类产品、某批产品、某生产步骤等）对当期发生的费用进行归集而形成的，期末当期已销产品的成本结转计入当期的费用中。两者的区别是，费用是资产的耗费，它是针对一定的期间而言的，而与生产哪一种产品无关；成本与一定种类和数量的产品或商品相联系，而不论发生在哪一个会计期间。

4. 广义大成本观

大成本观是企业集团根据成本管理的需要确立的成本管理观念。它并非在理论上有新的重大发现。"大"与"观"是指视野广阔，不局限于就成本论成本，而是把成本当成经济范畴来研究。利用管理经济学对成本的全面分析，就是要跳出对企业成本的狭义理解，上下形成与"大经营"相配比的"大成本"概念。做好成本的控制，需要预算管理制度全面、彻底地贯彻，需要本着对企业负责的态度做好投资审批控制，需要集中管理和运作资金、加快资金周转。当然，实现以上目标又需要有效激励机制、公平与效率平衡等机制跟进，以消除管理信息不对称带来的不利影响，促使多方重复博弈后选择合作模式，最终取得企业整体利益的最大化。广义大成本的内容包括：

（1）生产成本控制。由于生产成本的依附性和集团的不可控性，该项成本控制由集团下属企业完成。应遵循"目标责任制与成本中心自主决策"及"集团考核"的原则，集团只抓目标成本的制定与考核工作。目标成本的制定应科学合理，要先有上层整体目标，后有下属个体目标；目标成本考核应尊重事实，不搞平衡，严格执行，及时纠偏。

（2）工程成本控制。主要指集团内大型设备的购置成本控制、集团内部营业租赁公司租赁成本控制、新上项目建设成本及新产品开发成本控制以及老产品改造、厂房改扩建成本的控制。工程成本控制：一是事前控制"成本源"；二是对发生额价值较大的进行重点控制。集团下属企业上项目先提出可行性研究报告，由企业集团根据总体规划统筹安排，适时审批。

（3）资金成本控制。企业取得和使用资金而支付的各种费用，包括资金占用费、资金筹集费及资金调度节支比较成本，由集团统一管理。一是集团货币资金统一集中开户，按现金支出计划统筹拨款；二是对资金使用实行成本管理，按市场利率计息。

（4）税收成本控制。税收计算和缴纳，原则上由集团统一进行管理，但由于税费实行就地纳税及集团下属企业有可能跨地区经营，给税收成本控制带来一定困难，集团应尽力争取对未跨省界或地区界限的企业实行集中控制（或分片集中）。

（5）资本营运成本控制。资本营运是通过资本流动、组合、优化配置来提高资本使用效益的。集团企业资本营运主要包括企业的收购与兼并、企业重组、融资租赁，以及资本扩张或收缩的选择。由于资本营运操作的复杂性，集团企业应建立专门的机构和组织，负责资本营运的日常决策与管理，或针对某项具体资本运作方式，成立临时组织进行资本投入的选择操作。

（二）目的不同，成本概念（分类）不同

业务活动中的成本和管控活动成本涉及的成本费用见表6-5。

表6-5　　　　　　　业务活动中的成本和管控活动成本涉及的成本费用

序号	分类	内容	目的作用
1	按业务分类	采购、研发、设计、建造、生产制造、营销、配送、客服等成本费用	根据不同业务环节确定核算对象
2	按活动环节	前期活动、中期活动、后期活动	根据活动环节的不同特性确定核算对象
3	按成本习性	变动成本、固定成本、混合成本	研究产量（业务量）与成本的关系
4	按是否可控	可控成本和不可控成本	从控制角度研究降低成本的途径
5	按成本费用项目	人力成本、土地及房屋建筑物成本、机器设备及工具、原材料及配件、燃料及动力、技术开发及无形资产、劳务、费用、其他	确定成本核算对象
6	按成本转入费用时点	费用化和资本化	确定费用化和资本化的标准
7	按成本转入费用构成	产品成本和期间成本	确定核算期是计入资产负债表还是利润表
8	按会计科目	生产成本、销售费用、管理费用、财务费用	编制会计凭证的依据

（1）按活动类别分为业务活动和行政管理及服务活动的成本费用。

业务活动成本包括：采购、研发、设计、建造、生产制造、营销、配送、客服等成本费用。行政管理及服务活动的成本费用是公司职能部门和服务活动发生的成本费用。

（2）按活动环节分为前期活动、中期活动、后期活动的成本费用。

前期活动成本费用包括：采购、研发、设计、建造成本。中期活动成本费用是生产制造成本，包括：直接成本、间接成本。后期活动成本费用包括：营销、配送、客服成本费用。

（3）按成本习性分为变动成本、固定成本、混合成本。

变动成本指在一定业务量（产量）范围内成本总额随业务量的变动发生正比例变动的成本。如制造成本中的直接材料、直接人工等。非制造成本中的销售佣金等。

固定成本指在一定时期和一定业务量范围内成本总额不受业务量的变动影响而保持不变的成本。如折旧费、财产保险费、广告费等。固定成本又分为约束性固定成本和酌量性固定成本。约束性固定成本又称经营能力成本，是指同企业生产经营能力的形成及其正常维护相联系的有关成本。如厂房设备的折旧费、保险费、财产税、管理人员工资等。这类成本的数额一经确定，不能轻易改变，因而具有相当程度的约束性。酌量性固定成本指企业管理层在会计年度开始前，根据经营、财力等情况确定的计划期间的预算额而形成的固定成本，如新产品开发费、广告费、职工培训费等。由于这类成本的预算数只在预算期内有效，企业决策者可以根据具体情况的变化，确定不同预算期的预算数，所以，也称为自定性固定成本。这类成本的数额不具有约束性，可以斟酌不同的情况加以确定，所以又称选择性、随意性固定成本。

混合成本指业务量变化时，其成本总额随业务量呈非正比例变动。包括固定成本和变动成本两种因素。成本方程为：$Y = a + bx$ 表示。混合成本有四种形式：①半变动成本。初始量为固定成本，在此基础上，随着业务量增加，成本呈正比例增加。如：租金、水、电等费用计算。②半固定成本。一定业务量范围内，其成本固定，但业务量增长到一定限度时，其成本会跳到一个新的水平，并在一定业务量范围内保持不变。如：化验员、检验员工资。③延期变动成本。在一定业务量范围内，其成本保持不变，但超过该业务量，其成本随业务量呈正比例变动。如：超定额计奖的工资制度下，职工工资＝基础工资＋超额工资（超产部分）。④曲线式混合成本。初始量类似固定成本，在此基础上，其成本随业务量呈非线性曲线式增加。有两种形式：a. 递减型混合成本（成本增长小于业务量增长）如电炉设备热处理的耗电成本。b. 递增型混合成本（成本增长大于业务量增长）如各种违约罚金和累计计件工资。

（4）按可控性分为可控成本和不可控成本。

"不可控成本"是"可控成本"的对称，是指不能为某个责任单位或个人的行为所制约的成本。不可控成本一般是无法选择或不存在选择余地的成本。它也具有相对性，与成本发生的空间范围和时间范围有关。例如短期内，固定成本是不可控成本，但从长期看，企业可以调整固定资产支出，固定成本成为可控成本。

（5）按成本费用项目分类。

人力成本、土地及房屋建筑物成本、机器设备及工具、原材料及配件、燃料及动力、技术开发及无形资产、劳务、费用、其他。

（6）按成本转入费用时点分为费用化和资本化。

费用化是指研究与开发支出在发生当期全部作为期间费用计入当期损益；资本化是指符合条件的相关费用支出不计入当期损益，而是计入相关资产成本，作为资产负债表的资产类项目管理。

（7）按成本转入费用构成分为产品成本和期间成本。

按成本转入费用构成分为产品成本和期间成本。产品成本是计入产品的初始入账价值，也就是指企业为了生产产品而发生的各种耗费。可以指一定时期为生产一定数量产品而发生的成本总额，也可以指一定时期生产产品单位成本。但有些费用，如租金和许多管理费用，不能与特定的收入相联系，它们的发生是为了维持公司在特定时期内的经营活动，因此被称为期间成本。

（8）按会计科目分为生产成本、销售费用、管理费用、财务费用。

（三）从管理和决策方面需要掌握的几个概念

1. 绝对成本和相对成本

绝对成本是指成本的绝对额，相对成本是指一定时期的成本费用占收入的比例。

2. 会计成本和付现成本

会计成本是指企业在经营过程中所实际发生按匹配原则计算的成本。包括工资、利息、土地和房屋的租金、原材料费用、折旧等。

付现成本亦称"现金支出成本"，是指会计成本扣除那些由于未来某项决策所引起的暂时不需要支付而需要在将来动用现金支付的成本（如资产折旧成本）。

3. 短期成本和长期成本

短期成本是指厂商在工厂规模（厂房设备等）既定条件下生产每一产量水平所耗费的最低成本。长期成本是指在厂商规模（厂房设备等）可以变动的条件下，厂商生产各种产量水平所花费的最低成本。

4. 标准成本和实际成本

标准成本是指在正常和高效率的运转情况下制造产品的成本，而不是指实际发生的成本。标准成本是一种目标成本，也叫"应该成本"，它不仅间接费用是预计的，而且直接材料和直接人工等也是按预计的数字来计算的，标准成本的制定，通常从直接材料成本、直接人工成本和制造费用三方面着手进行。但与定额法不同的是，直接材料成本包括标准用量和标准单位成本两方面；直接人工成本包括标准用量和工资率两方面（计时工资时）；制造费用分为变动制造费用和固定制造费用两部分，都是按标准用量和标准分配率来计算。

实际成本就是取得或制造某项财产物资时所实际支付的现金或其他等价物。实际成本概念主要是针对产品或劳务而言的，但实务中也包括原材料采购的实际成本和销售实际成本等，所以实际成本是一个广泛的概念，它是指实际发生的耗费代价，相对于标准成本而言，实际成本是指已经发生，可以明确确认和计量的成本。

5. 机会成本和沉没成本

机会成本是指被放弃决策方案的可计量价值，是为选择一种行为而放弃另一种行为所牺牲的利益。决策时必须从多种可供选择的方案中选取一种最优方案，这时必须有一些次优方案要被放弃，因此，要把已放弃的次优方案的可计量价值看作被选取的最优方案的"机会成本"加以考虑，才能对最优方案的最终利益做出全面的评价。

沉没成本是指过去发生、无法收回的成本。这种成本与当前决策是无关的。它们并不影响将来的成本，也不为现在或将来的成本所改变。

6. 边际成本和平均成本

边际成本指的是每一单位新增生产的产品（或者购买的产品）带来的总成本的增量。这个概念表明每一单位的产品的成本与总产品量有关。

平均成本是指一定范围和一定时期内成本耗费的平均水平。平均成本总是针对一定的产品或劳务而言的。一定时期产品生产或劳务提供平均成本的变化，往往反映了一定范围内成本管理总体水平的变化。不同时期的平均成本可能会有很大变化，通过比较分析，能了解成本变化的总体水平和为深入分析指明方向。平均成本分为行业平均成本和企业平均成本。行业平均成本也称社会平均成本，是一个行业内，对生产同种产品的所有企业按照加权平均法所计算的平均成本。企业平均成本是由企业的总成本除以企业的总产量所得的商数。

7. 存量成本和增量成本

存量成本是指企业在一定时期或期初、期末所拥有的全部资产或资源的成本。增量成本是指比期初增加的资产或资源的成本。

8. 可避免成本和不可避免成本

可避免成本是指通过某项决策行动可改变其数额的成本。可避免成本通常用于决定是否停止某种产品的生产或终止某部门的经营业务等的决定。

不可避免成本是指某项决策行动不能改变其数额的成本，也就是同某一特定决策方案没有直接联系的成本。

9. 可延缓成本和不可延缓成本

可延缓成本是指某一方案已经决定要采用，但如推迟执行，对企业全局影响不大，同这一方案相关联的成本。

不可延缓成本是指已选定的某个决策方案必须马上实施，否则会影响企业的生产经营的正常进行，与这一方案有关的成本。

10. 相关成本与非相关成本

相关成本指与决策有关的未来成本。比如差别成本、边际成本、机会成本、应负成本、重置成本、可避免成本。

非相关成本指过去已发生、与某一特定决策方案没有直接联系的成本。比如，不可避免成本、沉没成本。

二、成本费用管控

（一）成本费用管控概念

（1）单体公司成本费用管控是指企业根据一定时期预先建立的成本管理目标，由成本管控主体在其职权范围内，在生产耗费发生以前和成本管控过程中，对各种影响成本的因素和条件采取的一系列预防和调节措施，以保证成本管理目标实现的管理行为。

（2）集团公司成本费用管控是指根据集团公司发展战略，以战略成本管控为出发点，集团公司和子公司在其职权范围内，在生产耗费发生以前和成本管控过程中，对各种影响成本的因素和条件采取的一系列预防和调节措施，以保证成本管理目标实现的管理行为。

成本费用管控的过程是运用系统工程的原理对企业在生产经营过程中发生的各种耗费进行计算、调节和监督的过程；同时也是一个发现薄弱环节，挖掘内部潜力，寻找一切可能降低成本途径的过程。科学地组织实施成本管控，可以促进企业改善经营管理，转变经营机制，全面提高企业素质，使企业在市场竞争的环境下生存、发展和壮大。

（二）管控的原则

1. 与集团战略相适应的原则

成本费用管控的目标要以集团战略目标为出发点，集团战略要与成本费用管控相结合。

2. 全面管控的原则

成本管控要遵循"五全管理原则"，即全级次、全环节、全员参与、全方位、全视角进行全面的成本管控。

（1）全级次原则：从集团公司、管理型公司、经营型公司到车间、班组进行全级次的成本管控。

（2）全环节原则：不仅包括生产经营过程，其他如研发、设计、投资建造等环节的一切活动都要考虑到成本管理。

（3）全员参与原则：集团内部所有员工及各部门都要关心成本管理，要充分调动企业各部门及全体员工参与成本管理的积极性。

（4）全方位原则：成本管理不单纯是精打细算、节约开支，而是要有成本效益的理念，以最小开支获得较大的收益。

（5）全视角原则：与历史的、未来的、外部的、内部的成本相比较，全视角原则是指从历史、现在、内部、外部、未来等角度进行全视角的管控。在成本管控时要了解历史成本，预测未来成本，成本管理要从内部到外部进行管控。

3. 成本最优原则

成本最优原则实质是成本效益原则，也是相对成本原则。成本效益原则，指因实施某项成本控制措施而付出的代价，不应超过其增加的效益。贯彻这条原则，要求企业全面考虑不同成本的重要性、可控性、利润弹性等特点。判断一项成本是否重要时，金额大小不是唯一标准，还应根据国家财务制度或企业的生产经营特点，辨别容易失控的成本。成本最优原则追求的不是成本最小化，而是最优化，以经济效益最优为追求目标。

4. 责、权、利明确原则

集团公司在成本管控中应明确集团总部、管理型公司、经营型公司、分厂、车间、职能部门的责、权、利，明确各自的责任。集团组织架构中，不同部门的责、权、利不同，应进行合理划分，调动成本管控各方的积极性，提高集团公司成本管控水平。

5. 因地制宜原则

因地制宜原则，即成本控制必须适合本企业特点、部门和岗位设置、成本项目等实际情况，不可照搬别人的做法。

（三）成本管控的内容

1. 战略成本管控

战略成本管控是指以集团战略目标为导向，结合现在和未来的环境，考虑社会责任成本和机会成本，与集团战略目标相结合的成本管控。

战略成本管控的重点是社会责任成本的管控。社会责任成本是指企业承担社会责任发生的成本。主要包括：安全生产责任成本、清洁生产责任成本、污染治理责任成本、地质灾害防治责任成本、生态环境恢复责任成本等。社会责任成本一般都有相应的法律法规，企业社会责任成本管控首先要遵守与上述责任成本相关的法律法规；其次要结合企业战略目标和对机会成本的考量，以最小的责任成本支出获得最大的效益。

2. 竞争成本管控

竞争成本管控是根据市场需求状况，以市场竞争价格为导向，一定的目标利润为中心，运用量、本、利分析原理，测算企业各项目标成本或控制指标，通过一系列卓有成效的管控，最终将各项指标控制在目标范围内，将市场竞争的外部压力转化为企业的内在动力，从而赢得企业中长期竞争优势和发展良策的一种成本管控办法。

竞争成本管控关注的主要问题是：我们如何进行市场定位？我们的竞争对手产品成本如何？我们如何对产品、市场及营销进行组合？我们应该是自行生产还是外面采购？我们如何制定产品的价格？解决这些问题的目的是建立策略性成本优势。

竞争成本还要考虑相对成本的概念，相对成本是针对外部而言企业自身成本的高低，只有较外部成本低，企业才有竞争优势，因此，竞争成本就是针对如何降低相对成本制定策略和措施。

3. 生产经营成本管控

生产经营成本管控是指企业在生产经营过程中，按照既定的成本目标，对构成成本的一切耗费进行严格的计算、考核和监督，及时揭示偏差，并采取有效措施，纠正不利差异，发展有利差异，使成本被限制在目标范围之内。

生产经营成本管控关注的问题是：我们如何在生产经营中控制成本？我们如何衡量我们的工作效率？我们如何改进流程？我们如何决定预算？我们如何认定预算超支的责任？

4. 基建成本管控

基建成本包括主体工程和附属工程的投资，与工程项目建设和生产相关的项目（如原材料、燃料、动力、水源、交通运输、环境保护和备品、备件生产等）的投资成本。基建成本是建设过程中发生的成本总额。对基建成本的管控是对工程总造价的管控，具体包括项目设计、预算的审查、决算的审核等。

（四）成本费用管控方法

1. 价值链分析法

价值链分析法是由美国哈佛商学院教授迈克尔·波特提出来的，是一种寻求确定企业竞争优势的工具。即运用系统性方法来考察企业各项活动和相互关系，从而找寻具有竞争优势的资源。

2. 成本动因分析法

成本动因是指引起成本发生的原因，是作业成本法的前提。多个成本动因结合起来便决定一项既定活动的成本。企业的特点不同，具有战略地位的成本动因也不同。因此，识别每项价值活动的成本动因、明确每种价值活动的成本地位形成和变化的原因，是改善价值活动和强化成本控制提供的有效途径。

成本动因是作业成本计算法的核心概念，但并不专属于作业成本计算法模式。因为从战略成本管理的高度来看，成本动因不仅包括这一模式下围绕企业的作业概念展开的、微观层次上的执行性成本动因，而且包括决定企业整体成本定位的结构性成本动因。分析这两个层次的成本动因，有助于企业全面地把握其成本动态，并发掘有效路径来获取成本优势。

3. 对标分析法

对标分析又叫标杆管理，也称基准管理，是指一个组织瞄准一个比其绩效更高的组织进行比较，以便取得更好的绩效，不断超越自己，超越标杆，追求卓越，组织创新和流程再造的过程。

4. 目标成本分析法

目标成本管理就是在企业预算的基础上，根据企业的经营目标，在成本预测、成本决策、测定目标成本的基础上，进行目标成本的分解、控制分析、考核、评价的一系列成本管理工作。它以管理为核心，核算为手段，效益为目的，对成本进行事前测定、日常控制和事后考核，从而形成一个全企业、全过程、全员的多层次、多方位的成本体系，以达到少投入多产出获得最佳经济效益的目的，因而深受企业组织的青睐。

目标成本管理是一项贯穿于生产组织与管理全过程的系统工程，它一般包括成本策划、目标测算、指标下达、过程核算、成本核查、效益评估和项目考核六大环节。实施目标成本管理是控制消耗、降低成本、提高效益、增加企业竞争能力的有效途径。

5. 标准化管控法

标准成本是通过精确的调查、分析与技术测定而制定的，用来评价实际成本、衡量工作效率的一种目标成本。在标准成本中，基本上排除了不应该发生的浪费，因此，被认为是一种"应该成本"。标准成本和估计成本同属于预计成本，但后者不具有衡量工作效率的尺度性，主要体现可能性、供确定产品销售价格使用。标准成本要体现企业的目标和要求，主要用于衡量产品制造过程的工作效率和控制成本，也可用于存货和销货成本计价。

6. 集约化管控法

集约化管理是现代企业集团提高效率与效益的基本取向。集约化的"集"就是指集中，集合人力、物力、财力、管理等生产要素，进行统一配置，集约化的"约"是指在集中、统一配置生产要素的过程中，以节俭、约束、高效为价值取向，从而达到降低成本、高效管理，进而使企业集中核心力量，获得可持续竞争的优势。

集中采购降低绝对成本，统一销售提高价格，降低相对成本，都是集约化管控的重要手段。

7. 作业成本法

作业成本法是一种通过对所有作业活动进行动态追踪，计量作业和成本对象的成本，评价作业业绩和资源的利用情况的成本计算和管理方法。它以作业为中心，根据作业对资源耗费的情况将资源的成本分配到作业中，然后根据产品和服务所耗用的作业量，最终将成本分配到产品与服务。

作业成本要考虑每项活动的时间价值，之后再进行成本的核算。

8. 其他方法

（1）绝对成本控制和相对成本控制法。

绝对成本控制是把成本支出控制在一个绝对的金额中的一种成本控制方法。标准成本和预算控制是绝对成本控制的主要方法。相对成本控制是指企业为了增加利润，要从产量、成本和收入三者的关系来控制成本的方法。实行这种成本控制，一方面可以了解企业在多大的销量下收入与成本的平衡；另一方面可以知道当企业的销量达到多少时，企业的利润最高。所以相对成本控制是一种更行之有效的方法，它不仅是基于实时实地的管理思想，更是从前瞻性的角度，服务于企业战略发展的管理来实现成本控制。

（2）人均费用分析法。

人均费用分析法是对一定时期内费用与职工人数的比例进行分析，从而了解人工费用效率。

（3）本量利分析法。

本量利分析法是在成本性态分析和变动成本法的基础上发展起来的，主要研究成本、销售数量、价格和利润之间数量关系的方法。它是企业进行预测、决策、计划和控制等经营活动的重要工具，也是管理会计的一项基础内容。

（五）成本费用管控的注意事项

1. 分行业进行管控，制定标准，对标管理

集团公司主体众多，涉及多个行业，不同行业成本费用的特性不一样，应分不同行业进行管控，制定不同行业的成本管控办法，并有针对性地进行管控。同行业进行成本费用对标，集团内不同行业的子公司进行对标，找出成本费用管理优秀的子公司和差的子公司，将同行业优秀子公司的经验和差的子公司的教训进行总结，取长补短，促进同行业子公司的提高。同行业子公司之间对标后，还要和国内甚至国外同行业进行对标，找出集团公司内子公司与国内、国际同行业在成本费用上的差异，制定改进措施，提高集团子公司各行业的生产成本管控水平。

2. 建立符合集团实际的成本费用管控信息系统

集团公司行业众多，成本费用管控信息数据繁杂，人工管控的难度大、效率低，应建立符合集团实际情况的成本费用管理信息系统。集团公司一般缺乏信息化系统开发能力，应与社会上的信息开发专业公司合作，开发符合集团实际的成本费用管控信息系统。建立成本费用管控信息系统，首先，应与合作方，共同对集团公司各行业的成本费用管控情况进行调查，制定符合集团特色的成本费用管控信息系统开发方案。其次，先易后难，开发成本费用管控难度较小的行业，进行成本费用管控信息系统模块的开发，

取得经验后，再向集团内其他行业推广。再次，建立集团各行业的成本费用管控信息系统后，应加强培训，逐步推进实际运行。最后，在成本费用管控信息系统推进过程中，要不断完善，提高集团公司成本费用管控水平。

3. 分行业建立管控数据

集团公司各行业成本费用管控数据多，情况复杂，为了加强对集团各行业的成本费用管控，应建立各行业的成本费用管控数据库，针对不同行业的成本费用管控特点，建立不同的管控数据库，并在实践中不断完善。

4. 针对不同单位、不同阶段，实施有重点的成本费用管控

公司在基建阶段、生产阶段、破产清算等不同阶段主要发生的成本费用是不同的，如成长期主要是基建和研发成本，成熟期主要是生产经营成本，衰退期主要是相关费用。集团公司应针对不同单位、不同阶段和时期，实施有针对性、有重点的成本费用管控措施。

（1）从各阶段管控看：①研发阶段。重点是相对成本和绝对成本控制。②基建阶段。基建阶段的成本管控重点是设计环节成本优化、建安成本和设备购置成本的管控。并加强工程造价的审计，最大程度压缩基建成本。③生产阶段。生产阶段成本管控的重点是存货采购成本、产品成本的管控。④破产清算阶段。费用管控的重点是破产财产变卖收入和清算费用的管控。

（2）从各时期管控看：①成长期。成本费用管控重点主要是基建成本和研发成本的管控。②成熟期。成本费用管控重点是生产经营成本的管控，将降低成本作为管控重点。③衰退期。成本费用管控重点是费用管控。这一阶段，收入的增长缓慢或下降，加强费用管控，努力降低成本费用，是这一期间的成本费用管控重点。

三、成本费用筹划

（一）成本费用筹划的概念

成本费用筹划是指在成本费用发生之前，在遵守国家财经法规的前提下，通过对成本费用发生主体在经营、投资、理财活动中预计发生的成本费用进行谋划和安排，以达到成本费用最优化、效益最优化的目标。

控制成本费用，在于事前筹划，等到费用发生时，再筹划为时已晚。因此，成本费用筹划十分重要，通过事前的筹划，制定节约费用的措施，把压缩费用的压力传递到业务部门和生产单位，按筹划方案进行全面的成本费用管控，可以从根本上起到降低成本费用的作用。

（二）与税收筹划的区别和联系

成本费用筹划与税收筹划的区别有：税收筹划考虑的内容和涉及的环节大于成本费用筹划，如税收筹划还要考虑外部产品市场环境的变化、考虑销售价格的筹划。而成本费用筹划不涉及销售价格的筹划，仅涉及与成本费用相关的环节，在销售环节仅考虑营销费用的高低，不考虑销售价格的高低。

成本费用筹划与税收筹划的联系有：①税收筹划是广义成本费用筹划的一个组成部

分。税收费用是成本费用的组成部分，因此，成本费用筹划也包括税收筹划，成本费用筹划与税收筹划是包含与被包含的关系。②税收筹划的主要内容是对成本费用的筹划，通过不同时段、不同环节的成本费用筹划起到税收相对较低，整体利润最大化目标。

（三）成本费用分环节的筹划

1. 项目投资决策

项目决策阶段要充分考虑成本控制因素，做好投资方案优化。在完成市场研究以后，结合项目的实际情况，在满足生产的前提下遵循"效益至上"的原则，进行多方案筛选，用各种分析方法进行多方案技术经济比较，要在降低造价上下功夫。通过方案优化使工艺流程尽量简单，各种配套设施更加合理、实用，能使广大消费者接受，从而节约大量资金。

2. 研发阶段

新产品研发设计阶段是企业生产运营的前导性环节，产品成本构成中大部分在此阶段就确定。因此，研究产品研发阶段成本控制的方法体系，具有重大的现实意义和应用价值。

设计成本是具有决策性的成本。产品研发和设计是制造、销售的源头，产品一旦完成研发，其材料成本、人工成本便已基本确定，统计表明，产品成本的80%是在产品的设计阶段确定的。因此，以研发过程的成本控制作为整个产品成本控制的起点，在设计过程中对产品成本进行有效的估算、预测，这对于企业提高市场竞争力是十分关键的。

所谓优化设计，就是在规定的设计限制条件下，运用最优化原理和方法将实际工程设计问题按照最优化原则进行设计，然后以计算机为工具进行寻优计算，在全部可行设计方案中，寻求满足预定设计目标的最佳设计方案。

成本控制人员应对设计方案进行成本分析，向设计师提出建议，使设计方案不断优化。同时，对设计方案的计算过程进行评审，杜绝人为因素的保守和扩大，尤其在设计系数的取值上。

3. 建设

建设阶段成本费用筹划的主要内容是：①做好建安工程招标工作，选择资质高、施工质量高、造价最优的施工队伍。②做好工程进度造价的审核工作，最大限度地降低施工成本。③做好大额设备的招标工作，通过多方比对，选择质高价廉的设备供应商，降低设备采购成本。在同等情况下，尽量选择离公司较近的供应商，降低运输成本。

4. 采购

采购环节成本筹划的核心是做好采购决策工作，采购决策不恰当，给企业采购费用造成的影响难以估计。集团公司和各级子公司均应设立采购决策委员会，至少包括董事长、总经理、财务总监（分管财务副总或总会计师）、营销总监、采购总监，生产、研发、材料各个环节的专家，采购部的核心业务人员。采购管控制度应由采购决策委员会审议批准，年度采购计划、采购环节成本费用筹划方案、重大采购事项的招标等的决策均应由采购决策委员会批准。

5. 生产

生产阶段成本筹划内容：①提高产品的成品率（降低原材料损耗率）。②提高原材料利用率。③生产操作规范化。④提高劳动生产效率。⑤原材料规格统一。⑥产品生产的批量化。⑦产品耗用的原材料用量方面的筹划要点等。

6. 销售

销售环节成本筹划内容：①尽可能在销售用户所在地的区域建厂，生产地点临近销售地点节约运输费用。②进行广告宣传费筹划，选择费用较低、效果较好的宣传方式。③选择合适的代理商代销产品，按其代销量支付代理费，这种做法可以减少公司营销人员，降低营销费用。

（四）成本费用筹划

有关成本的管理前面已经介绍，实际当中成本也应该予以全面的筹划，这里就不再叙述。这里重点叙述的是费用筹划的问题。

1. 销售费用筹划要点

销售费用应重点从薪酬、广告费用、售后服务费、运杂费等方面进行筹划。

2. 管理费用筹划要点

管理费用应重点从办公室、水电费、房租、差旅费等方面进行筹划。

3. 财务费用筹划要点

财务费用重点从减少借款利息支出、增加存款利息收入、增加汇兑损益等方面进行筹划。

（五）成本费用筹划的注意事项

1. 事前筹划

为了最大限度地减少成本费用，对成本费用筹划应事前筹划，结合集团公司实际情况，统筹安排，制订成本费用筹划方案，并严格执行。

2. 全面筹划

成本费用涉及投资前决策、投资建设阶段、研发设计、采购、生产、销售、管理多个环节，关系复杂，应进行全面筹划。

3. 财务、业务相衔接

财务管理部门要与各业务部门做好衔接工作，统筹安排，最大限度地做好成本费用筹划。

4. 做好成本费用筹划

成本费用筹划追求的目标不是最小化，而是追求利益最大化。

5. 充分考虑社会成本

社会成本一旦发生，给集团公司造成的损失难以估计，集团公司应充分考虑社会成本，减少损失。

6. 成本费用发生地的筹划

做好成本费用发生地筹划，与上下游地点相匹配，尽量减少不必要的成本费用支出。

7. 充分利用集团集约化优势

充分利用集团集约化优势和品牌优势，通过集中采购，寻找战略合作伙伴，降低采购成本。通过集中销售，提高售价，降低绝对成本。

第八节　关联方管控

一、关联方简介

（一）广义的关联方概念

广义的关联方是指凡与集团公司及子公司有投资关系或长期业务和资金往来关系等集团外单位和个人。与集团有投资关系的集团外单位和集团公司有资本纽带关系，休戚相关；与集团公司有长期业务和资金往来关系的单位，与集团公司无资本纽带关系，但长期的业务上下游关系，实际上形成了利益相关体，一损俱损，一荣俱荣，实质上也构成了关联关系。

（二）会计准则对关联方的定义

《企业会计准则第 36 号——关联方披露》对关联方的定义是：一方控制、共同控制另一方或对另一方施加重大影响，以及两方或两方以上同受一方控制、共同控制或重大影响的，构成关联方。控制，是指有权决定一个企业的财务和经营政策，并能据以从该企业的经营活动中获取利益。共同控制，是指按照合同约定对某项经济活动所共有的控制，仅在与该项经济活动相关的重要财务和经营决策需要分享控制权的投资方一致同意时存在。重大影响，是指对一个企业的财务和经营政策有参与决策的权力，但并不能够控制或者与其他方一起共同控制这些政策的制定。

（三）本书所述关联方

对集团公司而言，关联方主要指无股权关系的战略合作方；外部的控股、参股单位的合作方；有重要经济往来的单位。其中包括：战略联盟、集团控股的参股关联方、集团参股的控股关联方、担保以及有重大资金往来关联方，如捐赠、赞助等其他关联方。

二、战略联盟

（一）集团公司战略联盟介绍

1. 概念

战略联盟就是两个或两个以上的企业或跨国公司为了达到共同的战略目标而采取的相互合作、共担风险、共享利益的联合行动，形成的一种长期或短期的合作关系。有的观点认为战略联盟为巨型跨国公司采用，但这绝不仅限于跨国公司，作为一种企业经营战略，它同样适用于小规模经营的企业。

战略联盟是现代企业竞争的产物，它是指一个企业为了实现自己的战略目标，与其他企业在利益共享的基础上形成的一种优势互补、分工协作的松散式网络化联盟。它可以表现为正式的合资企业，即两家或两家以上的企业共同出资并且享有企业的股东权益。

2. 产生背景

企业战略联盟的出现绝不是偶然的，它是时代发展的产物。究其原因，战略联盟产生的大背景主要有以下几个：

（1）世界经济一体化的需要，各跨国公司多数都采取了战略联盟作为实现战略调整的手段和方法。

（2）科学技术的飞速发展的需要，无论从技术上还是从成本上讲，单个公司依靠自身的有限能力是无法面对当今科技发展的要求的。战略联盟可以把各种研究机构和企业连成一体。

（3）实现总体战略目标的需要，采用战略联盟形式进行合作，既可以保存原有资源，又能在共享外部资源的基础上，相互交换经营所需的其他资源，从而能实现其全球战略目标。

（4）分担风险并获得规模和范围经济的需要，通过建立战略联盟，扩大信息传递的密度与速度，以避免单个企业在研发中的盲目性和因孤单作战引起的重复劳动和资源浪费，从而降低风险。

（5）防止竞争损失的需要，企业间通过建立战略联盟，加强合作，可以理顺市场关系，共同维护竞争秩序。

（6）提高企业竞争力的需要，战略联盟的出现使传统的竞争对手发生了根本的变化，企业为了自身生存，需要与竞争对手进行合作，即为竞争而合作，靠合作竞争。企业建立战略联盟可使其处于有利的竞争地位甚至形成垄断，或有利于实施某种竞争战略，最终的目的是提高企业竞争实力。

3. 目的、意义和作用

（1）成立战略联盟的目的

①增强自身规模；②扩大市场份额；③迅速获取新的技术；④进入国外市场；⑤降低风险。

（2）意义和作用

①实现企业战略目标。通过战略联盟，企业可以根据自身需要，选择拥有自己所需资源的企业作为自己的合作伙伴，因而更容易实现资源获取上的多样性。

②提升企业核心竞争力。企业的核心竞争力具有价值性、稀缺性、难以模仿、不可替代等特点，更是成为企业持续竞争优势的来源。企业通过建立战略联盟，可以实现企业各自价值链环节之间的合作，将创造价值的重点从企业内部转向跨越企业组织边界的外部关系，也使得企业的经营活动开始超越传统的组织边界。通过联盟伙伴间深入的价值链环节链接关系，企业战略联盟能够实现价值链环节之间链接的低成本和快速度，为企业创造更多价值以及创造传统组织结构所无法比拟的竞争优势。通过联盟企业不仅可以扩大企业规模，从而获得规模经济效应、范围经济效应和共生经济效应，同时也可以通过提供差异化的以及更迅速的产品或服务，构建起相对于竞争对手的竞争优势，打造和提升自身核心竞争力。

③实现战略多样性。在企业资源和企业战略之间存在如下的路径依赖性：当前资

源——当前战略——未来资源——未来战略。因此，企业在当前的战略选择，会间接影响到企业在未来的战略。商业环境的复杂性以及技术创新的速度越来越快，更是需要企业通过战略多样性的方式来适应这些复杂性的要求。成功的企业应该具有一个健康的业务组合。这在一定程度上已经反映出企业的战略应该具有多样性。通过与拥有不同技术或分处不同行业的企业结成联盟，有助于企业实现业务组合和战略的多样性，从而有效地抵御外部环境中不可预测的风险。

④促进研究和开发。研究和开发是战略联盟最重要的合作领域。研究表明，在所有的战略联盟当中，涉及研究和开发的占总数的一半以上。第一，企业通过建立战略联盟，可以共同承担技术开发风险，提高研究和开发的成功可能性。第二，企业通过结盟互相学习，进行技术优势互补，提高产品的竞争能力。第三，企业只有通过建立战略联盟才能承担巨额的研究开发费用。第四，战略联盟也是发展中国家获得关键技术的捷径。在无法通过市场方式购得技术的前提下，以战略联盟的方式与技术先进的公司合作，然后通过组织学习的方式加以消化吸收，是发展中国家企业发挥后发优势、迅速提升自身水平的重要手段。

⑤防止过度竞争。在任何一个行业中，随着市场的不断饱和，激烈的竞争局面难免会出现。在一番你死我活的价格战之后，往往落下个两败俱伤的局面。唯一的解决之道就是主动与竞争对手合作，化敌为友。

4. 战略联盟的特点

目前，网络或组织已成为企业组织发展的一种趋势，战略联盟正是具备网络组织的特点。

（1）边界模糊。战略联盟并不像传统的企业具有明确的层级和边界，而是一种你中有我、我中有你的局面。

（2）关系松散。战略联盟主要是契约式或联结起来的，因此合作各方之间的关系十分松散，兼具了市场机制与行政管理的特点，合作各方主要通过协商的方式解决各种问题。

（3）机动灵活。战略联盟组建过程也十分简单，无须大量附加投资。而且合作者之间关系十分松散，战略联盟存在时间不长，解散十分方便，所以战略联盟不适应变化的环境时可迅速将其解散。

（4）执行高效。如合作各方将核心资源加入到联盟中来，联盟的各方面都是一流的；在这种条件下，联盟可以高效执行，完成一些企业很难完成的任务。

5. 战略联盟的形式

（1）合资。由两家或两家以上的企业共同出资、共担风险、共享收益而形成企业；是目前发展中国家尤其是亚非等地普遍的形式。合作各方将各自的优势资源投入到合资企业中，从而使其发挥单独一家企业所不能发挥的效益。

（2）研发协议。为了某种新产品或新技术，合作各方鉴定一个联发协议；汇集各方的优势，大大提高了成功的可能性，加快了开发速度，各方共担开发费用，降低了各方开发费用与风险。

（3）品牌生产。品牌生产方可充分利用闲置生产能力，谋取一定利益；对于拥有品牌的一方，还可以降低投资或购并所生产的风险。

（4）特许经营。通过特许的方式组成战略联盟，其中一方具有重要无形资产，可以与其他各方签署特许协议，允许其使用自身品牌、专利或专用技术，从而形成一种战略联盟。拥有方不仅可获取收益，并可利用规模优势加强无形资产的维护，受许可方当然利于扩大销售、谋取收益。

（5）相互持股。合作各方为加强相互联系而持有对方一定数量的股份；这种战略联盟中各方的关系相对更加紧密，而双方的人员、资产无须合并。

（6）长期稳定的合作关系。通过双方签订的战略联盟协议，平衡各方各时期的利益和供需，如长期合作的产品购销、资金往来等。

（二）集团战略联盟管控的原则

1. 与集团战略相符原则

集团公司要与哪些单位联盟、采用联盟的形式等均要与集团的发展战略相结合，集团公司的战略联盟要与集团公司的战略相符。如果不考虑集团战略，只考虑眼前利益，随意联盟，有可能影响了集团的发展战略，得不偿失。

2. 优势互补、不损害集团核心利益原则

集团公司参与战略联盟要以优势互补作为切入点，以不损害集团核心利益为前提，只有如此，才能起到组建战略联盟的作用。

3. 坚持核心竞争力前提下的战略联盟原则

集团公司参与战略联盟的目标应该是有利于实现核心竞争力，以不损害集团核心竞争力为原则。

4. 一致对外的原则

集团公司和子公司在参与战略联盟时不能各自行事，不能只考虑本公司的利益，要统一部署，一致对外。

5. 集团利益最大化，子公司要服从集团利益原则

集团公司参与战略联盟要以集团利益最大化为原则，子公司参与战略联盟要服从集团利益。

6. 统一管理、分级实施原则

集团公司应制定统一的参与战略联盟的原则，统一管理，分级实施。

三、集团控股公司的参股关联方管控措施

为了利用集团公司外部的资金、市场、技术等优势，集团公司除全资子公司外还设立控股子公司，如何管控控股公司的关联方成为重要课题。在与意向合作伙伴谈判中，不论是集团公司自己出资还是子公司出资，均应充分发挥集团公司的优势，在谈判中发挥主导作用，最大限度地使集团利益最大化。在控股公司成立后对参股关联方的管控也应全程发挥管控作用。

（一）合资的目的明确

集团成立控股公司一般都有目的性，在目的明确的前提下，开展前期工作并在实际

运行中，努力去实现这一目标。

（二）充分评估对方信用等各方面因素

集团的控股公司选择什么样的合作方非常重要，要充分评估对方的信用，包括合作方的声誉、资金实力、技术实力、管理能力、市场影响力等。评估时，最重要的合作方的声誉，对于声誉差的合作方，坚决放弃。

（三）择优选择合作伙伴

控股公司的合作伙伴非常重要，要优中选优，优秀的合作方也不是在备选合作方中所有指标都是最优，应选择综合条件最优的合作方。

（四）做好最坏打算

一旦合资公司出现发展不尽如人意，其中一方的目标没有达到，或在重要决策时产生不同意见等情况，就会使合作伙伴间产生冲突，如果冲突难以化解，可能会影响到合资公司的发展。因此，集团公司在控股公司发生冲突，特别是强烈冲突的，要做好最坏打算，最大限度地减少集团公司的投资损失。

（五）管控条款的预埋

管控条款的预埋指的是在"治理＋控制＋宏观管理"三个维度的主要规程。管控条款的预埋能够将财务管控的要求列入重要文件的规定中去，为集团财务组织管理体系的有效运转提供了保障。在成立控股公司前，应根据集团对控股公司目标要求，在制定控股公司的相关文件、投资协议、公司章程等时进行条款预埋。

（六）模拟运行

合作协议达成后，要在子公司人员安排、经营管控、资金调度、利润分配等方面进行模拟运行，运行中发现问题，及时调整，为正式运行打基础。同时要顾及参股方的作用及利益达到共赢。

（七）动态管控

运行过程中，要进行动态管控，对合作方股东的状况要实时关注，发现问题及时调整，做到风险共担、利益共享。

（八）集团统一管控

集团要进行统一管控，控股管理方，从寻找合作方、意向治谈、签订协议、正式运行、运行过程中的管控等方面进行统一管理，综合平衡，以充分发挥集团作用。

四、集团参股公司的控股关联方管控

集团公司除拥有全资及控股子公司外，出于某种目的，还投资参股公司，成为参股方，由于对参股公司不具有控制和共同控制能力，仅具有重大影响，甚至不具有重大影响，投资这样的公司，往往出现达不到投资时的目标，无法获取预计的收益，甚至血本无归。因此，加强对参股公司的控股方的管控，最大限度地控制参股公司的风险，十分重要。对于参股公司的控股的关联方及参股公司的管控，除参照前述对控股公司的关联方管控有关条款进行管控外，还应注意以下事项。

（一）建立健全管理机构

1. 职能机构

大多数集团公司对参股企业管理不重视，无明确的管理机构，但参股企业的损失对集团公司的影响较大，建立参股企业管控的职能机构十分必要。有参股公司管理职能部门的集团，由集团相关部门管理参股企业，没有的也可以由财务管理部门中负责投资管理的内设机构或岗位负责。

在明确了对参股企业的日常管理机构外，集团公司还可以设立参股企业管理协调小组，协调联动实施集团对参股企业的管理。小组办公室可以设在集团公司董事会秘书处，也可以设在其他管理部门。形成集团股东会、董事会、业务职能部门对参股企业协调管理的机制，充分发挥集团公司作为参股企业股东、债权人、担保人（必要时提供担保，尽量不对参股企业担保）等的角色和地位，同时利用财务关联性约束措施，辅助管理覆盖延伸对参股企业的管控。

2. 业务机构

根据参股企业对集团公司的作用可以同时由不同的业务机构进行管理。如参股公司是集团的上游企业，也就是说集团公司产品生产需要的原材料，应由集团采购业务管理部门作为该参股公司的业务机构。参股公司是集团的下游企业，也就是说是集团公司产品的销售客户，则应由集团销售管理部门作为该参股公司的业务机构。

职能机构与业务机构对参股公司的管理要职责明确，相互配合。

（二）实施管理

1. 管控的原则

（1）依法管理原则。

集团公司参股目标投资公司应遵守国家法律法规，不能投资违法的企业。如国家环保法规对环境污染企业的准入有严格限制，如果拟投资的企业违反了环保法规，不符合环保条件，就不能投资这一企业。

（2）分类管理原则。

根据参股公司的业务性质和集团公司对其控制力的强弱一般将参股企业分为三类：第一类：主业、有控制力的参股公司。指所处行业为集团核心竞争力行业，集团公司或子公司持有其相对股比较高，一般为34%以上，此类企业为集团管理覆盖延伸的主要对象。第二类：非主业，有一定控制力的参股公司。集团公司或子公司持有一定股比，但比例相对偏低（一般为20%~34%），或者虽然股比并不低但公司业务与集团主业关联较少，集团对此类参股公司的管理覆盖为中等强度，以引导为主，侧重法人治理和财务绩效的管控。第三类：无控制力企业。集团或子公司仅仅持有较少的股比（一般为20%以下）的参股公司。集团公司对此类参股公司的管理覆盖以财务绩效和分红为主。

集团公司有限的资金应重点投放到对第一类参股公司的投资中，可以增强集团核心产业的竞争力。为了发展集团新的核心竞争力，可以有规划、有目的地选择参股第二类公司。尽量不参股第三类公司，只有对集团有利的投资项目才谨慎参股第三类公司，如参股某股份制商业银行，一般股比不超过10%，也不可能对其产生重大影响，但集团向该银行贷款时，由于具有股东地位，可以比非股东单位取得较大的优势。

（3）主动管理原则。

一般企业由于参股公司在集团公司占的地位较低，往往被忽略，或对其管理很被动。事实上对参股企业的管理潜力很大，要不忘初心，以初始参股目的为基础，对参股企业进行主动管理。在制度中对主动管理的内容和方法加以规定，明确负责主动管理的机构，以及对参股公司的绩效考核。

2. 管控的内容

（1）过程管控。对参股单位关联方的过程管理十分必要，要从有投资意向到投资完成和投资后的管理进行全过程管理。过程管控包括以下内容：

第一，确定投资目的。参股公司投资的目的主要是为了在配合集团战略和核心竞争力的实现的前提下，保证投资收益最大化。实现集团战略和核心竞争力是集团公司参股的首要目的，包括：以巩固核心竞争力行业的上游材料采购资源为目的参与相关企业的投资，以扩大核心竞争力行业的下游产品销售市场资源为目的参与相关企业的投资，以引进新技术形成集团新的核心竞争力为目的参与相关企业投资等。如果企业有闲散资金，为了保值增值，也可以参与创投，参与新兴产业的创投，阶段性持股，分享其成长带来的超额收益。

第二，决策。任何一项参股的投资，不论是什么目的，都需要对投资进行评估，对多种方案的效益进行评价，提交投资可行性研究报告，供管理层决策。

第三，预埋条款。为了实现投资目的，投资前参与投资协议、公司章程等的起草，并实施影响，将对其有利的和保护性的条款预埋，是今后参股的目的和效益能否实现的关键保障。

第四，模拟运行。为了有效控制投资风险，实现投资目的。在投资前，对该项投资事项进行模拟，对各种可能发生的事项进行推演，找出投资过程中可能存在的风险点，并找出应对措施。

第五，动态管理。对参股投资应进行全过程的动态管理，从项目可行性研究阶段、决策阶段、投资阶段、持股阶段、清算阶段进行全过程的动态管理，及时了解被投资单位的财务状况和经营成果，对投资效果进行动态评估，发现风险，及时制定应对措施。动态管理中要督促参股企业完善股东定期会晤沟通机制，股东正式会晤一般每年不少于两次，集团公司和控股股东对参股企业的发展思路、重大事项达成原则共识，促进派出董、监事履职和延伸，通过股东定期沟通的动态管理，集团公司可以对参股公司的健康发展起到促进作用，并增加股东间的互信，减少摩擦。动态管理还要强化对参股企业的运营监督，集团公司审计部门牵头，联合财务部门、项目管理部门、相关职能部门，充分利用公司章程赋予股东的财务检查等权利，合理采取调研、检查、审计等措施，及时了解参股单位的运营、财务状况、经营成果等情况，发现问题，及时研究应对措施，动态监督，控制风险。

（2）管控的内容重点。管控的内容重点以参股初始目的为基础，结合公司的发展逐步完善。其管控内容主要包括：业务和财务方面。业务方面管控主要是从参股公司对集团公司业务的帮助进行管控，达到投资的目的。财务方面包括对参股公司的财务状况和财务成果进行管理，对参股公司的投资效益进行持续分析，对分红进行管理。

（3）股东职权的行使。集团公司在制定参股公司管理制度时，应在公司法规定和公司章程范围内对如何行使股东职权做出规定。对每一项股东权利如何行使、由谁行使做出详细规定，并对可能出现的例外事项，做出规定。

（4）加强对董事会、监事会、总监等高层的管理。集团公司根据被投资单位投资协议和公司章程的规定，将在参股公司中派出董事、监事、高管人员。应对派出董事、监事、高管人员如何履职做出规定。集团公司对于参股比例较大的公司还将根据投资协议和章程的规定派出总经理、副总经理、财务总监等高层管理人员。直接参与公司的经营活动，如何在参与参股公司生产经营活动，特别是在重大事项的经营决策中，发挥派出人员的作用，最大限度地保护集团公司的利益，并在管理制度中加以规定。

为了有效地发挥对参股公司派出董事、监事、高层管理人员的作用，制定重大事项报告制度十分重要，应规定在发生重大事项后，及时以书面的形式报告集团公司和出资子公司。重大事项包括：战略规划事项、公司治理事项、资产和财务管理事项、管理层薪酬、重大诉讼事项、派出人员需上报的其他事项等。各事项的包含的具体内容，应根据集团公司的要求和参股公司的实际情况做出具体规定。

为了加强对派出董事、监事、高管人员的管理，维护集团公司利益，集团应对上述人员的履职要求做出规定。集团公司要加强对派出人员的管理，对其履职情况进行动态管理，定期考核评价，奖罚分明，不称职的及时撤换。

3. 绩效考核、风险评估和退出机制的管控

集团公司对投资的参股公司要制定一套行之有效的绩效考核体系和考核制度，围绕参股目的定期对参股公司进行绩效考核，每季度、半年度进行过程考核，年终进行年度考核，根据考核结果对所有参股公司做出评价，提交评价报告，对参股公司的绩效考核结果排队分析，对于效益不佳，在未来可预知的时期内扭转无望的公司提出退出建议。

每年至少一次，对参股公司进行全面的风险评估，出具风险评估报告，并根据统一的标准，对参股公司评定风险等级，并排队分析，对风险高的公司做出风险警示，报告集团公司和出资公司及参股公司。对于风险特别大的公司，提请集团公司和出资公司启动退出机制，回避风险。

集团公司应对参股公司建立退出机制，对参股公司年度绩效评估和风险评估中发现的绩效差、扭转无望、出现无法控制的重大风险的，应提请集团公司和出资公司启动退出机制，通过转让股权、撤资、资本保全等方式尽快抽回对参股公司的投资和借贷资金，对于有担保关系的，要及时撤销担保。

五、担保及重大资金往来关联方管控

集团公司及子公司对外提供担保、与外部单位产生资金往来、对外捐赠赞助均属关联方管控的范围，有的集团公司对这些关联方的管控不重视，甚至是空白，以致造成损失的情况时有发生。

（一）目的导向

集团公司对上述关联方的管控首先从目标导向开始，发生这些关联方事项时，首先

分析目的是什么，希望达到什么目的，这些目的是否符合集团战略，是否有利于集团核心竞争力的实现。如对外单位提供担保，一般是互相担保，对外担保的目的，是对方也为我方担保，这一目的如果能够实现，就可以对外担保。为战略联盟内的企业担保，是为了达到集团战略的目的。为集团公司提供大额材料的供应单位，当其产品供不应求时，扩大再生产资金不足，集团公司为其扩产提供大额资金，其目的是优先获得原材料，且能够享受一定的价格优惠，因这一目的提供大额资金符合集团提高核心竞争力、增加经济效益目的。集团为政府指定的贫困地区扶贫，提供捐赠赞助，捐款、援建产业或捐建希望小学，这一捐助的目的是提升集团公司社会公众形象，同时又可以获得政府的某些优惠政策。当然，对一些扶贫、教育方面等的捐赠不应该有商业目的。

（二）对关联方的评估

对关联方的信誉度、资金实力、管控力等进行评估在关联方管控方面十分重要，如对外担保，要评估对方担保资金的使用目的，实现目的是否有保障，对方的信用度如何，实现目的的管控能力如何，现金流量情况，还款是否有保障，可能出现的风险及防范措施。只有充分评估，才能对这项担保的决策提供参考依据。重大资金往来关联方评估主要包括：信用度、该项资金使用目的、实现目的的途径、管控能力，对方的财务状况、经济效益、现金流量情况，按期还款的保障力、可能出现的风险及防范措施。对捐赠赞助关联方的评估主要包括：信用度、实现目的的能力、内控能力、专款专用的保障措施、可能存在的风险及防范措施、该项捐赠赞助对集团公司的影响力等。

（三）动态管理

不论是担保、重大事项资金往来还是捐赠赞助，均应从项目洽谈开始到关联事项发生、完成、完成后的评价等进行全过程的动态管控，集团公司要有专门的机构人员对这些关联方、关联事项进行全程动态管理；发现问题，及时向集团公司报告，并提出应对措施。对于这些事项要建立完整的数据库，既可通过数据库对关联方和关联事项进行动态管理，又可为今后发生类似事项的决策，提供参考依据。

（四）集团本部的职责

集团公司本部在关联方管控中要发挥重要作用，要正确行使指导、监督、协调、服务的职责。对集团本部和子公司发生的相关关联方和关联事项要进行定期评估，发现问题及时应对，进行后续跟踪和后评价，并建立完整的数据库，为今后发生类似事项提供参考。从而达到加强管理、控制风险，实现关联事项希望达到的目的。

第九节 业 务 财 务

一、业务财务简介

（一）业务财务的概念

业务财务是指财务部门和人员直接参与公司经营管理，执行企业管理会计职能，渗透到业务部门，深入价值链各层面的业务一线，积极辅佐业务单位提升经营管理能力。业务财务主要分布在下属单位和事业部，成为业务部门的合作伙伴。是帮助业务提升最直接的一环，从事业务财务的人员是公司经营型人才。业务财务是战略财务与业务单位的信息桥梁，是战略目标、管理工具落地实施的保障。

国家财政部相继于2014年、2016年、2017年发布了《财政部关于全面推进管理会计体系建设的指导意见》《关于印发〈管理会计基本指引〉的通知》《关于印发〈管理会计应用指引第100号——战略管理〉等22项管理会计应用指引的通知》等一系列文件，对业务财务进行了规定，本书重点从业务财务的主要方面予以介绍。

（二）业财融合的概念

业财融合是业务财务实施的重要途径，是指财务人员渗透到业务中去，与经营者统一目标，成为业务合作伙伴；将财务组织、管理政策、流程优化更加紧密与业务融合，在业务运营过程中支持业绩目标达成、挖掘业务增长潜力，推动财务管理从"管控型"向"经营型"转变。

业财融合是企业创新财务管理模式，是包括董事会、高管层、业务部门等在内利益相关方对财务部门的迫切需求。财务转型后，财务人员应当从企业后台走向"一线战场"，财务部门的工作重点应从主要为企业外部利益相关者服务转变为主要为企业内部管理者提供决策支持服务，把管理会计在业务层面的运用植入公司的议事日程，使企业集团的管控工作落实到业务层面。业财融合使得董事会、高管层、业务部门到业务人员也要有财务意识，懂得财务常识，做业务时要有与财务衔接的意识，将业务与财务融合，最终目的是通过业财融合，提高企业经济效益，使企业价值最大化。

（三）业务、财务、业务财务间的关系

业务、业务财务或者财务之间的区别和联系。从区别上来看：只考虑差价的地方就是业务财务；只考虑总价的地方是财务；只考虑数量和单价的地方是业务；从联系上来看：实际上是一个有机的整体，从业务到业务财务再到财务是一个从量变到质变的过程，是一个管理逐步升级的过程。

业务、业务财务、财务之间的关系见表6-6。

表6-6   业务、业务财务、财务的区别

项目	主要参与人员	主要参与过程	主要研究关注对象	导向
业务	业务人员	事前、事中、事后	数量、单价	任务导向
业务财务	业务财务人员	事前、事中	差价 1.（产出量×单价－相应投入量×单价）最大化 2. 收入增加额大于支出增加额 3. 支出减少额大于收入减少额	企业价值最大化导向
财务	财务人员	事后	总价（金额）	政策导向

（四）业务财务的作用

1. 提升业绩

实行业务财务后，财务部门充分发挥管理会计的力量，将价值创造目标落实到具体的业务层面。财务人员要做好业务预测、决策、规划（预算）、分析评价等方面工作。绩效体系的设计则是财务帮助业务部门创造价值、提高业绩水平的另一个重要视角。

2. 控制风险

开展业务财务，财务部门在与业务部门的协作过程中，重要的职责就是掌控业务风险，保证企业所有行为都是合规的。在经营过程中，财务部门掌握财务风险和非财务风险，能够很好平衡企业成长中的风险。

3. 提高管理能力

开展业务财务工作，最重要的就是做好流程优化，在这一过程中，财务业务一体化非常关键，保证所有的财务数据必须来源于业务数据，真正地将业务转化为数据和信息。随着内部控制体系的建设以及全面预算管理的实施和推行，财务组织已经成为企业运营流程的关键节点，通过流程优化重组，不断提升企业的运营效率是财务转型的重要举措。企业流程的标准化是与财务、业务系统的紧密集成一起完成的。在流程优化完善过程中，财务部门要全程参与并主导。财务是公司所有部门的交集点，清晰地知道公司的流程问题，在系统上线的过程中，能够准确地提出需求。因此，业务财务是提高企业管理能力的重要工具。

（五）业务财务对企业财务人员的要求

1. 相应的岗位知识

业务财务人员应具备的岗位知识体系可分为下列三大类型：

（1）信息和决策过程知识。①处理决策过程，包括重复性决策程序、非规划性决策程序、战略决策程序；②内部报告，包括信息的搜集、组织、表达和传递；③财务计划的编制和业绩评价，包括预测和预算的编制、分析和评价。

（2）会计原则和职能知识。①会计概念和原则，包括会计的本质和目标、会计实务等；②组织结构与管理，包括会计职能的结构和管理、内部控制、内部审计。

（3）企业经营活动知识。①企业的主要经营活动，包括财务和投资、项目研究和开发、生产和经营、销售和人力资源；②经营环境，包括法律环境、经济环境、道德和社会环境；③税务，包括税收政策、税收的结构和种类、税收计划；④外部报告，包括报告准则，满足信息使用者需要；⑤信息处理系统，包括系统分析和设计、数据库管理、软件应用、技术基础知识、系统分析。

2. 基本的业务知识

业务财务人员还应熟悉企业的各个业务环节流程，包括采购业务流程、生产工艺流程、销售业务流程、投资相关业务流程、基本建设流程、资本流程等与企业生产经营相关的基本业务知识。

3. 应具备的其他核心能力

业务财务人员除了具备上述专业能力和业务基本知识外，还应具备以下核心能力：

（1）全局视野，有良好洞察力。业务财务强调的是过程控制，涵盖企业业务层面的全过程，只有具有全局视野，有良好的洞察力，才能起到通过财务掌控业务，提高业务的运营效力的作用。

（2）还要有良好的沟通能力，可以协调各个业务部门与财务的关系，有效的沟通能力对于业务财务一体化尤为重要。

二、业务财务的内容

（一）战略财务

战略财务的内容实质是战略管理会计的内容，是业务财务的重要内容。

1. 战略管理会计的含义

战略管理会计是指以协助高层领导制定竞争战略、实施战略规划，从而促使企业良性循环并不断发展为目的，能够从战略的高度进行分析和思考，既提供顾客和竞争对手具体战略相关性的外向型信息，也提供本企业与战略相关的内部信息，服务于企业战略管理的财务管理。

战略管理是确定企业使命，根据企业外部环境和内部经营要素设定企业组织目标，保证目标的正确落实并使企业使命最终得以实现的一个动态过程。

2. 战略管理会计的主要方法

战略管理会计在其长期的理论研究和实践探索中，形成了许多有别于传统管理会计的全新的方法。主要有价值链分析法、相对成本分析法、竞争对手分析法和顾客价值分析法等。

（二）投资决策

1. 投资决策的概念

投资决策是指投资者为了实现其预期的投资目标，运用一定的科学理论、方法和手段，通过一定的程序对投资的必要性、投资目标、投资规模、投资方向、投资结构、投资成本与收益等经济活动中重大问题所进行的分析、判断和方案选择。

2. 投资决策的方法

评价各种投资方案是否可行，首先要考虑预期的投资报酬率是否高于企业的资金成本，并运用资金时间价值来比较各种方案的现金流量，计算出各个方案的经济效益，从中选择最佳投资方案。投资决策评价的方法按照其是否考虑货币时间价值因素，可分为静态分析方法和动态分析方法。

（1）静态分析方法是指不考虑货币时间价值的因素，对投资方案的可行性做出初步的分析、判断。具体方法有以下两种：①回收期；②投资报酬率。

（2）动态分析法是以现金流量的现值计算为基础。具体计算指标有：净现值、现值指数、内含报酬率等。

（三）责任中心

1. 责任会计的概念

责任会计是现代分权管理模式的产物，它是根据授予各级单位的权力、责任以及对其业绩的评价方式，将企业内部各单位划分成若干个不同种类、不同层次的责任中心，并对其分工负责的经济活动进行规划和控制，以实现业绩考核与评价的一种内部牵制制度，即责任会计制度。

2. 责任中心的建立和划分

实行责任会计制度的企业，首先必须将其内部各生产经营单位划分为若干个不同种类、不同层次的责任中心。责任中心是指具有一定的管理权限并承担相应的经济责任的企业内部单位。它的基本特征是责、权、利相结合。作为责任中心应具备如下四个条件：

（1）有承担经济责任的主体——责任承担者；

（2）有确定经济责任的客观对象——资金运动；

（3）有考核经济责任的基本标准——经济绩效；

（4）具备承担经济责任的基本条件——职责权限。

不具备以上条件的单位或个人，不能构成责任实体，不能作为责任会计的基本单位。

3. 成本中心

（1）成本中心的含义。成本中心是指只对成本或费用负责的责任中心。成本中心的生产经营活动只发生成本或费用，通常没有收入，因而成本中心不需对收入、利润及投资负责。在企业内部，凡不直接对外销售产品、不实行独立经济核算，只有成本、费用发生的单位，通常是负责产品生产的生产部门、劳务提供部门以及给予一定费用指标的企业管理科室，如车间、供销服务部门乃至工段、班组，甚至职工个人都可称为成本中心。

（2）成本中心的类型。成本中心有两种类型：标准成本中心和费用中心。①标准成本中心又称技术性成本中心。所谓技术性成本，是指成本发生的数额经过技术分析可以相对可靠地估算出来的成本。②费用中心是指仅对费用发生额负责的责任中心。

4. 利润中心

（1）利润中心的含义。利润中心是指既能控制成本，又能控制收入的责任中心。由于利润等于收入减成本和费用，所以利润中心实际上就是对利润负责的责任中心。这类责任中心往往处于企业中较高的层次，一般指有产品或劳务生产经营决策权的部门，如分厂、分公司以及有独立经营权的各部门等，利润中心的权利和责任都大于成本中心。

（2）利润中心的类型。利润中心分为自然的利润中心和人为的利润中心两大类。自然的利润中心是指在外界市场上销售产品或提供劳务取得实际收入，给企业带来利润的利润中心；人为的利润中心是指在企业内部按照内部结算价格将产品或劳务提供给本企业其他责任中心取得收入，实现内部利润的责任中心。

5. 投资中心

（1）投资中心的内涵。

投资中心是指既对成本、收入和利润负责，又对资金及其利用效益负责的责任中心。这类责任中心不仅在产品和销售上拥有较大的经营自主权，而且能够相对独立地运用其所掌握的资金，如大型集团公司下面的分公司、子公司等。投资中心的责任对象必须是其能影响和控制的成本、收入、利润和资金。

投资中心是分权管理模式的最突出表现，它在责任中心中处于最高层次，具有最大的经营决策权，也承担着最大的责任。在组织形式上，成本中心基本上不是独立的法人，利润中心可以是也可以不是独立的法人，但投资中心基本上都是独立的法人。

（2）投资中心的控制要求。

投资中心的设置，是企业分权管理的重要表现。它既可减轻企业总部的投资和经营决策压力，又可提高资金的使用效益；但由于投资中心具有较大的自主权和责任，所以投资中心的实施应注意如下控制要求：①投资中心的投资决策权必须得到切实落实；②利润中心的所有控制要求都适合投资中心；③投资决策应讲究科学化。

（四）经营预测

经营预测是人们对未来经济活动可能产生的经济效益及其发展趋势事先提出的一种科学预见。在市场经济条件下，企业的生存和发展与市场息息相关，而市场又是瞬息万变的，只有通过预测，掌握大量的第一手市场动态和发展的数据资料，才能情况明、方向准，做出正确的决策。

1. 经营预测的意义

科学的经营预测是企业做出正确决策的基础，是企业编制计划、进行科学决策的重要组成部分。预测是针对未来活动的一种推测，以作为制订未来各种计划的重要依据。科学的预测可以减少瞎指挥，克服盲目性。在市场经济条件下，每个企业都非常讲究计划，重视经营预测，并有组织地进行生产。因为企业的管理当局深深知道，在复杂多变的经济社会里，事先如果没有科学的预测和周密的规划，走一步算一步，工作必然处处被动，缺乏应变能力和竞争能力，这样就很难实现他们预期的经营目标，更谈不上提高经济效益了。

2. 经营预测的内容

经营预测的内容，主要包括：销售预测、利润预测、成本预测和资金预测等方面。

（1）销售预测。销售计划的中心任务之一就是销售预测，无论企业的规模大小、销售人员的多少，销售预测影响到包括计划、预算和销售额确定在内的销售管理的各方面工作。销售预测是指对未来特定时间内，全部产品或特定产品的销售数量与销售金额的估计。销售预测是在充分考虑未来各种影响因素的基础上，结合本企业的销售实绩，通过一定的分析方法提出切实可行的销售目标。

（2）利润预测。利润预测是对公司未来某一时期可实现的利润的预计和测算。它是按影响公司利润变动的各种因素，预测公司将来所能达到的利润水平，或按实现目标利润的要求，预测需要达到的销售量或销售额。目标利润就是指公司计划期内要求达到的利润水平。它既是公司生产经营的一项重要目标，又是确定公司计划期销售收入和目标成本的主要依据。正确的目标利润预测，可促使公司为实现目标利润而有效地进行生产经营活动，并根据目标利润对公司经营效果进行考核。公司的利润包括营业利润、投资净收益、营业外收支净额三部分，所以利润的预测也包括营业利润的预测、投资净收益的预测和营业外收支净额的预测。在利润总额中，通常营业利润占的比重最大，是利润预测的重点，其余两部分可以用较为简便的方法进行预测。

（3）成本预测。成本预测是指运用一定的科学方法，对未来成本水平及其变化趋势做出科学的估计。通过成本预测，掌握未来的成本水平及其变动趋势，有助于减少决策的盲目性，使经营管理者易于选择最优方案，做出正确决策。

（4）资金预测。资金预测是指在销售预测、利润预测和成本预测的基础上，根据企业未来发展目标并考虑影响资金的各项因素，运用专门方法推测出企业在未来一定时期内所需要的资金数额、来源渠道、运用方向及其效果的过程，又称资金需要量预测。具体包括流动资金需要量和固定资产项目投资需要量、资金追加需要量等内容。

3. 经营预测的基本原则

（1）延续性原则。它是指企业经营活动中，过去和现在的某种发展规律将会延续下去，并假设决定过去和现在发展的条件，同样适用于未来。企业经营预测根据这条原则，就可以把未来视作历史的延伸进行推测。以后提到的趋势预测分析法，就是基于这条原则而建立的。

（2）相关性原则。它是指企业经营活动过程中一些经济变量之间存在着相互依存、相互制约的关系。企业经营预测根据这条原则，就可以利用对某些经济变量的分析研究来推测受它们影响的另一个（或另一些）经济变量发展的规律性。以后提到的因果预测分析法就是基于这条原则而建立的。

（3）相似性原则。它是指企业在经营活动过程中不同的（一般是无关的）经济变量所遵循的发展规律有时会出现相似的情况。预测分析工具这条原则，可以利用已知变量的发展规律类推出未知变量的发展趋势。以后提到的判断分析法就是基于这条原则而建立的。

（4）统计规律性原则。它是指企业在经营活动过程中对于某个经济变量所做出的一次观测结果，往往是随机的；但多次观测的结果，却会出现具有某种统计规律性的情况。预测分析根据这条原则，就可以利用概率分析及数理统计的方法进行推测。以后提到的回归分析法就是基于这条原则而建立的。

4. 经营预测分析的含义及其基本方法

（1）预测分析的含义。预测分析是在经营预测过程中，根据过去和现在预计未来，以及根据已知推测未来所采用的各种科学的专门分析方法。它是西方国家在 20 世纪 60 年代以后发展起来的一门综合性学科，是生产高度社会化的必然产物。预测分析是决策的基础，是决策科学化的前提条件。为了合理地规划企业的经济活动，必须把预测分析与决策分析紧密联系起来加以应用，才能相得益彰。

（2）预测分析的基本方法。预测分析所采用的方法种类繁多，随分析对象和预测期限的不同而各有所异。基本方法大体上可归纳为定性分析方法和定量分析方法。

①定性分析法。主要是依靠预测者的主观判断和分析能力来推断事物的性质和发展趋势的分析方法。这种方法在量的方面不易准确，一般是在企业缺乏完备、准确的历史资料的情况下采纳。

②定量分析法。主要是运用现代数学方法和各种计算工具对预测所依据的各种经济信息进行科学的加工处理，并建立经济预测的数学模型，充分揭示各有关变量之间的规律性联系；最终还要对计算结果做出分析说明。

（五）经营决策

1. 决策的概念

所谓决策，就是人们为了实现一定的目标，在充分考虑各种可能的前提下，基于对客观规律的认识，对未来实践的方向、目标、原则和方法做出决定的过程。也即人们在占有完备资料的基础上，借助于科学的理论和方法，进行必要的分析和判断，从若干个可供选择的方案中，选择并决定采用一个最优方案的过程。

2. 决策分析的概念

管理会计中的决策分析，是指针对企业未来经营活动所面临的问题，由各级管理人员做出的有关未来经营战略、方针、目标、措施与方法的决策过程。决策分析不只是决策者拍板做出决定的瞬间行为，而是一个提出问题、分析问题和解决问题的系统分析过程，它具有目的性、科学性、可选择性和决断性等特点。

（六）其他相关内容

除上述内容外，还包括成本控制、全面预算管理等内容。随着业务财务的加强，管理会计方面内容越来越多、越来越精细，所以还有许多内容需要不断补充完善。

三、集团业务财务管控

（一）集团总部管理层

为了开展好业务财务管控，要自上而下重视业务财务一体化，认识财务在业务中的作用。集团总部及各级子公司治理层、管理层的高管们要充分意识到业务财务一体化的重要性，要特别强调业务财务一体化。集团及各级子公司职能机构的负责人和职员也要有业务财务意识，知晓与本部门、本岗位有关的财务知识，可以更好地做好本部门、本岗位的业务，提高本部门的业绩。集团各级生产部门的管理人员和生产工人也应具有业务财务意识，并通晓相关成本管理知识。集团要自上而下全员有业务财务一体化意识，具有相关的财务知识，才能更好地实现集团战略目标，使企业价值最大化。

（二）集团建立业务财务机构并制定相关制度

集团公司应建立业务财务管理机构，可以单独建立管理会计部，也可以在财务管理部设置管理会计科室或岗位，各子公司均应设立相关业务财务管理机构。集团管理会计部门是业务财务一体化管理的职能部门，是全集团业务财务的管理和指导职能机构，集团事业部和子公司财务部门是业务财务的具体操作部门，在业务第一线，是业务财务的实操部门。集团公司要制定业务财务管理制度，包括机构设置、职能分工，业务财务人员管理办法沟通机制，明确业务部门、财务部门在业务财务一体化中的责权利。要加强业务财务人员的培训，培训对象，不仅是财务人员，还应包括高级管理人员、业务人员。

（三）建立横向的业务财务融合机制和纵向的业务财务融合机制

横向的融合指财务部门与业务部门的交流融合，财务部门的人员要懂得各业务部门的相关业务知识，财务部门的人员不可能懂得集团所有业务部门的业务知识，要有岗位分工，相关岗位财务人员要通晓本岗位相关业务部门的业务知识，并从头至尾参与该部门的业务运作，提供财务指导，帮助该部门业绩最大化，业务部门要懂得与本部门业务相关的财务知识，业务部门和财务部门的高度融合，是业务财务一体化的精髓，也是提高部门业绩的途径。业务财务一体化是集团公司财务转型的重要一环，是实现集团战略的重要途径，要不断探索集团业务财务一体化融合，业务人员和财务人员一体化融合的路径，加快财务转型的步伐。业务财务一体化融合是事的融合，所有业务的全过程均应从财务角度去考虑，财务全程为业务服务，促进业务部门业绩的提高。业务人员和财务人员一体化融合是人的融合，业务人员要懂得与本业务部门相关的财务知识，财务人员要懂得相关岗位业务部门的业务知识，财务人员和业务人员要做到你中有我、我中有你，充分融合，任何事情都是人去做的，业务人员和财务人员一体化融合是集团公司实现业务财务一体化的必经之路。

纵向的融合是指财务部门之间的交流，集团公司、事业部、管理型公司、经营型公司各级财务部门的人员要上下融通，集团公司财务部门的财务人员要对全集团各级次单位、部门的财务部门人员的业务财务进行指导，上下要充分融合，及时沟通，才能推进集团业务财务一体化进程，提高业务财务的管控能力，最终使集团价值最大化。

四、业财融合的实施路径

（一）加大宣传力度

目前，我国的业财融合尚处于初级阶段，但其推进企业转型升级，促进企业提质增效的作用已然凸显，管理层应当高度重视，并设置合理的组织机构，拆壁垒，破坚冰、去"门槛"，破除制度束缚与利益羁绊，加大宣传力度，在社会中以及企业内部形成"业务人员要懂财务，财务人员要懂业务，业务财务要无缝对接"的理念，加快融合进程。

（二）借助信息化工具

信息技术的快速发展、信息化工具的高效使用对于企业的业财融合起着关键作用。由于财务部门是企业各类信息最为集中和综合的部门，因此在与业务部门融合的过程中，需要利用信息系统动态地、多角度地提炼出企业经营管理所需要的各种信息。借助信息化工具，将企业的业务信息与财务信息高效整合在一起，打通业财之间的壁垒，真正实现业务与财务之间数据的顺畅转化和共享，为企业的生产经营决策服务。企业资源计划系统（ERP）就是其中的典型代表之一，可以有力地推进业务工作与财务管理的融合。

（三）以全面预算管理为基础

全面预算的编制过程是企业各部门间沟通、互动及信息传递的过程，财务部在此过程中起着沟通协调作用。通过编制预算，建立面向财务部门和业务部门的双向工作输出体系，明确输出指标、评估模型、报告周期等，提升对各专业部门的支撑能力。促使财务部门与业务部门之间，各部门与管理层之间相互沟通融合，进而提升企业管理水平，创造价值。

（四）以关键领域为切入点

业财融合提升企业价值的节点很多，以我国目前企业经营水平现状，从全面精细化角度开展业财融合还有很长的路要走，还有很多基础工作要做，因此，业财融合要抓住重点，以点带面，做好当前，谋划长远，稳步开展。企业要根据各自实际抓住关键性领域、关键环节、关键人员，以企业价值提升为目标，以现有资源为基础，实现业务财务的深度融合。

（五）以考核为激励手段

为提高员工的主动性和积极性，有效推进业财融合，提高工作的效率和效果，企业应当建立激励机制，对业财融合效果好，能够显著提升企业效益的人员给予物质或精神激励，使得业务部门与财务部门能够协同配合，共同提升企业价值。

第十节　财务制度

一、集团制定财务制度管控体系的作用和意义

（一）财务管控制度的概念

财务管控制度是集团财务管控体系的重要组成部分，它是关于财务管控的规则、程序等一系列规范性文件。

（二）财务管控制度的作用和意义

1. 财务制度是集团企业正常运营的基本保障

集团由多个法人主体单位组成，少则三个层级多则五六个甚至更多层级，从事的行业多，业务复杂，如果没有一套行之有效的财务管控制度，任由各单位自行其是，很难保障集团公司的正常运营，也很难实现集团战略目标。

2. 财务制度可以为集团提升管控能力

财务管理是集团公司一切管理的基础，是集团管理的中心环节，内部财务管理是对企业资金活动和价值形态的管理，主要是以成本管理和资金管理为中心，通过价值形态管理，达到对实物进行管理的目的，因此，财务管理是一切财务管理活动的基础，也是企业管理的中心环节，集团公司生产经营受到财务制度的约束，以此来保障企业提高经济效益。制定行之有效的财务管理制度并通过认真执行管控等各环节，从而提高集团管控能力。

3. 防范风险

风险是指在某一特定环境下，在某一特定时间段内，某种损失发生的可能性。风险是由风险因素、风险事故和风险损失等要素组成。换句话说，是在某一个特定时间段里，人们所期望达到的目标与实际出现的结果之间产生的距离称为风险。集团公司在生产经营过程中，面临各种各样的风险，特别是重大财务风险，给集团公司造成的损失往往是致命的，因此财务管理制度要成为防范风险的保障。

二、财务制度的内容，即集团公司的财务管控制度

（一）集团公司制定的制度

1. 单体公司的财务制度

（1）财务组织制度。

①机构、人员管理制度。集团财务机构设置的原则：a. 与集团组织结构相适应原则；b. 与集团业务流程相匹配原则；c. 凡是独立核算的单位都应设置相应机构；d. 同一区域集中办公原则。财务组织机构根据企业规模设置，规模小的单位设置财务部门，规模大的单位除财务管理部门外还可设置资金管理中心、会计核算中心等。财务管理部门的职责为：财务人员的管理、制定财务管理制度、资金管理、预算管理、报表决算管理、融资管理、资产产权管理、会计信息化管理、税务管理、成本管理、收入管理等。有资金管理中心的资金管理职责由其负责管理。有会计核算中心的会计信息化管理、报表决算管理职责由其负责。

②岗位设置、机构人员和管理制度。设立组织机构后，各组织要设立相应岗位。财务岗位设置不限于财务管理部门，股东、董事会、监事会、经营层的高管及各职能部门的负责人和相关人员均应掌握与自己岗位相适应的财务管理知识，从大财务管控的角度看，他们也属于财务管理人员。如股东作为投资者的财务管理职责有审议批准企业财务管理制度，决定企业的筹资、投资、担保、捐赠、重组、经营者报酬、利润分配等重大财务事项。财务专业人员的职责权限划分有：总会计师（财务总监）、财务机构负责人、一般财务人员的职责权限。

（2）财务会计管理制度。

①会计核算办法。

会计核算办法是财务管理制度中最基础的管理制度。制定会计核算办法的主要依据是会计法、企业会计准则，并结合集团公司实际符合集团有利于精确核算的会计办法。会计核算办法的主要内容有：会计科目、货币资金业务、采购与付款业务、生产业务、销售与收款业务、融资业务、投资业务、职工薪酬业务、税务业务、费用业务、所有者权益、利润及利润分配、特殊交易业务、财务报告、合并财务报表等业务。

②财务会计管理制度。

制定财务会计管理制度的依据是企业财务通则、集团战略、集团实际情况等。内容主要有：财务管理体制、资金筹集、资产营运、负债管理、成本控制、收入管理、收益分配、重组清算、财务信息管理、财务监督、专项管理制度、内控及监督制度等。

财务管理体制首先要确定集团公司采用什么财务体制，是集权型、分权型还是混合型，也可分行业确定，核心企业采用集权制、非核心企业采用分权制。财务管理体制的内容还包括财务组织架构、部门设置、岗位设置、部门和岗位职责，财务人员管理等。

资金筹集的内容主要包括：资金筹集的分类、主要渠道、方式、筹资策略、筹资决策、筹资运作过程管理等。

资产营运的内容主要包括：货币资金管理制度、应收款项管理制度、存货管理制

度、固定资产管理制度、在建工程管理制度、对外投资管理制度、无形资产管理制度、对外担保管理制度、对外捐赠管理制度、高风险业务管理制度、代理业务管理制度、资产减值管理制度、资产损失管理制度、资产处置管理制度、关联交易管理制度等。资产运营管理制度基本涵盖企业资金运动的全过程，是财务管理制度中的重要组成部分，与集团业务结合紧密，制定该制度要对集团公司的各项业务进行充分调研，有针对性地制定资产营运管理制度。

负债管理的内容主要包括：应付款项管理制度和福利费管理制度等。应付款项管理制度包括应付款项管理部门的确定、支付、检查、管理等内容。福利费管理制度包括：福利费开支范围、开支标准、福利货币化管理、福利费的管理等。

成本控制的内容主要包括：成本费用管理总体要求、成本费用管理遵循的基本原则、成本管理体制、成本费用开支范围、费用化与资本化的划分标准、成本费用与营业外支出的划分、成本费用管理责任体制、成本的预测、决策和计划。成本费用预算管理责任制、成本费用的控制、成本的检查与监督、成本分析与考核等内容。

收入管理的内容主要有：收入确认标准（集团涉及行业多，不同行业确认标准不同，应按集团公司的行业分别制定收入确认标准）、收入风险管控等。

收益分配的内容主要有：利润管理的内容、利润分配的顺序等。

重组清算的内容主要有：重组的内容、类型、重组方案的决策程序、重组工作程序、分立重组的财务管理、合并重组的财务管理、托管经营的财务管理、清算的内容、类型、清算的程序等。

③财务信息化管理制度。

信息化财务管理也称为网络财务管理，是企业以现代计算机技术和信息处理技术为手段，以财务管理模型为基本方法，以会计信息系统和其他企业管理系统提供的数据为主要依据，对企业财务信息进行实时处理、预测、分析和判断的活动。其实质是全面实现财务、业务流程数字化和网络化，通过各种信息系统网络加工生成新的财务信息资源，对企业物流、资金流、信息流进行一体化的管理和集成运作，以提高企业整体决策能力和竞争能力。

财务信息化管理制度的内容主要有：财务信息管理的原则、财务信息与业务信息一体化系统的建立、岗位分工及岗位职责、权限管理、操作管理、系统维护、信息化档案管理等。制定财务信息化制度要与集团会计核算办法密切联系，要与业务流程相匹配。

（3）专项管理制度。

根据工作需要，制定各方面的管理制度。比如，资金的具体管理制度、股份制企业的财务管理制度、财务机构负责人的管理制度等。

（4）内控及监督制度。

①内部控制制度。

内部控制是由企业董事会、经理层和其他成员实施的，为财务报告的可靠性、经营活动的效率和效果、相关法令的遵循性等目标的实现而提供合理保证的过程，详见表6-7。

表 6 - 7
制定内部控制制度

控制要素	具体内容
控制环境	包括职业道德、人员胜任能力、管理哲学、经营作风、董事会及审计委员会、组织机构、责权划分、企业文化、人力资源管理、信息系统等
风险评估	包括经营环境变化、企业高速发展、增加新员工、企业改组、采用新技术等
控制活动	包括职位分离、目标控制、程序控制、业绩评价等
信息与沟通	包括信息处理和沟通形式
监控	包括日常监督、内部审计和外部审计等

内部控制是企业为控制经营风险、实现经营目标而制定的各项政策与程序。中国财政部对内部会计控制做了如下的定义：内部会计控制是指单位为了提高会计信息质量，保护资产的安全、完整，确保有关法律法规和规章制度的贯彻执行等而制定和实施的一系列控制方法、措施和程序。

②财务监督制度。

财务监督是指有关国家机关、社会中介机构、单位内部机构及其人员，根据法律、行政法律、部门规章以及单位内部制度的规定，对单位财务活动进行检查、控制、督察和处理处罚等活动的总称。

财务监督分为外部监督和内部监督。外部监督是有关国家机关、社会中介机构的监督。内部监督是公司内部监事会、董事会的审计委员会、审计部门的监督。

财务监督制度的内容主要有：财务监督的分类，财务监督的主体和内容。包括行政机关监督及内容、社会中介机构监督及内容、投资者监督及内容、经营者监督及内容、财务监督的手段和方法、财务违法行为的责任、中介机构的筛选和后续管理等。

2. 集团公司的管控制度

集团公司的管控制度主要包括以下 11 个方面的制度：

①机构和人员管控制度。②资金。③全面预算制度。④投资。⑤融资和担保。⑥资产。⑦风险管控。⑧激励与业绩评价。⑨内部交易。⑩审计。⑪信息化。

3. 对制度执行的管理制度

（1）提高工作效率的管理制度。首办负责制是指集团公司领导及各部门、集团的下属单位、集团外单位（包括政府部门）等以来人、来电、来函等方式办理事项时，第一位接受询问或受理的部门职工（含部长、副部长）即首办负责人，无论服务对象询问或需办理的事项是否属于其岗位职责范围，必须热情接待，认真审查有关材料，承担当场及时办理或引导办理责任的工作制度。为了提高部门的工作效率，集团公司应制定部门的首办负责制度，包括程序、要求、惩罚及问责等内容。

为了规范财务管理工作，提升工作效率，提高各级财务部门财务服务质量，加强财务效能建设，集团公司应制定限时办结制度，包括限时办结原则、内容、传递方式、流程、时限及要求，定期汇报、处罚等内容。

（2）对具体业务的例会制度。集团公司应制定对具体业务的例会制度，规定例会的内容、程序、时间、参加人等内容，通过例会制度促进各项财务管理工作的推进，提高财务管理效率。

集团公司规模大、行业众多，业务复杂，发生的财务事项也千差万别，为了及时掌握和处理财务管理中的重大事项，应建立信息反馈制度，规定需反馈的事项、内容、程序、评估、反馈处理、处理结果的评价等。

（3）对制度执行的监督制度。完善的管理制度如果没有好的监督制度促进其实施，也是摆设，集团公司对各项财务管理制度，均应制定相应的监督制度，监督与执行同步进行，促进各项财务管理制度的有效执行，控制财务风险。

（二）单体公司制定的制度

单体公司制定的制度就是在集团制度的前提下细化的管理制度。经营型公司应根据公司行业特点和发展阶段及内外部环境，制定上述制度的操作制度，保证更好地执行集团公司和管理型公司制定的各项财务管理制度，制定的操作制度不能与国家法律、法规、集团制度、管理型公司制度相违背。

三、集团财务制度的制定

（一）制度制定的原则

1. 合法性

集团公司制定的各项财务管理制度要符合国家法律、法规的规定，不能违法。合法性是制定各项制度的前提条件。管理型公司和经营型公司制定财务制度的合法性还包括符合上级公司的财务制度的规定。

2. 全局性

集团公司制定各项财务管理制度要有全局性，统筹安排，分步实施，不能顾头不顾尾，前后矛盾。财务管理制度涉及财务管理的各个方面，制定时，既要符合集团战略和长期规划，又要注重短期目标的实现，还要与集团其他制度相协调。

3. 可行性

制度要根据集团公司实际情况，对工作中的薄弱环节和易出差错的地方或易产生风险的事项有针对性地制定。要兼顾集团公司的发展经历和形成的企业文化，考虑高管特别是主要负责人的管理风格，充分考虑行业特点和企业所处发展阶段、企业的发展战略。综合考虑上述因素，制定的财务管理制度才有可行性。

4. 清晰性

制定的制度要确保分工明确，责任落实到位，避免模糊不清，过于笼统，无可操作性。制度的文字表述也要清晰，要层次分明，有逻辑性，不能有歧义，便于执行。

5. 稳定性

集团公司制定的财务管理制度要具有连续性，不能朝令夕改，更不能前后矛盾，要有一致性，确保财务管理工作的有效进行。稳定性也不是一成不变，根据国家法律法规和集团财务制度的变化要及时修改，修改时要考虑与原制度的衔接。

6. 前瞻性

制定财务管理制度时，要充分调研，并对国家法律、法规的发展变化趋势，宏微观环境的发展变化趋势等进行研究，制定的制度要有一定的前瞻性。具有前瞻性的制度可以增加制度的稳定性和连贯性，减少修改制度的成本。

7. 一致性

制定的制度要与集团业务特点一致，要有连续性，保障财务管理制度执行的严肃性。管理型公司和经营型公司制定的制度要与集团公司的制度保持一致性，不能违背集团的财务制度。经营型公司制定的制度还要与管理型公司的财务制度相一致。

（二）制度制定的步骤

1. 制定制度的提出

股东会、董事会、管理层、各级公司、职能部门均可以提出制定制度的需求。制定制度的需求要有合理的理由，同时要遵循一定的程序。接受提议的部门要及时审查制定制度提议的合理性，并及时反馈到制定制度的相关部门。

2. 确定牵头部门和领导

要确定牵头部门和分管领导，指定编写机构，明确编写人员，必要时，成立编写委员会，组织上确保制度的制定。同时，要明确制定制度的时间和责任人。

3. 调查、收集资料

根据制度的具体要求，进行调查、调研，收集国内外和集团的相关资料。首先，要成立制定制度的团队，明确责任人。其次，要对需求进行调研，制定大纲。最后，对收集的资料要进行甄别，选择恰当的资料。

4. 设计制度

对制度的框架、原则、要求、具体内容等进行设计。在调研和收集资料的基础上，先制定制度编写大纲，确定制度的使用范围和遵循的国家法律法规，在此基础上，结合公司实际情况，设计制度，确保合法性和可行性。

5. 公司内部单位机构之间的再讨论

对起草的制度进行自上而下、自下而上的多轮讨论、论证。这个环节很重要，制定制度不能闭门造车，只有充分的讨论，才能使制定的制度具有可行性。

6. 定稿

经过上述多轮讨论、论证程序后，方能定稿、发布。制度从起草到定稿，经过多轮讨论和修改，并履行相关审查和批准程序。

7. 培训

制定的制度要对执行人员进行培训，确保有效执行。这个环节很重要，制定的制度只有充分培训，才能确保有效执行。

8. 执行

制定的制度要有效执行，并进行指导、监督。再好的制度，不能有效执行，也无法起到最初制定制度的目的。为了确保执行，不能只靠执行单位的自觉遵守，还需通过有力的监督，确保执行。

四、制度的修改

集团公司制定的制度并非一成不变的，集团公司制度的制定部门应及时掌握制度执行情况和存在的问题，及时与相关部门沟通，确定要修订的制度要及时修改。

（一）影响制度执行的因素

1. 各级高管的支持

没有各级高管的支持，再好的制度也无法有效执行。董事长为首的董事会成员、总经理为首的管理层成员，职能部门负责人等各级高管是否对制度理解和支持，对制度的执行效果起到关键作用。

2. 财务部门在财务管理制度中的主体地位

要明确各级财务管理部门在财务制度中的主体地位，具有主导地位。各级财务部门既是制定财务管理制度的牵头部门，又是财务制度的执行部门。

3. 财务机构的执行力

要确保财务机构的执行力，才能起到制定制度的作用。财务制度的执行涉及各个部门和环节，财务机构是财务制度执行的主导机关，同时，要通过财务监督等多种形式，对各部门和子（分）公司有效执行财务制度的情况，加强管理确保执行力。

4. 其他相关部门的配合

制度需集团其他相关部门有效配合，要加强宣传和沟通。制定制度阶段需要各部门提供需求，并配合调研。执行制度也需要其他相关部门的密切配合。

5. 相关执行人员的素质

相关执行人员的素质十分重要，要选聘有胜任能力的专业人员，并加强培训。再好的制度，如果不能有效执行，也起不到应有的作用。能否有效执行，执行人员素质的高低起到关键作用。

6. 企业文化和企业所处的环境

企业文化、所处环境，内外部经济环境对制度的执行十分重要，制定的制度要与其相适应，不能生搬硬套。制定制度要有灵活性，要与企业所处内外环境相适应。

7. 追责制度

为了有效地执行制度，必须建立严厉的追责制度。只有建立严格的追责制度，奖罚分明，才能确保制度的严肃性和权威性，并能有效执行。

（二）制度执行的注意事项

1. 严肃性

确保制度的严肃性，对制度的执行十分必要，要有奖有罚，促进各部门严肃地对待发布的制度，并坚决贯彻执行。制度已经制定，必须贯彻到底，横向到边，纵向到底，需有效执行。

2. 原则性与灵活性的协调

制定制度要坚持制定制度的初衷，要有原则性，不得随意改变；同时，任何制度不可能无懈可击，要有灵活性，遇到环境发生变化或发现有考虑不周的事项，要在不违背制度的原则下，有一定的灵活性。

3. 不同时期的重点突出

集团公司处在不同发展周期，发展战略和工作重点不同，应针对不同时期的特点，重点突出，不能千篇一律。制定制度时，要加强调研，与所处发展周期相一致。当企业发展周期发生变化后，要针对新的特点和需求，及时修订。

（三）制度修订的注意事项

1. 不轻易修改已制定制度

不要轻易修改已制定的制度，只有内外环境发生重大变化，才能进行修改，修改前，要充分论证。为了保持制度的一惯性和连续性，尽量保持制度的稳定性，及时修改，也要循序渐进，不能彻底废弃原制度。

2. 修订原则与制定原则相同

修订的原则要遵守制定的原则，同时要有针对性，侧重点不同。原则相同，并不是一成不变，要求大同存小异。大同就是要和原制度的原则一致，小异要和新的环境和形势一致。

3. 不能因人修订制度

制定的制度要与集团公司的战略、所处阶段和国家法律、法规相适应，不能因人而异，随意修订制度。企业高管层更迭，不能推翻原制度，要有制度的连贯性。通过制度保障企业经营政策的连续性和稳定性。

第十一节　采购与销售的管控

一、采购与销售管控的重要性

（一）采购管控的重要性

（1）采购属于价值基础的重要组成部分，是企业经营活动的起点，对价值实现起着重要的作用。

（2）采购成本的高低，对企业最终实现价值的大小起着重要的作用。

（3）采购标的质量的高低，对企业价值实现产生重要影响。如果采购环节把关不严，可能建造不合格的固定资产，生产出不合格的产品或引进不合格的员工，都会直接影响企业价值实现。

因此，采购在企业运营中具有重要地位，要加强采购管控。

（二）销售管控的重要性

（1）销售对价值实现起着决定作用，再好的产品如果销售不出去，价值也是零。

（2）销售对价值基础、价值生产等环节有引领作用，一切以价值实现为目标。

（3）销售也是创新的动力，一切以顾客满意度为目标，通过价值创造，制造满足顾客需求的产品。

因此，以销定产，销售在企业运营中具有举足轻重的作用，要加强对销售的管控。

二、采购管控

（一）概念

财政部颁布的《企业内部控制应用指引第 7 号——采购业务》对采购的定义是，采购是指购买物资（或接受劳务）及支付款项等相关活动。采购的概念包括两方面内容，一是采购的标的为物资或接受劳务（包含人员招聘）。二是采购要支付与采购标的物相对应的款项。

（二）采购的内容

采购根据标的物价值的大小分为大宗物资采购、一般物资（劳务）采购、小额零星物资采购三类。

（1）大宗物资采购，主要包括生产过程中主要原料、包装物、水电气、辅助材料等的采购，产品外包，接受劳务等；商品流通领域商品采购等。

（2）一般物资（劳务）采购，主要包括招聘人员，基本建设投资过程中接受勘察设计、建筑安装施工等劳务，材料及设备的采购，购买专利等。一般采购金额较大，发生的频率较大宗物资采购少。

（3）小额零星物资采购，主要包括一些生产用周转材料、办公用品等采购。此类采购一般价值较低，采购数量不大。

（三）集团对采购的管控

1. 机构设置

应根据集团采购管控需要设置采购管理机构和经营机构。采购管理机构一般是供应管理部门、招标管理部门等。经营机构一般是集团公司设立的物资供应公司。子公司根据需要也应设置相应的管理机构和经营机构。

2. 设置采购的权限

原则上集中采购，根据集团自身实际一部分统一采购，一部分各子公司自行采购。

3. 采购方式

（1）根据采购形式划分：招标采购（公开招标、邀请招标）、竞争性谈判、询价采购、直接采购（单一来源采购或续标采购）。

（2）根据采购途径划分：集中招标、非集中招标、总包配送、目录采购（集团公司及母公司已建立的采购目录和生产物资供应商红名单目录）、子公司自行采购（应急、零星、小额采购）。

4. 建立采购管理制度

采购管理制度包括采购计划管理制度、采购业务流程相关管理制度、采购风险内部控制制度、采购付款制度等，集团公司应根据自身情况，建立完善的采购管理制度，并严格执行，同时应建立动态修改机制。

（四）注意事项

1. 以保证生产长期稳定为基础，以价格为目标

采购管控要确保生产供应，不能出现供应物资断档，导致停产或减产等情况的发生。要以控制价格，降低采购成本，最大限度地节约成本为目标。

2. 充分发挥集团集中采购的优势，提高议价能力

集中采购由于采购数量大，可以通过与供应商建立战略合作关系、招标等形式，提高议价能力，从而大幅降低采购成本。

3. 树立综合采购成本意识，采购要与付款相结合

综合成本包括采购价格、运输成本、采购过程中管理费用等，要综合考虑，最大限度地降低采购成本，要与付款相结合，能赊购的，尽量赊购，延长付款时间，降低资金成本。

4. 放大采购效应，采购要与关联事项相结合

比如，采购与销售相结合，也就是说我采购你的产品，你要在力所能及的范围内，采购我的产品。采购与供应商的研发、生产相结合，通过与供应商在产品研发、生产中的合作，降低采购成本。采购要与无形资产相结合，比如，供应商的关系、人脉、管理经验、品牌等要与集团公司的销售相结合，放大采购效应。

5. 要与供应商形成利益共同体

帮助供应商改进产品、改进结构、改进方式，从而降低采购成本。

集团公司在研发产品过程中，要考虑供应商提供物资的品种和质量，既要满足产品需要，又尽可能降低原材料采购成本。同时要通过使用新材料、新工艺提高产品性能，降低原材料采购成本。

6. 科学决策采购与外包的选择

企业通过采购自行生产还是外包不是简单的问题，要综合考量、科学决策，既降低产品成本，又不能影响产品质量。

三、销售管控

（一）概念

《企业内部控制应用指引第9号——销售业务》对销售的定义为，销售是指企业出售商品（或提供劳务）及收取款项等相关活动。销售包括两方面内容，一是销售的标的包括商品或提供劳务，二是收取与提供销售标的价值相当的款项。

（二）销售的内容

销售包括产品销售、提供劳务（设计、勘察、咨询、修理等劳务）、销售已使用设备、销售原材料、输出劳务等。

（三）集团对销售的管控

1. 机构设置

集团公司设立管理机构和经营机构，原则上统一销售。销售管理机构为销售管理部门、价格管理委员或价格管理部门等，经营机构为销售公司。子公司根据需要可以设立

管理机构和经营机构。

2. 销售结构划分，哪些是集团统一销售，哪些是公司自行销售

集团核心产品原则上应统一销售，非核心产品可以集中销售也可由子公司自行销售。

3. 销售方式

销售方式一般包括预收货款销售、赊销、现销三种。

预收货款销售是指要求客户在签订合同时预先支付定金或部分货款。

赊销是指根据客户的信用，先根据订单生产和发货，在合同约定的期限内收取货款。

现销是指在销售时先收取全部货款再发货或客户自行提货。

（四）建立销售制度

集团公司应建立销售计划管理制度、客户开发与信用管理制度、销售流程相关管理制度、销售风险内部控制制度、收取货款管理制度等。

四、注意事项

（一）防止销售环节利益的流失

从内控制度或体制环节设计方面防止销售环节利益的流失。集团公司销售业务至少应当关注下列风险：

（1）销售政策和策略不当，市场预测不准确，销售渠道管理不当等，可能导致销售不畅、库存积压、经营难以为继。

（2）客户信用管理不到位，结算方式选择不当，账款回收不力等，可能导致销售款项不能收回或遭受欺诈。

（3）销售过程存在舞弊行为，可能导致企业利益受损。

集团公司应从内部控制或体制设计方面防控以上风险或其他风险，防止集团公司或子公司在销售环节利益的流失。

（二）提高销售的议价能力

充分发挥集团的优势，提高销售的议价能力，主要通过集团公司品牌效应、规模优势等，来提高集团产品的议价能力。

（三）建立销售价格对标分析制度

要成立相关机构，建立销售价格对标分析制度，定期或不定期将集团公司各销售产品或提供劳务价格与同行业比较，通过对标找出差距，查明原因，制定相应措施，提高集团公司产品或提供劳务的价格。

（四）通过销售，建立利益共同体

与用户建立利益共同体，形成与用户休戚相关的关系，产品研发和生产要考虑用户的利益，从而提高销售价格，增加销售量。

（五）加强业财融合

比如销售价格计算，货款的收回，风险管控、销售计划管理等方面，要充分发挥管理会计在销售环节的应用。

（六）通过销售取得额外的收益

比如，建立信息渠道，扩大销售区域，增加销售量。建立人脉关系，增加销售量。其他可以增加额外收益的方式。

（七）特别注意赊销用户的动态研究

要建立赊销用户档案，进行动态跟踪、评价，及时调整其信用等级，对不同信用等级的用户，采取不同的赊销政策，信用不良的，可取消对其赊销方式。

（八）建立销售联盟，提高话语权

建立销售联盟，通过联盟产品份额在同行业的提高，增加话语权，对同类产品的行业标准、销售政策等增加影响力。

（九）建立销售为导向的价值创造体系

在生产、研发、物流、采购、品牌营销、增强产品优势等方面，要充分发挥集团公司的作用。通过建立以销售为导向的价值基础、价值生产、价值实现等价值创造体系，提高销售管控能力，从而增加销售数量、提高销售价格、增加集团公司价值。

第十二节 外 包

一、外包的概念

外包是指企业将一些辅助性、非核心的或次要的业务委托给外部的专业公司，利用它们的专长和优势来提高资源配置效率和增加生产要素的生产组织模式。

二、外包的原因

由于企业能够拥有或者控制的资源是有限的，如何将有限的资源合理配置，发挥最大效力，以实现企业战略和目标，是管理者面临的一个课题。

供应链管理提倡将主要资源投入关键业务，培育并形成自身的核心竞争力。实施供应链管理的企业集团通过业务外包，可以获得比单纯利用内部资源更多的竞争优势。通过外包，企业一方面可以集中资源与力量，经营自己擅长的业务；另一方面，还可以突破企业内部资源的约束，充分利用承包企业的优势资源以及基于企业间关系的网络资源来培育企业的核心竞争力，从而提高企业的绩效。具体原因有以下几点：

（一）降低和控制成本

许多外部资源配置服务提供者都具备完成某类业务的技术、知识和能力，能够比本企业更有效、更便宜地完成业务，因而它们可以实现规模效益，并且愿意通过这种方式获利。外包将会使供应链各环节上的企业节约很多成本。

（二）培育自身核心竞争力

在当前纷繁复杂、竞争激烈的市场大环境下，一个企业集团是否具备核心竞争力决定着其能否做强做大，持续稳定向前发展。企业集团通过 SWOT 分析，评价自身的优势和劣势，判断面临的机会和威胁，着眼于优势业务，将之做精，培育自身核心竞争力，而将弱势且非核心的业务外包给第三方。

（三）分担风险

由于管理层自身问题及外部环境的不确定性等原因，企业在经营过程中不可避免地承受供应风险、生产风险、营销风险、技术风险、财务风险和投资风险等多种类型的风险，给企业集团造成潜在性、破坏性威胁。企业可以通过外向资源配置分散由政府、经济、市场、财务等因素产生的风险。企业本身的资源、能力是有限的，通过资源外向配置，与外部的合作伙伴分担风险，企业可以变得更有柔性，更能适应变化的外部环境。

（四）加速优势重构

企业重构需要花费很多的时间，获得效益也要很长的时间，而业务外包是企业重构的重要策略，通过对业务流程进行改造、配置合适的人员对外包实施过程进行监控和管理，可以帮助企业很快地解决业务方面的重构问题。

（五）轻资产化，节约资本资金

企业通过外向资源配置从而避免在设备、技术、研发上的大额投资。可以使企业减少固定资产的投资，降低成本。外部专门的供应商把资源集中在某个领域（零部件或服务），企业可以从供应商的规模效益中获益，并且供应商在这个领域拥有更多的专家和先进的技术，因而质量可以比企业做得更好。

（六）提升内部管理效率

避开企业内部难以管理或者失控的辅助业务职能，企业集团可以将在内部运行效率不高的业务职能外包。

（七）降低管理成本

为了降低和控制成本，节约资本资金。许多外部资源配置服务提供者都拥有能比本企业集团更高效、更便宜的完成业务的技术和知识，因而他们可以实现规模经济，并愿意通过这种方式盈利。企业集团可以通过外向资源配置避免在设备、技术、研究开发的大额投入。

三、集团外包的利弊分析

业务外包的实质是通过重新定位，重新配置企业的各种资源，将资源集中于最能反映企业相对优势的领域，塑造和发挥企业自己独特的，难以被其他企业模仿或替代的核心业务，构筑自身的竞争优势，使企业集团持续发展。然而，外包在拥有优势的同时也有一定的弱势，关键在于企业集团看重什么以及如何化解劣势，使之转化为优势。

（一）外包的优势

外包除了具有以上原因分析中的优势外，特别在以下两个方面有优势。

1. 业务外包能够使企业专注核心业务

企业实施业务外包，可以将非核心业务转移出去，借助外部资源的优势来弥补和改善自身劣势，从而把主要精力放在企业的核心业务上。根据自身特点，专门从事某一领域，某一专门业务，从而形成自身的核心竞争力。

2. 业务外包使企业提高资源利用率

实施业务外包，企业将关键资源集中到核心业务上，而外包公司拥有比本企业更有效、更经济地完成某项业务的技术和知识。业务外包最大限度地发挥了企业有限资源的作用，加速了企业对外部环境的反应能力，强化了组织的柔性和敏捷性，有效增强了企业的竞争优势，提高了企业的竞争水平。

（二）外包的弊端

外包是很好的经营策略，它能提高效率，降低成本，加快产品开发速度，并让企业集中精力于核心业务，但是外包和其他经营策略一样具有局限性。

1. 可能增加企业责任外移

企业集团将非核心业务外包给专业第三方，很可能在会导致对外包业务的控制力减弱，增大企业责任外移的可能性，导致质量监控和管理难度加大。

2. 可能挫伤员工积极性

业务外包必然会牵涉部分员工的利益，如果他们知道自身工作迟早会被外包，他们可能面临失业，那么其工作积极性会降低，失去对公司的信心和工作的原动力，从而导致工作业绩明显下降。

3. 对外包服务商的依赖风险

业务外包一段时间后，企业可能无法摆脱与外包服务商的关系，即一旦形成对外包服务商的依赖性，再重新选择就很难，因为重新选择的成本不菲。而且外包实施的时间越长，成本就越大，再选择其他外包服务商，以前投入的成本就成为沉没成本。外包服务商利用依赖效应占据了谈判的主导权，他们可以在外包续约谈判中相要挟，逼迫企业接受不利的契约条款，外包企业要么支付昂贵的转移成本要么无条件接受。

4. 企业部分利益流失

外包的对立面是一体化，企业为了实现价值的延伸和扩展，实现前项和后项一体化，外包将企业一部分业务利益流失。

5. 企业核心技术的泄露

与供应商和合作商之间的沟通之中难免会将企业技术参数、商务秘密等信息透漏给对方，对方有意或无意地将这些专有信息直接或间接泄露给竞争对手，会对企业造成巨大损失。

6. 其他问题

外包很容易被竞争者复制。外包并不能申请专利，不能防止别人利用外包策略。一旦竞争企业都开始采用外包策略，那外包也不再是竞争优势的来源，会导致供应链的分裂和解体，引入新的竞争者进入该产业，竞争加剧，产品周期缩短，投资回报率缩水，还会让企业产生自满情绪，破坏企业与员工、客户、国内及当地社群的关系。如果价值链中每一个活动都逐渐外包出去，员工与管理层与股东之间还有什么纽带可联系？如果所有活动都外包出去，客户也许会产生上当的感觉。

四、外包的类型

（一）按地理划分
根据供应商的地理分布状况划分为两种类型：境内外包和离岸外包。境内外包指外包商与其供应商来自同一国家，外包工作在国内完成。离岸外包指外包商与其供应商来自不同国家，外包工作跨国完成。

（二）按业务职能划分
业务外包强调企业专注于自己的核心能力，如果某一业务职能的效率低于市场上大多数同类型业务，且该业务职能又不是企业核心能力的，就应该将其外包给外部效率更高的专业化厂商去做。根据业务职能可以将外包划分为生产外包、销售外包、供应外包、人力资源外包、技术服务外包、物流外包及研发外包。

（三）按业务活动的完整性划分
根据业务活动的完整性可以将外包分为整体外包和部分外包。所谓部分外包，指企业根据需要将业务各组成部分分别外包给该领域的优秀的服务商。

（四）按工作性质划分
外包按工作性质可分为"蓝领外包"和"白领外包"。蓝领外包指产品制造过程外包。白领外包亦称服务外包，指技术开发与支持其他服务活动的外包。

五、外包的实施

成功的业务外包策略可以帮助企业降低成本、提高业务能力、改善产品或服务质量、提高利润率和生产率。但是业务外包也会遇到一些阻力。因此，外包能否取得实质性效果，关键在于其各个阶段的实施。

第一阶段：企业集团的内部分析和评估。在该阶段，企业高层管理者主要确定外包的需求并制定实施的策略，要想从外包中获益，企业集团高管必须予以高度重视，并具备一定的战略思维及推动变革的决心和力量。企业集团运用SWOT分析，认清自身的优势、劣势、机会和威胁，通过供应链VRIO分析模型，找出自身具备核心竞争力的资源和能力，专注于核心业务，而将非核心的、次要的业务外包给专业第三方。由于外包有可能会给企业集团造成不良影响，实施前还需要考量和评估其对企业的影响。

第二阶段：结合评估结果，选择合适的第三方作为外包服务商。经由第一阶段的分析和评估，企业集团管理层认清了集团自身的核心竞争力，根据企业集团自身实际，以"双赢"为目标（双赢才会稳定持久，并降低企业外包风险），综合考量各个外包服务商的资质、实力、可信度，进而选择最适合企业集团的合作伙伴。

第三阶段：外包的实施和管理。外包合同签订后，企业集团要随时保持对外包业务的监测和评估，及时与外包服务商交换意见。在外包实施的初期，还要帮助企业集团内部员工适应业务流程新的变化。这一阶段企业需要对业务流程进行改造、配置合适的人员对外包实施过程进行监控和管理，并在外包合同完成后对本轮外包进行绩效评估和总结，及时地解决外包中遗留的各种问题，如解决合同争议、进行事后补救工作等。

六、外包风险的防范

业务外包是建立在优化内部资源、整合利用外部专业化资源，最大限度地提高企业最具优势竞争力的前提下的，其在实施过程中有一定的风险和弊端。企业集团应增强风险防范意识，努力提高和扩展自身的核心竞争力，致力于发展核心技术、优势资产以及特殊关系的培育上。业务外包不存在固定的模式，其经营艺术也需要不断地摸索与实践，但根据业务外包风险的特点与发展趋势来看，企业在实施业务外包的过程中应重点把握以下几个方面。

（一）提高决策者的业务外包认知能力

业务外包始于外包决策，因此从时间序列上来看决策者就成为业务外包风险的源头，决策者对外包的认知能力与外包风险呈现负相关关系，决策者的认知能力越强，越能减少业务外包决策过程中的盲目性，将外包风险控制在未发生的状态，对外包整体风险的控制有着极为重要的作用。具体可以从以下几个方面来考虑：

1. 充分认识到决策人员在成功实施外包决策中的重要性

一方面，要成立熟悉外包业务的专业管理团队，这个团队中应包括诸如法律人员、财务人员、技术专家以及实施顾问等与外包相关但具有不同专业知识背景的人员，利用知识的互补性更加全面、更加准确地识别企业的核心竞争力，评估外包项目风险。另一方面，要做好外包决策和外包实施的监督管理，确保原有执行外包业务素质较高的人员和拥有企业所需技能的人员留在企业内部。这既便于外包商更快、更清晰、更深入地了解企业及其对服务的需要，又能减少企业相关的技能和创新能力丧失的风险。

2. 加强对外包运作与管理的学习

可以在相关行业内寻找成功实施外包管理的企业，将这些成功实施外包的企业作为外包的标杆来学习，可以大大减少外包决策过程中的盲目性。还可聘请外包顾问，对决策和实施外包业务的人员进行培训，增强企业自身的外包专业水平与经验。

（二）订立灵活的契约

不完善契约是不可避免的，但契约不完善的风险并非就无药可解。为了最大限度地降低不完善契约带来的风险，企业在订立契约条款时应使条款具有较大的灵活性，充分考虑未来可能出现的主要变化，以便为将来满足企业特定的服务变化而改变有关需求条款及制定问题的解决方案留下空间。同时在订立契约时可以聘请有关专家对契约进行评审，发现漏洞及时完善契约。

（三）建立有效的考评机制

建立对外包服务商的绩效评价机制与监督体系，积极鼓励外包服务商向企业反馈意见，对外包服务商的反馈意见做出迅速的反应，以及主动让外包服务商知道其从改革中所能得到的收益，以激发其工作积极性。在对外包服务商的监督中，企业要防止随着时间的推移，外包服务商在满足企业服务要求后对企业的关注程度降低，开始将优秀专业人员撤换到别的项目去。对此可将整个外包业务划分为不同的执行阶段，在一定程度上降低任务的复杂性，并方便对各外包商进行绩效考核。

（四）建立信息共享机制，实现沟通无障碍

在业务外包的过程中，常见的风险因素是由于信息不对称所导致的。信息不对称导致沟通上出现障碍，从而成为双方矛盾产生的前奏，若任其发展，势必造成彼此之间的冲突和不满，从而为外包服务商的机会主义行为提供了可能性。通过信息共享机制的建立，使双方矛盾产生的根源得到认识，在一定程度上化解了由于不对称信息而引致的不愉快。合作双方在信息共享的同时应做到互相保密，如果一旦泄露对方的商业机密将承担相应的法律责任。

七、集团公司在外包中的作用

（1）外包的统一管控、分级实施。首先外包业务统一管理，对集团企业重要、具有共性的外包业务，集团统一实施；对不重要、不影响集团战略和运营的外包活动授权给各单位实施。

（2）对集团有能力设立专业公司为集团其他企业服务的，可采取内部专业化管理。对集团内部的其他企业来说是业务外包，对于集团来说是一体化管控。

（3）防止外包中的非正常利益流失。

（4）建立外包的对标管理，与其他集团企业进行对比。

（5）建立动态的外包管理机制，部分业务随战略发展调整而变化。

第 七 章 财务信息管控

第一节 财务信息管控概述

一、财务信息与财务信息管控

(一) 财务信息的定义

财务信息是指遵循会计准则、会计制度等的规定，对企业经济活动中发生的财务数据及其他资料进行加工、整理，综合反映企业经营活动成果的经济信息。财务信息是实施财务管理行为的主要依据。没有对财务信息的科学分析，财务管理人员便无法了解企业的实际财务状况，也就无法实施有效的管理。

财务信息具有以下主要特征。

1. 财务信息具有货币性

财务管理是一项综合性极强的工作，唯有通过货币计量的方式，才能有效地舍弃企业生产经营活动的某些细枝末节，概括地反映财务运行过程。这既是社会发展的客观必然，也是管理的需要。

2. 财务信息具有规范性

财务信息规范化，主要体现在表述方式、表述时间与表述内容三个方面。在我国，有关财务信息的表述方式如会计报表由财政部统一规定并下达。企业应根据有关会计制度规定，并结合企业的具体情况，公布一定时期的财务信息。财务信息的规范化还涉及有关的会计处理问题。

3. 财务信息具有客观性

客观和真实，是财务信息的灵魂。传统财务会计的一个重要特点是其实务处理必须遵守"客观原则"，这就决定了它只能记录和反映确已发生和成为事实的历史，并通过对会计资料的归集、积累和整理，以表达一个企业的经营成果和财务状况。

4. 财务信息的运用具有广泛性

凡是和企业有关系的单位和个人，都会运用企业的财务信息。在很长一段时期，由于受到各方面政治及经济因素的影响，除了国家有关机关需要汇总企业的会计报表之外，社会大众一般不重视财务信息。随着改革开放的不断深入，财务信息日益受到人们的重视。财务信息的社会化程度，表明了一个社会的经济开放程度及公众对国民经济的介入和关心程度。

5. 财务信息具有多角度性

在具备客观与真实性的前提下，对财务信息的分析也应当具备辩证的思想。同样一组数据，鉴于分析角度和分析人员素质的不同，可能会得出完全不同的分析结论。

（二）财务信息管控的定义

财务信息管控，是国家综合经济管理部门和企业经营者为提高决策水平和管理效率，运用现代信息技术和管理手段，对企业财务信息进行收集、整理、分析、预测和监督的活动。财务信息管理是企业财务管理的基础和要素之一，具有涉及面广、综合性强等特点，它贯穿企业财务管理的全过程。

二、财务信息管控的目的

财务信息管控的主要目的有：

（1）通过汇总、梳理集团各子公司在企业特定时点或期间的财务状况、经营成果、现金流量情况等财务指标，及时准确反映各下属单位的财务信息，使集团公司决策层及时准确地掌握集团各板块、各子公司的运营状况。

（2）通过将集团各子公司的财务数据与集团下达的战略目标、计划、预算等指标的对比，以及同板块、同企业不同时期的对比，了解各行业板块、子公司业务进展及各项指标的完成情况，找出差距，总结不足，及时制定改进措施，促使集团公司战略目标、计划、预算指标的实现。

（3）控制财务风险。企业在市场竞争环境下，追求高效益的同时，还应加强风险防范和控制。财务信息管理系统，可以及时地反映企业面临的财务风险。充分利用财务信息管理系统，建立风险监控和预警机制，可以及时地发现财务风险，通过采取恰当的应对措施，可以有效地规避和化解重大财务风险。

（4）通过对财务信息的分析，可以发现企业在生产经营过程中存在的问题、通过解决问题，可以不断提升企业经营管理水平。通过对财务信息分析，还可以了解企业未来的发展方向，为未来决策提供参考依据。

（5）通过对集团各板块、各子公司财务信息的汇总、分析，可以了解企业具有哪些核心竞争能力，从而明确集团公司重点扶持的行业板块及重点子公司，巩固企业核心竞争力。

三、财务信息管控的原则

为了提高财务信息质量，建立和完善科学、高效的财务信息管理机制，应遵循以下原则：

（一）合法合规的原则

财务信息管理应当符合《中华人民共和国会计法》《企业会计准则》《企业财务会

计报告条例》等法律法规以及国家统一制定的企业财务、会计制度的规定。在集团公司内，为了便于财务信息的采集和比较还应在集团内所有企业内，使用统一的会计核算办法等规范性制度。

（二）真实性原则

企业财务信息必须真实、准确、完整，并按规定及时向内外部及有关各方提供财务信息资料，不得借口拖延。真实性是财务信息的灵魂，虚假的财务信息不仅没有任何意义，还会给企业和使用者造成巨大损失。

（三）及时性原则

及时性原则要求企业对于已经发生的交易或者事项，应当及时进行会计确认、计量和报告，不得提前或者延后。财务信息的价值在于帮助所有者或其他方面做出经济决策，在财务信息管理时，及时性原则要求主要体现在以下三方面：一是要求及时收集财务信息，即在经济业务发生后，及时收集整理各种原始单据；二是要求及时处理财务信息，即在国家统一规定的时限内，及时编制出财务会计报告；三是要求及时传递财务信息，即在国家统一规定的时限内，及时将编制出的财务会计报告以及财务管理报告传递给报告使用者。

（四）相关性原则

相关性原则是指企业提供的财务信息应当与财务报表使用者的经济决策需要相关，有助于财务报表使用者对企业过去、现在或者未来的情况做出评价或预测。

（五）重点突出原则

重点突出原则是指财务信息管理应根据财务信息的重要程度，采用不同的管理方法，对影响财务信息真实性和可能误导财务信息使用者的重要财务信息，应当充分、准确地披露。

（六）安全性原则

财务数据为集团的核心数据，需要系统具有高安全性，保护数据不被非法用户篡改、假冒或破坏。在数据的采集、存储、传送和使用过程中都要设置安全机制，确保数据的正确性和可信度。确保网络安全，防止数据泄露，保护用户的合法权益。

（七）便捷性原则

财务信息管理必须具有方便、快捷、简单、适用等特点，并能满足有关各方的需要，提高财务信息利用效果。

（八）前瞻性与先进性原则

先进性原则要求财务信息管理采用行业内先进和成熟的技术，使新建立财务信息系统能够高性能运转，最大限度地适应企业今后发展的需要。财务管理信息还要求当业务量变化时具备良好的可伸缩性，避免"瓶颈"的出现；财务信息还要具备一定的前瞻性，选用先进的技术及设施，使所设计的系统拥有较长的寿命、所产生的信息具有较长时间的应用性。

（九）标准化与开放性原则

由于财务系统需要与其他业务系统进行数据交换，要求财务信息系统必须具有良好的开放性，提供标准通用的数据交换服务。

（十） 针对性

财务信息涉及的内容繁杂，在信息管理中采集的财务信息有目的性和针对性，达到服务于企业生产经营决策的目的。要根据不同的财务信息使用目的，采集不同的财务信息。

四、财务信息的分类

（一） 按照信息来源分

1. 内部信息

内部信息是指企业的各种业务报表和分析报告，有关生产方面、技术方面的资料以及经营管理部门制订的计划、经营决策等方面的情况。内部信息是财务管理信息的重要来源，也是主要组成部分，收集内部信息也要采用严格的鉴定标准，确保信息的真实性和准确性、相关性等。

2. 外部信息

外部信息是指从企业外部所得到的信息。例如，政府部门的政策、法规，相应职能部门的各种统计、调查资料、分析报告，相关行业竞争者的情况以及从各种渠道所获得的国内外市场的各种信息等。

（二） 按照信息性质分

1. 财务信息

财务信息是指以货币形式的数据资料为主，结合其他资料，用来表明企业资金运动的状况及其特征的经济信息。财务信息是财务信息管理的重要组成部分。

2. 业务信息

业务信息是企业生产经营过程中产生的与业务活动相关的信息，财务信息管理离不开对业务信息的运用。

3. 综合信息

综合信息是涵盖各方面的信息。有国家宏观环境的信息、市场信息、社会人文信息等。

（三） 按照信息用途分

1. 战略决策信息

战略决策信息包括宏观经济及产业研究，以及战略规划信息、资本运作信息等与决策相关的信息。

2. 运营信息

运营信息主要指企业生产经营管理的信息，主要包括：集团经济运行状况，生产经营状况、财务运行状况、人力资源管理状况、关键中层管理人员工作情况等。

（四） 按照信息生成过程分

1. 原始信息

原始信息是指未做任何加工处理的信息，它客观而又直接地反映了事物的真实情况。原始信息包括的范围很广泛，有企业生产、销售资金周转等方面所做的原始凭证、单据以及对原始数据的记载。原始信息可以反复利用，并可以从各个角度进行分析，供企业做出营销决策和评估营销成果之用。

2. 初加工信息

初加工信息是指按照一定的标准、程序和方法对原始信息进行初步加工产生的财务信息。如将审核的原始凭证，编制记账凭证，根据审核无误的记账凭证登记明细账目账簿，编制科目余额汇总表等登记总分类账，根据总分类账和相关明细账编制会计报表，会计报表信息就是初加工信息。

3. 精加工信息

精加工信息是指在初加工信息的基础上，根据信息使用的目的，对初步加工的财务信息，有针对性的、按一定标准或按使用者需求，进一步加工的信息。

（五）按照信息媒介分

1. 电子信息

电子信息是指通过运用计算机技术、通信技术和高密度存储技术等对原始信息进行加工产生的信息，运用电子技术加工生产的财务信息就是电子财务信息。

2. 纸质信息

纸质信息是用纸质媒介加工信息的方式或将电子信息通过打印用纸质媒介存储。例如，手工编制会计凭证、登记账簿、编制会计报表等。又如，打印电算化软件生成的财务数据，形成纸质信息。

（六）按照信息主体分

1. 单体信息

单体信息是指单一公司或组织产生的财务信息。单体信息包括单一法人主体、分公司（厂）、车间、独立核算的部门产生的信息。

2. 合并信息

合并信息是集团公司将本部和具有控制关系的各子（分）公司的信息进行汇总、合并抵消后形成的信息。合并信息是多个有控制和被控制关系的单位信息的集合，将多个相关联单位的信息以一个合并体的信息体现。

（七）按照信息需求分

按信息需求分也就是按信息使用者分，分为外部使用者和内部使用者。

1. 外部使用者

外部使用者包括与企业有经济利害关系的投资人（含意向投资人）、债权人和政府有关部门（财政主管机关、税务部门等）。

2. 内部使用者

内部使用者包括董事会、监事会、经营层、相关职能部门等。

（八）按照信息级次分

1. 概念信息

概念信息是总括反映的信息，也称一级信息。例如，产值、销售收入、利润、资产、负债、三项费用等。

2. 分类信息

分类信息是对概念信息的进一步分类，也称二级明细。例如，产值完成情况、收入

完成情况、收入构成情况、利润完成情况、利润构成情况、成本费用情况、存货资金占用情况、应收款项资金占用情况等。

3. 明细信息

明细信息是对分类信息的明细反映，也称三级明细。例如，产值明细表、生产计划完成表、员工情况表、销售收入明细表、产品利润明细表、三项费用明细表、利润表、资产负债表等。

4. 辅助信息

辅助信息是对上述信息的补充反映。例如，应收票据台账、固定资产台账、低值易耗品台账等。

（九）**按照信息报告方式分**

1. 定期信息

定期信息是指按规定的期限内报送的信息，包括周度信息、旬度信息、月度信息、季度信息、半年度、年度信息等。

2. 不定期信息

不定期信息指期限不确定的信息，如特定事项或紧急重大事项报告等。

第二节　财务信息管控的基础工作

一、确定财务信息管控的目标

财务信息管控目标是指企业进行财务信息管控所要达到的根本目的，它决定着企业财务信息管控的基本方向。财务信息管控目标要服从企业战略目标，为实现企业战略服务，为企业决策层决策服务。

二、财务信息的基础管控制度

财务信息的基础管控制度包括财务信息的采集、加工、披露、运用等内容的制度，是财务信息管控的基础制度，是重要的财务信息管控基础工作。

三、统一会计核算办法

集团公司主体单位众多，从事不同的行业，规模不同，要想做好集团财务信息管控，首先应统一集团会计核算办法，如果会计核算办法不统一，各单位编制的财务信息不具备可比性，不利于财务信息的使用。如集团内各子（分）公司有的采用加速折旧法计提固定资产折旧，有的按平均年限法计提固定资产折旧，导致不同企业同样金额的固定资产年折旧率高低不一，计提的折旧额大小不一，也就无法比较。制定统一的会计核算办法包括统一会计政策和会计估计，统一会计科目，统一财务报表格式，统一财务信息披露格式等。

四、统一信息化系统，实现业务财务一体化

（一）统一信息化系统的意义

统一信息化系统是财务核算最基础的工具，只有信息化统一才能从基础上使会计信息通过加工变成有用的、完整的、系统的财务信息。可以说信息化系统的建设相当于楼房的基础建设一样，只有基础结实后面的建设才有意义，否则就没有任何意义。所以说统一信息化系统的建成某种程度上比核算办法更重要。

（二）财务信息系统介绍

财务信息系统有多种具体模块，比如，合并报表模块、固定资产模块、预算管理模块、核算模块、财务业务信息化模块等。

（三）财务业务一体化

1. 概述

财务业务一体化是指企业基于网络平台，实现对财务会计信息处理和企业生产经营业务，主要指采购、销售、库存、生产等信息进行协同处理和监控的过程。财务业务一体化可以实现财务信息和供应链管理信息以及生产信息的同步处理和监控，从而实现信息流、资金流和物流的合一。在完成采购、出入库、销售等业务的同时，生成相关的财务信息，为信息需求者及时准确地提供财务、供应链和生产方面的各类信息。财务业务一体化处理，表现出以下特点。

①消除了信息孤岛。②提高了信息系统的集成性。③财务业务一体化延伸了数据处理的起点。④财务业务一体化提高了数据处理的及时性。⑤财务业务一体化提高了数据处理的一致性。

2. 财务业务一体化的主要内容

财务业务一体化系统包括采购管理、库存管理、存货核算、销售管理等内容，涵盖了企业的供应链管理过程，提供了企业财务业务一体化全面管理，实现了物流、资金流、信息流、票据流四流的统一。其基本任务是管理采购订单、采购发票和采购入库单；管理销售订单、销售发票和销售出库单；管理各种存货的入库和出库业务；核算应收、应付账款，核算物资采购、销售收入和税金，核算存货入库成本、出库成本和结存成本并提供购销存各种报表的查询分析。

（四）财务业务一体化应用的难点

各子系统之间关系的处理。在财务业务一体化环境下，会计软件除包括部门应用的账务、报表、工资、固定资产等模块外，还包括了采购、库存、销售、存货等业务管理模块，各模块之间的关系较为复杂。

供应链上的采购管理、仓库管理和销售管理并不直接与账务系统产生数据交换。采购和销售形成的往来账分别由应付管理和应收管理两个模块执行，存货模块负责核算材料成本，与工资核算生成的工资费用分配表和固定资产核算生成的折旧费用分配表共同传递给账务处理子系统完成成本核算和相关的凭证处理。

（五）建立企业资源计划系统

1. 企业资源计划系统的概念

企业资源计划系统以业务流程为主线，对人、财、物等资源进行全面整合，是一种可以实现跨地区、跨部门甚至跨公司整合实时信息的企业管理信息系统，实质上是高度集中和标准化的企业管理系统。ERP 系统主要有财务管理、物流管理和人力资源管理等三大功能，在企业资源最优化配置的前提下，整合企业内部主要乃至所有的经营活动，包括财务会计、管理会计、生产计划管理、物料管理、销售与分销等主要功能模块，以达到效率化经营的目标。

2. 企业资源计划系统与财务管理的关系

财务管理是 ERP 的核心模块和重要职能。财务信息系统一直是企业实施 ERP 时关注的重点，国际主要的 ERP 供应商，如德国的 SAP、美国的 Oracle、英国的 PeopleSoft、我国的浪潮等，都提供了功能强大、集成的财务应用系统。新一代 ERP 系统中，财务管理模块完成了从事后财务信息的反映，到财务信息处理，再到多层次、全球化财务管理支持的转变；吸收了国际先进企业的财务管理实践，改善了财务管理流程；财务系统不仅在各模块充分集成，与供应链和生产制造等系统也达到了无缝集成；强调了面向业务流程的财务信息的收集、分析和控制；全面地提供财务管理信息，为战略决策和业务操作等各层次的管理服务；支持基于网络的财务信息处理和企业的全球化经营。

ERP 状态下企业资源整合的情况，如图 7-1 所示。

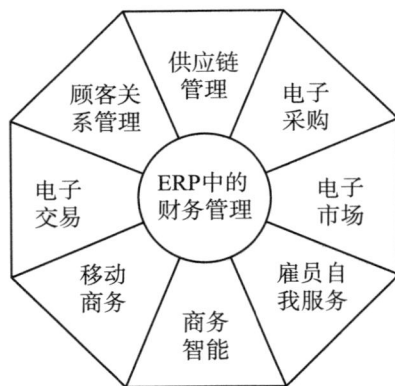

图 7-1　ERP 状态下的企业资源整合

3. 实施企业资源计划系统的必要性

从长远看，实施 ERP 系统是企业财务管理模式的重大变革，不同的企业根据不同的特点，科学、合理地确定企业信息化财务管理需求，选择建设 ERP 系统。

（1）内部管理的要求。实施 ERP 可以实现关键数据的标准化、统一化，资源信息共享化，业务流程规范化，操作环节严格化，管理系统集成化，解决传统财务管理模式的缺点引发的一系列问题，合理配置和管理企业资源，强化资金管理，满足企业有效管理供应链，降低风险，完善财务评价体系等重要的内部管理要求。

（2）外部信息公开的要求。企业财务信息的外部使用者对企业的财务信息披露提出了更高的要求，要求企业更全面、更精确、更严格地按照国际通行的标准及时揭示其经营成果，对企业财务信息管理系统提出更高的要求。

（3）企业持续健康发展的要求。企业以市场化发展为基本导向，以保护企业资源，提升企业价值为前提，要求运用信息技术手段对企业资源进行管理，以掌握企业资源，支撑企业持续健康发展。

五、业务流程再造

（一）业务流程再造的概念及特征

在面向财务业务一体化应用阶段，使用范围已经超出了会计部门的范畴，需要在企业层面对各部门权限进行重新的配置和划分。同时也要求按照信息化管理的要求进行业务流程重组。采购管理、仓库管理和销售管理模块应归属于企业相关的部门使用，而不应包括在财务部门的范畴内，并通过网络实现数据的交换。此外，与部门应用不同的是，企业业务管理流程并不像财务核算流程那样具有较强的通用性，需要根据企业的实际需求设计不同的单据传递流程。为了实现财务信息管理，做到财务业务信息一体化，必须进行流程再造。

企业流程再造有三大特征：一是 BPR 摒弃了职能导向，以最大限度满足顾客需求为核心，员工成为主动的服务创造者。二是 BPR 压缩了管理层级，缩短了管理者和员工、顾客的距离。三是 BPR 运用先进的管理技术，消除了传统模式的成本风险，最大限度地保证质量。

（二）业务流程再造的层次

第一层次：业务流程。业务流程事实上是集团公司内母公司与子公司之间信息对称的根本，否则信息对称无从谈起。信息对称当中，定性分析固然重要，但是定量分析更加重要，业务流程的完整性、体系性使得整个组织的运转相对封闭、相对透明。很多公司里面有很多流程是隐性流程，是默契流程，即具体我们做的时候会这么做，但是没有把它标准化出来，所以整个公司的运作就是不透明的，这是流程再造的一个根本的出发点。

第二层次：财务流程。整个公司的财务流程，包括会计政策执行、处理各种凭证、账簿、会计报表和各种财务报告，都必须经由企业强大的财务流程来确定和固化，但是没有各种财务类的流程，那么流程里的各种数据也流不到报告里面来，更流不到管理中。

第三层次：信息系统。从最基本的一个数据库中及时获取子公司的各种财务的数据的变化、资金的往来，及时进行各种数据的查询，这就是信息系统。

第四层次：决策支持系统。基于业务流程和业务系统、财务流程和信息系统的决策支持系统。子公司各种财务报告汇总后，将财务报告和管理报告结合在一起，就有了一个立体的 x 轴、y 轴，即定性和定量的过程，那么这个在空间里面就能实现一个定位，从而给管理者的信息处理带来非常大的便利性。所以很多企业在建立财务报告体系的时候，既要有资产负债表、利润表、现金流量表这种最基础的报表，又要分别针对子公司相关管理报告的内容进行展现。建立决策支持系统的步骤：第一步先重形式，要求各子公司能够及时上报即可。慢慢地要求质量。第二步重内容，报上来要有内容。第三步追求效果，通过这样一个有序的过程，使得子公司能够建立习惯，能够保质保量及时上报。同时，集团公司要建立上报信息反馈机制，对子公司上报的报表进行严格的审核和甄别，发现问题及时反馈子公司，要求其修改后再次上报，通过不断的问题反馈，提高子公司编制报表的责任心和编报水平，从而整体上提高集团公司决策支持系统收集信息的质量，为集团治理层和管理层决策提供有效的支持。

（三）业务流程再造的程序

业务流程再造就是重新设计和安排企业的整个生产、服务和经营过程，使之合理化。通过对企业原来生产经营过程的各个方面、每个环节进行全面的调查研究和细致分析，对其中不合理、不必要的环节进行彻底的变革。在具体实施过程中，可以按以下程序进行。①对原有流程进行全面的功能和效率分析，发现其存在问题。②设计新的流程改进方案，并进行评估。③制订与流程改进方案相配套的组织结构、人力资源配置和业务规范等方面的改进规划，形成系统的企业再造方案。④组织实施与持续改善。

实施企业再造方案，必然会触及原有的利益格局。因此，必须精心组织，谨慎推进。既要态度坚定，克服阻力，又要积极宣传，形成共识，以保证企业再造的顺利进行。企业再造方案的实施并不意味着企业再造的终结。在社会发展日益加快的时代，企业总是不断面临新的挑战，这就需要对企业再造方案不断地进行改进，以适应新形势的需要。

（四）业务流程再造的步骤

业务流程再造的步骤包括：①BPR项目的启动；②拟订变革计划；③建立项目团队；④分析目标流程；⑤重新设计目标流程；⑥实施新设计；⑦重新改进；⑧重新开始。

六、财务信息保障体系的建立

为了保证财务信息系统的正常运行，确保财务信息质量，应建立保障体系，主要包括：

（一）培训体系

财务信息系统是复杂的系统，与原来的财务信息系统有较大不同，在建立了财务信息系统后，应加强对财务信息系统所有参与人员的培训，除了财务人员外，所有与财务信息生成有关的业务人员也应参加培训。

（二）服务体系

集团公司财务信息系统规模庞大，点多面广，各使用单位遇到的问题也多种多样，尤其是推行之初，困难重重，为了保证财务信息系统的有序推进和正常运行，确保财务信息质量和时效性，要建立服务保障体系，无论是靠外部开发的信息系统还是企业自行开发的信息系统，均应有专门的服务咨询部门，进行专门的全过程的辅导和服务，接受集团内各个财务信息系统运用单位人员的咨询，必要时，去现场进行指导。

（三）支持体系

随着集团业务的不断发展，规模不断扩大，财务信息系统也要不断扩大，同时，信息系统也要不断更新，需要一套完整的信息支持体系，及时扩大和更新财务信息系统，确保财务信息系统产生的信息满足集团公司生产经营的需求。

七、基础管控的注意事项

财务信息管控能否取得实现，还需做好以下几方面。

（一）动态管理

财务信息化的实施过程是一个动态的过程。企业会随着系统的引入，产生新的需求，这就要求咨询人员在需求分析时把握用户的现实需求和潜在需求，方案选择具有一定的前瞻性；同时，也要对新需求的产生留有处理的余地。只有不断地进行动态管理，才能使财务信息系统满足企业的需求，及时提供高质量的财务信息。

（二）考虑风险

财务信息化要充分估计到实施的风险，制订处理突发事件和例外情况的解决方案。实施财务信息化之初要充分预估风险，制定管控措施预案。实施过程中，要不断进行风险评估，防范风险。

（三）科学设计财务信息系统

财务信息化，要充分考虑企业的需求，科学统筹，量力而行，循序渐进，不可盲目地简单按照用户的要求去做，要按照科学的方法设计信息化系统。

第三节　财务信息加工转化的管控

一、加工转化的注意事项

（一）熟知公司集团战略

财务信息化要服从集团战略，财务信息加工转化要了解集团战略，只有熟知集团战略，才能更好地为实现集团战略服务。

（二）熟悉相关环境及指标

为了达到财务信息加工转化的目的，要与预算指标相比对，要对相关宏观、微观环境及指标进行分析，从而得到加工转换信息结果，因此，要熟悉相关环境及指标。

（三）明确加工目的

不同的目标，对信息加工转换的要求不同，加工转换的方法也不同，使用的原始数据也不同，因此，加工前，要明确目标和信息转换加工目的。

（四）确定关键财务信息指标

加工转换信息，要确定关键财务指标，选择与加工目标相关的有用指标，包括财务和业务的关键指标。

（五）区分不同级次公司的指标

加工转换信息要根据集团不同的级次，建立不同的指标体系，在集团公司、管理型公司、经营型公司中建立不同的指标体系。管理型公司的指标要全部涵盖集团公司的指标，再加上符合公司特点的特色指标；经营型公司的指标要全部涵盖管理型公司的指标，再加上符合公司特点的特色指标。集团的指标，各级公司都要建立，从而在集团内部形成金字塔式的指标体系。

（六）发展新指标

信息加工转换的指标不能一成不变，要根据集团公司和集团内各子公司的发展阶段，选择新指标。要对数据进行挖掘，挖掘新的数据指标。

（七）加工转化前要鉴别财务信息的真伪

加工转化前要对被加工的财务信息进行鉴别，去伪存真。鉴别数据要一级管一级，集团公司鉴别管理型公司的财务信息，管理型公司鉴别经营型公司的财务信息，经营型公司鉴别内部核算单位的财务信息。

二、重要财务信息的加工转化

重要财务信息的加工转化包括以下内容：

（一）财务状况

财务状况是指一定时期的企业经营活动体现在财务上的资金筹集与资金运用状况，它是企业一定期间内经济活动过程及其结果的综合反映。财务状况信息的加工主要是进行财务状况分析，财务状况分析是反映财务状况的会计要素，也是财务报表分析的主要内容之一，主要指对公司目前资产、负债和所有者权益的各个方面进行评价，分析企业资产结构、债务结构、变现能力、偿债能力、资本保值增值能力和现金流量。财务状况分析的目的主要在于考察和了解企业财务状况的好坏，促进企业加强资金管理，经常保持合理的资金分布与良好的资金循环，保证企业经营的顺利发展。

财务状况分析主要分析偿债能力和营运能力。

1. 偿债能力指标

①流动比率。②速动比率。③现金比率。④资产负债率。⑤产权比率。⑥利息保障倍数。

2. 营运能力

①应收账款周转率。②存货周转率。③流动资产周转率。④固定资产周转率。⑤总资产周转率。

（二）经营成果

经营成果是指一定时期内企业生产经营活动所创造的有效劳动成果的总和。企业统计一般从实物量和价值量两个方面反映企业经营成果。经营成果的价值量一般从生产经营的总产出、净产出、纯收益三个层次加以说明。经营成果指标包括总产值、增加值、销售产值、销售收入、营业收入、利润和税金等。经营成果分析主要对企业的利润质量、盈利能力、发展能力进行分析。

1. 利润质量

进行利润质量分析要关注经营利润、投资利润、金融利润、核心利润、狭义营业利润等，并对其进行分析。

（1）经营利润。

经营利润是指毛利中减去经营费用所得到的，也称核心利润，是企业经营成果的主要构成部分。经营利润的分析包括：

①毛利率的相对水平及走势。对毛利率水平高低进行分析，并与同行业的毛利率水平进行比较，确定企业的毛利率水平是否正常，如不正常，需查明原因。

②企业自身经营活动的盈利能力。在以产品经营为主的企业，核心利润应该成为影响企业一定时期经营成果的主要因素，其综合反映企业自身经营能力。对企业核心盈利能力的发展趋势及在同行业中所处竞争地位的信息进行分析和评价，并对未来业绩的发展进行预测，可以了解企业的核心竞争力，并发现在这方面存在的问题。

③企业资产质量管理水平。企业资产质量管理水平主要通过分析评价企业的"资产减值损失"，得出结论，找出企业存在的问题。

④企业盈利的持续性。企业实现经营利润的持续性，可以通过分析比较营业利润和营业外收支净额的相对规模来得出结论。

⑤企业实现利润的质量。企业实现利润的质量，主要通过分析评价资产减值损失和公允价值变动损失在内的未实现损益与利润表中的已实现损益来得出结论。

（2）投资利润。

投资利润指企业对外投资取得的利润，利润表中在投资收益中反映。集团公司以资本运营对外投资为主，投资利润的多少，体现了企业的投资能力。长期股权投资实现的投资收益又分为成本法和权益法，权益法核算的投资利润主要取决于被投资单位当年的盈利能力和投资比例。成本法核算的投资利润主要取决于被投资单位的盈利能力和利润分配政策，有的被投资单位账面利润大，但现金流紧缺，可能利润分配政策是少分或不分红，这时，投资利润就少或没有；有的被投资单位账面利润大，现金流也充足，可能利润分配政策是多分红，这时，投资利润就多。

（3）金融利润。

金融利润是指以公允价值计量且其变动计入当期损益的金融资产和可供出售金融资产出售实现的损益，持有至到期金融资产到期兑现实现的损益。金融利润的高低主要取决于企业在金融市场购买金融资产成本的高低。

（4）核心利润产生现金净流量能力。

为了分析核心竞争利润产生现金的能力，需将核心利润调整为与经营现金净流量同口径核心利润，其公式为：

$$同口径核心利润 = 核心利润 + 固定资产折旧 + 其他长期资产价值摊销$$
$$+ 财务费用 + 所得税费用$$

在企业稳定发展的前提下，同口经核心利润一般与经营活动现金流量净额大体相同，如果差距较大，产生的原因主要有：①企业赊账销售业务不能及时回款，导致经营活动现金流量净额恶化。②企业付款额加大，导致经营活动现金流出加大。③企业存在不恰当的经营活动的资金运作行为。④企业报表编制有误。⑤企业在经营活动的收款和付款方面主要与关联方发生业务往来。

（5）狭义营业利润。

$$狭义营业利润 = 核心利润 + 经营性资产减值损失 + \frac{投资性房地产等经营性}{资产的公允价值变动损益}$$

通过对狭义营业利润进行分析可以更好地反映全部经营性资产在价值转移过程中的增值状况、通过对狭义营业利润进行评价分析，可以较为恰当地评价企业经营性资产的盈利能力。

（6）权责发生制利润和收付实现制利润。

权责发生制利润是企业按权责发生制原则核算收入、成本费用实现的利润。收付实现制利润是企业按收付实现制原则核算收入、成本费用实现的利润。企业会计准则要求按权责发生制核算利润，利润表中列示的利润即为权责发生制利润。有的企业利润表中的利润很大，但由于现金流量情况不佳，导致经营困难，这就是权责发生制下利润实现与现金流量脱节所致，不能真实反映企业实现利润的现金流量保障程度。而收付实现制利润却很好地解决了这一问题。企业进行利润质量分析时，应将权责发生制利润转化为收付实现制利润，并与权责发生制利润进行比对，如果两者差距不大，则说明企业实现利润的现金流量保障程度较高。如果两者差距较大，且收付实现制利润为负数，则说明企业实现利润的现金流量保障程度较低。

2. 盈利能力

盈利能力就是公司赚取利润的能力。一般来说，公司的盈利能力是指正常的营业状况。非正常的营业状况也会给公司带来收益或损失，但这只是特殊情况下的个别情况，不能说明公司的能力。因此，在分析公司盈利能力时，应当排除以下因素：证券买卖等非正常项目、已经或将要停止的营业项目、重大事故或法律更改等特别项目、会计准则和财务制度变更带来的累计影响等。反映公司盈利能力的指标很多，通常使用的主要有销售净利率、销售毛利率、资产净利率、净资产收益率等。

3. 发展能力

企业的发展能力，也称企业的成长性，它是企业通过自身的生产经营活动，不断扩大积累而形成的发展潜能。企业能否健康发展取决于多种因素，包括外部经营环境、企业内在素质及资源条件等。企业发展能力分析的思路如下：

（1）以价值衡量企业发展能力的分析思路。

①企业发展能力衡量的核心是企业价值增长率，通常用净收益增长率来近似地描述企业价值的增长，并将其作为企业发展能力分析的重要指标。

②净收益增长率的因素分析。

③评价。以净收益增长率为核心来分析企业的发展能力，其优点在于各分析因素与净收益存在直接联系，有较强的理论依据；缺点在于以净收益增长率来代替企业的发展能力存在一定的局限性，企业的发展必然会体现到净收益的增长上来，但并不一定是同步增长的关系，企业净收益的增长可能会滞后于企业的发展，这使得我们分析的净收益

无法反映企业真正的发展能力，而只能是近似代替。

（2）影响价值变动的因素衡量企业发展能力的思路。

影响企业价值增长的因素主要有：销售收入、资产规模、净资产规模、资产使用效率、净收益、股利分配。

（三）资产质量

资产质量，是指特定资产在企业管理的系统中发挥作用的质量，具体表现为变现质量、被利用质量、与其他资产组合增值的质量以及为企业发展目标做出贡献的质量等方面。

资产质量的分析方法如下：

1. 资产结构分析法

资产分为流动资产、长期投资、固定资产、其他资产（含无形资产、递延资产）四个部分，每一部分资产又可进一步分成若干项目和明细。因此，分析这些资产之间相互所占比重，能较直观地反映出资产结构是否合理、是否有效。

2. 现金流动分析法

货币资金是资产中最为活跃又时常变动的资产。现金流量信息能够反映企业经营情况是否良好、资金是否短缺、资产质量优劣、企业偿付能力大小等重要内容，从而为投资者、债权人、企业管理者、提供非常有用的信息。如经营活动产生的现金流量和总的净流量分别与主营业务利润、投资收益和净利润进行比较分析，就能判断分析企业财务成果和资产质量的状况。一般来说，没有相应现金净流入的利润，其质量不是可靠的。如果企业现金净流量长期低于净利润，就意味着与已经确认为对应的资产可能属于不能转化为现金流量的虚拟资产。如果企业的银根长期很紧，现金流量经常是支大于收，则说明该企业的资产质量处于恶化状态。

3. 虚拟资产、不良资产剔除法

这是把虚拟资产、不良资产从资产中剥离出来后进行分析的方法，实质上是对企业存在的实有损失和或有损失进行界定。首先是进行排队分析，统计出虚拟资产和不良资产账面值。然后进行分析比较：①把虚拟资产加不良资产之和同年末总资产相比，来测试资产中的损失程度。②将剔除虚拟资产、不良资产后的资产总额同负债相比，计算资产负债率，以真实地反映企业负债偿还能力和经营风险程度。③将虚拟资产、不良资产之和同净资产比较，如果虚拟资产、不良资产之和接近或超过净资产，说明企业持续经营能力可能有问题，也不排除过去人为夸大利润而形成"资产泡沫"。但最终是要落实到加强对虚拟资产、不良资产的管理和处理，杜绝虚拟资产的存在，压缩不良资产，尽量减少资产损失。

4. 资产同相关会计要素综合分析法

企业进行生产经营活动时，会计六大要素（资产、负债、所有者权益、收入、支出、利润）都在发生变化。因此，分析资产质量，应与其他会计要素相结合。平时常用的方法有：①总资产报酬率。②总资产周转率。③流动比率。④长期资产适合率。

（四）其他指标

为了全面反映企业的状况，除了上述指标外，还需对其他指标进行分析，主要指标有：

（1）流动性指标。包括流动比率、速动比率、现金比率、营运资本需求量比率等。

（2）负债和偿债能力指标。包括资产负债率、有息负债率、权益资产比、权益乘数、权益负债比、基于 EBIT 的利息保障倍数、基于现金的本息保障倍数等。

（3）财富增长能力指标。包括经济增加值（EVA）、市场增加值（MVA）。

（4）财富增值能力指标。包括市值面值比、投入资本效率（创值率）、权益资本创值率、每股利润、每股净资产、每股现金流。

（五）财务信息数据挖掘

除指标外，根据集团内企业的不同性质挖掘财务信息，进行分析，为集团所用。

（六）财务业务指标的衔接

财务指标和业务指标是不可分割的，进行信息转换加工，要注意财务业务指标的衔接。集团内不同行业业务指标不同，要按行业进行筛选，业务指标繁杂，要选取关键业务指标与财务指标衔接。

三、信息的利用

（一）评估信息使用效果

加工转换财务信息的目的是为了使用，应对信息使用的效果进行评估，一般由财务管理部门进行评估，并将评估结果与业务部门沟通。通过评估信息使用效果，找出加工转换信息过程中存在的不足，加以改善，对于使用效果不佳或无用的财务信息，今后不再进行加工转换。

（二）建立信息反馈机制

为了更好地进行财务信息管控，应建立信息反馈机制，对信息的采集、加工转换、使用的效果等及时反馈，发现问题及时改进。

（三）建立沟通和修订制度

建立财务信息管控的沟通机制，对管控全过程进行沟通，建立通畅的沟通渠道。为了充分发挥信息的作用，在管控过程中，对于不足之处或管控缺陷要及时修改。修改前要和业务部门及其他职能部门充分沟通，确保信息管控的效果。

第四节　信息公开

一、信息公开的含义和作用

（一）内部作用

财务信息内部公开是企业为了维护职工的合法权益，根据国家有关法律法规，将涉及职工利益的财务信息，在规定时间内以一定方式向职工公布。企业应当在内部公开的财务信息，主要是国家有关法律法规和政策明确要求公开的事项，包括涉及职工劳动报酬、福利待遇的政策信息，国有及国有控股企业、集体企业实行民主管理所需的财务信息。

（二）外部作用

财务信息外部公开主要是企业在资本市场发行股票和债券时，根据规定公开财务信息或为了体现社会责任，公开财务信息。

①增加企业经营的透明度，树立良好的公众形象。②吸引潜在投资者的注意力，增加筹资能力。③通过投资者、债权人、潜在投资者等社会公众的监督，增加企业的责任感，成为不断提高企业经济效益的动力。

二、建立信息公开制度

信息公开制度包括内部、外部信息公开制度。

（一）内部信息公开制度

1. 内部信息公开的内容

企业应当在年度内定期向职工公开以下信息：

①职工劳动报酬、养老、医疗、工伤、住房、培训、休假等信息。②经营者报酬实施方案。③年度财务会计报告审计情况。④企业重组涉及的资产评估及处置情况。⑤其他依法应当公开的信息。

2. 内部信息公开的部门

内部信息公开的部门有财务部门、工会、薪酬管理部门、企业管理部门等，根据各自管理的权限，公布相应的内部公开信息。

3. 制定内部信息公开制度

为了更好地内部信息公开，应制定内部信息公开制度，明确内部信息公开的内容、公开的时间、公开的部门、监督的部门等，制定制度后，贯彻执行。

（二）外部信息公开

1. 外部信息公开的内容

外部信息披露制度，也称公示制度、公开披露制度，是上市公司为保障投资者利益、接受社会公众的监督而依照法律规定必须将其自身的财务变化、经营状况等信息和资料向证券管理部门和证券交易所报告，并向社会公开或公告，以便使投资者充分了解情况的制度。它既包括发行前的披露，也包括上市后的持续信息公开，它主要由招股说明书制度、定期报告制度和临时报告制度组成。

2. 外部信息公开的部门

企业负责外部信息公开的部门主要有财务管理部门、证券事务管理部门等。证券事务管理部门负责与证监会、证交所等沟通，财务管理部门负责提供信息公开的财务数据。

3. 制定外部信息公开制度

证监会、银保监会等证券和债券管理部门制定了信息公开制度，企业必须认真执行这些信息公开制度，为了更好地执行这些制度，企业还应结合实际情况制定外部信息公开制度。

第八章 现金流管控

第一节 现金流管控概述

现金管理是企业最主要的环节，企业的风险最终体现在现金流的周转上，这是不言而喻的。本书有关章节中，已就其进行了相当多的论述。本节主要讨论内容是站在集团角度，为提高资金使用效率、防范资金风险，而根据其实际实施的资金集中管控模式的选择。

一、现金流集中管控的依据

（一）理论依据

集团公司和子公司都是独立法人单位，对法人资产有独立处置权，将子公司的现金集中管控具有理论依据，主要有交易费用理论、产融结合理论、信息不对称理论。

1. 交易费用理论

企业的生产经营过程是不断的资源配置过程，资源配置通常分为企业机制和市场机制。在市场配置的机制下进行资源配置会产生交易成本，包括了解交易对手而支付的信息费用，为了避免因信息的不对称产生的道德方面的风险和逆向选择而支付的费用，为了监督履行合约过程而支付的费用等。在企业配置的机制下资源配置产生的管理成本，包括因协调组织内部发生的管理成本及其他成本。在市场交易中，过高的交易费用会导致交易失败，这时，集团内部的企业会转向内部交易，内部交易会减少甚至避免产生了解对手的信息费用，和避免信息不对称产生的费用，协调等管理费用也相对较低，因此，内部交易费用大大低于外部市场交易费用。形成企业集团的本质原因其实就是交易费用理论阐释的内容，并且此理论也支持了集团企业需要内部协作的论点，是资金集中管理发展的重要理论基础之一。

2. 产融结合理论

随着市场经济不断发展，为市场经济服务的金融也会不断创新，其中产融结合是一项不可忽视的创新。当产业资本在资本经营过程中难以继续增值时，金融资本也就没有了利润；当缺乏金融资本时，也无法形成活跃的产业资本，那么资本的本性也便失去了意义。只有通过产业资本与金融资本的适度融合才能使企业的资源达到最佳的分配和安排。内部的金融机构通常都有一些共同的特征：低成本设立、高服务效率、灵活掌控业务活动。这是外部金融机构无法与之相提并论的原因所在。企业集团具有的下属单位众多、经营范围广等特点，采用内部金融机构作为服务部门，更恰当。资本市场越是发达，产业资本和金融资本越是容易相互磨合，二者所形成的融合体对解决不对称问题提供了途径。实现产融结合，就意味着构建现金集中管理模式，创建内部融资模式，改善已有的货币资金配置效率，争取低成本，努力推进企业集团的规模扩大。因此，产融结合理论是现金集中管理的理论依据之一。

3. 信息不对称理论

信息不对称和代理问题的产生是由于资本所有权和资本运作权相分离的企业管理模式导致的。对企业集团而言，所有权人更关注利益问题，也就是母公司更加了解如何筹集资金、如何分配收益问题；对经营权人来说，也就是对代理人而言，现金的流动性管理、用现金投资的安全性、收益性更值得关注。关注的重点不一致，子（分）公司便会形成信息不对称的状况，这对现金的安全性和能否使用会产生不利影响；对于有的企业集团来说，解决信息不对称产生问题的应对措施是进行现金集中管理，集团公司对下属单位现金的流向进行全面掌控，聚拢集团的投融资权利，将分配权利移交母公司，信息不对称问题就得到缓解。通过这种方式，所有权人也能约束经营权人的日常经营行为，母公司能够管控子公司的现有资源，最终形成收益增长。

信贷市场的信息不对称问题，直接影响集团公司的投资和融资能力，当企业无法通过银行等外部资本市场筹集到足够的资金，找到合适的投资项目时，母公司就可以通过内部市场进行融资，然后采取一定的方式在子公司间进行合理的配置，弥补了部分资金短缺的情况，同时也让另一些有闲置资金的子公司有了可以投资的项目，增强集团公司的整体实力和价值。因此，信息不对称理论是现金集中管理的理论依据之一。

（二）政策依据

现金流集中管理，实质上就是资金集中管理，资金集中管理是指将整个集团的资金归集到集团总部，在集团总部设立专职部门代表集团公司实施对资金的统一调度、管理、运用和监控。通过资金的集中管理，企业集团能够实现集团范围内资金的整合与调控，充分盘活资金存量，有效提高资金使用效率，降低财务成本和资金风险。

作为独立法人的各子公司将资金纳入集团母公司统一管理，应有其法律基础。集团母公司作为出资者，依据财产所有权，对子公司实行资本控制。因此，集团母公司财务控制的法律依据就是出资者的资本控制。资金集中管理作为财务控制的有效手段，正是建立在集团母公司的资本控制基础之上的。多年来，国家对企业集团，特别是针对大型国有企业集团的资金集中统一管理，制定了一系列政策规定。主要有：

国务院办公厅转发的《国有大中型企业建立现代企业制度和加强管理的基本规范》提出，实行母子公司体制的大型企业和企业集团，应当通过法定程序加强对全资、控股子公司资金的监督和控制，建立健全统一的资金管理体制，充分发挥企业内部结算中心的功能，对内部各单位实行统一结算。

财政部印发的《企业国有资本与财务管理暂行办法》规定，母公司的管理职责之一，就是实行企业内部资金集中统一管理，依法管理子公司投资、融资事项。

2003 年国资委成立以后，就加快推进中央企业集团公司的现代企业制度建设做了大量的工作，其中心目的就是为了通过建立一整套科学决策机制，规避企业发展过程中的各种风险，降低运营成本，提升国有大型集团公司的核心竞争能力。在国有企业改革的进程中，资金的集中管理是财务风险控制的一个重要的手段，随着集团公司的功能逐步到位，明确的母子公司的管理体制能够有效利用集团公司的资源，其中资金集中管理是一个重要手段。国务院国资委高度重视资金集中管理工作，国资委在《中央企业总会计师工作职责管理暂行办法》中明确规定，总会计师应"制订资金管控方案。组织实施大额资金筹集、使用、催收和监控工作，推行资金集中管理"。

2006 年财政部颁发的《企业财务通则》，也就集团化企业资金管理的重要性提出了要求。为集团化实行资金管理提供了政策依据。

二、现金流管控的目的意义和作用

（一）不改变资产负债率的情况下可以盘活资金，控制两高

集团内公司经营情况不同，往往会出现有的子公司现金余额高，暂时无适当的投向，有的子公司却资金紧缺、贷款余额高，如果集团公司将现金流集中管控，有暂时闲散现金的子公司的现金，可通过集团公司暂借给资金急缺的子公司，这样在不改变集团合并资产负债率的情况下，盘活了资金。

（二）集团实施预算管理的手段

预算管理是重要的财务管理工具，集团公司实施预算管理，往往在子公司间形成这样那样的阻力，使得预算执行困难，甚至形同虚设，如果将现金流集中管控，现金流收支与预算挂钩，只有批准的预算支出才能使用现金，这样就可以有效地执行预算管理。

（三）通过资金过程管理、控制风险

集团公司对子公司监管，最为直接的方式是资金监管。传统的财务管理模式下，集团对子公司的资金监管主要表现为事先计划、事后监管。资金事中流程监管松散，无法实现动态的现金流监管。因此，为了有效地防范财务风险，集团必须对集团内子公司的资金实施动态管理，以达到降低子公司经营风险的目的，从而降低整个集团的风险。因此通过对现金流的集中管控，可以控制风险。为防范风险，企业集团需对各成员单位的重大投融资活动和日常资金调度进行必要的监管和控制。为此，企业集团资金信息的收集、整理、分析、控制、调度等就显得尤为重要。

（四）减少财务费用，降低成本

集团公司若在资金管理上过度分权，无统一规范的财务管控模式，将造成对核心企业管理不力的被动局面，难以从集团整体战略发展的高度统一投融资活动，由于没有充分利用集团内的闲散现金，增加了集团内企业对外筹资的金额，既提高了资产负债率，又增加了财务费用。实现现金流集中管控后，一方面，有利于集中集团现金流，对集团内所有企业的现金流进行实时管控，实现集团内部完全充分的现金调剂，确保闲散现金可以有计划地流动到有现金需求的部门，增加现金的流动性，提高资金使用效率，降低资金成本。另一方面，集中管理集团公司内所有企业的现金流，增强了集团现金的流动

性，增加了集团资金实力，有利于增加集团与商业银行等金融机构谈判的砝码，可以争取到更加灵活和优惠的融资条件，降低新增资金成本，降低资金流动风险，为集团公司运营提供了更多的途径。

资金集中管理后，集团母公司以吸收存款的方式将企业集团内各成员单位的暂时闲置和分散的资金集中起来，再以发放贷款的形式分配给企业集团内需要资金的企业，从而充分挖掘内部潜力，起到内部资金相互调剂补充，减少外部贷款，降低整体财务费用的作用。

（五）内部成员企业资金筹集的便捷性，提高资金效率

集团内部成员企业的资金统一调度和集中管理，在一定程度上形成内部资本，集团成员企业闲散资金可以在内部资本市场获得收益，资金需求单位在内部资本市场筹资，和外部市场相比，缩短了筹资时间，增强了便捷性，提高了市场竞争力，同时提高了资金使用效率和效益。集团的经营单位需要资金时可通过内部解决，借款手续比银行手续简便，避免因资金不到位丧失经营机会。

企业集团往往存在大量的内部交易，产生大量的内部资金结算业务。通过对集团成员单位的资金进行适度的统一调配和集中管理，能够有效地减少资金在途时间、汇划成本和不必要的内部结算手续，从而提高集团公司内部资金的使用效率。

（六）提高集团对内的财务管控能力

资金管理涉及各方面的利益，是集团财务控制的中枢，如果公司总部不能在资金管理上集中必要的权力，就很难从整体上处理好内外部的关系，特别是无法对各成员企业实施有效的管控，也就难以实现资金的整合效应。通过实施资金集中管理制度，实行高度集中的财务管理，可以完全掌握下属业务单元的资金头寸信息，更充分地了解业务单位真实的经营状况，从而为集团更准确及时的战略决策和其他资源的整合优化及利用打下基础，提高对资金需求预测的准确性，帮助企业合理安排资金，从而，提高集团对内的财务管理能力。

（七）提高集团对外的信用能力

通过实行集团资金的集中管理，企业集团统一对外开户，统一调度资金，用企业集团的整体信用进行融资，其整体偿债能力和信用能力会大大增强。

三、现金流集中管控的平台及模式

（一）现金集中管控平台

1. 内部银行

企业内部银行是引进商业银行的信贷与结算职能和方式于企业内部，来充实和完善企业内部经济核算的办法。在运用和发展责任会计基本功能上，将"企业（基础）管理""金融信贷（银行机制）""财务管理（会计核算）"三者融为一体。一般是将企业的自有资金和商业银行的信贷资金统筹运作，在内部银行统一调剂、融通运用，通过吸纳企业下属各单位闲散资金，调剂余缺，减少资金占用，活化与加速资金周转速度，提高资金使用效率、效益，与目标成本管理、企业内部经济责任制有机结合，并执行监督、考核、控制和管理办法。内部银行引进商业银行的信贷、结算、监督调控、信息反馈职能，发挥计划、组织、协调作用，并成为企业和下属单位的经济往来结算中心、信贷管理中心、货币资金的信息反馈中心。

企业内部银行主要适用于具有较多责任中心的企事业单位，如：

（1）企业集团。包括覆盖整个集团全资企业，控股、参股乃至关联企业。这是企业集团时下不能建立集团财务公司，而加强财务管理、塑造内部融资机制的一种方法。

（2）大中型实体性企业。如大型联合企业（钢铁厂、化工厂、化肥厂、机械厂），其覆盖下属各个生产车间、事业部乃至职能部室等。

（3）大中型事业单位。如高等院校、设计院、科学院、研究所，主要对下属各部门、机构和科研开发公司的事业经费、科研经费和企业资金的通盘管理。

2. 结算中心

结算中心模式是在母子公司框架的集团化企业内部设立财务结算中心，由中心办理企业内部各成员或分公司现金收付和往来结算业务，它是一个独立运行的职能机构。结算中心是企业现金流集中管理发展到一定阶段的产物，应企业内部资金管理需求而生的一个内部资金管理机构，是根据集团财务管理和控制的需要在集团内部设立的，为企业成员办理资金融通和结算，以降低企业成本提高资金使用效率的服务机构。这种资金管控管理模式具有如下特点：①各分公司有自身的财务部门，有独立的二级账户，有财务管理权；②减少现金沉淀，提高资金利用效率和效益；③实行收支两条线管理，真实反映分公司财务状况；④整合融资资源，统一对外借款，有利于降低资金成本。

3. 现金池

指集团内部成员单位的银行账户现金虚拟集中到一起（不发生资金物理性转移或发生实质性转移），由集团总部资金管理者对集中后的现金头寸进行统一管理。换句话说，在名义现金池安排中，资金没有被实际划转，而是由银行来冲销参与账户中的借方余额和贷方余额，以便计算现金池的净利息头寸，银行再根据该净利息头寸向集团支付存款利息或收取透支利息。

4. 财务公司

财务公司是大型企业集团投资成立，为集团提供金融服务的非银行金融机构。是一种经营部分银行业务的非银行金融机构。一般是集团公司发展到一定水平后，需要经过人民银行审核批准才能设立的，是集团公司的子公司。其经营范围主要包括：外汇、联合贷款、承销债券、不动产抵押、财务及投资咨询等业务。财务公司由于属于非银行金融机构，其独立法人地位的特性决定了其除能担任集团结算中心的特色之外，还可以对外提供多元化的金融服务。

5. 并存

并存模式是指集团公司采用两种及两种以上的现金集中管控模式。为了更高效地进行现金集中管控，可以根据不同子（分）公司的特点采用不同的现金集中管控模式或管控平台。如对集团的分公司采用统收统支模式，对其他子公司采用财务公司模式。又如对全资子公司采用结算中心模式，对控股子公司采用财务公司模式。不同的模式，具有不同的特点，有不同的用途，具体区别见表8－1。

表8－1 现金集中管控平台比较

模式	集中度	权限	组织机构	功能	与集团关系	与银行关系	信息化程度
内部银行	相对集中	集团下属单位有现金经营权与决策权、对贷款也有权自行安排	集团下属单位设置财务部门，内部银行是内部资金管理机构（事业部制）	结算中心监控中心借贷中心	存在于集团	半紧密	通过银行网络或集团内部网络
结算中心	相对集中	集团下属单位有现金经营权与决策权但超过核定限额要申请	集团下属单位设置财务部门，资金结算中心是设立于集团总部财务部门内的独立的职能机构（事业部制）	结算中心监控中心	存在于集团	半紧密	通过银行网络或集团内部网络
资金池	相对集中	集团下属单位有现金经营权与决策权。但资金全部集中在集团设立的资金池中	集团下属单位设置财务部门，资金池是集团公司统一设置的，由集团总部财务部门管理	储蓄中心借贷中心	存在于集团	紧密型	通过银行网络
财务公司	相对分散	集团下属单位有现金经营权与决策权	集团下属单位设置财务部门，财务公司是独立法人单位，是非银行金融机构	结算中心融资中心借贷中心投资中心信息中心	独立于集团或相互渗透	松散型	财务公司与银行或其他金融机构联网
并存平台	各种平台并存						

（二）现金集中管理模式

资金管理的前提是其成员单位必须是独立的核算单位，也可能是分支机构，也可能是法人单位。集团公司根据各自实际情况，可采用不同的现金集中管控模式。可分为如下三种模式：

1. 收支两条线模式

收支两条线是对于收入和支出进行统一的管理。在收支两条线的情况下，集团成员企业账户不留余额，所有现金收入都必须集中到集团总部的财务部门，一切现金支出都由母公司财务部门来执行。它将企业的一切现金收付活动都集中于企业的财务部门，总公司使用一个银行账号，所有的收支都通过这个账户进行。在这种模式下，集团总部一般具有较高的审批权，企业的资金高度集中。收支两条线的结算模式有助于企业控制整体资金的进出，协调内部的资金流转效率，实现全面的平衡。实践证明统收统支的方式有助于企业集团实现全面收支平衡，提高资金的周转效率，减少资金的沉淀。适用于管理水平高，所属单位为分公司、全资子公司以及部分控股子公司。对管理水平较差的集团公司会影响下属公司的正常经营，甚至造成损失。

2. 预留备用金模式

预留备用金是指集团总部按照一定的期限留给成员企业一定数额的现金备其使用。相比收支两条线决算模式具有一定的灵活性。在这种情况下，成员企业的所有现金收入必须集中到集团财务部门，成员企业所发生的现金支出可以先在预留账户中支出，然后到集团总部的财务部门报销以补足备用金。与收支两条线模式有所不同的是成员企业在集团总部规定的现金支出范围和支出标准之内，可以对留用的备用金的使用行使决策权。其优点是下属单位有一定的自主权，不至于影响到正常的周转。缺点是要分散一部分资金，可能会出现下属单位不按要求使用资金甚至形成既成事实的局面，一般使用于均衡财务体制。

3. 监控模式

总部只监控成员单位收支情况，不划拨资金。系一般成员成立资金中心之前的初始结构，适用于一些外部股东难以协调的股份制企业等。其特点是下属单位的自主权的资金不能集中。

（三）管控平台及管控模式的选择

1. 管控平台的选择

管控平台的选择要与集团子公司区域分布和集团管控水平相适应。实践过程中很复杂，需要各单位自己权衡。

2. 管控模式的选择

管控模式要与集团子公司的所有制形式和财务体制相适应。收支两条线模式一般是集权体制，预留备用金模式一般是混合体制，监控模式一般是分权体制。

3. 现金集中管控与主业集中销售、集中采购体制相适应

有的大型企业集团公司，将主业生产的产品实行集中销售，集中销售的形式，易于集中现金。集中采购也要求对现金集中管理，因此现金集中管控要与这种集中销售和采购体制相适应，对主业子公司实行收支两条线的现金集中管控模式。

第二节　现金有效使用的管控

一、建立打造"强势总部"的集团管控体制

为了推行现金集中管控模式，首先应打造"强势总部"的集团管控体制。强势总部并非集权，而是要以有效的现金管控为目的来选择财务体制。集团公司要根据所处时期、阶段的不同来调整集权、分权的关系，并能在短时间内根据集团公司形势的变化在

短期内及时调整。集团有强大财务权力，总部要掌握话语权，对集团重大事项要能够掌控。

（一）集中统一的对外融资能力

融资能力对集团及子公司的发展均十分重要，对集团内的资金进行调配，需要有强大的融资能力，只有这样才能源源不断地满足集团发展的需求，集团统一对外融资可以保证集团现金集中管控的顺利开展，集团将子公司的现金集中起来统筹安排，在子公司有现金需求时，应能够及时地拨付现金，如果仅靠集团公司自有资金，很难满足需求，这就要求集团集中统一的对外融资，增强融资能力。

（二）集团总部的调控现金的能力

集团公司将现金集中管控后，有的子公司会担心，现金被集团公司拿走后，当公司需求现金时，能否及时拿到现金。因此，集团总部要求强大的调控现金的能力，能够根据不同子公司的现金需求计划和现金流情况，及时地满足各个子公司的需求，避免出现子公司有现金需求时，被集中划转的资金，无法及时拨付的情况发生，一旦出现这种情况，对集团内其他子公司现金集中管控的自觉性会带来打击，将影响集团公司现金集中管控的推行。因此，集团总部调控现金的能力是否强，对现金集中管控的影响很大。集团公司子公司众多，现金流情况不一，有现金充裕型的，也有现金短缺型的，有现金牛企业，有利润牛企业，有收入牛企业，如何根据集团不同子公司的情况，灵活地调度现金，需要集团总部有超强现金控制能力。子公司产生现金流入时，要及时集中，当子公司有现金需求时，要及时地拨付，说起来容易，对于大型企业集团来说，并非易事，集团总部要练就超强的现金控制力，才能做到游刃有余。

（三）总部对下属企业高质量的服务能力

集团对现金集中管控一般采用收支两条线，子公司流入的现金被集团公司划走，集中管理，子公司有现金流出需求时，集团公司要根据批准的现金使用计划，及时拨款。集团公司应能够为集团内子公司提供高质量的对现金流入、流出业务进行服务的能力，这样才能形成现金集中管控的良性循环，否则出现子公司有现金支出的需求不能满足，影响子公司正常生产经营的情况，就会导致其他子公司对现金集中管控打埋伏的情况，形成恶性循环。

二、建立现金流管控制度

集团公司为了对现金流管控，应制定完善的管理制度，并能严格执行。需要建立的管控制度主要有：

（一）预算管控制度、审批制度

集团公司对现金流管控，需强化全面预算，实行资金的高度集中的管理，强化资金的全面预算。只有基于全面预算的资金管理，这个现金的使用效果才是最好的，现金的统筹性才是最好的。这需要建立高度集中强化的全面预算管理制度。现金收支计划的审批制度也十分重要，对现金流集中管控，必须实行计划管理，计划编制、审批程序十分恰当，对现金流管控的效果影响很大。

（二）现金集中管控制度

集团公司为了有效地集中管控现金流，应制定完善的现金集中管控制度，确定管控模式及平台。

1. 现金收支两条线制度

实行现金收支两条线的制度，支出一条线收入一条线，所有收入账户上的钱及时清零，或留存一定金额，剩下的全部划转到集团公司。另外从支出上来讲，子公司按时按点报支出计划，集团对支出计划进行审核，把它真实需要支出的钱，按时按点供应给子公司，从而提高集团整体的资金使用效率。

2. 月度财务收支和现金流量计划制度

建立并落实月度财务收支和现金流量计划制度，收入支出必须是有计划的，包括现金流量，必须是有计划的。如果没有计划，随意性会把整个计划打乱，从而对集团整体的现金流构成影响。所以计划非常重要，甚至在很多公司里，如果本月没排上计划，除非非常紧急的，坚决挪到下一个月，就是为了维护计划的一个严肃性，使得公司不至于在筹措资金和信用管理上面临两难。

（三）内部资本市场制度

建立内部资本市场制度是集团企业进行现金集中管理的保障。通过建立内部资本市场，可以缓解集团公司内部有的子公司存在闲散资金无法提高使用效益；有的子公司有好投资项目，却难以筹集到现金的情况。同时，可以降低资金成本，提高集团公司整体经济效益。

1. 内部资本市场的功能

企业集团的内部资本市场的主要功能如下：

（1）缓解融资约束。它主要是指内部资本市场可以规避外部融资由于信息不对称等因素造成的高成本，并可以通过资本整合缓解内部成员企业的投资对本部门现金流的依赖性，增强成员企业的融资承受能力，提高集团整体的财务协同效应，降低公司陷入财务困境的可能性。

（2）资本配置功能。其主要体现在内部资本市场能根据市场环境变化调整资本配置的方向及数量，从而将资本配置到效率最高的环节。

（3）监督激励作用。其主要体现在集团总部能通过有效的监督和激励降低股东和经理之间的代理成本，提高资本使用效率。

2. 内部资本市场运作的方式

围绕着内部资本市场功能的发挥，不同企业集团往往会采用不同的内部资本市场运作方式，按照交易对象大体可以分为以下两类：一类是资金融通型运作方式。从内部资本市场的本质上看，资金融通型运作方式是内部资本市场产生初期最主要的运作方式。企业集团作为一个命运共同体，各成员企业相互之间有着密切的伙伴关系，在资金使用上互助互济，体现了互惠互利的精神。更重要的是，集团的各成员企业间在资金使用、周转需要上往往存在一个"时间差"，从而为集团资金融通使用提供了基础。企业集团根据其生产经营、对外投资和调整资金结构的需要，在一定程度上，把集团各成员企业可利用的资金汇总起来，在集团内融通使用是有必要的。凡是企业集团中任意法人主体之间以获取资金为主要目的的交易都可以归纳为资金融通型运作方式。按资金来源不同，企业集团资金融通的方式主要有内部的资金分配、企业集团内部借贷关系、交叉担保、内部产品或服务的购销、资产买卖、融资租赁、票据融资、股权转让、其他内部交易等。

另一类是资产配置型运作方式。很多时候，虽然企业集团各主体之间通过内部资本市场发生的交易都伴随着资金的转移，但交易的主要目的却是为了实现交易资产的合理配置，这种运作方式称为资产配置型。这里的资产包括实物资产、无形资产、各种股权和期权。目前，在企业集团内发生的各种资产置换、股权转让、资产租赁等行为都可以看作是资产配置型内部资本市场运作方式。

（四）资金集中管控分析报告评价制度

为了有效地管理现金流，需建立完善的现金流管理、分析、报告评价制度，主要包括：子公司现金收入和使用情况分析报告制度，集团现金集中管控效果评价制度等。通过对集团公司现金集中管控的分析和评价，可以了解集团公司对子公司现金集中管控的效果，发现存在的问题，并提出解决方案。

（五）动态监控制度

集团公司对现金集中管控进行动态监督制度，主要包括方式：第一是专门设置资金管理稽查的职能部门，通过对子公司现金流入、流出的过程进行动态监控，实现集团现金集中管控的目标。第二是通过委派的财务人员实行监控，发现问题及时沟通、及时解决。

（六）风险控制制度

集团公司子公司多，涉及行业范围广，所处市场环境和发展阶段不同，在现金集中管控过程中，往往会出现这样那样的风险，甚至会连累集团公司和其他子公司，如一个子公司发生到期不能偿还银行借款的风险，可能会使整个集团处于信用危机之中，很难在金融市场获得新的资金，因此建立现金集中管控风险控制制度十分重要。风险控制制度包括风险识别、评估、应对等内容。

（七）检查、奖惩

集团公司现金集中管控，会遇到部分子公司的抵触，会千方百计地破坏现金集中管控制度，达到自己的目的，为了有效地推进现金集中管理，应加强对子公司执行集团现金集中管控制度的检查，奖优罚劣。

三、现金结余使用的管控

集团公司和有的子公司可能会在生产经营过程中，短时期内产生现金结余，如何对现金结余进行有效管理，提高结余现金的使用效果十分重要。

（一）现金结余管控与融资相结合

现金结余管控要和集团及子公司的融资相结合，对集团公司内的现金结余进行管控。当有现金结余时，首先分析产生现金结余的原因，是暂时的，还是会存在一定时期。如果现金结余在一定时期会存在，根据其存续的期间，确定可以通过内部资本市场进行调剂，与内部其他子公司的融资相结合，解决集团及子公司的融资问题。

（二）现金结余要保证正常生产经营和投资的需要

集团及子公司出现现金结余时，要对其正常生产经营和投资需要的资金进行预测，首先要保证这些需求，再在集团内进行调剂或进行短暂的投资，提高结余现金的使用效果，并留有余地，避免出现临时性的资金需求时，融出的结余现金无法及时收回的情况。

（三）有效使用结余现金要以风险防控为前提

集团公司应有效使用结余现金，通过对外理财，在金融市场进行短暂投资取得金融利润等形式使用结余现金时，要将风险防控放在首位，在投出结余现金时，对投资效益、出现风险的可能性进行评估，制定风险防控措施，建立风险预警机制，并进行动态监控，一旦出现风险预警信号，要及时采取风险防控措施进行应对，化解风险。

第三节　现金风险控制

一、现金风险的预警

为了防范现金风险，集团和所属单位均要制定现金风险预警制度，建立现金风险监控及预警机制，确定现金风险管理部门，集团公司一般由资金管理中心或财务公司负责，下属单位一般由资金管理中心或财务管理部门中负责现金管理的岗位负责。

集团公司和下属单位要定期进行现金风险评估，出具风险评估报告，对风险点进行识别、评估，发现重大风险及时预警，并制定应对措施。现金风险评估主要是对现金流指标进行重点检查：现金流指标主要有收益质量、支付能力、营运能力、发展能力四方面的指标。收益质量指标主要有现金收益率、营业收入现金收益率；支付能力指标主要有现金偿债比率、现金流动负债比率、现金股利保障倍数；营运效率指标主要有现金周转率、资产现金收益率、经营性现金收支比率；发展能力指标主要有现金流量资本支出率、现金流量适当率、投资适当比率。根据集团公司各所属单位所处不同行业和规模结合集团公司总体要求，对各个指标均设定风险预警值，当超过风险预警值时发出预警，并查明风险原因，制定应对措施，在风险评估报告中予以表述。

二、应对措施

（一）建立应急现金储备库

1. 内部建立应急现金储备库

集团公司制定建立应急现金储备库的制度，包括建立应急现金储备库目的、范围（集团内所属单位均应参加）、管理部门、计提比例和方法、缴付方式、可以动用的情形、动用时的审批程序和拨付方式等。通过建立内部应急现金储备库，降低采用企业内部的现金短缺风险。

2. 外部关联单位及金融机构

为了增强应急现金的防范风险能力，只靠集团内部的应急现金储备库，很难满足需求。还应眼光向外，与外部管理单位和金融机构提前签订应急现金支援协议，一旦集团公司或下属单位出现现金短缺风险，内部应急现金库又不足以应对风险时，根据协议请外部关联单位和金融机构予以支援。外部管理单位包括战略合作者，有上游供应商也有下游客户，这些战略合作者与集团公司休戚相关，为了自身利益，往往愿意伸出援手，他们也能得到更大的利益。

（二）增加现金流入

增加现金流入是解决现金短缺的根本途径，有三大类措施：①经营增加；②留存收益；③寻找风险投资或私募基金。

（1）经营增加的措施有：①增加销售收现；②不赊销；③增加预收款；④早收回应收账款；⑤保理或转让应收款；⑥对难以收回的逾期应收账款启动法律诉讼程序；⑦出售经营资产；⑧出售存货；⑨其他方式。

（2）留存收益的措施有：多留存利润，少分红甚至暂不分红。

（3）寻找风险投资（VC）或私募基金（PE），简单地说就是找风险投资公司或私募基金来给公司注入资金、获得股权，对项目进行启动，而风投或私募则在项目获利后获得回报或退出。

（三）控制现金流出

1. 划分三类支出

为了更好地控制现金流程，将现金支出划分为必要支出、弹性支出、风险支出。必要支出指项目和金额不可减少的支出。弹性支出指项目和金额都可减少的支出。风险支出指支出确定、回收不确定的支出。必要支出包括：税金、工资、社保、房租、办公费、水电费、交通费、正常采购费、其他合同约定负违约责任的支出。弹性支出包括：差旅费、招待费、营业外支出等。风险支出包括：新项目投资、固定资产采购、广告费、促销费等。对三类支出的控制原则为：保障必要支出、减少弹性支出、谨慎风险支出。三类支出要分户管理。保障必要支出的方法：准确预算（年度、季度、月度）；保障当月、预留两月、机动三月；在资金紧张时，有限保障必要支出；专户管理。对弹性支出决策时应考虑：可以不支出吗？有可替代方式吗？可以减少支出吗？有流入量吗？流入时间？流入有哪些不确定性？谁承担这个责任？考核谁？风险支出应考虑：谨慎支出、建立决策控制机制。

2. 常规的控制措施

常规控制措施有：①控制费用。这是最根本的方法，节流是减少现金的根本途径。②控制正常采购。合理控制采购和生产节奏，避免原材料和库存商品的积压。③经营租赁。租赁期较短时，采用这种方式，经营租赁可以减少购买资产时一次性大量流出现金，但这种方式承租人无优先购买权。④融资租赁。租赁期长时，可以采用这种方式，同样可以减少购建资产时一次性大量流出现金，且承租人有优先购买权。⑤采用外包，这种方式可以减少现金流出，同时，一般有现金流入的保障。⑥推迟应付款。⑦谨慎扩张。

3. 紧急措施

控制现金支出的紧急措施有：①适当裁员；②裁减机构；③处置不良资产、出售亏损的公司或分厂；④减产停产，减少亏损产品的生产和销售；⑤申请延迟纳税；⑥到期债务展期；⑦债务重组，减免、延期、债转股等；⑧停业清算注销；⑨破产清算。

（四）从金融机构、股东方面、债券股权来融资

当发生现金短缺风险时还可考虑从金融机构融资，现金短缺的子公司不具备这个能力时，可由集团出面融资。可以由股东增加投资，使企业渡过危机。还可通过发行债券、可转换债券等来融资。这些是外部救援措施，但企业不具备主动性，如果集团公司的信用恶化了，或使股东失去信心，很难通过外部融资解决问题，因此，集团公司要努力控制现金风险，并尽力维护企业形象，给金融机构、投资者带来信心。

第 九 章 | 专项业务的财务管控

第一节　兼并与收购

一、兼并与收购的含义

企业并购是企业兼并与企业收购的简称，通常指在市场机制作用下，企业为了获得其他企业的控制权而进行的产权交易活动。兼并是指一家企业购买取得其他企业的产权，使其他企业丧失法人资格或改变法人实体，并取得这些企业决策控制权的经济行为。从这个意义上讲，兼并等同于吸收合并。收购是对企业的资产和股份的购买行为。指一家企业购买另一家企业的部分或全部资产、股权，以获得对该企业的控制权。收购的经济实质是取得控制权。收购的对象一般有股权和资产两种。股权收购是购买一家企业的股份，收购方将成为被收购方的股东，承担被收购企业的债权、债务；而资产收购则仅仅是一般的买卖行为，收购方无须承担被收购方的债务。收购涵盖的内容较广，其结果可能是拥有目标企业全部的股份或资产，从而将其吞并；也可能是获得企业较大一部分股份或资产，从而控制该企业，还有可能是仅拥有较少一部分股份或资产。

二、兼并与收购的目的

企业并购的动因复杂，单一并购目的不常见，大多数为多种动因。企业不同时期的并购有不同的特点，主要的并购动机有以下几种：

（一）围绕集团发展战略，进行兼并，以获取更多的实现集团战略机会

合并者的动机之一是获得未来的发展机会。集团公司决定在某一特定行业扩大经营时，依靠内部自身发展，时间长易于失去机会，更多的方法是采取并购行业中现有企业实现扩张目的的战略。因为并购一个现成企业，可以直接获得其市场资源、生产能力、研发能力、获得时间优势，减少一个竞争者并直接获得其在行业中的位置。

（1）并购可以让企业迅速实现规模扩张。企业的经营与发展处于动态的环境之中，企业在发展的同时，竞争对手也在谋求发展。因此，企业在发展过程中必须把握好时机，尽可能抢在竞争对手之前获取有利地位。

（2）并购可以突破行业壁垒和规模的限制，迅速实现发展。企业进入一个新的行业往往会遇到各种各样的壁垒，包括资金、技术、渠道、顾客、经验等。这些壁垒不仅增加了企业进入某一行业的难度，而且提高了进入的成本和风险。如果企业采用并购的方式，先控制该行业的原有企业，则可以绕开这一系列壁垒，以较低的成本和风险迅速进入某一行业。可口可乐收购哥伦比亚影业，就克服了饮料业进入电影业的行业壁垒。

（3）并购可以主动应对外部环境变化。随着经济全球化进程的加快，更多企业有机会进入国际市场，为应对国际市场的竞争压力，企业往往也要考虑并购这一特殊途径。企业通过国外直接投资和非股权投资进一步发展全球化经营，开发新市场或者利用生产要素优势建立国际生产网，在市场需求下降、生产能力过剩的情况下，可以迅速抢占市场份额，有效应对外部环境的变化。

（二）通过战略重组，开展多元化经营

集团公司为了分散经营风险，拓展新的收入资源，增强企业资产的抗风险能力，有时实行多元化经营，进行战略重组。

多元化经营可以通过内部积累和外部并购两种途径实现，但在多数情况下，并购是更为有利的一种途径。尤其是当企业面临变化了的环境而调整战略时，并购可以使企业以低成本迅速进入被并购企业所在的增长相对较快的行业，并在很大程度上保持被并购企业的市场份额以及现有的各种资源，从而保持企业持续不断盈利的能力。

（三）谋求协同效应

协同效应是指两个公司并购后，可以产生合并重组后的协同效应，表现在合并行为可产生"1＋1＞2"的效果，获得规模效益。因为两个公司兼并后，在生产经营、行政管理、调查研究、原料采购和产品推销等方面的活动都可以统一协调、统一组织，减少重复的固定成本，节约人、财、物的耗费。协同效应突出表现为管理协同效应、经营协同效应以及财务协同效应三个方面。

1. 管理协同效应

如果某企业有一支高效率的管理队伍，其管理能力超出管理该企业的需要，但这批人才只能集体实现其效率，企业不能通过解聘释放能量，那么该企业就可并购那些由于缺乏管理人才而效率低下的企业，利用这支管理队伍通过并购提高整体效率水平而获利。

2. 经营协同效应

由于经济的互补性及规模经济，两个或两个以上的企业合并后可提高生产经营活动的效率，这就是所谓的经营协同效应。获取经营协同效应的一个重要前提是产业中的确存在规模经济，且在并购前尚未达到规模经济。规模经济效益具体表现为生产规模经济和企业规模经济。前者主要指通过调整资源配置可达到最佳经济规模，解决生产流通分离问题，获得稳定的原材料来源渠道和廉价劳动力，降低生产成本。后者主要表现为将多个工厂置于同一企业领导之下，通过节省管理费用、营销费用等给企业带来一定规模经济。

3. 财务协同效应

企业并购不仅可以通过提高经营效率而获利，还可以在财务方面给企业带来如下

收益。

（1）提高偿债能力。一般情况下，合并后企业整体的偿债能力比合并前各单个企业的偿债能力强，还可以降低资本成本，实现资本在并购企业与被并购企业之间低成本的有效再配置。

（2）合理避税。税法一般包含亏损递延条款，允许亏损企业免缴上年所得税，并且亏损可向后递延以抵销以后年度的盈余。同时，一些国家的税法对不同的资产使用不同的税率，股息收入、利息收入、营业收益、资本收益的税率也各不相同。企业可以利用这些规定，通过并购行为及相应的财务处理合理避税。

（3）预期效应。预期效应是指因并购使股票市场对企业股票评价发生改变而对股票价格产生影响。由于预期效应的作用，企业并购往往伴随着强烈的股价波动，形成股票投机机会。投资者对投机利益的追求反过来又会刺激企业并购的发生。

（四）提高管理效率

企业合并后，被合并企业的管理制度将被改进和完善，甚至将经营者替换，并使经营者的自身利益与投资者利益更好地协调，从而提高企业管理效率。

（五）加强市场控制能力

在横向并购中，通过并购可以获取竞争对手的市场份额，迅速扩大市场占有率，增强企业在市场上的竞争能力。另外，由于减少了竞争对手，尤其是在市场竞争者不多的情况下，企业可以提高议价能力，以更低的价格获取原材料，以更高的价格向市场出售产品，从而提高盈利水平。

（六）获取价值被低估的公司

证券市场中公司股票的市价总额应当等同于公司的实际价值，但是由于环境的影响、信息不对称和未来不确定性等方面影响，有些上市公司的价值可能被低估。如果研究后认为，并购后可以比被并购企业原来的经营者管理得更好，则收购价值被低估的公司，通过改善其经营管理后重新出售，可以在短期内获得巨额收益。

（七）降低经营风险

企业在追求效益的同时还需要控制风险。控制风险的一种有效方式就是多元化经营。多元化经营既可以通过企业并购来实现，也可以通过内部的成长而达成，但通过并购其他企业，收购方可以迅速实现多元化经营，从而达到降低投资组合风险、实现综合收益的目的。

（八）管理层利益驱动

当企业的管理层不拥有或只拥有极少数公司股份时，委托代理问题就会比较严重。管理层可能会追求自身的目标，如更多收入、更少工作，而不是股东要求的利润价值最大化，因此，对股东来说，就产生了代理成本。代理问题的另一种表现是管理层会努力扩展企业，因为他们的薪金、津贴和地位通常随着企业规模的扩大而提高。有些学者认为，管理层追求的是企业增长的最大化，甚至认为管理层的目的就是个人收入最大化。

管理层通常希望通过并购提高公司在市场上的统治地位和保持已有的市场地位。以下三方面可能是公司经理对并购感兴趣的原因：首先，当公司发展壮大时，公司管理层尤其是作为高层管理人员的总经理的威望也随之提高；其次，随着公司规模的扩大，经理层的报酬也得以增加；最后，在并购活动高涨时期，管理层希望通过并购，扩大企业规模，使公司能在瞬息万变的市场中处于不败之地，并抵御其他公司的并购。

（九）降低代理成本

在企业的所有权与经营权相分离的情况下，经理是决策或控制的代理人，而所有者作为委托人成为风险承担者，由此造成的代理成本包括契约成本、监督成本和剩余亏损。企业内部组织机制安排、报酬安排、经理市场和股票市场可以在一定程度上缓解代理问题，降低代理成本。但当这些机制均不足以控制代理问题时，并购带来的接管威胁成为一种有效的治理手段。公司被并购后，往往会改选现任经理和董事会成员，从而可作为最后的外部控制机制解决代理问题，降低代理成本。

（十）获得品牌等特殊资产

获取某项特殊资产往往是企业并购的重要动因。特殊资产可能是一些对企业发展至关重要的专门资产，比如土地是企业发展的重要资源，一些有实力、有前途的企业因空间狭小难以扩展，而一些经营不善、市场不景气的企业却占有较多的土地和优越的地理位置，这时优势企业就可能并购劣势企业以获取其优越的土地资源。另外，并购还可能是为了得到目标企业所拥有的优秀管理队伍、优秀研究人员和专门人才以及技术、商标、品牌等无形资产。在公司的生产和市场扩展得非常快，而专业知识相对缺乏的时候，获得特殊资产往往是并购的重要动因。在某些特殊情况下，某一个优秀的人才甚至也会成为并购的动因。

三、并购的方式

（一）按并购双方行业相关性划分

按双方产品与所处行业来分，并购可以分为横向并购、纵向并购和混合并购三类。

（1）横向并购又称为水平并购，是指并购方与被并购方处于同一行业，生产或经营同一产品，如山西和内蒙古的煤炭资源整合。

（2）纵向并购是发生在同一产业的上下游企业之间的并购。这些企业之间不是直接的竞争关系，而是供应商和需求商之间的关系。通过纵向并购活动，使得企业在市场整体范围内实现纵向一体化。纵向并购在我国发展尚处起步阶段，基本都在煤炭、钢铁、电力等能源与基础工业行业。这些行业的原料成本对行业效益影响较大，企业希望通过纵向并购来加强业务链的整体优势。

（3）混合并购是发生在不同行业企业之间的并购，其目的主要在于分散风险，寻求范围经济。在面临激烈竞争的情况下，我国一些企业希望通过混合并购的方式，实现多元化发展的格局，为企业进入其他行业提供有力、便捷、低风险的途径。

（二）按并购的实现方式划分

按并购的实现方式划分，并购可分为承担债务式、现金购买式和股份交易式并购。

（1）承担债务式并购一般是指在被并购企业资不抵债或资产债务相等的情况下，并购方以承担被并购方全部或部分债务为条件，取得被并购方的资产所有权和经营权的并购方式。

（2）现金购买式并购有两种情况：并购方筹集足额的现金购买被并购方的全部资产，使被并购方除现金外再没有持续经营的物质基础，成为有资本结构而无生产资源的空壳，不得不从法律意义上消失。并购方用现金通过市场或协商购买目标公司的股票或股权，一旦拥有其大部分或全部股本，目标公司就被并购了。

（3）股份交易式并购也有两种情况：一是以股权换股权。这是指并购公司向目标公司的股东发行自己公司的股票，以换取目标公司的大部分或全部股票，达到控制目标公司的目的。通过并购，目标公司或者成为并购公司的分公司或子公司，或者解散并入并购公司。二是以股权换资产。并购公司向目标公司发行并购公司自己的股票，以换取目标公司的资产，并购公司在有选择的情况下承担目标公司的全部或部分责任。目标公司也要把拥有的并购公司的股票分配给自己的股东。

（三）按被购企业意愿划分

按并购双方是否友好协商划分，并购可以分为善意并购和恶意并购。

（1）善意并购是指并购公司事先与目标公司协商，征得其同意并通过谈判达成收购条件的一致意见而完成收购活动的并购方式。善意收购有利于降低并购行动的风险与成本，还可避免因目标公司抗拒而带来的额外支出；但是善意行为使并购公司不得不牺牲自身的部分利益，以换取目标公司的合作，而且漫长的协商、谈判过程也可能使并购行为丧失其部分价值。

（2）恶意并购是指并购公司在收购目标公司股权时虽然遭到目标公司的抗拒，但仍然强行收购，或者并购公司事先并不与目标公司进行协商，而是突然直接向目标公司股东报价和开出收购要约的并购行为。恶意并购的优点在于并购公司完全处于主动地位，不用被动权衡各方利益，行动节奏快、时间短，可以有效控制并购成本；但是这种并购方式通常会遭到目标公司的抵抗甚至设置各种障碍，所以风险较大，甚至有可能给股市带来很大波动，以至于影响企业的正常发展。

（四）按并购后双方法人地位的变化情况划分

1. 收购控股

收购控股是指并购后并购双方都不解散，并购方收购目标企业至控股地位。绝大多数此类并购都是通过股东间的股权转让来达到控股目标企业的目的。

2. 吸收合并

吸收合并是指并购后并购方存续，并购对象解散。

3. 新设合并

新设合并是指并购后并购双方都解散，重新成立一个具有法人地位的公司。这种并购在我国尚不多见。

（五）按并购的形式划分

1. 间接收购

间接收购是指通过收购目标企业大股东的股权而获得对其最终控制权。这种收购方式相对简单。

2. 要约收购

要约收购是指并购企业对目标企业所有股东发出收购要约，以特定价格收购股东手中持有的目标企业全部或部分股份。

3. 二级市场收购

二级市场收购是指并购企业直接在二级市场上购买目标企业的股票并实现控制目标企业的目的。

4. 协议收购

协议收购是指并购企业直接向目标企业提出并购要求，双方通过磋商商定并购的各种条件，达到并购目的。

5. 股权拍卖收购

股权拍卖收购是指目标企业原股东所持股权因涉及债务诉讼等事项进入司法拍卖程序，收购方借机通过竞拍取得目标企业控制权。

（六）其他划分方式

此外，还可以根据涉及被并购企业的范围，将并购划分为整体并购和部分并购两类。其中，整体并购是指资产和产权的整体转让；部分并购是指将企业的资产和产权分割为若干部分进行交易。根据并购交易是否通过证券交易所划分，并购可分为要约收购和协议收购两种。要约收购直接在股票市场中进行，指并购公司通过证券交易所的证券交易，持有目标公司已发行股份的一定比例时，依法向该公司所有股东发出公开收购要约，按符合法律的价格以货币方式购买股票，获取目标公司股权的收购方式。协议收购主要指并购公司直接与目标公司取得联系，通过谈判、协商达成共同协议，以实现目标公司股权转移的收购方式。

四、并购标的公司的选择

集团公司要实施并购战略，首先要明确和解决的问题就是并购对象的选择。选择一个适合自己的并购对象是并购成功的关键。在并购对象选择和效果评估中，集团公司首先需要根据企业集团自身的定位进行发展规划，并在此指引下对并购对象进行搜寻、筛选，最后对锁定的目标公司进行详尽的调查和对并购效果进行评估预测，以决定是否进行并购活动。

（一）并购规划

集团公司对并购对象的选择应当以规划为基础，规划在并购活动中起了支撑性的作用。在当今这个极快变化的社会环境中，规划的作用更加突出。规划迫使管理层清晰地阐述所有的关键假设，并以他们所选的战略为前提，根据环境的变化而不断地反省和调整原有假设，重新评估新的战略战术以适应新形势，为企业集团的未来发展指明了方向。

（二）明确并购企业整体发展战略

企业发展战略是企业以未来为主导，为寻求和维护持久竞争优势而做出的全局的重大的筹划和谋略。企业应该把未来的生存和发展问题作为制定战略的出发点和归宿，就是说一个好的战略应有助于企业实现长期生存和发展的目标。而并购则是实现企业战略目标的重要手段之一。企业并购不是盲目的并购，要与企业的发展战略相适应，并购只是企业发展的一种方式，如果盲目以并购为目的，这样的并购必然是失败的。企业发展的战略决定了企业的发展方式是通过内部积累还是并购。

（三）集团作为并购企业要对自身发展状况分析

企业并购首先要考虑的不是目标企业，而是并购企业自身的状况，一切要从实际出发，以自身的人力财力能够承受为限。第一，企业要对所在行业进行分析。判断该行业目前竞争状况、未来发展前景如何，行业在整个国家产业体系中的地位。第二，对企业竞争地位进行分析，确定目标企业行业范围。通过企业自身实力考察和竞争对手分析得出企业在该产业中处于何种竞争地位，企业的优势和劣势，在该产业内企业是否还有通过并购方式继续提高竞争地位的可能。如果转向其他行业，哪些行业与企业现有资源存在相关性，入选行业各自发展状况如何，最终分析决定进入哪一个新行业。

（四）根据集团发展战略制定目标企业选择标准

目标企业应具备的条件应以并购企业的需要为中心予以确定，这是选择目标企业的重要原则。目标企业选择从企业发展战略出发，依据企业并购动机，并购企业和目标企业生产技术、市场类型特征等进行分析。符合企业发展战略的目标企业不计其数，如何从众多目标企业中准确寻找到合适企业，对并购效果、并购过程中的交易成本高低都会产生直接影响。

（五）选择目标企业

在选择目标企业时，遵循一定的科学步骤能确保目标企业选择的正确性和缩短选择时间。因此，首先制定一个合理的步骤应是目标企业选择的第一步。选择目标企业的一般步骤：①阐述企业并购的战略，包括并购的目的、大致方式、原则及大致方向等。②按照收购标准进行衡量。③剔除不合适的产业部门，即根据上一步骤所确定的标准来衡量个别产业，从中剔除那些显然不合适的产业部门。④对有发展前景的候选并购企业进行细选。当然，选择目标企业没有一个固定的模式，每一个并购方可以根据自身的实力和具体情况来选择目标企业。

五、并购对象的财务评价

集团公司选定并购的目标公司后，下一步开展的工作是对并购对象进行财务评价，进行并购行为的可行性研究，为集团并购决策提供参考依据。

（一）并购目标价值评估的内容

并购中的企业价值评估是集团公司制定合理支付价格范围的主要依据，评估的结果直接关系到并购交易的成败。并购效果价值评估主要包括以下几方面内容：

1. 评估企业集团自我价值

确定本企业集团的价值是集团公司实施并购的基础，对整个并购过程来说地位十分重要。没有对自身价值进行评估，就不能评价不同的并购策略给企业集团带来的价值有多大，也就无法制定适当的并购策略。

2. 评估目标公司的价值

评估目标公司的价值在集团并购中十分关键，它是制定收购支付价格的主要依据。

在选定并购目标，对目标公司充分调查的基础上，才可进行价值评估。一般情况下，目标公司不会接受低于自身价值的价格，集团公司必须在目标企业价值的基础上，再多支付一部分溢价，溢价部分的多少则需具体情况具体分析。

3. 评估协同效应

通过对并购后企业集团的未来经营、盈利状况进行合理的预测，有助于有效地评估协同效应，从而更好地评估并购后整个企业集团的价值。获得协同效应，是企业集团实施并购的主要目的。协同效应必须大于零，企业集团才有并购的必要性。协同效应的多少是决定并购成败的关键，许多并购者就是对协同效应过于乐观、没有恰当评价，支付了过高的溢价，甚至超过了并购的实际协同效应，导致并购的失败。

4. 评估并购后的企业集团的新价值

在对协同效应进行仔细评估的基础上，可以更加合理地预计并购后企业集团的经营情况，以尽量精确地评价并购后企业集团的新价值。并购后企业集团的新价值，减去并购前并购双方的价值之后，可得出并购的协同效应的数值，将二者进行分析验证，可以确定协同效应的最终结果。在制定支付价格时，协同效应即为溢价的上限，超出这个范围，只能放弃对目标企业的并购。

5. 分析并购的可行性

通过对目标公司进行价值分析，结合集团公司发展战略和并购规划，对并购的可行性进行分析，得出对目标公司并购是否可行的结论。

（二）对目标公司价值评估的主要方法

1. 资产价值基础法

资产价值基础法是指通过对目标企业的资产进行估价来评估其价值的方法。确定目标企业资产的价值，关键是选择合适的资产评估价值标准。目前国际上通行的资产评估价值标准主要有账面价值、市场价值、清算价值、公允价值四种。

四种资产评估价值标准各有其侧重点，其使用范围也不尽相同。就企业并购而言，如果并购的目的在于其未来收益的潜能，那么公允价值就是重要的标准；如果并购的目的在于获得某项特殊的资产，那么清算价值或市场价值可能更为恰当。

2. 收益法

收益法就是根据目标企业的收益和市盈率确定其价值的方法，也可称为市盈率模型。因为市盈率的含义非常丰富，它可能暗示着企业股票收益的未来水平、投资者希望从股票中得到的收益、企业投资的预期回报、企业在其投资上获得的收益超过投资者要求收益的时间长短。

3. 贴现现金流量法

贴现现金流量法是通过估计由并购引起的期望的增量现金流和贴现率（或资本成本），计算出并购活动给企业带来的净现值，以此确定最高可接受的并购价格。

目标企业估价取决于并购企业对其未来收益的大小和时间的预期。对目标企业的估价可能因预测不当而不准，这就增加了并购企业的估价风险。估价风险大小取决于并购企业所用信息的质量，而信息质量又取决于目标企业是上市企业还是非上市企业，并购企业是敌意的还是友好的，以及并购企业和目标企业并购前审计的时间。并购价值评估本质上是一种主观判断，但并不是说可以随意定价，而是有一定的科学方法和长期经验验证的原则可依据的。

六、并购资金及税收筹划

通过并购活动，集团公司可以提高本企业的市场占有率，或者拓展本集团的供销渠道，或者获得特殊的经营资源，然后迅速提升集团公司的价值。但是，在所有的并购案中，资金筹措是一个最重要的问题。如果没有足够的资金供给，并购企业也就没有足够的主动性，并购活动就不能理想地完成，甚至形成损失。因此，并购的资金规划是首先而且必须考虑的问题。并购活动中，税收筹划也是一个需要考虑的重要因素，是在并购方案制订一开始就列入方案的重要内容，要充分听取专业人员意见，切忌方案制订完成后才考虑税收筹划。

七、并购风险管控

（一）并购风险的概念和成因

企业并购风险是指企业并购失败、市场价值降低及管理成本上升等，或指并购后企业的市场价值遭到侵蚀。

企业并购风险一般包括：并购失败，即企业经过一系列运作之后，并购半途而废，使得企业前期运作成本付诸东流；并购后企业的盈利无法弥补企业为并购支付的各种费用；并购后企业的管理无法适应并购后企业营运的需要，导致企业管理失效或失控，增加企业的管理成本。并购活动失败的主要表现有两个：一是并购成本大于并购收益；二是并购活动半途而废。前者的原因是高估了目标企业的价值和协同效应，低估了并购成本（融资成本、并购后的整合成本）；后者的原因主要包括融资不足、并购成本额外增加、政策法规的限制性等。

（二）并购风险的类型

并购风险包括：决策风险、信息不对称风险、政府干预风险、财务风险、整合风险等。

并购风险按进展的时间顺序有：并购前风险、并购中风险、并购后风险。

（三）并购风险的内容

并购中存在的主要风险有：①报表风险；②评估风险；③合同风险；④资产风险；⑤负债风险；⑥财务风险；⑦诉讼风险；⑧客户风险；⑨雇员风险；⑩保密风险；⑪经营风险；⑫整合风险；⑬信誉风险。

（四）并购风险管控措施

并购是一项复杂的、系统性的工程，且其中存在着诸多的困难和风险因素，对拟实施并购的企业而言，对此必须有一个清醒的认识，并采取相应的对策和措施，以防范和规避风险，以顺利地实现和完成并购。并购风险管控主要应当从以下几个方面着手：

1. 明确并购目标和战略发展规划

作为拟实施并购的企业，在决定进行并购、选择目标企业前，就应当根据自身的生产经营定位、发展目标、长远规划等客观实际情况，并结合国家和地方政府的产业政策、发展重点、扶持政策以及相关的法律、法规规定，制定一个尽可能详尽的、切实可行的并购目标和并购后的战略发展规划。只有这样，才能做到因地制宜、因时制宜，在用足、用好国家和地方政府的政策和法律优惠的同时，尽量避免决策失误，避免因政策和法律、法规不明或者变动等因素所可能造成的并购风险，并紧紧围绕企业的既定目标和发展规划，扬长避短，发挥优势，以保证并购的顺利实施，保证并购目标的顺利实现，为国家、为社会做出应有的贡献，实现经济效益和社会效益的双赢。

2. 在人才、信息、资金、技术等方面做好充分的准备

在决定和实施并购前，企业还必须根据既定的并购目标和战略发展规划，在人才、信息、资金、技术等方面做好充分的准备。因为无论是并购活动本身，还是并购后的生产经营、生存和发展，无疑都离不开上述几个要素的支持和支撑。只有做到知己知彼，才能做到百战不殆；只有做到有备而来，才能做到有备无患。否则，在实施并购中或者在并购后的营运中就可能出现"瓶颈"和脱节现象，企业并购也就有可能大打折扣甚至会夭折、失败。

3. 灵活、充分地运用相关法律、法规和政策，选择恰当的并购方式

在改革开放过程中，特别是在对原国有、集体企业的改制、重组过程中，为贯彻实施国家的产业政策，奖优罚劣，以优扶劣，国家和地方各级人民政府都相继出台了一系列的法律、法规和政策措施，这对实施企业并购具有规范、支持和引导的作用，且是并购活动中不能背离的准则。因此，在实施并购活动中，也必须做到对相关的法律、法规和政策进行调查、了解和研究、论证，以做到在不违背相关法律、法规和政策的前提下，用好、用足其中的优惠和扶持规定，并争取得到地方政府的支持和帮助。同时，要在法律、法规和政策允许的情况下，根据企业自身和目标企业的客观实际情况，选择最恰当的并购方式（包括政府划转方式兼并、承担债务方式兼并、协议受让法人股，以及并购重组"包装上市"、买壳上市、借壳上市、杠杆收购、换股收购、企业托管等方式），以最大限度地压缩并购成本、减少并购风险，以实现并购目标的最大化，创造并购成功的范例。

4. 加强并购后的企业经营管理，使企业尽快步入正轨

相对而言，企业并购后的经营管理以及生存和发展更是重头戏，更是一场硬仗。这需要企业在从法律上、形式上完成并购后，紧紧围绕实施并购的目标和发展规划，迅速地将工作重心转移到经营管理上来，尽快完成企业在文化、人才、资金、技术等方面的优化配置，尽快使企业的生产经营步入正轨，以完成既定的任务，实现既定的目标，使企业真正实现优势互补、扬长避短、共同发展，真正体现实施并购的目标和价值，真正将企业做大、做强。

企业并购是一个系统工程，机遇与风险同在，竞争与发展并存，一次成功的企业并购，是企业在新的全球化市场背景下发展壮大的途径之一，而一次失败的企业并购，则无疑会将集团拖入深渊。因此，认真研究、总结企业并购中的成功经验和失败的教训，

以防范和规避企业并购中的风险，保证企业并购的成功，是集团在并购中重点关注的问题。

八、并购的注意事项

（一）与集团公司战略相适应

集团公司并购要充分考虑公司战略，并购目标的选择、并购规划、并购实施等都要与集团公司的战略相适应。

（二）充分考虑经济周期、社会环境、政治条件等外部因素

经济周期、社会环境、政治条件等外部因素对集团公司并购的影响很大，应充分考虑这些外部因素。

1. 经济周期

经济周期也称商业周期、景气循环，经济周期一般是指经济活动沿着经济发展的总体趋势所经历的有规律的扩张和收缩。是国民总收入和总就业的波动，是国民收入或总体经济活动扩张与紧缩的交替或周期性波动变化。

过去把它分为繁荣、衰退、萧条和复苏四个阶段，表现在图形上叫衰退、谷底、扩张和顶峰更为形象，也是现在普遍使用的名称。

经济周期对集团生产经营的影响很大，与企业并购行为也休戚相关，经济发展的繁荣和复苏阶段适宜扩张，集团公司可以实施收购行为。在衰退、萧条阶段集团公司实施收缩战略，不适宜实施收购行为。

2. 社会环境

社会环境是指人类生存及活动范围内的社会物质、精神条件的总和。广义包括整个社会经济文化体系，狭义仅指人类生活的直接环境。社会环境一方面是人类精神文明和物质文明发展的标志；另一方面又随着人类文明的演进而不断地丰富和发展，所以也有人把社会环境称为文化—社会环境。

社会环境的构成因素是众多而复杂的，但就对传播活动的影响来说，它主要有四个因素。①政治因素。它包括政治制度及政治状况，如政局稳定情况、公民参政状况、法制建设情况、决策透明度、言论自由度、媒介受控度等。②经济因素。它关系到经济制度和经济状况，如实行市场经济的程度、媒介产业化进程、经济发展速度、物质丰富程度、人民生活状况、广告活动情况等。③文化因素。它是指教育、科技、文艺、道德、宗教、价值观念、风俗习惯等。④信息因素。它包括信息来源和传输情况、信息的真实公正程度、信息爆炸和污染状况等。如果上述因素呈现出良好的适宜和稳定状态，那么就会对大众传播活动起着促进、推动的作用；相反，就会产生消极的作用。

社会环境对集团公司并购有重大影响，选择并购目标、进行标的公司价值评估、并购规划、并购实施等均要考虑社会环境，进行社会环境分析。

（三）并购原则上应当集权式管理

并购对于集团公司属重大事件，并购行为的成败与否，对集团公司的影响至关重要，因此，集团公司实施并购行为应进行集权式管理，从选择标的公司、对标的公司价

值评估，并购行为可行性研究，并购行为立项决策，并购行为实施等进行全程集权式管理。

（四）并购后评价

并购行为完成后，并购效果能否达到并购目的，并购完成后的半年内，对并购行为进行初步评价，并购行为完成后的一年、两年再进行两次评价，对并购绩效进行考评，对并购责任人进行奖惩。

（五）注意防范并购增长陷阱

"快速做大做强"几乎成为全球企业家的梦想，而快速做大最主要的方法之一就是企业并购。抱着"不大就不强"的想法，很多集团公司的决策者坚信兼并所带来的种种好处，试图通过频繁的并购而迅速构建理想中的企业旗舰，实现财富的快速积聚和超常规增长，而忽视了在这些"馅饼"下面布着的"陷阱"。

1. 公司增长陷阱的表现形式

（1）横向扩张陷阱。横向扩张是为了通过并购在短期内扩大企业生产规模。如果集团公司一味追求生产规模的扩大，而忽视其他降耗手段的综合运用，如优化集团内部组织结构、进行流程再造、强化内部管理、努力开发和运用先进技术和工艺、加强员工培训、提高员工素质等，集团公司的生产效率在达到一定高度后就会转为下降。管理不经济，最终造成了规模不经济。

（2）纵向扩张陷阱。纵向并购在提供给企业各种战略利益和竞争优势的同时，这项战略本身在运用时也会产生一些额外的成本和风险。首先，纵向并购的好处往往是对其固有的优势而言。企业在这一环节中的竞争优势不会扩散到另一个环节中去；相反，任何一个环节出现的危机也会蔓延到其他相关环节上去。其次，纵向并购有时并不节省费用。纵向并购另一个显著的风险来自对企业集团资金能力的考验，同时企业集团的管理也由此变得更加复杂。

（3）多元化经营陷阱。如果该企业能够进入多个行业，进行多种产品的生产，集团的经营业绩就不会因为单个产品的需求下降而出现迅速下滑。集团公司在收购了处于不同产业的目标公司之后，意味着企业集团经营多元化，分散了相应的经营风险。

多元化经营在某种程度上确实能达到上述效果，但往往受企业各方面条件的限制，会导致三种风险：一是集团公司管理者因管理能力和自身素质的局限而导致判断决策失误所带来的风险。二是整个市场系统风险的存在和对所有产业的影响。三是资源的稀缺的风险。这些风险的产生，将导致企业陷入多元经营的陷阱。

2. 公司增长陷阱带来的危害

企业集团的能力级不一样，其所要求的社会的网络也不一样。当企业集团放大到新的阶段，它必须具备新阶段的资源调配能力，而这样的能力需要慢慢积累。当面临诱人的并购机会，集团公司可能高估自己能力、以为能做；当对自己判断失误的时候，实际上就是掉入增长陷阱的开始。增长陷阱给企业集团带来的负面影响有：

（1）决策偏离战略，规模不经济。偏离集团公司发展战略的扩张偏好和投资行为，易于导致协同效应差、规模不经济，将给集团公司的发展带来极大的风险。

（2）盲目扩张求大，忽视供求规律。集团公司忽视市场供求规律，盲目扩张求大，最终将难逃赔本甚至破产的惨局。

（3）财务安排，隐患重重。集团公司自有资金常常不能完全满足扩张需要，高负债扩张、短贷长投现象时有发生，一旦资金链断裂，整个企业集团便将陷入严重的经营危机。

（4）整合不力，导致前功尽弃。有的集团公司一味贪多求大，忽视内部整合，扩张活动不但没有成就"求大"之梦，反而成为某些成功集团公司的"滑铁卢"。

（5）管理能力虚脱，扩张预期流产。集团公司扩张需量力而行，注意控制发展阶段、发展规模、发展速度与管理能力的协调与匹配。如果不顾集团公司的客观条件，盲目追求企业的增长，无疑增加了企业的财务风险、经营风险，甚至可能导致整个企业集团的失败。如果有一天企业真的不慎陷入增长陷阱，公司减肥和公司分拆重组将是解决集团公司危机的两个有效的措施。

集团公司在并购时，要注意以上并购增长陷阱的表现，加强防范。

第二节　收缩与剥离

一、收缩的原因

（一）提高效率、增加效益

众所周知，"大"只是企业集团发展的手段，"强"才是企业集团发展的终极目标。顺应大势的增容和有的放矢的减肥，都是集团公司正常的调整行为。全球伙伴研究公司总裁詹姆斯·穆尔发表的"商业生态系统"理论颇有新意。根据这个理论，各个企业自成一个"生态系统"，企业群体构成更大的"生态系统"。"商业生态系统"需要照料和更新，兼并就好比是系统的增容更新，减肥则好比物种的优化组合。显而易见，公司并购与公司减肥可以并行不悖。

公司减肥好似人体减肥，去掉臃肿失效的部分并把淤积的脂肪转化为能量，以求得更灵活与更合理的组合，是集团公司"强身健体"的有效途径。公司减肥的必要性主要体现在以下两个方面：一是解决"器官"的超负荷运转；二是提高反应和应变能力。

由此可见，通过公司减肥，可以提高企业管理、决策与生产的效率，实现真正意义上的经济优化。在世界经济全球化、管理与生产信息化的时代，巨型的跨国企业集团日益增多，适当减肥对巨型企业集团而言具有特别的意义。伴随着现代信息技术的发展，裁员或者分流人员已经开始成为很多集团公司的选择，波音公司、瑞士银行等都加入了这一行列。公司的"减肥"日渐成风，中国国企改革的主要内容之一就是为企业消肿。

（二）战略转移

集团公司不同发展阶段战略发展目标不同，发展重心也不同，公司可能根据实际需要进行战略转移，原来战略核心的行业，可能已不符合集团转移后的战略，需对这些行业进行收缩与剥离。

（三）经济环境发生变化

经济环境发生变化时，会对集团的生产经营产生重大影响，有的影响是正面的，对集团生产经营产生正面影响，有的是负面影响，使得集团公司的经济效益大幅下滑，只能通过收缩与剥离给企业"减肥"。

（四）发生财务困境

财务困境又称财务危机，指现金流量不足以偿还现有债务。企业界在使用财务困境这个词时，其含义也是多样的，它可以是：①当企业债务的相对价值"微不足道"时，发生财务困境。②企业现金流量不足以抵偿其现有债务的情况，这些债务包括应付未付款、诉讼费用、违约的利息和本金等。财务困境通常导致企业与其中至少一个债权人的重新谈判。③企业现有流动资产与流动负债的不匹配。

由此可见，从不同的角度来看，其含义截然不同。从事件的结果来分析其原因，在现实中，可以看到当企业现有资产价值不足以偿还负债价值（净资产出现负数）或企业经营现金流量不足以偿还现有债务（包括利息、应付账款等）时（就是所谓的经营不善），公司通常有破产和重组两种后果。企业现有资产价值不足以偿还负债价值是指资本收益能力的绝对低下，因此破产是其必然后果。企业经营现金流量不足以偿还现有债务可能反映资本流动能力的相对低下，可以通过一系列非常行动使企业免予破产，维持企业继续经营的能力。这些行动包括：①出售主要资产；②与其他企业合并；③减少资本支出；④发行新股；⑤与债权人协商谈判；⑥债权转股权。其中有的属于资产重组，有的属于债务重组。当这些行动无效后，才进入破产程序。上述两种情况的性质是不同的。后者可以说是一种"困境"，还可以通过一系列非常行动恢复企业继续经营的能力。因此，把后一种情况定义为财务困境，即企业经营现金流量不足以补偿现有债务。落入财务困境的企业，要恢复其继续经营的能力，必须承担一定的成本——财务困境成本。

破产是企业经营的一种结果，达到这一结果的过程是一系列可识别的环节：稳健经营—不稳健经营—财务困境—破产。可见，当集团陷入财务困境时，将有可能使集团公司或子公司陷入破产的困境，当集团或子公司陷入财务困境时，应及时采用收缩和剥离等方式进行调整，使集团公司走出财务困境。

（五）控股股东的变更

集团公司的控股股东若发生变更，变更后的控股股东可能由于经营战略的变化发生战略转移，导致对原有行业进行收缩与剥离。

（六）政府意图

集团公司可能会由于环保政策、节能政策、供给侧改革等政府政策的变化，对现有行业的产能进行停产、限产等，进行收缩和剥离。企业可能会由于设备技术特征达不到环保要求，设备属于高耗能，不符合节能政策，所在行业生产能力过剩属于淘汰落后产能范围等原因被政府强行关停。

（七）管理层利益变动

集团公司管理层利益发生变动，也会导致对现有子公司或行业进行收缩与剥离。管理层由于期权激励，为了达到行权目标，可能会出售短期内不能产生效益或亏损严重的子企业或相关资产。

二、剥离的动因

（一）剥离的含义

剥离有广义和狭义之分，狭义的剥离是指公司将现有的子公司、部门、产品生产线、固定资产等出售给其他公司，获取现金或有价证券。广义的剥离还包括本书所指的分离。

剥离与兼并和收购业务之间存在着一定的联系。例如，在并购业务完成之后，收购方公司可能采用剥离的方式出售部分被收购公司的资产和业务，以取得所需要的现金回报；有时还可以通过剥离的方式来纠正一项草率的，甚至是错误的收购业务；在目标公司受到来自其他公司的收购威胁时，可能会采用剥离掉所谓的"优质资产"，来抵制收购方的收购意图。尽管剥离和并购两种业务之间存在着上述种种联系，并且两者之间也有一些共同的特征，但剥离并不仅是简单的收购和兼并的相反过程。与兼并和收购业务相比，剥离通常有着不同的动因和不同的目的，需要采用不同的分析手段和实施不同的方法。

（二）剥离的动因

1. 满足经营环境和公司战略目标改变的需要

任何公司都是在一个动态的环境中经营的，经济发展和技术进步是经济环境变化的主要原因。此外，国家有关法规和税收条例的变化、经济周期的改变等都会造成企业经营环境的变化。一个公司为了适应经营环境的变化，其经营方向和战略目标也要随之做出调整和改变，而剥离则是实现这一改变的有效手段。

2. 提高管理效率

当管理者所控制资产的规模和种类增加时，即使是最好的管理队伍也会达到收益递减的临界点，因为管理者难以注意到从事不同业务类型的子公司各自所面临的独特问题与投资机会。此时，采用不同形式出售那些与母公司经营活动不适应的部分，母、子公司通过重新定位，在确定各自比较优势的基础上，可以更加集中于各自的优势业务，提高公司的整体管理效率，为公司的股东创造更大的价值。

3. 提高资源利用效率

企业出售资产（尤其是资产剥离）的原因有两个：第一，该部分资产作为购买方公司的一部分比作为出售方公司的一部分更有价值；第二，该部分资产强烈干扰了出售方公司其他的营利活动。通过剥离，一方面，可以变现已经实现的收益，提高公司股票的市场价值。一般来说，市场并不总是能够正确地认识和评价一个公司的市场价值，特别是对一些集团公司来说，由于实行多元化经营，其业务范围涉及的领域很广泛，市场投资者以及证券分析人员对其所涉及的复杂业务可能无法做到正确的理解和接受，因此可能会低估其股票的市场价值。另一方面，通过剥离，可以筹集到大量营运资金，获得发展其他投资所需的财务和管理资源。公司在经营过程中，可能需要大量现金来满足主营业务扩张和减少债务负担的需要，而通过借贷和发行股票的方式来筹集资金可能会面临一系列的障碍，此时，通过出售公司部分非核心和非相关业务的方式来筹集所需资金，则不失为一种有效的选择。在杠杆收购时，为了偿还收购过程中借入的巨额债务，通常需要出售部分被收购公司的资产和业务，来满足偿债对现金流的需求，从而提高资源的利用效率，也能使企业获取更高的收益。另外，企业还可通过出售子公司掠夺债券持有人的利益，同为母公司的分立将减少债券持有人最初所依赖的抵押品的数量，而资产剥离将改变抵押品的性质，从而在一定程度上损害债券持有人的利益。

4. 甩掉经营亏损业务的包袱

实现利润增长是公司发展的最终目标，因此，利润水平低或正在产生亏损，以及达不到初期利润增长预期的子公司或部门，往往成为剥离方案的首选目标。剥离掉这些公司，可以避免可能造成的对整个公司利润增长的影响，除非这些业务能满足公司的长期发展战略的需要。

5. 弥补并购决策失误

企业出于各种动机进行兼并收购，但不明智的并购决策会导致灾难性的后果。虽然被并购企业可能有盈利机会，但并购企业可能由于管理和实力上的原因，无法有效地利用这些盈利机会。这时，将其剥离给其他有能力挖掘该盈利潜力的公司，无论对卖方还是买方而言，可能都是最明智的。将母公司分离为几个子公司，也可以达到同样的目的。

另外，剥离与分立往往还是企业并购计划的组成部分。许多资产出售等分拆计划，早在并购时就已经是收购方计划中的组成部分。因为从并购企业的角度，被收购企业中总有部分资产不适应企业总体发展战略，甚至可能会带来不必要的亏损。有时在收购活动中，将被收购企业进行分拆出售部分资产，往往又可作为收购融资的部分来源。

6. 轻资产经营

企业特别是一些生产型企业的环节较多，占用的资金较多，管理起来难度也比较大，所以工作效率就受到影响。把一部分业务通过剥离的方式；一部分通过外包的方式，以轻资产来经营。把一部分资产进行出售，使得资产变轻更有利于提高效率。

7. 获取税收或管制方面的收益

不同国家由于调节经济的需要制定了不同的税收政策。例如，在美国，自然资源特权信托和不动产投资信托公司，如果把投资收益的90%分配给股东，公司就无须缴纳所得税。因此，综合性公司若将其经营房地产的部门独立出来，就可能享受税收方面的减免。所以，公司可以进行合法避税，并且给分立出的子公司的股东带来利益，而他们最初也正是母公司的股东。

如果子公司从事受管制行业的经营，而母公司从事不受管制行业的经营，则一方面母公司常常会受到管制性检查的"连累"；另一方面，如果管理层在评级时，以母公司的利润为依据，受管制子公司可能会因与盈利的母公司联系而处于不利地位。此时，如果让子公司独立出来，既可使从事不受管制行业经营的母公司不再受到规章的约束与审查，又可以使子公司有更多的机会提高评级水平。

三、剥离的分类

（一）按公司的意愿划分

按公司的意愿划分，分为自愿剥离和非自愿剥离。自愿剥离是指公司出于战略规划或盈利的需求，剥离不符合公司战略规划或亏损严重的公司或资产。非自愿剥离是政府将公司不符合法律法规的子公司或资产强行剥离。

（二）按与集团主业相关度划分

按与集团主要相关度划分可分为主业相关和主业无关的剥离。与集团主业相关的剥离一般发生在集团战略转移，发展新的行业时。与集团主要无关的剥离一般发生在集团欲集中资源强化核心竞争力时。

（三）按资产的形式划分

剥离按资产的形式划分有以下几种：①出售子公司全部股权，将该子公司从集团公司彻底剥离。②股份减持，将控股子公司变为不控股子公司。③出售资产，出售集团或子公司的部分与集团战略不符或效益低的资产，这种出售是一种局部减肥，不会改变对子公司的控股权。④外部股东托管，将不符合集团战略，暂时又无法出售的子公司交给外部股东托管。托管是指单位投资者（委托人）通过契约的形式，在一定条件和一定期限内，将单位法人财产的部分或全部委托给具有较强经营管理能力，并能够承担相应经营风险的法人（受托人）去有偿经营，以实现一定目标。

（四）按购买方划分

按照购买方划分可以分为以下几种：①关联方：将集团的子公司或部分资产剥离给关联方。②非关联方：将集团的子公司或部分资产剥离给集团非关联方。③管理层：将集团的子公司或部分资产剥离给管理层。④职工：将集团的子公司或部分资产剥离给集团内的职工。

（五）按是否有偿划分

剥离一般是有偿剥离，但有时采取无偿划转方式，如国有企业资产被政府无偿划转到集团以外的国有企业。

（六）按人与资产的相关度

1. 人随资产

集团公司资产剥离时人随资产走。也就是说集团公司剥离子公司或资产时，被剥离子公司或与资产相关的管理层和全体员工与子公司或资产一起进入接受被剥离子公司或资产的公司。

2. 人资分离

集团公司资产剥离时人和资产分离。也就是说集团公司剥离子公司或资产时，被剥离子公司或与资产相关的管理层和全体员工不随子公司或资产走。

3. 混合

上述两种方式的组合，即被剥离子公司或资产的员工一部分随子公司或相关资产走，一部分留在集团公司。

四、收缩剥离目标资产的选择和评价评估

收缩剥离对目标资产进行评估时，剥离方采用成本法评估能够获得较高的转让价格，采用市场法和收益现值法转让价格会较低。其原因是收缩剥离资产或子公司一般盈利能力会降低，市场价值较低。

五、收缩剥离的税收筹划

与并购一样，收缩与剥离也需要做事先税收筹划，使收缩与剥离达到最佳效果。

第三节 内 部 整 合

一、内部整合的概念

内部整合是指集团公司根据集团战略，对集团公司内部现有资源进行合并、分立等操作的资本运作行为。

内部整合的主要目的是为了使企业更好发展而进行的调节企业的产品结构、经营模式或组织状态的行为，从而提高企业竞争力。通过内部整合使企业的现有资源得到充分的利用，使生产规模在一定的资本结构和技术领域内得以优化，从而不断增强核心能力。建立了自身的核心能力以后，在此基础上进行有目的的外部交易（比如联合或参与OEM 等），继续强化核心能力，在这一整合过程中，仅是企业内部管理机制和资产配置发生变化，资产的所有权不发生转移，属于企业内部经营和管理行为，因此，不与他人产生任何法律关系上的权利变更关系。

二、内部整合的方式

（一）按法人主体（经营单位）分

1. 合并法人（经营单位）数目由多个变为一个

将集团内两个以上子公司，整合为一个公司，其他子公司法人资产丧失。例如，集团公司在发展过程中可能会形成一批长期资不抵债、亏损严重以及资产规模小、不具备成长性的企业，这些企业是集团公司的失血点，浪费集团资源，可以通过集团内同行业的优势企业吸收合并，将资源集中到优势企业，提高资源利用效益。又如，有的集团公司同行业内有多个企业，普遍规模小，无法形成规模效益，可以由其中规模最大的子公司，吸收合并其他规模相对较小的子公司，成为一个规模较大的子公司。

2. 分立法人（经营单位）数目由一个变多个

分立是指一个单位分成两个或两个以上单位的经济行为，包括新设分立和派生分立

两种方式。新设分立是单位将其全部财产分割后，新设两个或两个以上单位的行为。新设分立后，新单位进行工商登记后取得法人资格，原单位则消亡，其法人资格被取消。派生分立是单位以其财产的一部分设立另一单位的行为。派生分立后，派生的新单位进行工商登记取得法人资格，原单位存续，但原单位有可能因派生出新单位而减少权益资本，当减少注册资本时，应当办理变更注册资本的手续。例如，将集团内一个子公司分立成两个以上子公司。集团内有的子公司从事多个行业，不利于集团公司专业化管理，可以将这个子公司按行业分立为两个以上子公司，归口集团内不同的专业管理部门管理。

3. 法人不变，资产在法人（经营单位）之间划转，有偿或无偿使用

集团内子公司法人资格不变，集团公司将其资产在各子公司间有偿或无偿划转，使得各公司资产股权结构发生变化。集团内有的子公司有资源，但不善于经营，导致资产闲置，有的子公司管理能力强，但资源有限，不能有效发挥其专业化管理优势，可以将有资源且闲置子公司的资产有偿或无偿划转到管理能力强，但资源缺乏的企业管理。集团公司为了扩大同行业内某个子公司的规模优势，提高规模效益，也会把集团内同行业子公司的优质资产划转到拟重点扶植的子公司，迅速提高它的规模效益。

4. 法人资产都不变，管理主体变更

集团内法人资产都不发生变更，其管理主体发生变更。集团公司根据不同阶段发展战略，往往会对集团公司子公司的管理主体进行调整，以适应不同阶段集团发展的需要。这种整合法人资产不发生变化，仅是管理主体的变化，不同的管理主体，管理能力和经营策略不同，主体变化对子公司的影响也很大，是软件的资源整合，往往起到事半功倍的效果。

（二）按照子公司间是否有偿使用分

按集团内子公司间的合并分立是否有偿划分为有偿使用和无偿使用。有偿使用时资产划入方要向资产划出方支付货币资金或其他等价资产。无偿使用资产划入方不需付出任何代价得到资产，划出方则得不到任何补偿。

（三）按整合与主业的关联度分

按集团内整合与主业是否相关分为主业整合和非主业整合。主业整合的目的是增强集团的核心竞争力，非主业整合的目的是增强非主业的规模和实力，发展集团新的核心竞争力或增强盈利能力。

三、内部整合的注意事项

（一）内部整合要与外部的并购和收缩、剥离做到无缝对接

集团公司内部整合要与进行的外部并购和收缩、剥离相衔接，进行无缝对接。为了完成对外部单位的并购首先要整合集团内部与并购同行业的子公司，将其做大做强，才能更好地并购外部同类单位。当外部竞争对手收缩、剥离与集团内部相同的行业时，说明这个行业处于衰退期，集团也应进行相应的收缩、剥离。

（二）内部整合要与集团战略相适应

内部整合的目的是实现集团战略，要与集团战略相一致。对于符合集团战略的行业

是内部并购的重点，通过内部重组，将其做大做强。不符合集团战略的行业是收缩、剥离的重点，通过处置这些子公司，可以将集团有限的资源集中到符合集团战略的行业。

（三）内部整合要与集团财务体制相适应

集团公司的财务体制有集权、分权、混合等模式，集团内部整合要与其财务体制相适应。集权模式内部整合全程由集团公司掌控，被重组单位及其子公司只有配合权，无权干涉。分权模式下子公司对内部重组拥有大部分管辖权，内部重组事项的发起和组织均由涉及内部重组公司的子公司负责，内部重组事项需集团公司批准，但具体重组过程由子公司掌控。混合模式的内部重组则介于两者之间，重要的内部重组事项由集团公司掌控，非重要的内部重组事项由子公司掌控。

（四）内部整合要注意内外部时机

内部整合要结合内外部环境，外部环境包括政治环境、经济环境、文化环境、技术环境等外部因素，内部环境包括公司文化、人力资源状况、股东意愿、资金情况等。集团公司进行内部整合要注意与内外部环境的变化相适应，要注意与内外部时机相适应。

（五）加强管理避免资产经营的损失

内部整合时，会涉及人员变更、资产管理主体变化以及业务调整等许多变化。如不加强管理就会造成损失，这在许多集团管控中时有发生。因此内部整合方案制订时一定要考虑到防止资产损失，以致经营发生损失的应对措施，并在整合过程中加强动态管控。

第四节　财务危机及财务重整

一、财务危机的成因和特征

商场如战场，商战无常胜将军，任何一个企业都可能遭遇挫折和危机，企业所处的内外部环境变化无常，遇到危机在所难免，财务危机是企业难以避免的，也是企业财务重整的主要原因。

（一）财务危机的概念

对于财务危机，通常公认有两种确定的方法：一是法律对企业破产的定义，企业破产是用来衡量企业财务危机最常用的标准，也是最准确和最极端的标准；二是以证券交易所对持续亏损、有重大潜在损失或者股价持续低于一定水平的上市公司给予特别处理或退市作为标准。财务危机是导致企业生存危机的重要因素，因此，需要针对可能造成财务危机的因素，采取监测和预防措施，及早控制财务风险，防范财务危机。

（二）财务危机的特征

根据财务危机的概念和过程描述，可以引申出财务危机的几个主要特征。

（1）财务危机具有客观积累性。"冰冻三尺，非一日之寒"，财务危机一般要经历一个渐进与积累的过程。财务危机的积累是各种财务活动行为失误的综合反映。例如，在筹资、投资活动方面，筹资、投资决策的失误会造成资金回收困难；筹资结构与投资结构的配比不当，也会造成还款期过于集中。在生产方面，由于质量不达标，造成产品积压。在营销方面，由于市场定位不准，或促销手段落后，或售后服务跟不上，造成产品滞销。由于诸多因素的综合作用，造成企业一定时期内现金流出大于现金流入，以致企业不能按时偿还到期债务而引发财务危机。

（2）财务危机具有突发性。财务危机的发生受许多主客观因素的影响，其中有些因素是可以把握和控制的，但更多因素是突发性的、意外性的。例如，某企业经营状况很好，但由于一个长期贸易伙伴在事先无察觉情况下突然宣布倒闭，造成数额巨大的应收账款不能预期收回，使企业陷入困境。当企业发生突发性的财务危机时，若财务危机在企业承担短期风险的控制能力范围内，企业可以安然渡过风险；相反，若财务危机超过企业短期承担风险的最高限度，那么企业就将陷入危机之中。

（3）财务危机具有多样性。财务危机的多样性主要受企业经营环境的多样化和企业经营过程的多样化以及财务行为方式的多样化影响。首先，企业经营环境是多样化的。企业既要面对国内、国际市场竞争，也要面对产品的竞争，这样多样化的经营环境必然会给企业造成多样性的危机影响；其次，企业的经营过程是一个连续不断的过程，每一个过程中的失误都可能形成财务危机；最后，财务行为方式是多样化的，企业财务行为方式包括资金的筹集和运用、资金周转、资金收回、利润分配，以营运资金管理为核心的日常财务管理以及诸如通货膨胀财务管理等各种派生形态的资金运作问题。在这些活动环节中，不管哪一个环节出问题，都会带来财务危机。

（4）财务危机具有灾难性。财务危机包括多种情况，不管是资金短缺，还是企业破产，或是介于两者之间的任何一种情况的发生都会给企业带来灾难性的损失。但是，因资金短缺而引发的偿债能力不够的问题，相对而言，在诸多危机中，属于比较轻微、比较次要的，一般可以采取一定措施补救。例如，请求债权人延长偿债期限、进行债务重组、借新债补旧债等。这样做虽然可以避免破产，但企业也为此会付出沉重的代价。例如，资金成本的提高、财务风险的加大，信誉下降以至破产，给企业带来的必然是毁灭性的灾难。

（5）财务危机具有可预见性。财务危机的发生有其必然性，因为财务危机是企业生产经营中长期财务矛盾日积月累形成的，因此财务管理者只要多留心谨慎经营、防微杜渐，就不难发现财务危机的苗头。

（6）财务危机具有可逆性。与动植物生命周期显著不同的是，企业的生命周期具有可逆性。企业是由人创造的，企业的生命是可以人为改变的，它体现了人的意志。在企业生命周期中，企业可以起死回生，企业的生命是可逆的。

（三）企业财务危机的成因

企业陷入财务危机的原因错综复杂，既有外部环境的影响，也有内部深层次的原因。外部环境客观上具有多变性，并且是企业无法控制和回避的，而内部因素大多是企业的可控因素，主要是由企业经营风险和经营不善、财务风险和财务管理失误引发的，企业可以通过内部的经营管理和财务政策调整来降低外部环境变动带来的冲击，当内部调整不能适应外部环境变化时，企业就可能出现财务危机。

1. 企业经营风险和经营不善引发的财务危机

经营管理不善导致企业陷入财务危机主要表现在以下几个方面：

（1）生产供应因素引发的财务危机。生产供应方面，由于原材料、运输成本、新材料、新设备等众多因素（如原材料价格大幅上涨）的变动影响给企业带来经营风险而引发的财务危机。

（2）盲目的市场营销诱发的财务危机。企业通过营销能扩大其市场销售范围，增加销售收入，销售增长过快而货款回收滞后。有些企业一味地追求市场营销而忽视了企业自身的财务和生产实力，导致企业出现财务危机。

（3）开发大项目引发的财务危机。有的企业对市场的估计过于乐观，把过去的成长率当成未来的成长率，盲目开发大项目，高估项目的收入或低估项目的成本，导致现金流紧张，使自己陷入了财务危机。

（4）治理结构不健全。治理结构不健全的最大危害是使企业的重大决策缺乏监督，企业管理系统的不完善，导致企业的管理缺乏深度、科学性，决策依赖于个人行为、缺乏团队精神等。治理结构不健全，导致了难以及时发现并处理财务危机。

（5）盲目投资。投资超出筹资能力，筹资期限与投资回收期不匹配、投资失败等。

2. 财务风险和财务管理失误导致的财务危机

（1）应收账款管理不善导致的财务危机。随着市场经济的不断完善，市场竞争也相应的异常激烈，企业为了生存、提高市场占有率、减少存货、节约库存成本，采取赊销的方式进行销售，从而形成应收账款。虽然它的出现减少了产品的积压，激活了商品流通，但它同时占用了企业的经营资金，降低了企业的资金周转速度，有时因用户出现资金巨额拖欠以及管理不善等出现坏账、死账、呆账，从而影响企业的经营业绩，很容易导致企业的财务危机。

（2）资本结构不合理导致的财务危机。企业在筹资时较少考虑资本结构和财务风险等，具有较大的盲目性。有很多企业由于自身规模小、利润率低等使得自身资金有限、对外部资金的过度依赖，"外援"一旦停止，财务就陷入混乱状态。

（3）财务杠杆运用不善导致的财务危机。财务杠杆是一把"双刃剑"，使用得恰当会给企业带来利益，使用不恰当则会给企业带来风险，当资产利润率小于利率时，举债给企业带来的是负面、消极的影响，不仅难以提高企业的盈利能力，而且会因巨额偿债使企业陷入无法解脱的财务危机当中。

（4）财务信息系统不健全导致的财务危机。可靠的财务信息可以帮助管理层及时发现问题，为正确决策提供依据。每个公司在发生致命的危机之前都会有许多征兆，作为企业中枢的财务更是危机信号呈现最强烈的地方。如果企业的财务报表缺乏规范性和完整性，预算控制系统不健全或缺乏对现金流量的监控，就限制了管理层通过财务分析了解企业的财务状况和经营成果，忽视了一些财务危机的信号，如营业额持续下降、现金净流入量减少、不能及时偿还到期债务、综合毛利率低等，就会使财务风险不断累积，直到危机爆发。

3. 外部环境因素导致的财务危机

（1）经营环境的变化导致的财务危机。企业在经营过程中如果外部环境发生变化，不能及时应对，有可能导致财务危机。外部环境包括：市场竞争环境、经济环境、政治环境、社会环境、技术因素、自然环境等。

（2）社会诚信缺失造成融资难导致的财务危机。银行等金融机构为了防范风险，对诚信缺失的企业贷款极为谨慎，导致企业现金流量始终处于紧张状况，一旦资金链条断裂，就可能造成财务危机，甚至破产倒闭。

（3）缺乏政策的倾斜诱发的财务危机。政策倾斜性导致不同类型企业在税收、土地等方面的政策不平，致使无法享受优惠政策的企业丧失了许多发展机遇，生存空间狭小，最终导致财务危机。

4. 内部管理不善造成的财务危机

表现在内控制度不健全或内控制度形同虚设，管理混乱、风险意识淡薄、人为因素决策、重要岗位人员调动频繁等。

（四）企业发生财务危机的征兆

在激烈的市场竞争中，危机时刻蛰伏在企业周围。但危机并不可怕，认识不到危机才是最可怕的。1997年的亚洲金融危机和2008年的次贷危机都充分证明了这一点。企业财务危机的征兆的表现是多种多样的，存在弊病贯穿于企业生产、营销、管理和财务活动的各个阶段和环节。综合来看，企业的财务危机征兆主要表现为以下方面：

1. 财务指标的征兆

企业在日常经营过程中，通过观察现金流量、存货、销售量、利润、应收账款、偿债能力等指标的变化，可以察觉到财务危机的苗头。如：

（1）现金流量。企业出现财务危机首先表现为缺乏偿付到期债务的现金流量。如果企业经营活动现金流量不断减少，现金收入小于现金支出，并且这种趋势在短时期内并无好转的迹象，就需要引起管理层的注意，及时采取措施，避免现金流量状况继续恶化。

（2）存货异常变动。保持一定数量的存货对于均衡生产、促进销售有着重要的意义。除季节性生产企业外，对于正常经营的企业来说，存货量应当比较稳定。如果在某一时期企业出现存货大幅度增加或减少的异常变动，就应当引起注意，这可能是企业财务出现问题的早期信号。

（3）销售量的非预期下降。销售量的下降会引起企业管理层的高度关注，但是大多数人往往将销售量的下降仅看作营销问题，会采取调整价格、产品品种或加强促销等手段来解决，而不考虑财务问题。事实上，销售量的非预期下降会带来严重的财务问题。例如，当一个销售量正在下降的企业仍在扩大向其客户提供赊销时，管理人员就应该预见到其现金流量将面临困境。

（4）利润严重下滑。利润指标是一个综合性的指标，是企业一切经营活动的最终成果。如果企业销售额上不去，成本却不断攀升，就会导致盈利空间逐步缩小，甚至出现亏损。几乎所有发生财务危机的企业都要历经3～5年的亏损，随着亏损额的增加，历年的积累被蚕食，而长期亏损的企业又很难从外部获得资金支持，这就出现了财务危机的明显征兆，长期下去企业必然陷入财务困境。

（5）平均收账期延长。收账期是反映企业应收账款周转速度的一个重要指标。平均收账期延长，会增加企业在应收账款方面的投资，占用大量的资金。当企业的现金余额由于客户延迟付款而逐渐减少时，较长的平均收账期就会成为企业严重的财务问题。所以，管理层应重视企业的收账期，以免问题变得更加严重。

（6）偿债能力指标恶化。反映企业偿债能力的财务指标主要有资产负债率、利息保障倍数、流动比率、速动比率等，如果这些财务指标连续多个会计期间不断恶化，就是财务危机的明显征兆。

（7）利润结构不合理。利润结构主要依靠非正常性收益，如财政补贴、出售资产收益、投资收益等。

（8）其他指标不正常。

2. 经营状况的征兆

（1）盲目扩大企业规模。企业规模的扩大通常有两种形式：一是内部扩充；二是外部扩张。内部扩充会增加固定资产投资，要耗用企业大量现金，如果某一时期公司的固定资产大幅度增加，但其生产能力和营销能力未能完全很好地配合，则易导致资金大量沉淀，流动资金紧张。盲目的固定资产扩充往往给财务危机的形成留下隐患。公司并购是外部扩张的一条捷径，作为一种高风险、高收益的行为，不少企业只看到其好处，而忽视了可能的风险。如果企业同时在许多地方大举收购其他企业，同时涉足许多不同的经营领域，则可能使企业负担过重，出现资金紧张问题。因此，对于企业大量的收购行为要多加注意，避免留下财务危机的隐患。

（2）企业信誉不断降低。信誉是企业在长期经营中创立和积累起来的，是企业一种重要的无形资产。信誉好的企业能顺利地从银行取得贷款，也能从客户那里享受到更多的信用。一旦信誉受损，企业的筹资就会变得十分困难，关联企业间的经济往来、信誉结算将无法开展。企业信用状况将变得更糟，表现为经常拖欠银行贷款、推迟支付货款、经常迟发员工薪水等。企业信誉度降低是财务危机的重要征兆。

（3）关联企业趋于倒闭。由于赊销业务的大量存在，企业之间形成了紧密的债权债务关系。一个企业出现财务危机可能影响到关联企业的财务状况，一旦发现关联企业经营情况和财务状况发生异常变化或出现财务危机的征兆时，就要及时采取应对措施，以防止本企业被拖入财务困境。

（4）产品市场竞争力不断减弱。产品市场竞争力的高低主要体现在企业产品所占的市场份额和盈利能力上。如果企业产品市场占有率很高，且盈利能力空间很大，则说明企业市场竞争力很强；反之，如果企业的产品出现积压，市场占有率明显下降，或产品市场份额未变，但盈利空间明显缩小，则说明企业市场竞争力在减弱，从而埋下发生财务危机的伏笔。

（5）无法按时编制会计报表。无法按规定的时间编制会计报表、会计报表不能及时报送、会计信息延迟公布等，一般都是财务状况不佳的征兆。

3. 其他方面的征兆

企业人员大幅度变动往往也是危机的征兆之一。例如，在一段时间内，管理层重要成员、董事会成员、财务会计人员及其他高级管理人员突然离职或连续变更，尤其是引起轩然大波的高级管理人员集体辞职，通常是公司存在危机隐患的明显标志。企业信用等级降低、企业主要领导人的反常行为、组织士气低落、注册会计师出具保留意见的审计报告等，也是企业财务危机发生的征兆。

（五）财务危机的防范

（1）高度重视。特别是领导层，只有领导层高度重视防微杜渐，从平时一些小事中着手，及时发现问题及时解决，才能防止财务危机的发生。

（2）建立组织体系和制度。光领导重视还不够，还需要建立组织体系和制度，靠制度来发现问题解决问题。特别是建立财务危机的应急领导组等这类组织体系，防止财务危机的发生。

（3）加强监测分析制度。有了组织体系和制度后，还要加强平时的监测和分析制度，一旦发现苗头不对，就要积极采取措施防范危机的发生。

（4）发生问题要及时解决、及时处理。发生财务危机后要及时处理不要拖延，需要协调外部因素的协调外部因素，需要加强内部管理的加强内部管理，只有这样才能防范危机的发生。

（5）要引以为戒。出现财务危机不光是企业自身的原因，也有企业外部方方面面的因素。不光是要反思企业内部的原因，更重要的是要多研究其他外部单位发生财务危机的原因和处理方式。

二、财务重整的目的和任务

公司财务重整是指对陷入财务危机，但仍有转机和重建价值的企业根据一定程序进行重新整顿，使公司得以维持和复兴的做法。这是对已经达到破产界限的企业的抢救措施。通过这种抢救，濒临破产企业中的一部分，甚至大部分企业重新振作起来，摆脱破产厄运，走上继续发展之路。设置重整制度，对债权人、濒临破产企业、对整个社会经济都有重要意义。

重整可减少债权人和股东的损失。不能清偿债务的企业一般都是资不抵债，即使资产还勉强大于债务，但是宣告破产后拍卖资产，资产难免会大为贬值，破产债权往往只有很少的一部分能够得以实现，加之清算过程中还要发生诸多费用，因而债权人收回的数额往往十分有限，企业的所有者损失则更为严重。如果经过重整和改组，企业能够改善内部经营管理并在一定时期内恢复生机，则债权人不仅可能如数收回债权，企业所有者也会从中获益。因此，当企业濒临破产时，如果有可能或有机会一般均进行重整和改组，只有重整无效继续亏损时，才采取破产清算程序。

对已达到破产界限的企业来说，重整可给企业背水一战、争取生存的最后机会。破产的威胁对于没有达到破产界限的企业来说，只是潜在的；对于已经达到破产界限的企业来说，就完全是现实的、迫在眉睫的事情。只要有一线希望，这种压力就能转化成强大的动力。在规范的市场经济体制下，没有什么能比求生存的欲望更能激发企业的内在活力了。重整为企业提供了一种较为宽松的外部环境。企业可以根据同债权人达成的和解协议，获得宽限债务偿还的上限或减免部分债务。这样一来，企业就有了重新站起来的可能性，余下来的事就是企业自身的努力了。

对整个社会而言，能尽量减少社会财富的损失和因破产而失业的人口的数量。达到破产界限的企业，往往都存在经营管理上的问题，如果任其继续下去，就会浪费社会资源。宣告其破产，就是中止对社会财富的浪费行为。但破产本身也是花费代价的，不仅其原有的资产要廉价拍卖，破产企业的职工又面临失业，从而给社会造成压力。例如，一个企业有净值 10 亿元的资产，一旦拍卖，也许只能卖 1000 万元，甚至更少，有的东西可能成为废品。拍卖财产清偿债务实在是不得已的办法。如果经过改组使企业重新恢复生机，则既能制止经营失败带来的对社会财富的浪费，又能避免破产而造成的损失。对濒临破产企业进行重整的经验证明，大部分企业经过重整可以起死回生，从而使社会财富的损失减少到最小的程度；同时，也能减少因企业破产而失业的职工人数，如山西联盛能源的重整就是一个很现实的例子。

（一）企业重整的目的

一个陷入财务危机的企业能否继续存在，主要取决于企业的持续经营价值是否大于其清算价值。如果企业在可预见的未来具有较好的发展前景，且其持续经营价值大于清算价值，则债权人就认为该企业值得重整，使其通过重整而继续生存下去；否则，企业将被迫转入破产清算。

重整制度产生的根本动因在于破产清算制度与和解制度的内在缺陷使其无法满足现代社会发展的需求。随着社会化大生产的日益发达与社会分工的日益精细，公司之间、公司与社会之间以及公司与员工之间的利益依存关系也日益复杂与深刻，社会经济生活呈现出很强的整体性与联动性的特征。破产清算案件的处理结果，除了对债权人、债务人及其投资人产生消极影响之外，往往还会对企业的职工、与债务人有交易往来或利害关系的其他企业、国家的财政税收和社会保障状况产生消极的影响。因此，企业破产的预防就显得尤为必要。

重整的目的在于债务清理和企业拯救，而后者是主要的方面。也就是说，重整的基本目的是对陷入经济困境的企业进行从产权、资本结构到内部管理、经营战略等多方面的调整和变更，使之恢复生机。既然公司重整是以拯救企业为宗旨的，那么自然要设法维持企业的营业，只有通过营业才能保留企业的营运价值，才能维系各种投资者们的利益，从而实现社会政策所追求的效率和公平价值。因此，营业保护是公司重整的首要任务。

（二）财务重整的具体任务

财务重整的具体任务包括：①重新改变企业的资本结构，以便降低其必须支付的固定利息费用；②保证增加企业的营运资本；③发现和改正经营管理中导致企业财务困难的根本原因。

三、财务重整的类型

财务重整包括非正式财务重整和正式财务重整。

（一）非正式财务重整

非正式财务重整通常是在公司面临暂时性财务危机时发生的，此时，债权人通常都愿意直接同公司联系，帮助公司恢复和重新建立较坚实的财务基础，如果进入正式法律程序，双方都会发生庞大的费用，诉讼时间也会很长。非正式财务重整的类型包括以下两种：

（1）债务展期与部分减免。债务展期是指债权人同意债务人延长已经到期债务的偿还期限。债务的部分减免，也称为债务和解，是指债权人同意减少债务人偿还的本金利息数额，或同意降低利息率，或同意将一部分债权转化为股权，或将上述几种方式混合使用。

（2）准改组。当公司长期发生严重亏损，留存收益出现了巨额赤字，而且资产的账面价值严重不符合实际时，公司通过出售多余的固定资产或对有些固定资产或其他长期资产的价值进行重新估计，并以较低的公允价格反映，为资产、负债和所有者权益建立新的基础，以减少计入将来期间的折旧费用和摊销费用，使财务状况有所好转。准改组不需要法院参与，不需要解散公司，也不改变债权人的利益，只要征得债权人和股东的同意，不立即向债权人支付债务和向股东派发股利就行。

（二）正式财务重整

正式财务重整是在法院受理债权人申请破产案件的一定时期内，经债务人及其委托人的申请，与债权人达成和解协议，对企业进行整顿、重组的一种制度。正式财务重整需要经过法院裁定，履行正式的法律程序。

在正式重整中，法院起着很重要的作用，特别是要对协议中的公司重整计划的公正性和可行性做出判断。

四、注意事项

（一）处理好各方面关系

财务重整要注意处理重整中的各方面关系。重整包含了对多种法律关系的调整，主要包括以下几个方面：

（1）债权关系，包括对重整约束、变更和清偿，待履行合同的解除或继续履行或修订，为企业经营而新缔结的借贷、买卖、租赁合同，为清偿债务而出让财产的合同，聘请律师、会计师等专业人员的合同等。

（2）物权关系，包括对企业财产的保全、对担保物权的限制、取回权的行使和限制、企业产权的出让等。

（3）投资关系，包括对现有股东的权益保护和权利限制，债权转换为股权，增加或减少资本，新股募集等。

（4）劳动关系，包括职工的权益保障、人员裁减以及被裁减人员的补偿、安置等。

（5）税收关系，包括欠税的清理、重整期间继续营业的税收问题等。此外，重整还可能涉及某些经济行政关系，如商业登记、不动产登记、抵押登记等。

由于多种法律关系的存在，形成了多种当事人介入重整程序的局面。实践中，主要关系人是债务人、债权人、债务人的股东（或其他形式的出资人）和企业员工。重整制度实际上是各方关系人利益的制衡过程，对一方关系人进行保护的同时，也要进行相应的限制，以达到各方利益的均衡，从而保证重整程序的顺利进行。例如，债务人可以自行制订重整计划草案，但是须经过债权人会议的表决通过和法院的批准，重整计划的执行也要在管理人的监督下进行；债权人是重整计划能否实施的关键决定主体，但是在重整期间，债权人非依法定程序和条件不得行使其权利；债务人的出资人代表可以列席讨论重整计划草案的债权人会议，当重整计划草案涉及出资人权益调整事项时，出资人甚至可以成立出资人组，对该事项进行表决，但是在重整期间，出资人不得请求投资收益分配等。

（二）集团统一管控财务重整

财务重整成败对集团内被重整单位十分重要，集团公司要统一管控集团内财务重整事项，从重整意向提出到制订重整方案、方案实施等均应进行统一管控。

（三）必须具有独立法人意识

财务重整必须具有独立法人意识，被重整的子公司要作为独立法人运作，不能因重整损害集团利益，集团公司不能盲目地给被重整的子公司输血，应更多依赖被重整子公司自身能力走出财务危机。

（四）对重整方案效果的评估

重整方案制订后，集团公司要组织对重整方案的效果进行评估，评估重组方案执行后，对被重整子公司的影响，重整方案能否达到预期效果，重整结果对集团公司的影响等，均应进行评估。

（五）重整要把握时机

财务重整的机会把握十分重要，时机把握不当，再好的重整方案也无法成功。当企业的产品处在衰退期时，重整很难成功。企业的产品处在上升期或成熟期时，重整才有可能获得成功。

（六）加强正面宣传

加强正面宣传很重要，要通过宣传变被动为主动，取得相关关联方的同情和理解，共同树立信心，力争把损失降到最低程度。

第五节　清　算

一、清算的原因

企业清算是指企业按照章程规定解散、破产或者因其他原因终止经营时，为结束债权、债务和其他各种经济关系，保护债权人、投资者等利益相关者的合法权益，由专门的工作机构依法对企业财产进行清查、估价、变现，清理债权、债务，分配剩余财产的行为。企业清算是企业解散或破产后，结束其未了事宜，收取债权，清理债务，并分配企业剩余财产等程序的总称。

在市场经济条件下，企业之间的激烈竞争导致优胜劣汰，适者生存，无数企业发展、壮大，无数企业被淘汰，走向清算。清算的原因很多，概括起来主要有：

（1）企业解散。合资、合作、联营企业在经营期满后，不再继续经营而解散；合作企业的一方或多方违反合同、章程而提前终止合作关系解散。无论何种形式的解散，都需要进行清算。

（2）企业合并与兼并。因产业结构调整、产业布局变化而出现的兼并、合并等事项，均会造成两个或两个以上企业合并为一个企业，对被合并的企业应当在财务上进行清算，或者一个企业兼并其他企业，应当对被兼并的企业进行清算。

（3）企业破产。企业不能清偿到期债务，或者企业法人已解散但未清算或者未清算完毕，资产不足以清偿债务的，债权人或者依法负有清算责任的人向人民法院申请破产清算。因不能清偿到期债务，并且资产不足以清偿全部债务或者明显缺乏清偿能力的，企业也可以主动向人民法院申请破产清算。

（4）其他原因清算。企业因自然灾害、战争等不可抗力遭受损失，无法经营下去，应进行清算；企业因违法经营，造成环境污染或危害社会公众利益，被停业、撤销，应当进行清算。

二、清算的形式和类型

（一）按原因的不同，企业清算分为解散清算和破产清算

解散清算按经营期限是否届满，分为按期自动解散和提前被迫解散。还可按企业法人地位终止的程度，分为完全解散清算和非完全解散清算。破产清算按判断的不同标准，分为事实上的破产和法律上的破产。

解散清算也叫非破产清算，非破产清算是指由债权人与债务人之间通过协议私下解决。当财务危机公司的管理层、股东和债权人一致认为持续经营可能会导致公司资产的进一步损失，且清算比出售或持续经营可以获得更大的价值时，就会选择非破产清算。这样，既可以避免诉讼成本，使债权人和股东更多地收回自己的资金，又节省了诉讼时间。因此，财务危机公司和债权人通常偏好于非破产清算。如果公司管理层与债权人不能在清算问题上达成协议，可以在《破产法》法律框架内进行清算。但与法律服务相关的高额支出可能会使债权人所得减少，股东也可能一无所获。

破产清算又称司法清算，是指通过正规的法律程序进行清算。当陷入财务危机的公司重整无望时，就进入破产清算程序。破产清算是因经营管理不善造成严重亏损，不能偿还到期债务而进行的清算。具体分两种情况：一是公司的负债总额大于其资产总额，事实上已不能支付到期债务；二是虽然公司的资产总额大于其负债总额，但因缺少偿付到期债务的现金流量，未能偿还到期债务，被迫依法宣告破产。

（二）按意愿的不同，企业清算包括自愿清算和强制清算

自愿清算是企业或其投资者自愿终止企业而进行的清算。强制清算是由法院以法律裁决形式宣告企业终止或者政府主管机关以行政决定形式，强制要求企业终止而进行的清算。

（三）按其是否自行组织，企业清算又可以分为普通清算和特别清算

普通清算是指企业自行确定的清算人按照法律规定的一般程序处理清算事务，法院和债权人不直接干预的清算。特别清算是指不能由企业自行组织，而由法院出面直接干

预并进行监督的清算。

（四）按其性质，企业清算可分为自愿清算、行政清算和司法清算

自愿清算是企业法人自愿终止经营而进行的清算，上面所讲的企业经营届满所进行的清算即属于这种类型。行政清算是指企业法人被依法撤销所进行的清算。司法清算是指企业宣告破产，由人民法院按有关法律规定组织清算机构对企业进行破产清算。

三、清算的管控

（一）建立清算制度

集团公司应制定清算制度，包括清算程序、决策程序、清算费用、清算人员安排等。

1. 清算组织

有限责任公司清算组源自股东，此处清算义务人与清算组成员身份重合，不可任意确定。

股份有限公司中，董事、股东大会具有确定清算组的法定义务，由以上人员内部选举或对外聘任清算组。在公司外聘清算组或人民法院指定清算组时，清算组成员可以是公司董事、监事、高级管理人员、股东、主管部门、中介机构等或其他专业人员。清算组成员选定应遵循与公司、股东没有利害关系和有利于保证清算公正的原则进行。出现不利于清算事务的法定情形应该依照选举程序更换清算组成员。在股份有限公司对于有职工持股的（或工会持股、抑或信托持股）或具有国有股权情况下，清算组成员中应该有经过合法程序确认或工商登记中确定的职工持股或工会代表加入，而且为了获取这种共有股权中共有权人的利益，在确定分配方案时，共有股权的代表人必须取得合法的授权。

公司自行清算情形基于公司股东会或股东大会决议而形成，在解散的同时清算组成员可以一并选举产生，尤其在公司股东会难以召集或职工持股的情况下适宜这种操作方式。

2. 清算组成员组成

清算组的成员人数法律未做出限制性或倡议性规定，现实中可以是单数，也可以是复数；既可以是自然人，也可以是法人。清算组成员为法人时，由法人派出自然人代表参与清算。但是按照多数决策的原则，当清算组成员为自然人时，人数原则上应为单数。除对于法定通过股东会确认的程序外，大部分时间均是清算组自行处理清算事务，引用多数决策的原则便于清算工作推进和责权区分。

3. 清算决策程序

清算决策程序主要是指集团公司对于子公司的非破产清算事项进行决策的程序。破产清算属于法定清算，其破产事项依据公司法的规定进行，集团公司无须进行决策。

4. 清算程序

清算程序一般有：①成立清算组；②接管公司；③清理公司财产；④接管公司债务；⑤设立清算账户；⑥通知或者公告债权人申报债权，进行债权登记；⑦处理与清算相关的公司未了结的业务，收取公司债权；⑧参与公司的诉讼活动；⑨处理公司财产；

⑩编制资产负债表和财产清单；⑪制订清算方案；⑫确认并实施清算方案；⑬提交清算报告；⑭办理注销登记。

5. 清算的中止与终止

清算组在清理公司财产、编制资产负债表和财产清单后，发现公司财产不足清偿债务的，应当依法向人民法院申请宣告破产。公司经人民法院裁定宣告破产后，清算组应当将清算事务移交给人民法院。这种情形属于清算的中止。

公司清算结束后，清算组应当制作清算报告，报股东会、股东大会或者人民法院确认，并报送公司登记机关，申请注销公司登记，公告公司终止。此种情形，视为公司终止。

6. 清算费用

清算费用具体包括：①管理、变卖和分配企业清算财产所需要的费用；②公告、诉讼、仲裁费用；③聘请会计师、律师等专业人士的费用；④清算委员会成员的工资、差旅费、办公费；⑤为债权人共同利益而支付的其他费用，包括债权人会议会务费、催收债务差旅费；⑥其他清算过程中需要支付的费用。清算费用制度应对清算费用的审批程序和账务处理程序进行规定。

（二）加强对被清算企业的资产和费用的管控

企业办理清算发生的费用从现有财产中优先支付。清算费用包括法定清算机构成员的工资、差旅费、办公费、公告费、诉讼费及清算过程中所必需的其他支出。清算过程中处理资产需要缴纳各项税费（含清算所得税）也作为清算费用处理。应加强对清算费用管控，制定费用管控制度，严格按制度执行。

（三）税收管控

清算税收主要涉及企业所得税问题，股东税收问题，职工解除合同经济补偿金个人所得税问题，和企业相关的主要是企业所得税问题，清算所得税筹划内容主要有：①确定要进行清算所得税处理的企业范围；②清算期间资产盘盈、盘亏的税务处理的筹划；③关于应付未付款项是否并入所得税问题的筹划；④对递延所得、商誉、递延所得税资产处理的筹划；⑤企业清算所得弥补以前年度亏损的筹划。

企业制订清算方案后，要对清算所得金额进行税收筹划，制定清算全过程的税收筹划。

（四）清算的后续管理

企业清算后要加强后续管理工作，主要包括对清算结果的审核评价、清算档案的管理等。

（五）注意事项

（1）清算期间要加强资产的安全性。由于清算组成员来自各方且目的是清算，往往会对资产的安全性会忽视，这就需要从人员职责划分、过程管理、责任追究等方面对企业资产的安全性予以保障。

（2）要规范清算。如前述，不管哪种清算都要规范清算，不得以费用高、耗资源等理由不清算或不规范清算。使得有关人员进入信誉黑名单，造成不必要的损害。

第六节　高风险业务

一、高风险业务的概念和分类

高风险业务是指企业从事的经营风险较高、易发生较大损失的涉及金融及衍生品交易的各项经营活动，主要包括外汇交易、证券交易、金融衍生工具、委托理财等。

随着市场经济的进一步发展，货币、证券等金融市场日趋活跃，企业之间、企业与金融机构之间的交易日益频繁。为了便于企业之间的交易和结算，金融行业不断推出新的结算方式，创造新的金融工具。相应地，许多企业在经营业务之外，还涉足高风险业务。企业的高风险业务主要有以下几点：

（1）外汇交易，企业由于对外贸易和境外投资，需要用不同货币结算和支付，从而在外汇市场上不断进行买卖外汇的活动。

（2）证券交易，企业买卖依法发行的股票、债券、国库券等有价证券。

（3）金融衍生工具，在股票、债券、利率、汇率等基本金融工具基础上派生出来的新的金融合约，主要包括远期、互换（掉期）、期货、期权四种。其中，期货和期权是非金融企业最常从事的交易。

（4）委托理财，企业在生产经营过程中出现闲置资金时，将其委托给专业性的投资机构投资于股票、证券等金融工具以获取收益。委托理财是企业资产营运的一种方式，其主体包括两方：一方是拥有闲置资金的企业，即委托方；另一方是具备一定资质的投资机构，即受托方。

二、高风险筹资的管控

（一）筹资的渠道

在不同的发展阶段，风险企业会选用不同的融资渠道，采用不同的融资策略，高风险的融资渠道主要有以下几种：

1. 个人资本

一般而言，风险企业初期的启动资金大多为个人资本。据美国有关统计资料表明，高新技术风险企业在早期或扩张期所需资金的一半以上都是由该创建人以个人积蓄和其他个人投资形式提供的。在很多时候，亲朋好友的资金加上企业的营运收益便足以使风险企业度过最初的启动阶段。

2. 私募资金

在国外，私募资金方式比较普及，即由投资银行和其他投资代理机构向投资人授信发行不注册登记的证券来为风险企业筹集股权资本。私募给现有股东造成权益稀释的程度通常比风险投资要小，但私募的费用一般比引入风险资本的费用要高，而且安排私募的时间长短和时间进度不太容易把握。此外，私人投资者一般不能提供商务方面的咨询顾问服务或提供得很少，他们对被投资企业出现亏损或业绩表现欠佳一般也不能容忍。

3. 租赁

高新技术风险企业在萌芽阶段及其他早期阶段因资金不足，或降低风险的需要，一般对办公场地、贵重设备等采取租赁的融资方式。

4. 风险资本

从来源渠道划分，风险资本又可分为私人风险资本和政府风险资本两种。在西方发达国家中，私人风险投资的来源是养老基金、大公司、大银行、保险公司、个人存款和慈善事业基金等。私人风险投资的作用在于集中非常规资金，扶持风险企业，其目的是攫取高额利润。政府风险投资实质上是一种政策性的投资。它来源于政府预算，目的是用较少的资本带动较多的私人风险投资。而且，政府风险投资往往投向私人风险投资不愿涉足的风险更高的领域。从这个意义上讲，政府风险投资又是私人风险投资的补充。从组织经营方式看，风险资本主要有：①私人风险投资公司；②小企业风险投资公司；③大公司风险投资部；④国家风险投资公司等四种。

国家风险投资公司为政府所设立，主要通过三种方式投放风险资本：一是贷款担保；二是提供低息或无息贷款；三是直接向风险企业提供补助金。国家风险投资公司一般不以盈利为目的。

5. 银行贷款

由于商业银行在发放贷款支持企业融资时，注重企业资产负债比例管理，而高新技术风险企业尤其是处于创业阶段的风险企业承担的风险极大，银行贷款收益只是固定的利息，在风险和收益不对等的情况下，除非风险企业有足够的资产作为抵押，否则创业阶段的风险企业很难获得银行贷款。尽管难度较大，但我国政府为推动高新技术风险企业的发展，已采取措施鼓励银行向民营高新技术风险企业贷款，因此，我国高新技术风险企业银行贷款的环境会有所改变，银行贷款是风险企业可以考虑的融资渠道。

（二）要高度关注期限短、利率高以及与个人业务相关的资金

高风险业务筹资管控首先要关注期限短的风险筹资，期限短的高风险投资易于在短期内体现，给企业造成难以挽回的损失，要特别加强管控。利率高的高风险筹资往往收益大，风险也大，应加强管控，在筹资前要进行风险评估，制定风险管控措施。与个人业务相关的高风险筹资要更加谨慎，如果不能及时偿还，影响更大。

（三）集团在一定额度和范围内加强高风险筹资管控

集团公司要加强高风险筹资业务的管控，高风险筹资要控制在集团能够承受范围内。如果筹资风险过大，一旦发生不能偿付的风险，会给企业造成更大的损失。

三、高风险投资的管控

虽然企业从事高风险业务可以减少损失或者获得较高的收益，但管理失控也容易引发较大的甚至是致命的风险和损失。例如，美国安然事件的导火索之一，就是公司造假账掩盖其在能源商品衍生交易中对冲失败承受的巨额损失。又如，中航油事件的爆发，是因为企业财务失控，造成石油期货交易巨亏5.5亿美元。一些中小型企业参与高风险形成损失的案例举不胜举，所以随着企业越来越多地从事期权、期货、证券、外汇交易、委托理财等业务意识的提高，必须加强相关的财务管理，从根源上降低风险损失。

（一）资金管理

（1）用于高风险业务的资金来源必须合法合规。例如，企业通过证券市场募集到的有指定用途的专项资金，企业内部职工集资款或应付工资、教育经费等对个人的负债，均不能用于从事高风险业务。国有或国有控股的企业不得为从事高风险业务而向外单位拆入资金或专门向银行及非银行金融机构申请借款。

（2）高风险业务不得影响主营业务的正常开展。高风险业务的资金投入不能挤占主营业务所需资金，舍本逐末。

（3）对资金进行授权管理。企业应确定最高风险业务投资限额，不同业务、不同级别管理人员的授权投资限额，以及特别授权事项及程序等，报经批准后，严格执行。

（4）执行严格的付款程序。企业投向高风险业务的资金必须经过严格的审批程序后，才能支付。

（5）制定退出及止损策略。例如，企业应规定资金在保值状态下退出；如果预计损失太大，则应以损失最小为原则进行止损。

（二）合同管理

（1）签署合同的授权。企业应根据合同金额大小、业务种类，对各级管理人员授权，管理人员必须在授权范围内签署合同。

（2）注意合同的合法性。规定合同中通用条款与专用条款之间的关系，条款之间出现争议时的解决方法。涉及涉外合同的，合同中应该明确规定当两种文字出现歧义时，以何种文字为主，以保护双方的合法权益，减少损失。

（3）合同执行全过程的追踪管理。合同在签订与执行过程中，应当落实责任追究制度，并与相关责任人员的业绩考评和薪酬分配挂起钩来。

（三）文件记录管理

企业应通过建立台账、备查账等对高风险业务进行管理，保管好有关合同、交易资金结算单据、内部业务授权文件等资料，指定专人定期核对业务交易账户资金变动情况，跟踪监督业务交易情况，发现问题和情况及时报告。

（四）高风险业务的交易报告制度

企业应当建立高风险业务的报告制度，全面、及时披露高风险业务的有关信息。对于交易业务量、现金流量、盈亏状况等信息，从事高风险业务的具体操作部门应定期向财务部门报告，财务部门应当及时向企业高层管理人员报告。企业对外报告的内容，主要包括：①各类高风险业务的管理政策和计量方法；②分类披露现有高风险业务的合同内容；③分类披露现有高风险业务的账面价值、公允价值、风险敞口（头寸）及其形成原因等；④分类披露现有高风险业务资产减值的详细信息等。

（五）建立风险投资预警机制

加强对高风险投资业务跟踪监控，明确揭示不同业务可能存在的风险点并制定风险投资损失应对预案。

（六）高风险业务的风险分类管理

为了加强对高风险业务管理，应对高风险业务进行风险分类。分为以下类型。

（1）市场风险，即由于市场价格变动（如市场利率、汇率、股票、债券行情变动）造成亏损导致的风险。各单位应通过科学预测或采用特定的套期保值等方法来降低这类风险。

（2）信用风险，即由于合约方违约或无力履约而导致的风险。各单位应通过对合约对方的信用状况进行充分调查，要求对方交付保证金等方法降低这类风险。

（3）流动性风险，即由于无法在市场上变现、平仓或现金流量不足导致的风险。各单位应通过控制资金缺口额度来降低这类风险。

（4）操作风险，即由于不合格的计算机交易系统或清算系统、不完善的内部控制、不适用的应急计划以及人为的操作错误、管理失误等导致的风险。各单位应通过更新操作硬件设施，制定规范的操作程序，增强有关人员的工作责任来降低这类风险。

（5）法律风险，即由于合同在法律上无法履行，或合同文本有法律漏洞导致的风险。单位应通过格式合同文本、聘请法律顾问等方法来降低这类风险。

（七）高风险业务的风险控制

（1）风险管理内容包括：①采用科学、合理的方法对高风险业务投资风险进行评估；②严格遵循高风险业务投资的授权与审批制度；③严格控制高风险业务投资的限额；④风险管理信息系统对高风险业务投资交易的实时监控。

（2）高风险业务投资风险评估时需要考虑下列因素：①高风险业务投资及交易活动的性质、规模和复杂程度；②数据收集系统的能力；③评估方法局限性。

（3）证券交易风险的控制。①通过分散投资来分散风险。首先，分散证券种类，即在股票和债券这两种证券上作适当的分配。其次，分散到期日，即对证券组合中的到期日加以必要的分散，避免集中在某一天或一段时间内。再次，分散投资的部门和行业，如新兴行业的夕阳行业。最后，分散投资时机。②选择适合本单位实力的证券组合并随时调控证券组合。证券组合种类有：低风险证券组合、中等风险证券组合和高风险证券组合。单位在选定的组合中，由于各种证券的预期收益与风险经常受多种因素影响而变化，需要进行调整。

（4）外汇交易风险控制。①使用金融衍生工具，如签订外汇远期、互换（掉期）、期权合同，对外汇进行保值。②资产负债平衡法，即安排外汇资产和外汇负债的结果，使单位在同一时期内的资金流入和流出金额基本相等。③资金调度法，即增强单位资金调度的灵活性，如增强提前或推迟收付外汇的能力。④币种选择法，单位出口时争取以硬货币计价，进口时争取以软货币支付。

（5）委托理财风险控制。①评估受托人投资管理能力和信用情况。选择受托人时，应当关注受托人的信誉，受托人的治理结构及风险控制程序，受托人的历史业绩及管理经验，以及所管理资产规模的大小。②合理控制委托资产与总资产的比重。如果委托资产占总资产的比重过大，单位不控制风险就会增加，并影响主营业务的正常开展。③增加委托合同签订和执行的透明度。委托理财业务自开展以来，许多因此出现问题甚至倒闭的单位，都存在经营者在合同的签订和执行过程中与受托人勾结、合谋，转移资产或者掩盖损失的情况，造成财务失控。④跟踪监督，及时收回收益或止损。各单位应要求受托人定期向其报告理财情况，按合同约定保证及时收回理财收益，或者在市场环境发生较大逆转或者受托人财务状况恶化时，及时止损。

（八）建立经营风险控制监督检查制度

各单位监事会、内审等监督部门应定期开展高风险投资业务管理与内控制度执行情况的监督检查，确保高风险控制机制的贯彻实施。

（九）建立经营风险损失责任追究制度

各单位应当建立严格的高风险投资业务活动经营风险损失责任追究制度和可追溯的领导决策追究制度。

参 考 文 献

［1］王吉鹏．集团管控［M］．北京：中国发展出版社，2006.

［2］张瑞君．企业集团财务管控［M］．北京：中国人民大学出版社，2015.

［3］容和平．基于核心竞争力的企业战略管理［M］．太原：山西经济出版社，2007.

［4］陈忠卫．战略管理［M］．大连：东北财经大学出版社，2007.

［5］白万纲．集团财务管控实操全解［M］．北京：中国经济出版社，2014.

［6］王凤林，等．企业集团管控体系——理论·实务·案例［M］．北京：经济管理出版社，2012.

［7］财政部企业司．《企业财务通则》解读［M］．北京：中国财政经济出版社，2007.

［8］企业内部控制应用指引第1号——组织架构，2010.

［9］崔松，等．集团公司管控体系设计实务手册［M］．北京：中国经济出版社，2014.

［10］杨长英．企业集团财务管理体制的研究［J］．商业经济，2009（15）：31 –33.

［11］杨雄胜，等．集团公司财务管理［M］．北京：人民出版社，2007.

［12］曲喜和．财务管理［M］．2版．北京：北京邮电大学出版社，2012.

［13］王化成，等．高级财务管理学［M］．北京：中国人民大学出版社，2003.

［14］曾蔚．高级财务管理［M］．北京：清华大学出版社，2013.

［15］曲辉．健全财务管理制度对企业的作用［J］．商业经济，2008（3）：57 –58.

［16］张羽．顶级财务总监［M］．北京：中国经济出版社，2014.

［17］刘凤朝．煤炭企业集团财务管理体系［M］．北京：煤炭工业出版社，2009.

［18］付萌．一口气看懂财务管理［M］．北京：民主与建设出版社，2010.

［19］宋晓梅．资本结构理论［M］．上海：上海财经大学出版社，2009.

［20］乔世震．《企业财务通则》讲解与应用［M］．大连：东北财经大学出版社，2007.

［21］钟新桥，龙子午．管理会计学［M］．武汉：武汉理工大学出版社，2007.

［22］张水英．对会计集中核算的认识和思考［J］．会计师，2008（8）：51 –52.

［23］全国注册会计师统一考试教辅编写组．财务成本管理［M］．北京：现代教育出版社，2017.

［24］张新民，等．财务报表分析（第三版）［M］．北京：中国人民大学出版社，2014.

［25］林新奇．绩效考核与绩效管理［M］．北京：清华大学出版社，2015.

［26］王红光．企业绩效管理的问题和对策［J］．科技信息（科学教研），2007（21）：172.

［27］贺清君．绩效考核与薪酬激励整体解决方案［M］．北京：中国法制出版社，2015.

［28］廖飞．布局内部交易，实现集团管控［J］．国企，2013（8）：27.

［29］郝英．关于企业内部转移价值的探讨［J］．会计师，2009（9）：60 –61.

［30］段毅才．公司内部交易与"角色定位"［J］．经济研究，1992（2）：115.

［31］盖地．税务筹划学［M］．北京：中国人民大学出版社，2015.

［32］汤贡亮，等．企业税务管理［M］．北京：经济科学出版社，2014.

［33］蔡昌．税收筹划理论、实务与案例［M］．北京：中国财政经济出版社，2013.

［34］中国注册会计师协会．税法［M］．北京：中国财政经济出版社，2015，2016．

［35］李成峰，等．怎样合理避税［M］．北京：经济科学出版社，2013．

［36］张平平．企业税务风险及防范探析［J］．现代商贸工业，2010（1）：198．

［37］李玉周．基于成本视角的管理会计重构研究［M］．成都：西南财经大学出版社，2008．

［38］詹姆斯・C. 范霍恩，小约翰・M. 瓦霍维奇．现代企业财务管理［M］．11 版．北京：经济科学出版社，2015．

［39］刘绵勇．跨国经营与管理［M］．北京：清华大学出版社，北京交通大学出版社，2012．

［40］刘永泽，等．企业内部控制制度设计操作指南［M］．大连：大连出版社，2011．

［41］池国华，等．内部控制与风险管理［M］．北京：中国人民大学出版社，2015．

［42］中国注册会计师协会．财务成本管理［M］．北京：中国财政经济出版社，2015．

［43］迈克尔・波特．竞争优势［M］．陈小悦，译．北京：华夏出版社，2005．

［44］斯蒂芬・P. 罗宾斯，玛丽．库尔特．管理学［M］．孙建敏，等译．北京：中国人民大学出版社，2003．

［45］加布里埃尔・哈瓦维尼，克劳德・维埃里．高级经理人员财务管理：创造价值的过程［M］．北京：机械工业出版社，2013．

［46］中国注册会计师协会．公司战略与风险管理［M］．北京：经济科学出版社，2015．

［47］中国注册会计师协会．会计［M］．北京：中国财政经济出版社，2015．

［48］程玉萍，张敏．浅谈国有企业成本控制的内在潜力［J］．中外企业文化旬刊，2014（3）．

［49］李秀芬，等．价值管理、流程再造与绩效改进［M］．北京：经济管理出版社，2011．

［50］张夕勇．并购与整合，北京：中国财政经济出版社，2011．

［51］田辉．关于企业集团资金集中管理若干问题的探讨［J］．中国总会计师，2009（4）：90 -91．

［52］于良．战略联盟与竞争优势［J］．山西科技，2006（3）：8 -9．

［53］肖勇贤，等．企业集团资金集中管理模式的选择［J］．财会月刊，2006（11）75 -76．

［54］孙玲．企业并购存在的风险及其防范措施［J］．产业与科技论坛，2011（10）：255 -256．

［55］刘月升．业财融合基础建设研究［J］．中国总会计师，2017（10）：41 -43．

［56］秦喜杰．我国企业并购和目标企业寻找的研究［J］．经济问题探索，2002（8）：23 -24．

［57］于慧芳，许群，何艳冰．构建现金流量财务评价指标体系的思考［EB/OL］．［2008 -03 -21］. http：//www. paper. edu. cn.